Gehen Sie beschwingt durch den Tag.
Seien Sie ruhig,
entspannt und kontrolliert.

PAUL WILSON

DAS BUCH DER RUHE

Gelassenheit am Arbeitsplatz

Aus dem Englischen
von
KATJA RISPE

Deutsche Erstausgabe

WILHELM HEYNE VERLAG
MÜNCHEN

HEYNE SACHBUCH
19/673

Titel der englischen Originalausgabe:
CALM AT WORK
Erschienen 1997 bei Penguin Books Australia Ltd

Redaktion: Verlagsbüro Dr. Andreas Gößling
und Oliver Neumann GbR

3. Auflage
Copyright © 1997 by The Calm Centre Ltd
Coypright © 1998 by Wilhelm Heyne Verlag GmbH & Co. KG, München
http://www.heyne.de
Printed in Germany 2000
Umschlagillustration: Bavaria Bildagentur/IPL, Gauting
Umschlaggestaltung: Atelier Bachmann & Seidel, Reischach
Satz: Schaber Satz- und Datentechnik, Wels
Druck und Verarbeitung: Presse-Druck Augsburg

ISBN 3-453-15538-6

Für Tania.
Und für die Mitarbeiter am Calm Centre,
deren Kreativität, Forschungsarbeit
und unermüdliche Bemühungen um die
Verbreitung von Ruhe und Fröhlichkeit
größte Anerkennung verdienen.

INHALT

Vorwort der Autors 11

Erste Schritte zur Ruhe 15
Über den Gebrauch dieses Buches 17
Könnte mir bitte jemand erklären, was geschehen ist? 20
Wie empfindsam sind Sie? 26
    Wer hat am meisten Grund, sich zu beklagen? 27
    Was bedeutet »im Streß sein«? 29
So finden Sie wieder Spaß an der Arbeit 42
    Investieren Sie in die Ruhe 44
    Flüchten Sie sich nicht in alberne Ausreden 46
1. Tun Sie den ersten Schritt 52
2. Entscheidungen, die das Leben verändern 53
    1. Prioritäten in Ihrem Leben 53
    2. Ihre Lebensumstände 57
3. Wählen Sie Ihren Arbeitgeber 59
    Kriterien für die Wahl des Arbeitgebers 60
4. Einsichten für die mentale Ausgeglichenheit 66
    1. Der ambivalente Charakter der Arbeit 66
    2. Die Struktur des Geschäftslebens 67
    3. Der Zweck eines Arbeitsverhältnisses 68
    4. Die Macht des einzelnen 69
5. Ratschläge, die das Leben bereichern 71
    1. Richten Sie Ihren Blick auf die
       angenehmen Dinge 71
    2. Übernehmen Sie Verantwortung für sich selbst 71
    3. Erledigen Sie zuerst Ihre eigenen Aufgaben 72
    4. Leben Sie bewußt 73
    5. Lernen Sie, richtig zu atmen 74

6. Bereiche, in denen Sie etwas ändern können 75
  1. Verhalten 75
  2. Einstellung 76
  3. Umstände 76
  4. Vorgehensweise 77
  5. Planung 78
  6. Entscheidungsfindung 78
7. Ursachen für Streß am Arbeitsplatz 80
  1. Zeitdruck 82
  2. Mangelnder Einfluß 86
  3. Das Ego 91
  4. Soziale Faktoren 101
  5. Veränderungen 107
  6. Physisches 109
  7. Lebensgewohnheiten 111

Ihr Portfolio der Lösungen für mehr Ruhe 113
Erstens: Treffen Sie eine Entscheidung 115
Zweitens: Atmen Sie tief ein 119
  1. Atmen Sie tief 122
  2. Atmen Sie langsam 127
  3. Horchen Sie auf Ihren Atem 128
Drittens: Lassen Sie Ihr Unterbewußtsein arbeiten 131
  Machen Sie sich Ihr Unterbewußtsein zunutze 137
Die vier Werkzeuge des Unterbewußtseins 142
  1. Visualisierung 143
  2. Bestätigung 147
  3. Selbsthypnose 149
  4. Übernahme 156
Wenn Zeit die Ursache ist 160
  So bekommen Sie die Zeit in den Griff 161
  Deadlines, die Druck abbauen 168
  Hinauszögern 171
  Arbeitsüberlastung 175

Informationsflut 181
Ihre Zeit 187
Wenn mangelnder Einfluß die Ursache ist 192
Nehmen Sie Einfluß auf Ihr Leben 193
Wenn Sie selbst die Ursache sind 206
Planen Sie, ruhig zu sein 207
Eine positive Veränderung 221
Der Umgang mit Sorgen 231
Möglichkeiten der Wandlung zum B-Typus 247
Druckkontrolle 251
Nehmen Sie sich Zeit zum Ruhigsein 258
Sicherheit ist eine Geisteshaltung 266
Wenn soziale Faktoren die Ursache sind 271
Wie Sie bekommen, was Sie wollen 277
Umgang mit Vorgesetzten 305
Den Windschatten ausnützen 313
Wenn Veränderung die Ursache ist 319
Wenn Physisches die Ursache ist 330
Beruhigen Sie den ganzen Komplex 331
Den Arbeitsplatz streßfrei gestalten 339
Assoziationen der Ruhe 346
In einem ruhigen Körper steckt ein ruhiger Geist 352
Berufsbedingte Verspannungen 364
Wenn Ihre Lebensgewohnheiten die Ursache sind 375

Lösungen, die Ihnen auf lange Sicht Ruhe ermöglichen .. 383

Machen Sie Ernst 385
Die sechs Wege zu dauerhafter Ruhe 386
Ruhetechnik 390
Hilfe! 397
Ruhe bewahren in einer Krise 397
Bewahren Sie Ruhe 399
Das Calm Centre 399
Über den Autor 400

VORWORT
DES AUTORS

Je mehr Sie darauf vertrauen, daß dieses Buch Ihr Leben verändern kann, desto schneller *wird* es Ihr Leben verändern. Um Ihr Vertrauen zu gewinnen, will ich etwas (für mich) Neues tun und ein paar Buchseiten darauf verwenden, Ihnen meine Kompetenz im Hinblick auf Aussagen zu »Ruhe« und »Arbeit« zu beweisen. Sie sollen dem Ratgeber vertrauen, den Sie zu lesen im Begriff sind.

Meine Kompetenz für den »ruhigen« Teil von dem *Buch der Ruhe* findet sich im folgenden aufgezeichnet. Ich bin Finanzier und Leiter einer Forschungsgruppe, die sich mit der systematischen Erforschung der Ruhe befaßt. Ich spreche vom Calm Centre (http://www.calmcentre.com), das ein breites Spektrum von ruhefördernden Künsten aktiv betreibt, angefangen beim Unterrichten über die Psychotherapie bis hin zu Film und Musik. Gleichzeitig stelle ich meine Arbeitskraft in den Dienst einer traditionellen Klinik und Stiftung für medizinische Forschung. Eine noch deutlichere Sprache sprechen vielleicht meine Bücher, die hunderttausendfach verkauft wurden: *Zur Ruhe kommen* ist als eines der weltweit einflußreichsten Werke seiner Art bezeichnet worden; *Wege zur Ruhe* wurde in zahlreiche Sprachen übersetzt und war in weiten Teilen der Welt ein Bestseller; *Das kleine Buch der Ruhe* schließlich wird von mehr Menschen als ständiger Begleiter herumgetragen, als ich mir in meinen kühnsten Träumen jemals vorzustellen gewagt hätte. Darüber hinaus habe ich meine Methoden, Ruhe zu finden, in zahlreichen Fernsehstudios von Sydney über London bis New York vorgestellt (falls das in Ihren Augen einen Kompetenznachweis darstellt).

Ihr Vertrauen könnte ich aber wohl kaum gewinnen, wenn ich nicht auch Kompetenz im Bereich Arbeitswelt vorzuweisen hätte. Ich war sowohl als Geschäftsführer wie auch im mittleren Management und als Bürojunge beschäftigt. Während der vergangenen Jahre wurde ich Besitzer eigener Geschäfte, arbeitete in öffentlichen und privaten Gesellschaften mit und war als Ratgeber für namhafte Unternehmen und Regierungen tätig. Lange Jahre jedoch verdiente ich als gewöhnlicher Arbeitnehmer meine Brötchen, so unter anderem als Bankangestellter (das war der härteste Job), als Lastwagenfahrer, als Arbeiter an der Drehbank und als Werbetexter.

Mit anderen Worten: Ich habe aus eigener Anschauung gelernt, was es heißt, bei der Arbeit Ruhe zu bewahren, und zwar auf den verschiedensten Ebenen und aus den unterschiedlichsten Perspektiven.

Als ein Nebeneffekt all dieser Erfahrungen fühle ich mich jetzt dazu befähigt, eine seit Jahrhunderten bestehende Fehleinschätzung anzuprangern: das falsche Verständnis von Beschäftigung an sich. Zweifellos werde ich dadurch manchem Wirtschaftsboß und Manager auf den Schlips treten, insbesondere denen, deren Philosophie nach wie vor in der Einstellung gipfelt: »Arbeitnehmer sollen dankbar sein für das, was sie bekommen!« Entsprechend enttäuscht wäre ich aber auch, wenn ich nicht genauso Vertreter der anderen Seite treffen könnte. Therapeuten, in Diensten der Wirtschaft stehende Juristen und verschiedene »Der-Chef-ist-an allem-schuld«-Charaktere weisen sämtliche Lösungen, die auf Eigeninitiative fußen, weit von sich. Sie sind der festen Überzeugung, daß Ruhe bewahren und Gelassenheit allein in der Verantwortung der Geschäftsführung liege, keineswegs aber in der Verantwortung des einzelnen.

Beide Gruppen tragen gleichermaßen Schuld daran, daß die seit Jahrhunderten tradierte und die Arbeitswelt schädigende

Beziehung Herr/Sklave immer noch aufrechterhalten wird. Beide Gruppen sind außerdem verantwortlich dafür, daß sie in ihrem Arbeitsbereich Spannungen verbreiten, statt Ruhe und Gelassenheit.

Sie, liebe Leserinnen und Leser, sind gut beraten, wenn Sie bei der Lektüre von dem *Buch der Ruhe* diesen beiden Gruppen aus dem Weg gehen. Denn das Buch ist nicht konzipiert worden als Hilfsmittel für das Management, für Personalbüros, Verbände oder den Gesetzgeber, sondern als Hilfsmittel für Sie.

Nur für Sie.

Sollten Sie persönlich der einzige Mensch sein, der aus meinen Untersuchungen Nutzen zieht – seien Sie nun Auszubildender oder Chef –, wäre mein Vorhaben von Erfolg gekrönt.

Dann können wir beide ganz beruhigt sein.

http://www.calmcentre.com

Erste Schritte zur Ruhe

Der Weg zur Ruhe

ÜBER DEN GEBRAUCH
DIESES BUCHES

Das Buch der Ruhe ist nur
aus einem einzigen Grund
geschrieben worden: Es soll
Ihnen als Handbuch die-
nen, das Sie jederzeit heran-

> *Das Buch der Ruhe* gibt Ihnen alle erfor-
> derlichen Hilfsmittel an die Hand, um Ihren
> Arbeitstag ruhig, mit positiver Einstellung
> und zufrieden zu erleben.

ziehen können, um ruhig und gelassen durch Ihren Arbeitstag
zu kommen.

Es ist kein Lehrbuch. Genausowenig ist es als detaillierte Ab-
handlung über das Problem Streß am Arbeitsplatz zu sehen –
diesen Bereich überlasse ich der psychologischen Fakultät.
Nein, hier handelt es sich schlicht um ein Handbuch mit Vorschlägen, die dazu beitragen sollen, Ruhe zu finden.

Dabei stammen nicht alle Vorschläge von mir. Viele sind unter tätiger Mithilfe der anderen Mitglieder des Calm Centre entwickelt worden. Im Calm Centre verfolgen wir nur ein einziges
Ziel: Wir wollen Wege finden, die zu mehr Ruhe und Gelassenheit verhelfen. Wir forschen danach, erproben sie, soweit möglich, und geben sie mit den besten Wünschen an Sie weiter.

Wenn Sie mit der richtigen Einstellung an das Thema herangehen, kann *jeder* Vorschlag für Sie nützlich sein. Während der
Lektüre werden Sie intuitiv erkennen, welche Vorschläge für Sie
am sinnvollsten sind. Manchmal wird die psychologische oder
physiologische Begründung für die Effektivität der Vorschläge
nicht sofort augenscheinlich sein, aber das ist nicht so wichtig
wie die Tatsache, daß sie ihre Wirkung tatsächlich nicht verfeh-

len. Mit anderen Worten: Fixieren Sie sich nicht auf die Frage, »Warum fühle ich mich ruhig?«, sondern freuen Sie sich einfach über Ihre Ruhe und Gelassenheit.

Damit die Lösungswege schneller zu finden sind, habe ich das Buch formell der Bürowelt angepaßt. Es werden durchgehend Symbole wie Notizpapier, Aktenordner, Index-Karten und Dokumente verwendet.

> **Hier finden Sie weitere Tips zur Ruhe:**
> Ruheatmung .... Seite 129
> Liste der Lebensprioritäten .... Seite 115
> Die Kunst, Gehör zu finden .... Seite 307

Am Ende jedes Abschnitts finden sie eine Index-Karte, wie oben abgebildet. Sie enthält Angaben darüber, wo Sie im Buch Lösungsvorschläge zu bestimmten Problemen nachschlagen können.

Leisten Sie sich eine angenehme Pause

Jeder Lösungsweg wird durch das Symbol einer Büroklammer hervorgehoben.

Alle diese Lösungen sind in einem umfangreichen Aktenarchiv zusammenfaßt. Ihr Portfolio der Lösungswege zu mehr Ruhe beginnt auf Seite 113.

Noch ein Hinweis ...

Sie sind vielleicht der Meinung, daß Sie die Lektüre dieses Buches ebensogut sofort beim Abschnitt Portfolio fortsetzen könnten, um sich die Lösungswege, die Sie ansprechen, herauszupicken, während der Rest vernachlässigbar ist.

Selbstverständlich können Sie das. Aber ich empfehle Ihnen dringend, nicht so vorzugehen. Rund um Streß und Angstgefühle herum entstehen jede Menge Durcheinander und Mißverständnisse. Betroffene neigen dazu, ihre Probleme auf die verschiedensten Umstände zurückzuführen oder sie durch diese zu entschuldigen – Umstände, die in den meisten Fällen sehr wenig mit den wirklichen Ursachen ihrer Probleme zu tun haben.

Aus diesem Grund bitte ich Sie eindringlich, *Das Buch der Ruhe* am Anfang zu beginnen. Sie werden sehr bald feststellen, auf welches Gebiet Sie sich besonders konzentrieren sollten. Darüber werden Sie dann an den geeigneten Lösungsweg oder an die geeigneten Lösungen innerhalb des Portfolios herangeführt.

KÖNNTE MIR
BITTE JEMAND ERKLÄREN,
WAS GESCHEHEN IST?

Das größte Problem unserer Epoche wurde einmal darin gesehen, daß es Tag für Tag schwieriger werde, Wege zur sinnvollen Nutzung der zusätzlichen freien Zeit zu finden. Wenn uns

> *Das Buch der Ruhe* befaßt sich nicht mit Problemen, sondern mit der Lösung dieser Probleme. Es will nicht die Bedingungen am Arbeitsplatz anprangern, sondern Ihnen helfen, sich mit Ihrem Leben wohl zu fühlen.

die Technologie einmal all die Mühen unserer Arbeitswelt abgenommen habe, so glaubte man, werde unser Leben von kürzeren Arbeitstagen und -wochen und von längeren Wochenenden bestimmt. Die zusätzlich zur Verfügung stehende Zeit sollte uns dazu befähigen, unser Leben durch Weiterbildung, Freizeitgestaltung, erfüllende und Auftrieb verleihende Tätigkeiten sowie durch persönliche und kulturelle Weiterentwicklung zu bereichern.

Ich erinnere mich, daß ich als Teenager von solchen Phantasien las. Wenn ich mich richtig erinnere, habe ich sogar selbst an deren Entstehung und Verbreitung mitgewirkt, während ich als Twen meine ersten schriftstellerischen Gehversuche unternahm. Es hat sich aber inzwischen herausgestellt, daß die Realität meilenweit von einer solchen Idealvorstellung entfernt ist.

In den vergangenen Jahren haben Wirtschaftsunternehmen und andere Organisationen in einer wahren Orgie von Selbstanalysen und Vergleichen damit begonnen, sich unter dem Aspekt der Effizienz neu zu entdecken. Man fing an, Leistung eher an Einsparungen denn am Wachstum zu messen. Manager setzten »Gesundschrumpfen« mit Fortschritt gleich, und der Begriff »Rationalisierung« wurde als eine Art produktives Ideal mißverstanden. Organisatorische Umstrukturierungen zerstörten Lebensglück und Karrieren und sorgten dafür, daß sich die Seele manchen Unternehmens in nichts auflöste. Buchhalterei wurde höher bewertet als Kreativität, Kosteneinsparung war wichtiger als Wertsteigerung, und die Notwendigkeit, konkurrenzfähig zu sein, überwog den Wert eines guten Betriebsklimas oder von Traditionen.

Soweit die organisatorischen Veränderungen.

Es gab auch Veränderungen im Personalbereich. Einerseits waren wir gezwungen, uns zu spezialisieren, andererseits hörten wir ständig, wie wichtig es sei, »Fachidiotie« abzubauen und dafür »Allround-Begabungen« zu schaffen. Hatten wir endlich eine Position erreicht, in der wir uns unseres Arbeitsplatzes sicher fühlen konnten, so erfuhren wir von den finanziellen und strukturellen Vorteilen des Outsourcing. Glaubten wir, eine Vertrauensstellung erreicht zu haben, traten wir plötzlich in eine völlig neue Zeit der »Verantwortlichkeit« und der Beurteilung unserer Bemühungen ein. Und waren wir gar zu der Überzeugung gelangt, wir hätten schon so viel von unserem Leben in den Job investiert, daß wir uns ruhig etwas zurücklehnen und die Früchte unserer Arbeit genießen könnten, wurde uns unmißverständlich klargemacht, daß alle über Fünfundvierzig nur noch über einen befristeten Beschäftigungsvertrag verfügten.

Aber das war noch nicht alles. Als wir glaubten, endlich die geisttötende Arbeit am Fließband los zu sein, entwickelte sich die nicht minder geisttötende Arbeit am Dateneingabegerät. Wir bewunderten den hohen Effizienzgrad, den uns die moderne Technologie ermöglichte, übersahen dabei aber, mit welch rasender Geschwindigkeit immer mehr Bereiche unserer Arbeitswelt immer unmenschlicher wurden. Während wir überlegten, was mit all den neu gewonnenen Reichtümern anzufangen sei, die uns eine revolutionierte Arbeitswelt beschert hatte, sahen wir, wie sich die Kluft zwischen den Besitzenden und denen, die nichts hatten, vertiefte. In Erwartung einer Erleuchtung, die aus unbegrenzter Information entstehen sollte, mußten wir erkennen, daß das Wissen, das wir (als Individuen) zeit unseres Lebens angesammelt hatten, insgesamt ziemlich wenig war.

Könnte mir bitte jemand erklären, was geschehen ist?

Der Grund für diese Entwicklungen liegt darin, daß viele Organisationsabläufe – zumindest im technischen Bereich – heute effizienter sind, als sie es jemals waren. Das heißt, Güter werden zu niedrigeren Preisen produziert. (Wenn das nicht der Fall ist, sind sie nicht mehr konkurrenzfähig – eine Tatsache, die als mehr oder weniger gute Erklärung für die hohe Zahl von Konkursen dienen mag.) Dazu kommt, daß das Individuum als Arbeitskraft produktiver geworden ist, das heißt, jemand arbeitet und schafft mehr als früher, aber zu den gleichen oder sogar niedrigeren Kosten.

Allerdings ist der Lohn, der uns in Aussicht gestellt wurde, in vielen Fällen nicht materiell greifbar geworden. Statt mit zusätzlicher Freizeit beglückt zu werden, wurde uns noch mehr Arbeit aufgebürdet. Statt interessanter zu werden, sind viele unserer Jobs noch gleichförmiger und noch eintöniger geworden. Wir arbeiten jetzt mehr als früher, mit weniger Hilfen und mit eingeschränkten Mitteln. Statt einen Teil unserer Verantwortlichkeit an die Technologie abtreten zu können, mußten wir zusätzlich die Verantwortung für die Technologie übernehmen. Statt mehr zu lernen, stellen wir fest, daß das bereits Gelernte sehr schnell veraltet und bald überholt ist. Die meisten Menschen arbeiten heute mehr, länger und intensiver als je zuvor. Dabei werden wir stärker überwacht und tragen mehr Verantwortung, obwohl wir weniger Sicherheit haben, unseren Job zu behalten. Noch alarmierender aber ist: Bereits jetzt steht fest, daß wir in Zukunft noch härter arbeiten, noch produktiver werden und noch mehr Verantwortung tragen müssen. Denn der

Konkurrenzkampf auf internationaler Ebene sorgt dafür, daß man uns zwangsweise zum alten Eisen ausmustert, falls wir schlappmachen.

Und dabei heißt es, die Umwälzungen stünden erst am Anfang!

Und dann ist da die Angst ...

Obwohl ich die Art und Weise nicht billige, wie viele Unternehmen und deren Beauftragte heutzutage hinter Zielen herjagen, deren soziale Auswirkungen sie nicht durchschauen, bin ich mir der Angst bewußt, die ihre Handlungsweise bestimmt. (Das gleiche Phänomen läßt sich in den meisten großen Organisationen beobachten, sei es in der Politik, im öffentlichen Dienst, in der Medizin oder der Kirche.)

»Angst?« werden Sie vielleicht ungläubig fragen. »Bei all den Vergünstigungen, dem Dienst-BMW und den bezahlten Reisen in der Business-Class?«

Heute zählt Angst zu den stärksten Motivationen in den Führungsetagen großer Organisationen – mehr als Besitzgier, Altruismus oder Abenteuerlust und möglicherweise sogar mehr als persönlicher Ehrgeiz.

(Bei meinen kurzen Abstechern in die Welt der Motivation fand ich heraus, daß mit Gier, persönlichem Ehrgeiz und Altruismus bei weitem am leichtesten zu operieren ist. Vom Gesichtspunkt eines Managers aus sind dies »positive« Kräfte, vorwärtsgerichtet, denn man weiß, woher jemand kommt und wohin er will. Angst dagegen ist stets negativ und oft auch unterschwellig. Zwar ist sie die am leichtesten zu aktivierende Emotion, aber sie trägt das geringste Erfolgspotential in sich.)

Irgendwie ist es verständlich. Die durchschnittliche Joberwartung eines Topmanagers beträgt heute drei bis fünf Jahre (ein Wert, der sich je nach Land ein wenig nach unten oder oben verschieben kann). Also hat ein CEO ein sehr hohes Arbeitsplatzrisiko. Aber noch ausgeprägter ist die Angst in den unteren

Rängen der Angestellten. Das können Versagensängste sein, Angst davor, sich einen Tadel einzuhandeln oder mit dem Gesetz in Konflikt zu kommen, aber auch die Angst vor Gewerkschaften und anderen Interessengruppen, die Angst entlarvt zu werden, die Angst vor dem Konkurrenzkampf oder einfach vor dem Unbekannten. In großen Organisationen gärt und brodelt bisweilen Angst, die nicht selten das Klima im ganzen Unternehmen beeinträchtigt. Mehr noch, diese negative Energie hat einen osmotischen Effekt. Sie verursacht Probleme nicht nur in einzelnen Gesellschaften, sondern oft genug innerhalb ganzer Industriezweige.

Natürlich arbeitet nicht jeder für ein Großunternehmen oder eine große Organisation. Es empfiehlt sich geradezu, in einem kleineren Betrieb tätig zu sein, weil dort (nach meinen Beobachtungen) die Stimmung fröhlicher und die Atmosphäre weniger angstvoll ist als in Großunternehmen. Wenn aber ein kleineres Unternehmen erst einmal von der Angst regiert wird, dann trifft es die Angestellten noch viel härter.

Eine Veränderung ist nicht so gut wie ein Urlaub

Die Kosten, die den Menschen im Gefolge der Umwälzungen dieses Jahrzehnts entstanden sind, haben immens hohe Beträge erreicht. Dabei schlagen nicht nur streßbedingte Krankheiten und Fernbleiben vom Arbeitsplatz zu Buche, sondern auch die Gesundheit auf lange Sicht beeinträchtigende Faktoren, die beispielsweise aus Bluthochdruck, Schwächung des Immunsystems und Depressionen hervorgehen können.

Dazu gesellt sich ein noch verhältnismäßig neues Phänomen, das als »Burnout-Syndrom« bezeichnet wird. Auffälligstes Symptom ist der dringende Wunsch, seinen Arbeitsvertrag zu kündigen, aufzugeben und alles hinzuwerfen.

Ironischerweise ist das Ergebnis der Umwälzungen – man erinnere sich, daß sie durch die Forderung der Industrie nach mehr Effizienz und Produktivität in Gang gesetzt wurden –

eine verringerte Effizienz und Produktivität. Ja, Sie haben richtig gelesen: verringerte Effizienz und Produktivität. In neuesten Untersuchungen wurde herausgefunden, daß einige der althergebrachten, ganz auf die Kraft des Menschen bauenden Produktionsabläufe effizienter waren als die neuen, technologisch orientierten, die sie ersetzten. Außerdem erkennt man allmählich, daß viele dieser »altmodischen«, personalintensiven Aktivitäten in Wahrheit zu einem zufriedenstellenderen und damit effizienteren Leben am Arbeitsplatz führen.

Was sollen wir also tun? Noch einmal von vorne beginnen?

Nein, lesen Sie einfach weiter

Glücklicherweise haben Sie dieses Buch genau zum richtigen Zeitpunkt aufgeschlagen.

Keine andere Zeit als die jetzige könnte günstiger sein, um das Tohuwabohu der Welt zum eigenen Vorteil zu nutzen. Jetzt ist genau der richtige Moment, um ein Gefühl für Ruhe zu entdecken, über das professionelle Therapeuten theoretisieren und von dem gestreßte Arbeitnehmer träumen. Exakt jetzt ist für Sie der absolut richtige Zeitpunkt gekommen, um Ihren Job – welcher es auch sei – in einen faszinierenden, erfüllenden Beruf umzuwandeln.

Die Zeichen für ein solches Unterfangen stehen günstig.

Wenn Sie die Lektüre von *Das Buch der Ruhe* beendet haben, werden Sie es mit Leichtigkeit schaffen. Ihnen werden alle erforderlichen Mittel zur Verfügung stehen, um die unglückseligen Nebeneffekte der oben genannten Veränderungen abzuschütteln. Statt dessen können Sie sich auf die Vorteile und Erleichterungen konzentrieren, die diese mit sich bringen.

Nachdem Sie dieses Buch gelesen haben, werden Sie über alle nötigen Werkzeuge verfügen, um Ihren Arbeitstag beschwingt zu durchleben und sich dabei ruhig, optimistisch und erfüllt zu fühlen. Sie werden sich jeden Tag mit einem hellwachen Gespür für Abenteuer erschließen, wie es viele Menschen seit ihrer Kindheit nicht mehr erlebt haben.

Wie empfindsam
sind Sie?

Um es noch einmal zu betonen: Es ist das zentrale Thema von dem *Buch der Ruhe*, Lösungswege statt Probleme aufzuzeigen. Bevor wir jedoch beginnen, Lösungen zusammenzutragen, ist es möglicherweise

> Es ist nicht wichtig, welche Bedeutung den Begriffen Konkurrenzfähigkeit, Arbeitsplatzabbau oder gesteigerte Produktivität in Ihrer Arbeitsumgebung beigemessen wird. Ihnen persönlich kann es gelingen, Ruhe, Zufriedenheit und Erfüllung durch und in Ihrer Arbeit zu finden.

doch von Nutzen, einmal herauszustellen, worin das Problem liegt.

Sie glauben vielleicht, daß jeder Mensch, der unter Streß leidet, dies auch weiß. Doch gibt es Zeiten, in denen das nicht der Fall ist. Insbesondere wenn es sich um Dauerstreß oder exzessiv belastenden Streß handelt, bekommt der Betroffene davon häufig gar nichts mit. Unter extremem Druck und unter äußerster Belastung bewegt sich selten jemand in seinem normalen geistigen und gedanklichen Rahmen. Statt die Umstände zu erkennen, die ihn quälen, wird er allen möglichen Einflüssen von außen die Schuld daran geben – dem Job, dem Arbeitgeber, der Regierung, dem Ehepartner, dem Verkehr, der Gesellschaft, in der wir leben. Alles ist eher schuld als die eigenen Gewohnheiten oder das eigene Verhalten.

Wenn Sie die Gründe für Ihr Unbehagen herausfiltern, kann das schon ein Grad der Selbstanalyse sein. Ich befürworte kein zu hohes Maß an Selbstprüfung, aber es könnte von Wert sein,

Persönlichkeitsbilder, Branchen und Situationen herauszufinden, die es sich genauer anzusehen lohnt. Lösen sie vielleicht gerade die Streßgefühle aus, die Sie überwinden möchten?

Wer hat am meisten Grund, sich zu beklagen?

Die beiden Fragen zu Streß, mit denen ich am häufigsten zu tun habe, sind folgende: »Welche Beschäftigungen sind am stressigsten?« und »Welche Personen haben der größten Streß?«

Die erste Frage ist sehr schwierig zu beantworten, denn Statistiken, die sich mit der Erforschung dieses Phänomens auseinandersetzen, variieren von Land zu Land, in denen dieses Buch erscheint. Trotzdem kann ich, bei einer gewissen Verallgemeinerung der verschiedenen Untersuchungsergebnisse, immerhin Ähnlichkeiten herausstellen.

Eine Erkenntnis hat sich in allen in Betracht gezogenen Ländern als Gemeinsamkeit herausgestellt, nämlich die, daß es Beschäftigungen gibt, die mehr Streß mit sich bringen als andere. Eine nähere Spezifikation dieses Punktes ist jedoch äußerst schwierig, weil niemand genau festlegen kann, was eine streßbeladene Beschäftigung charakterisiert. Soll eine solche Beschäftigung beurteilt werden nach der Zahl der im Durchschnitt durch Krankheit versäumten Arbeitstage, nach der Fluktuation innerhalb der Belegschaft oder nach der Häufigkeit des Burnout-Syndroms unter den Beschäftigten? Soll man Verhaltensauffälligkeiten – wie zum Beispiel Alkoholismus – zugrunde legen? Oder sollte sich die Bewertung eher an der eigenen Beurteilung durch die Belegschaft orientieren (das heißt, daran, wie sich die Menschen fühlen, an ihrer Arbeitsmoral und so fort)?

Die letztgenannte Methode vermittelt die meisten Aufschlüsse. Generell ist es so, daß, wenn Menschen *glauben,* unter streßbedingten Problemen zu leiden, man davon ausgehen kann, daß sie wirklich darunter leiden. Versäumte Arbeitstage und andere

Probleme sind nur die nächsten Stufen innerhalb desselben Ablaufes. Doch bei welchen Arbeiten glauben die Menschen am meisten zu leiden?

Etwas jedenfalls kann von vornherein festgestellt werden: Je größer ein Unternehmen oder eine Organisation, desto mehr wird über streßbedingte Probleme geklagt. Diese steigern sich in direkter Proportionalität zu dem Druck, der von der Unternehmensleitung ausgeübt wird.

Zu den Branchen, die am anfälligsten für streßbezogene Beschwerden und unentschuldigtes Fernbleiben vom Arbeitsplatz sind, zählen Schule, Gesundheits- und Transportwesen sowie die Bereiche Öffentlichkeitsarbeit und Kommunikation. Einzelhandel, kleine Handelsbetriebe und Baugewerbe gehören ebenfalls dazu, stehen aber in der Reihenfolge weiter unten.

Ungeachtet der Branche oder der Beschäftigung, um die es geht, ist eines sicher: Streßbedingte Beschwerden sind auf dem Vormarsch. Ob ein Unternehmen sich verkleinert oder expandiert, ob es rote Zahlen schreibt oder Erfolge verbucht – die Probleme ähneln sich.

Beruhigend ist jedoch, daß Sie nicht zwangsläufig an diesem Leiden und dieser Unrast teilhaben müssen. Der Inhalt dieses Buches wird Sie in die Lage versetzen, solche Spannungen mit einem Minimum an Anstrengung zu vermeiden. Es ist nicht wichtig, welche Bedeutung den Begriffen Konkurrenzfähigkeit, Arbeitsplatzabbau oder gesteigerte Produktivität in Ihrer Arbeitsumgebung beigemessen wird. Ihnen persönlich kann es gelingen, Ruhe, Zufriedenheit und Erfüllung durch und in Ihrer Arbeit zu finden.

Denn Sie werden das Geheimnis kennen, das Ihnen hilft, bei der Arbeit die Ruhe zu bewahren.

Was bedeutet »im Streß sein«?

Ganze Industriezweige haben sich darauf spezialisiert, Mittel gegen Streß unter die Leute zu bringen, und setzen damit mehrere Milliarden Dollar jährlich um. Sie haben ein verständliches Interesse daran, Sie in dem Glauben zu lassen, es sei absolut nicht normal, sich bei der Arbeit gestreßt zu fühlen. Dem ist aber nicht so! Jeder Mensch fühlt sich dann und wann unter Druck, vielleicht sogar mehrmals am Tag. Das gehört zur Normalität im Arbeitsleben.

Es ist weder ein Idealzustand noch produktiv, noch notwendig – trotzdem ist es normal. Wer das akzeptiert, hat den ersten Schritt getan, um sicherzustellen, daß ihn die »Streßbedingungen« nicht schwächen und nicht zur Gewohnheit werden.

Wie verhält es sich bei Ihnen? Leiden Sie unter spezifischen Streßsymptomen? Treten diese regelmäßig oder gelegentlich auf? Sind Sie ein Streß-Typ (falls es einen solchen gibt)? Welches sind die Ursachen für Ihre Spannungen? Können Sie sie klar ausmachen?

Psychologen verweisen bisweilen auf die *Theorie der Selbstwahrnehmung*, die besagt, daß wir bei der Einschätzung und Beurteilung unseres eigenen Verhaltens und unserer eigenen Persönlichkeit in der Regel den gleichen Irrtümern unterliegen wie bei dem Versuch, andere Personen einzuschätzen und zu beurteilen. Mit anderen Worten: Wir sind nicht sonderlich erfolgreich und unsere Ergebnisse unzuverlässig, wenn wir versuchen herauszuarbeiten, was uns bewegt oder was unseren persönlichen Problemen zugrunde liegt.

Die Theorie der Selbstwahrnehmung verantwortlich zu machen, hilft Ihnen aber auch nicht, sich besser zu fühlen. Sie müssen versuchen, die Bereiche abzugrenzen, in denen Sie dem größten Risiko ausgesetzt sind, und, falls notwendig, dort Korrekturen vornehmen. Glücklicherweise gibt es deutliche Warnsignale, von denen die meisten unübersehbar sind.

Hier sind einige Möglichkeiten, diese Zeichen zu erkennen.

Testen Sie, was Sie über sich selbst herausfinden können, indem Sie die folgenden Schritte durcharbeiten:

1. Kreuzen Sie in Tabelle 1 und 2 die Gefühle und Reaktionen an, die Ihre Situation am besten beschreiben.
2. Zählen Sie die Punkte jeder Spalte zusammen und bilden Sie die Gesamtsumme.
3. Notieren Sie in Tabelle 3 die Punkte, die auf Sie zutreffen, und zählen Sie sie zusammen.
4. Bilden Sie die Gesamtsumme der Punkte aus Tabelle 1, 2 und 3.
5. Subtrahieren Sie jetzt die Gesamtpunkte aus Tabelle 4, indem Sie für jede zutreffende Aussage 7 Punkte abziehen.

Bitte messen Sie dieser Analyse nicht allzuviel Bedeutung bei. Sie soll nur helfen, ein wenig darüber herauszufinden, ob Sie dazu neigen, sich angespannt und unter Druck zu fühlen. Lassen Sie beim Bearbeiten der Tabellen den Spaß nicht zu kurz kommen.

TABELLE 1	Treten diese körperlichen Symptome bei Ihnen auf?			
Symptom	täglich (3 P.)	wöchentlich (2 P.)	manchmal (1 P.)	selten (0 P.)
Appetitlosigkeit				
Atembeschwerden				
Durchfall				
Erhöhtes Schlafbedürfnis				
Häufiger Harndrang				
Hautausschlag				
Herzklopfen				
Impotenz				
Kalte Hände oder Finger				
Kalter Schweiß				
Kopfschmerzen				
Magenbeschwerden				
Mattigkeit				
Müdigkeit				
Mundtrockenheit				
Nervöse Spannungen				
Nervöse Unruhe				
Rasender Puls				
Rückenbeschwerden				
Schlaflosigkeit				
Schmerzen im Brustkorb				
Schmetterlinge im Bauch				
Steifer Nacken oder steife Schultern				
Übersteigertes Sprechtempo				
Verdauungsstörungen				
Verhärtung in Bauchdecke oder Brustkorb				
Verkrampfte Finger				
Verstopfung				
Zähneknirschen				
Zitternde Hände				
SUMME JE SPALTE				

GESAMTSUMME _____

TABELLE 2	Treten diese Gefühle oder Neigungen bei Ihnen auf?			
Symptom	*täglich* (3 P.)	*wöchentlich* (2 P.)	*manchmal* (1 P.)	*selten* (0 P.)
Angst				
Angst vor großen Plätzen				
Ärger				
»Das kann mir nicht widerfahren.«				
Drogen- oder Alkoholmißbrauch				
Emotionsausbrüche				
»Es ist nie genug Zeit.«				
Frustration durch Nebensächlichkeiten				
Gedächtnisschwäche				
Gefühl, etwas geht schief				
Gereiztheit				
Gesteigerte Erregbarkeit				
Hysterie				
Konzentrationsschwierigkeiten				
Lärmempfindlichkeit				
Menschenscheu				
Mißtrauen				
Negative Einstellung				
Neigung zu Langweile/ Stumpfsinnigkeit				
Pessimismus				
Rauchen				
Schlafstörungen				
Übersättigung				
Übersteigertes Schlafbedürfnis				
Überzogene Reaktion auf Ereignisse				
Ungeduld				
Vernunftwidriges Verhalten				
Verringerter Sexualtrieb				
Verwirrung				
Zukunftsängste				
SUMME JE SPALTE				

GESAMTSUMME _____

TABELLE 3	Welche dieser Ereignisse haben sich erst kürzlich in Ihrem Leben zugetragen oder könnten sich in nächster Zeit zutragen?	
Todesfall in der Familie	30	
Bei Ihnen wurde eine lebensbedrohende Krankheit diagnostiziert.	29	
Scheidung	28	
Trennung	27	
Sparmaßnahmen	26	
Verlust des Arbeitsplatzes	26	
Ernsthafte Erkrankung	26	
Probleme mit einem Kind in der Familie	23	
Wechsel des Arbeitsplatzes	22	
Veränderungen im Tätigkeitsbereich innerhalb des Arbeitsplatzes	21	
Drohende Entlassung	20	
Schwangerschaft	19	
Partnerschaftsprobleme (privat)	18	
Partnerschaftsprobleme (im Beruf)	18	
Veränderungen in der Art des Arbeitsverhältnisses	15	
Fusion des Arbeitgebers mit anderen Organisationen	15	
Veränderungen im finanziellen Bereich	14	
Finanzielle Schwierigkeiten	14	
Ehepartner beginnt/beendet ein Arbeitsverhältnis.	10	
Hervorragende Leistung	10	
Veränderung der Lebensumstände	10	
Rauchen aufhören	9	
Drohende Gerichtsverhandlung	7	
Regelmäßig erzwungene Überstunden	7	
Finanzielle Schwierigkeiten des Arbeitgebers	6	
Weihnachten	5	
Bedrohung von seiten des Chefs/der Belegschaft/ der Anteilseigner	4	
Einschüchterndes Verhalten des Vorgesetzten	4	
Fehlende Kooperationsbereitschaft der Belegschaft	4	
Veränderungen innerhalb Ihrer Branche	3	

GESAMTSUMME _____

TABELLE 4	Welche dieser Aussagen trifft auf Sie zu?
AUSSAGE	7 P. ABZIEHEN
Ich mache mir Gedanken über meine Ernährung.	
Ich treibe regelmäßig Sport.	
Ich verbringe mindestesns 30 Minuten am Tag mit absolutem Nichtstun.	
Ich meditiere oft.	
Ich trinke pro Tag weniger als drei Tassen Kaffee.	
Ich fühle mich behaglich, wenn rundum Schweigen herrscht.	
Ich genehmige mir Verschnaufpausen zwischen einzelnen Terminen.	
Ich teile mir meinen Tag genau ein.	
Ich bewundere anderer Leute Erfolg.	
Ich helfe anderen, wann immer ich kann.	
Ich führe ein glückliches Privatleben.	
Ich arbeite in einem Job, den ich gern ausübe.	
Meine Anstrengungen finden Anerkennung bei meinen Vorgesetzten.	
Ich komme mit meinen Berufskollegen gut aus.	
Ich habe nur minimale Verpflichtungen.	
Mein Job gereicht nur mir zum Nutzen, niemand anderem.	
Ich empfinde Befriedigung durch meine Arbeit.	
Ich mache regelmäßig Urlaub.	
Meinen Arbeitsärger nehme ich nicht mit nach Hause.	
Ich erwarte Veränderungen im Leben und in der Arbeit.	
Ruhig zu werden liegt in meiner Verantwortung und Macht.	
Ich empfinde selten Langeweile.	
Ich höre mir auch anderer Menschen Standpunkte an.	
Ich habe etwas »positiven Streß« in meinem Leben.	
Ich bin anspruchsvoll in meiner Arbeit und in meinem Privatleben.	
Ich habe pro Tag mindestens 30 Minuten für mich selbst zur Verfügung.	
Ich habe ein Haustier.	
Ich führe ein reges gesellschaftliches Leben.	
Meine Arbeit ist abwechslungsreich.	
Ich kann die positiven Seiten einer Veränderung erkennen.	

GESAMTSUMME _____

Idealerweise sollte die Gesamtsumme Ihrer Punkte möglichst niedrig sein. Wenn Sie sehr niedrig ist (zwischen 0 und 35 Punkten), gehören Sie zu den glücklicheren Menschen unter den Arbeitnehmern. Trotzdem wollen Sie dieses Buch vielleicht aus reiner Neugier zu Ende lesen.

Wenn die Gesamtsumme Ihrer Punkte dagegen sehr hoch liegt, ist Ihre Lage vermutlich so bedrückend, wie Sie es erwartet haben.

Befinden Sie sich mit Ihrer Punktzahl irgendwo in der Mitte, dann sind Sie in guter Gesellschaft. Die meisten Menschen werden mit ihrem Ergebnis im selben Bereich liegen. Ein solches Ergebnis wird als »normal« eingestuft. Aber auch, wenn es als normal gilt, so ist es doch meilenweit von dem entfernt, was als natürlich zu betrachten wäre. Mit ein bißchen Anstrengung können Sie dieses Gefühl deutlich verbessern.

Welche Wortgruppe beschreibt Ihr Verhalten und Ihre Sprache am zutreffendsten?		
A	**B**	**C**
Vernunft	Kampf	Rückzug
Ruhige Stimme	Laut!	Leise
Offene Mimik	Unsteter Blick	Niedergeschlagener Blick
Entspannte Körperhaltung	Verschränkte Arme	Nervöse Fingerspiele
Dem Redefluß angepaßte Gesten	Fahrige Bewegungen	Ineinander verkrampfte Hände
»Ich ...«	»Sie sollten ...«	»Vielleicht ...«
»Ich möchte ...«	»Machen Sie das!«	»Glauben Sie ...?«
»Ich habe ... getan.«	»Sie hätten ... sollen.«	»Ich hätte ... sollen.«
»Ich habe das Gefühl ...«	»Genau so ist es!«	»Entschuldigen Sie bitte, wenn ich ...«
»Lassen Sie uns ...«	»Beeilen Sie sich ...«	»Würde es Ihnen sehr viel ausmachen, wenn ...«
»Ich verstehe, was Sie meinen.«	»Da irren Sie sich gewaltig!«	Ich weiß nicht ...«
»Wie können wir das weiter ausarbeiten?«	»Warum können Sie nicht ...«	»Ich möchte nicht ...«

Wenn Sie sich mit den Phrasen der Gruppe A am besten beschrieben fühlen – besser jedenfalls als mit denen der Gruppe B oder C –, dann sind Sie wahrscheinlich das, was man einen »positiven Menschen« nennt. Ganz allgemein gilt diese Persönlichkeitsstruktur als ideal, um im beruflichen Umfeld zu erreichen, was man möchte. Sie kann Ihnen außerdem helfen, dabei die Ruhe zu bewahren.

Falls Sie sich mehr mit den Begriffen der Kategorie B identifizieren, besteht die Möglichkeit, daß Sie ein eher »aggressiver Typ« sind. Aggressive Persönlichkeiten mißdeuten ihre Aggressivität vielfach als Bestimmtheit, was zu Frustrationen führt, wenn sie daran scheitern, ihren eigenen Weg zu gehen (was sehr häufig der Fall ist). Entgegen landläufigen Meinungen hebt aggressives Verhalten den Streß nicht auf, sondern verstärkt ihn vielmehr. Ebenso wird dadurch die Tendenz zu immer aggressiverem Verhalten gesteigert.

Sollten Sie sich mehr durch Kategorie C charakterisiert fühlen, so sind Sie sich mit großer Wahrscheinlichkeit Ihrer »unterwürfigen« oder »passiven« Haltung bewußt. Wenn diese auch nicht zwangsläufig eine Quelle von Streß sein muß, wird sie doch mit ziemlicher Sicherheit dorthin führen.

Zum Glück können sowohl unterwürfige als auch aggressive Persönlichkeiten dieselben Techniken verwenden, um Ihre Haltung in ein positiveres – und einträglicheres – Verhalten überzuführen.

Welche Charakteristika beschreiben Sie am besten?						
A						**B**
Punkte						
	5	4	3	2	1	
Sie schaffen sich Ihren Streß selbst.						Sie haben Streß, den andere schufen
Sie sind leistungsorientiert.						Sie sind daran interessiert, zu »leben«, nicht daran, zu »haben«.
Konkurrenz ist für Sie eine sehr starke Motivation.						Sie sind ehrgeizig, stehen aber nicht übermäßig unter Konkurrenzdruck.
Sie sehen sich selbst positiv.						Sie machen es sich gern leicht.
Sie setzen sich selbst schwer zu erreichende Ziele.						Sie sehen sehr realistisch, was machbar ist.
Sie setzen sich unrealistische Termine.						Sie setzen sich einen vernünftigen Termin oder gar keinen.
Sie kommen zu Terminen nie zu spät.						Sie pflegen einen lockeren Umgang mit Terminen.
Sie nehmen mehrere Dinge gleichzeitig in Angriff.						Sie gehen methodisch an Aufgaben heran.
Sie zwingen sich selbst, bis an die Grenzen zu gehen.						Sie kennen Ihre Grenzen.
Sie sind immer in Eile.						Sie sind weniger gehetzt, stehen weniger unter Druck.
Sie sind ungeduldig, fühlen sich schnell gelangweilt.						Sie können den meisten Dingen eine interessante Seite abgewinnen.
Sie haben eine abgehackte, aggressive Sprechweise.						Sie sprechen eher langsam, können besser kommunizieren.
Sie nehmen anderer Personen Aussagen vorweg (z.B. indem Sie deren Sätze vervollständigen).						Sie hören aufmerksam und konzentriert zu.
Sie atmen eher schnell und flach.						Sie atmen eher langsam und tief.

A						B
Punkte					
	5	4	3	2	1	
Ihre Körpersprache ist angespannt.						Ihre Körpersprache ist entspannt.
Sie essen, sprechen und bewegen sich hastig.						Sie gehen die Dinge gemächlich an.
Sie sind introvertiert.						Sie sind eher offen, gehen aus sich heraus.
Sie verbergen Ihre Gefühle.						Sie bringen Ihre Gefühle zum Ausdruck.
Sie fühlen sich immer verantwortlich.						Sie delegieren Verantwortung.
Sie delegieren Aufgaben nur zögernd.						Sie delegieren Aufgaben gern und freiwillig.
Sie sind sehr genau, besessen vom Detail, aber ...						Sie fühlen sich nicht verpflichtet, genau zu sein, aber ...
Sie vergessen Einzelheiten, machen Fehler.						Sie haben sich selbst »organisiert«, machen wenige Fehler.
Sie trinken zuviel Kaffee.						Ihr Konsumverhalten ist ausgewogen.
Sie haben Schuldgefühle, wenn Sie einmal ausspannen.						Sie nehmen mit Freuden jede Gelegenheit wahr, aus der Tretmühle zu entfliehen.
Sie betteln um Anerkennung der eigenen Bemühungen.						Sie sind daran interessiert, andere zufriedenzustellen.
Sie stehen unter dem Zwang, etwas, Angefangenes zu Ende zu führen.						Sie haben keine Probleme damit, manches zeitweise beiseite zu legen.
Sie arbeiten immer (an den Wochenenden, zu Hause).						Arbeit ist nur ein Teil Ihres Lebens.
Abgesehen von Ihrer Arbeit haben Sie wenige Interessen.						Ihre Arbeit ist nur eines Ihrer vielen Interessengebiete.
Sie sind davon besessen, alles zu quantifizieren.						Die Fragen »Wie sehr?« »Wie oft?« »Wie viel?« beschäftigen Sie nicht über Gebühr.

Wenn Sie sich mit den Aussagen in Gruppe A besser identifizieren können als mit denen in Gruppe B, legen Sie wahrscheinlich das Verhaltensmuster des klassischen »Typus A« an den Tag, von dem Sie wahrscheinlich schon gelesen haben. Wenn Sie sich dagegen durch die Gruppe B zutreffender charakterisiert sehen, zeigen Sie die Verhaltensweisen von »Typus B«.

Diesen Stereotypen zufolge – die außer acht lassen, daß jede Person ein Individuum ist – leiden Personen des Typus A mehr unter selbstgeschaffenem Streß als Personen des Typus B. Verschlimmernd wirkt die Tatsache, daß Personen des Typus A oft glauben, sie hätten sich und die jeweilige Situation besser unter Kontrolle als andere. Das bedeutet, daß sie weniger geneigt sind, bei Schwierigkeiten Hilfe von außen zu suchen und anzunehmen.

Wenn Sie also das Spiel mitspielen und herausfinden möchten, wo Sie in dieser Aufstellung plaziert sind, dann stufen Sie sich bei den einzelnen Aussagen der obigen Tabelle gemäß der Skala zwischen 5 und 1 ein. Addieren Sie zum Schluß die Zahlen, und Sie können sehen, wo Sie anzutreffen sind.

So haben Sie abgeschnitten

120–150 Allem Anschein nach legen Sie die Verhaltensmuster des klassischen Typus A1 an den Tag. Zur Aufrechterhaltung Ihres Wohlergehens wäre es klug, wenn Sie die Ratschläge in diesem Buch beherzigten – und zwar schnellstens.

90–120 Diese Verhaltensmuster (Typus A2) sind nicht so schwerwiegend und intensiv wie beim zuvor genannten Typus, rechtfertigen aber den guten Rat: Bleiben Sie aktiv und immer am Ball, um Ihrem Leben mehr Ruhe zu verleihen.

60–90 Viele Menschen fallen unter diese Kategorie (Typus AB), eine ausgewogene Mischung aus den typischen Verhaltensmustern der Typen A und B. Nach meiner Beobachtung tendieren solche Personen, wenn sie ihre Verhaltensmuster verändern, mehr zum Typus A.

30–60 Wenn man den Statistiken glauben darf, sind Sie absolut entspannt und können mit Streßsituationen sehr gut umgehen. Natürlich verläuft das Leben nie absolut geradlinig, und so können auch Sie durchaus unter Streßsituationen am Arbeitsplatz leiden.

0–30 Der klassische Typus B. Ihr Verhalten zeigt nur wenige der Charakteristika, die wir normalerweise mit Streß assoziieren. Wenn Sie sich wirklich unter Druck fühlen, dann hat dieser Druck andere Ursachen als Ihre eigene Person.

Natürlich sind die vorgenannten Aussagen alle in gewisser Weise generalisiert. Nicht alle Personen des Typus A leiden unter streßbedingten Problemen, und nicht alle B-Typen sind immun gegen Streß. Wo immer Sie sich in der Tabelle auch wiedergefunden haben, das alles soll nicht mehr sein als ein Hinweis. Etwas, das Sie annehmen oder auch ablehnen können, ganz nach Lust und Laune. Wenn Sie sich ruhig fühlen, dann stehen die Chancen gut, daß Sie auch ruhig sind. Und umgekehrt: Wenn Sie sich gestreßt fühlen, brauchen Sie, unabhängig davon, wie Sie nach der obigen Auswertung abgeschnitten haben, dieses Buch. Also verlieren Sie keine Zeit, lesen Sie weiter!

Aus Gründen der politischen Korrektheit

Heute wird es als politisch inkorrekt erachtet, die Menschen zu stereotypisieren. Dies bezieht sich in gleicher Weise auf psychologische Stereotypisierungen wie auf Stereotypisierungen von Rassen oder Arbeitsbereichen.

Um meinen Lesern nicht zu nahe zu treten, werde ich nach Möglichkeit davon Abstand nehmen, die Bezeichnungen Typus A und Typus B zu verwenden.

Wenn Sie deshalb im weiteren Verlauf meines Buches die von mir neu eingeführten Stereotypen »Getrieben« und »Gelassen« finden, steht es Ihnen frei, diese Ausdrücke durch »Typus A« beziehungsweise »Typus B« zu ersetzen.

Getrieben = Typus A

Gelassen = Typus B

So finden Sie wieder
Spass an der Arbeit

»Streßbedingte Ausfälle am
Arbeitsplatz kosten Milliarden Dollar«, »Streß-Epi-
demie«, »Die Geißel der
neunziger Jahre«, »Streß –
ein Serienmörder«, »Millionen von Arbeitstagen fallen
dem Streß zum Opfer« –
gleichgültig, wo auf dieser

> Der entscheidende Punkt, der meine
> Arbeit von der so vieler »Streßmanager«
> unterscheidet, ist die Tatsache, daß
> ich fest entschlossen bin, Angst, Schuld-
> gefühle und Selbstvorwürfe aus dem
> Thema Streß herauszunehmen. Statt
> dessen möchte ich ein kleines bißchen
> Spaß hineinbringen.

Welt Sie sich befinden, immer wieder werden Sie solche Schlagzeilen lesen. Wenn man der Presse glauben darf, dann sind die
streßbedingten Schwierigkeiten am Arbeitsplatz bereits vollkommen außer Kontrolle geraten.

Ich will Ihnen sagen, was *wirklich* allmählich außer Kontrolle gerät: die Hysterie der Medien und die Klischees, die man mit
dem Begrifff Streß verbindet. Wie können Sie solch düstern
Zukunftsprophezeiungen und Übertreibungen ausgeliefert sein,
ohne Streß zu empfinden? Wie können Sie all die Diskussionen
über streßbedingte Schwierigkeiten über sich ergehen lassen,
ohne – zumindest unterbewußt – einige der Symptome zu übernehmen? So ist es zum Beispiel eine traurige Tatsache im Leben,
daß die Selbstmordrate in die Höhe schnellt, wenn in den Medien eine groß aufgemachte Reportage über Selbstmorde publiziert wird. Darum ist es nur natürlich anzunehmen, daß der
Streß am Arbeitsplatz ebenfalls zunimmt, wenn ihn die Medien

großartig thematisieren. Je mehr wir ein Problem breitwalzen, desto mehr tragen wir zu seiner Relevanz bei. Je mehr wir bestimmte Symptome diskutieren, desto mehr Bedeutung und Gewicht bekommen sie.

Der Ansatz von dem *Buch der Ruhe* zielt nicht darauf ab, die Bedingungen am Arbeitsplatz zu kritisieren, sondern darauf, sich wohl zu fühlen, unabhängig davon, welches Leben man führt. Wenn wir ein einzelnes Problem hervorheben – und wir werden viele hervorheben –, dann so, daß eine ideale Lösung dafür gefunden werden kann.

Was hat nun Spaß mit Arbeit zu tun?

Haben Sie schon einmal bewußt erlebt, wie schwierig es ist, Streß oder Ärger aufzubauen, wenn Sie etwas tun, das Ihnen Spaß macht? Das eine schließt das andere aus. Auf diese Weise können Sie auch viele Langzeiteffekte des Stresses ausschalten.

Es ist eine etwas altbackene Auffassung, das gebe ich zu, aber ich glaube nun einmal, Arbeit sollte nicht nur Erfüllung bringen, sondern auch Freude bereiten – Spaß eben. Dabei ist es gleichgültig, ob Sie Schauspieler, Buchhalter oder Fahrer eines Rettungswagens sind.

Ich kann mir vorstellen, daß Sie jetzt spöttisch lächeln. Sie wissen nur zu gut, daß die größten Schwierigkeiten, Freude zu empfinden, immer während der Arbeit auftauchen. Irgendwie scheint es so zu sein, daß diese acht bis zehn Stunden am Tag eigens dazu geschaffen wurden, alles, was irgendeine Ähnlichkeit mit Spaß hat, aus Ihrem Leben zu verbannen. Ihr Tag ist oft mit so vielfältigen Formen von Druck- und Angstgefühlen angefüllt, daß auch der darauffolgende Tag bedrückend sein wird.

Aber Sie müssen diese Empfindungen nicht zwangsläufig für immer haben. Die in diesem Buch vorstellten Techniken werden es Ihnen ermöglichen, Ruhe und Freude in Ihr Arbeitsleben einfließen zu lassen, sei es in der Produktionshalle oder im Büro.

Diese Techniken sind das Produkt von Erfahrungen im Zentrum des Geschehens und gesundem Menschenverstand. Ich habe sie in den ausgesprochen stressigen Industriezweigen, in denen ich über Jahre hinweg als Arbeiter, Manager und Arbeitgeber tätig war, entwickelt und ständig verbessert. Viele von ihnen wurden mit Hilfe von Psychologen und anderen Therapeuten artikuliert, und die meisten sind in der Praxis von Menschen in den verschiedensten Positionen und aus unterschiedlichen Branchen erprobt.

Wenn Sie unvoreingenommen an diese Techniken herangehen, werden Sie feststellen, daß einige auf wirklich wundersame Weise zu Ihren Gunsten wirken können. Welche wird aber am wirksamsten sein? Nun, diese Frage können nur Sie beantworten. Vertrauen Sie auf Ihre Intuition, sie wird Sie zu der richtigen Methode führen. Denn Sie selbst haben den stärksten Einfluß darauf, wie Sie sich bei der Arbeit fühlen. (Das ist völlig in Ordnung, denn Sie sind schließlich die- oder derjenige, der dieses Buch liest.)

Investieren Sie in die Ruhe

Betrachten Sie einmal die Menschen, die den beruflichen Status erreicht haben, den sie am meisten bewundern. In der Mehrzahl der Fälle werden Sie feststellen, daß die Betreffenden gelassen sind. In aller Regel werden sie, auch wenn sie unter Druck stehen, eine Ruhe ausstrahlen – Sie mögen dies sogar als Unerschütterlichkeit empfinden –, auf die sich andere rückhaltlos verlassen.

Für solche Menschen ist Ruhe eine Investition. Sie kann eine Investition für jede Mitarbeiterin und jeden Mitarbeiter in jedem Unternehmen sein.

Persönliche Investition

Warum sind Sie bei der Arbeit nicht ruhig? Haben Sie zu viele Pflichten zu erfüllen? Verbringen Sie zu viele Stunden im Büro, und haben Sie dann Schuldgefühle Ihrer Familie gegenüber, weil Sie zu wenig Zeit für sie erübrigen können? Verbucht jemand anderes die Anerkennung für gute Arbeit, die Sie leisten? Ist Ihr Arbeitsplatz zu sehr durch Lärm beeinträchtigt? Behandelt Ihr Chef Sie unfair? Ist die Arbeit ungenügend honoriert? Fühlen Sie sich nicht anerkannt, oder fehlt Ihnen die persönliche Erfüllung?

Wahrscheinlich ist nicht nur ein Aspekt der Grund für Ihre Anspannung, sondern eine Kombination aus mehreren. In diesem Fall wird sowohl Ihre Gesundheit wie auch Ihre Arbeit in Mitleidenschaft gezogen, weshalb Sie ein berechtigtes Interesse daran haben, zur Ruhe zu kommen.

Lernen Sie, durch willentliche Beeinflussung zur Ruhe zu kommen. Dann werden Sie während jedes Arbeitstages den Nutzen davon fühlen und den Eindruck gewinnen, selbstbestimmt zu leben. Sie werden Ihren Pflichten besser nachkommen und mehr Befriedigung aus Ihrer Arbeit schöpfen. Gleichgültig, welche Umstände oder Vorgesetzte Ihre Geduld auf die Probe stellen, egal, welche Weltuntergangsstimmung die Zeitungen verbreiten oder was die wirtschaftliche Lage aus Ihrem Einkommen macht – Sie werden immer eine positive Einstellung zu Ihrer Arbeit haben. Sie werden sich allem besser gewachsen fühlen und dem Leben Reize abgewinnen, von denen gestreßte Menschen nur träumen können. Mit ungetrübtem Blick in die Zukunft schauend, werden Sie soweit kommen, daß Sie jeden Tag mit nahzu kindlichem Enthusiasmus in die Arbeit gehen.

Das nenne ich eine großartige persönliche Investition!

Geschäftliche Investion

In dem Maße, in dem die Unternehmen in einer sich sprunghaft entwickelnden Marktwirtschaft einen erbarmungslosen Konkurrenzkampf ausfechten (das wird auch in Zukunft der Fall sein), erhöht sich auch der Druck auf die Arbeitnehmer.

Vom Standpunkt eines Managers oder Unternehmers aus betrachtet, sind damit ruhige, gelassene Arbeitskräfte eine der wirtschaftlich rentabelsten Investitionen. Die Folge sind weniger Probleme innerhalb des Unternehmens, mehr Arbeit, die pro Stunde erledigt wird, und weniger Ausfälle innerhalb der Belegschaft. Ruhe bringt nicht nur erhöhte Stabilität und Motivtion in ein Unternehmen, sondern die Harmonie, die sie erzeugt, bewirkt eine für kommende Zeiten unabdingbare, kraftvolle Dynamik.

Der größte Nutzen – und Profit – an dem Faktum, daß die Belegschaft mit Ruhe bei der Arbeit ist, ergibt sich im Bereich der Produktivität. Denn ein ruhiger, aber motivierter Arbeitnehmer leistet mehr, begeht weniger Fehler und arbeitet insgesamt wesentlich effizienter.

Aber nicht nur Ihr Arbeitgeber profitiert davon, daß Sie Effizienz beweisen und Ihre Arbeit mit Freude erledigen – auch Sie ziehen Vorteile daraus.

Also lohnt es sich, danach zu streben.

Flüchten Sie sich nicht in alberne Ausreden

Der erste Schritt in Richtung des Ziels, am Arbeitsplatz wieder zur Ruhe zu kommen, besteht darin, sich von albernen Ausreden frei zu machen. Gestreßte Arbeitnehmer ziehen sie oft heran, um damit ihr Unbehagen verstandesmäßig in Worte zu fassen.

Im folgenden werden die geläufigsten Ausreden aufgelistet. Vielleicht erkennen Sie einige davon wieder.

»Ich kann nichts ausrichten.« Das ist Unsinn. Sehr bald werden Sie sich verwundert fragen, warum es so lange gedauert hat, bis Sie merkten, wieviel Sie tatsächlich ausrichten können.

»Das ist zu schwierig.« Siehe oben.

»Streß ist mein Lebenselixier.« Um etwas vor sich selbst zu rechtfertigen, hat »Streß ist mein Lebenselixier« den gleichen Stellenwert wie »Ich rauche gern«. Es ist eine Ausrede, nicht mehr und nicht weniger, die überwiegend Süchtige und Leichtsinnige ins Spiel bringen. Auch wenn es Ihnen freisteht, diese Rechtfertigung gegenüber jedem vorzubringen, der sie hören will oder nicht – Sie sollten sehr vorsichtig damit sein, sie gegenüber sich selbst anzuwenden. Denn Streß ist für *niemanden* ein Lebenselixier.

Machen Sie die Ruhe zu Ihrem Lebenselixier, und Sie werden mehr leisten denn je.

»Ich brauche den Streß, um meine Arbeit tun beziehungsweise die an mich gestellten Anforderungen erfüllen zu können.« Für viele Menschen ist Streß absolut notwendig, um den nötigen Adrenalinschub sowie ein gewisses Maß an Angst und Panik auszulösen, mit dem sie ihre Arbeit ausführen. (Dies trifft insbesondere für die von Unsicherheit geprägte Kunst- und Medienwelt zu.) Im Grunde genommen handelt es sich hierbei jedoch nur um schlimme Arbeitspraktiken, die Leistung verhindern und auf lange Sicht Ihre Effektivität reduzieren. Je älter Sie werden, desto schädlicher wird diese Methode und desto mehr verkürzt sie Ihre Karriere. Menschen, die ständig so arbeiten, sind nach einer kurzen Phase ihres Lebens ausgebrannt und brauchen immer höhere Dosen von Stimulantien wie Alkohol oder Konflikte, um in dieser Hetze weiter mithalten zu können.

Wenn Sie dagegen die Ruhe bewahren, werden Sie ein ebenso hohes Leistungsniveau erreichen und es Ihr ganzes Leben lang beibehalten.

»Gestreßte Menschen arbeiten am härtesten.« Ironischerweise ist dies sogar meistens wahr. Gestreßte Menschen schaffen sich oft selbst Arbeit, nämlich aufgrund der geringen Effizienz, die sie an den Tag legen, weil sie gestreßt sind. Während Sie also tatsächlich zu denen zählen wollen, die am härtesten arbeiten, gehören Sie damit noch lange nicht zu denen, die am besten arbeiten.

»Die besten Arbeiter arbeiten am längsten.« Nachdem ich über lange Jahre enge Verbindung zu zwei Industriezweigen unterhielt, die sich ihrer langen Arbeitszeiten rühmen, bin ich heute der Ansicht, daß manche Menschen, die ihre acht Stunden am Tag arbeiten, mehr schaffen als andere, die zwölf Stunden schuften. Mit mehr Köpfchen zu arbeiten, bedeutet in den meisten Fällen mehr Effizienz und ist in der Regel produktiver als längere Arbeitszeiten.

Versuchen Sie es einmal. Und denken Sie an die vielen schönen Dinge, für die Sie die Ihnen zusätzlich verbleibende Zeit verwenden können.

»Für Veränderungen habe ich keine Zeit.« Selbstmitleid ist kein besonders attraktiver Charakterzug. Außerdem sind positive Veränderungen eine Sache der Gewohnheit, nicht der Zeit.

»Um vorwärtszukommen, muß man sich in seiner Arbeit quälen.« Um vorwärtszukommen, müssen Sie Ihre Arbeit entsprechend Ihrer Leistungsfähigkeit ausführen. Ihre Leistungsfähigkeit wird sich steigern, wenn Sie ruhig sind.

»Ich bin in einer niedrigen Position, dagegen kann ich nichts tun.« In welcher Position Sie auch sind, Sie haben den größten Einfluß auf die Entscheidung, wie Sie sich fühlen wollen. Nutzen Sie diesen Einfluß, und helfen Sie sich selbst, sich ruhiger und besser zu fühlen.

»**Das System ist an allem schuld.**« Das ist die weltweit am meisten strapazierte Ausrede, um die Verantwortung von sich zu schieben. »Dem System« kann man die Schuld leicht geben, denn die wenigsten wissen, was »das System« ist. Für viele beinhaltet es einfach alles, was sie nicht verstehen oder wozu sie keine Beziehung aufbauen können.

Wenn Sie dem System oder dem Management die Schuld an Ihrem Streß zuschieben wollen, bitte, nur weiter so. Aber denken Sie immer daran, daß es in Wahrheit nur eine Person gibt, die wirklich dafür verantwortlich ist, daß Sie sich besser fühlen können.

Ja, das sind Sie.

»**Ohne Streß würde mir langweilig werden.**« Auch eine weitverbreitete Rechtfertigung dafür, daß man sich gestreßt fühlt. Selbst wenn uns Medien und Werbung glauben machen wollen, daß Freude und Begeisterung nur aus Aufregung heraus entstehen, so ist das ein ausgesprochen schwaches Argument.

Sie können sich freuen und Vergnügen an allem und aus allem heraus empfinden, das sie ohne äußeren Anstoß und Aufregung unternehmen. Seien Sie ruhig, und empfinden Sie mehr Genuß am Leben.

»**Arbeit soll eine Tretmühle sein.**« Wer behauptet das? Selbst wenn es wahr wäre, würden Sie dann nicht versuchen, Ihrer Arbeit auch eine angenehme Seite abzugewinnen? Das ist ganz leicht. Lesen Sie nur weiter.

»**Ich habe es schon versucht, aber ich kann nichts verändern.**« Allein der Versuch ist Ausgangspunkt für die meisten Verbesserungen im Leben. Mit dem Wissen, das Sie aus diesem Buch schöpfen, können Sie zuversichtlicher in die Zukunft sehen. Die meisten der hier vorgestellten Techniken sind leichter anzuwenden als andere, die Sie vielleicht früher ausprobiert haben.

»Streß verschwindet, sobald man Urlaub hat.« Wenn es auch stimmt, daß Urlaub bei der Überwindung von Streß Wunder wirken kann, so ist diese Streßfreiheit nur zeitlich begrenzt. Ein- oder zweimal im Jahr Urlaub machen löst nicht die Mehrzahl der Probleme, die im Arbeitsleben auftauchen. Der Grund dafür liegt in der Tatsache, daß man Streß nicht einfach wie eine Er- kältung oder Akne hat oder nicht hat. Streß umfaßt äußerst viel- fältige, spezifische Probleme, von Konflikten in den Beziehun- gen zu Arbeitskollegen bis hin zu der Empfindung, keinerlei Kontrolle über sein Handeln zu haben. Und diese Konstellatio- nen wird man auch bei der Rückkehr aus dem Urlaub unverän- dert vorfinden.

»Streß betrifft uns heute mehr und stärker als je zuvor.« Die- se Ausrede hört man x-mal jeden Tag. Dennoch fällt es schwer zu glauben, daß es uns heute schlechter geht als zu Zeiten, in de- nen jeder zweite Mensch Gefahr lief, an Pocken zu sterben, oder in denen es völlig normal war, an sieben Tagen der Woche zwölf Stunden täglich zu arbeiten.

Der Unterschied besteht darin, daß wir heute sehr viel mehr über streßbeladene Umstände hören und über Symptome lesen, an denen andere Menschen leiden.

Die Medien tragen einen großen Teil der Verantwortung dafür.

»Es ist ungerecht, daß die Unternehmer den Profit einstrei- chen und wir die Arbeit tun.« Diese Klage führt nur zu einem Ergebnis: gesteigerter Unzufriedenheit beim Arbeitnehmer. In den meisten Fällen geht es dabei nicht um eine Frage der Fair- neß, sondern um Selbstgerechtigkeit. In jedem Fall hat dieses Argument praktisch keinen Einfluß auf die Haltung des Fir- meninhabers.

»Woran erkennt man, daß man gestreßt ist?« Verzeihen Sie, aber das ist mehr als einfach. Wenn Sie dieses Buch zu Ende ge- lesen haben, werden Sie mir darin zustimmen.

»Jede Art von Streß ist schlecht.« Im Gegensatz zu der landläufigen Meinung ist nicht jeder Streß schlecht. Es gibt positiven und negativen Streß.

Positiver Streß bringt Spaß und bereichert das Leben. Dabei handelt es sich um die Art Streß, die Sie empfinden, wenn Sie eine Gehaltsaufbesserung bekommen oder befördert werden oder wenn Sie etwas erledigen, das schon lange fällig war. Es ist der Streß, den Sie fühlen, wenn sich die Aufzugtür öffnet und Sie der attraktivsten Person gegenüberstehen, der Sie jemals begegnet sind. Das ist positiver Streß. Er bereichert Ihr Leben, gibt Ihnen das Gefühl, jung und voll Lebenskraft zu sein.

Auf negativen Streß kann man dagegen sehr gut verzichten.

Ideal ist eine Kombination aus einem gewissen Maß an positivem Streß, ohne den das Leben langweilig und weniger effektiv wäre, mit so wenig negativem Streß wie möglich.

Aber genug der Ausreden. Machen wir uns daran, Ihnen zu helfen, sich bei der Arbeit ruhig und ausgeglichen zu fühlen.

1. Tun Sie den ersten Schritt

Dies ist der wichtigste Abschnitt dieses Buches. Den ersten Schritt zu tun auf dem Weg, Ruhe zu finden, erfordert kein besonderes Wissen und keine besonderen Anstrengungen.

> Der erste Schritt ist leicht. Beschließen Sie, daß Sie Ruhe finden werden, und Sie sind auf dem richtigen Weg, ruhig zu werden.

Sie müssen dazu nur eine kurze Pause von sechzig Sekunden einlegen und eine Entscheidung treffen. Fassen Sie den Entschluß, mindestens drei oder vier Anregungen aus diesem Buch zu übernehmen – auch wenn Sie es bis jetzt noch nicht gelesen haben –, und diese mit Entschiedenheit zu verfolgen.

Das ist alles. Der erste Schritt auf dem Weg, Ruhe zu finden, ist schlicht und einfach, *sich zu entscheiden, daß man Ruhe finden will*. Hätten Sie gedacht, daß es so einfach sein könnte? Ich habe eine Überraschung für Sie: Es war schon immer so einfach.

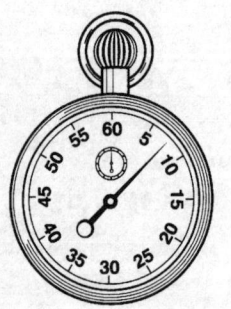

Verwenden Sie die nächsten sechzig Sekunden dazu, diese Entscheidung zu treffen.

2. ENTSCHEIDUNGEN, DIE DAS LEBEN VERÄNDERN

Ist es nicht eigenartig, daß Sie sich automatisch ab dem Moment wohler fühlen, ab dem Sie feststellen, daß Ihnen Wahlmöglichkeiten offenstehen? Wenn Sie in eine

> Wenn Sie sich vage definierten oder gar abstrakten Herren (wie einem Unternehmen) oder verschwommenen Idealen sklavisch unterwerfen, wird das in den seltensten Fällen zu Ihrem Besten sein.

starre Arbeitsroutine eingebunden sind, mag es vielleicht schwerfallen, das zu akzeptieren, aber Sie haben immer Wahlmöglichkeiten – insbesondere wenn es darum geht, sich ruhig zu fühlen und bei der Arbeit Befriedigung zu empfinden.

Hier sind zwei Möglichkeiten, zwei Wege, wie Sie Ihre Einstellung gegenüber Ihrer Arbeit und Ihrem Leben verändern und somit zur Ruhe kommen können.

1. Prioritäten in Ihrem Leben

Die meisten vernünftigen Menschen glauben, daß Arbeit (das heißt, einen Job zu haben) ein

Grundrecht aller Menschen sei, und zwar eines, das nicht nur für die Befriedigung der materiellen Bedürfnisse von Bedeutung ist, sondern auch für das Selbstwertgefühl.

An dieser Stelle treten schon gewisse philosophische Variablen in die Gleichung.

Auf der einen Seite steht der Hinduismus. Dieser Glaube besagt, daß Arbeit die reinste Form von Ergebenheit gegenüber Gott ist (eine Auffassung, die von vielen Religionen vertreten wird). Dem steht ein etwas vertrauteres Glaubenssystem gegenüber, das Sie vielleicht als »Arbeitsethik« bezeichnen würden. Die Philosophen unter Ihnen mögen sich von meinen übertriebenen Vereinfachungen herausgefordert fühlen, aber den eigentlichen Kern dieser Ethik bilden zwei grundsätzliche Feststellungen:

1. Arbeit ist edel.
2. Je härter die Arbeit ist, desto edler ist sie.

Das könnte für die meisten Menschen eine vernünftige und praktikable Philosophie auf ihrem Weg durchs Leben sein. Unglücklicherweise werden Sie aber oft feststellen, daß dieses Ideal durch ein Korsett von Ausschmückungen eingeengt wird. Ich nenne das die »erweiterte Arbeitsethik«. Vielleicht ist Sie Ihnen sogar geläufig:

1. Je mehr Unbehagen Arbeit beinhaltet, desto edler ist sie.
2. Freizeit ist eine Aktivität von niederem Rang, vielleicht sogar völlig ohne Wert.
3. Der Arbeitgeber (Einzelperson, Unternehmen oder Staat) rechtfertigt die Tatsache, daß man ihm Ehrerbietigkeit entgegenzubringen hat, einzig und allein mit seinem Status als Arbeitgeber.

Natürlich ist das eine Verballhornung der ursprünglichen Philosophie, noch dazu eine sehr ungesunde. Es handelt sich um eine patriarchalische, arbeitgeberfreundliche Konstruktion, die einer sklavischen Unterwerfung mit dem Streben nach noch härterer Arbeit und noch längeren Arbeitszeiten das Wort redet. Was aber schlimmer ist: Dieses drohnenhafte Verhalten greift in der Arbeitswelt vehement um sich, insbesondere unter denjenigen Menschen, die man als »gute Arbeiter« kennt.

Stellen Sie den Grad Ihrer Unterwerfung unter die (erweiterte) Arbeitsethik fest		
Antworten Sie im folgenden jeweils mit RICHTIG oder FALSCH.	RICHTIG	FALSCH
Andere sollen ruhig wissen, wie hart ich arbeite.	❏	❏
Menschen, die viele Stunden am Tag arbeiten, sind gute Arbeiter.	❏	❏
Die Gegenwart meines Chefs ist mir unangenehm.	❏	❏
Auch wenn ich nichts mehr zu tun hätte, ginge ich nicht früher nach Hause.	❏	❏
Ich empfinde kein Mitgefühl für Arbeitslose.	❏	❏
Ich hasse es, Zeit zu vergeuden.	❏	❏
Ich werde eher in einem Rundschreiben an die Belegschaft erwähnt, als daß ich einen Brief von einem Freund bekomme.	❏	❏
Ich habe Schwierigkeiten, am Wochenende auszuspannen.	❏	❏
Arbeitskollegen, die sich zu oft freinehmen, sind mir verdächtig.	❏	❏
Ich lasse mich nie krank schreiben, auch nicht, wenn ich mich schlecht fühle.	❏	❏
Durch meine Arbeit habe ich mir Urlaub verdient.	❏	❏
Ich würde den Besuch eines Konzertes, bei dem mein Kind mitwirkt, ausfallen lassen, wenn mein Chef mich braucht.	❏	❏
Wenn ich früher aufwache, gehe ich lieber gleich zur Arbeit, statt Zeitung zu lesen.	❏	❏
Ich kann es nicht gutheißen, wenn Leute bei der Arbeit Zeit vertrödeln.	❏	❏
Es ist mir unangenehm, über mein Gehalt zu sprechen.	❏	❏
Es hat etwas Befriedigendes, sich am Ende eines Arbeitstages geschunden und schmutzig zu fühlen.	❏	❏

Wenn Sie diesen kleinen Fragebogen ausfüllen, dann machen Sie sich nicht die Mühe, die Antworten zu zählen. Obwohl es sich hier nur um einen allgemeinen Überblick handelt, ist davon aus-

zugehen, daß Sie sich um so mehr der »erweiterten Arbeitsethik« verpflichtet fühlen, je öfter Sie mit *Richtig* geantwortet
haben.

Die Mehrzahl derer, die nach dieser Ethik leben, hat sich niemals Gedanken über die daraus resultierenden Folgen oder
Schäden gemacht. Es dürfte Sie jedoch wenig überraschen, daß
die Intensität von Streß am Arbeitsplatz proportional zum Grad
der Unterwerfung unter dieses fragwürdige Ideal ansteigt.

Wahrscheinlich gehen Sie davon aus, daß es auch eine positive Seite gibt. Vermutlich, so mögen Sie denken, erlangt man
durch die Akzeptanz dieser Ethik mehr Befriedigung in seinem
und durch seinen Job. Ganz im Gegenteil.

Ich muß zugeben, in meiner Funktion als Arbeitgeber habe
ich eine gewisse Schwäche für die »erweiterte Arbeitsethik« entwickelt. Sie schafft gefügige Arbeitnehmer, vieles erledigt sich
durch sie wie von selbst, und sie ist gut fürs Geschäft. Aber als
Verfechter von Ruhe und Gelassenheit kann ich Sie nur vor dieser Ethik warnen.

Wenn Sie sich vage definierten oder gar abstrakten Herren
(wie einem Unternehmen) oder verschwommenen Idealen sklavisch unterwerfen, wird das in den seltensten Fällen zu Ihrem
Besten sein. Insbesondere wenn Sie dazu neigen, sich über Ihre
Arbeit ständig den Kopf zu zerbrechen und sie zu ernst zu nehmen. Weitaus besser ist es, sich darüber klar zu werden, was Sie
in Ihrer Arbeit sehen und was Sie von ihr an Ergebnissen für
sich erwarten, *bevor* Sie Engagement entwickeln. Wenn Sie
nämlich für Ziele arbeiten, die Sie selbst definieren und an die
Sie glauben, dann werden Sie Ihre Arbeit mit wesentlich mehr
Ruhe erledigen.

Damit sind wir an dem Punkt angelangt, an dem Ihre Wahlmöglichkeiten in den Vordergrund rücken. Wollen Sie sich ruhig fühlen und über Ihre Arbeit Zufriedenheit empfinden, müssen Sie sich zuerst einmal über die Prioritäten in Ihrem Leben
Gedanken machen. Ist Ihre Arbeit wirklich so wichtig für Ihr
Selbstwertgefühl? Sind Ihnen zwischenmenschliche Beziehun-

gen wichtiger als Ihre Arbeit? Wollen Sie in Ihrem Beruf die oberste Sprosse der Karriereleiter erklimmen? Begegnen Sie gerne Menschen? Möchten Sie genug auf die »hohe Kante« legen, um den Rest Ihrer Tage mit Reisen genießen zu können?

Die meisten Menschen verbringen einen großen Teil ihres Lebens damit, sich mit diesen Prioritäten auseinanderzusetzen. Um es Ihnen leichter zu machen, habe ich auf Seite 115 die Tabelle der Lebensprioritäten zusammengestellt.

Mit diesem einfachen Hilfsmittel wird es Ihnen leichter fallen, Wichtigem in Ihrem Leben die richtige Rangordnung zu verschaffen. Sie werden vielleicht feststellen, daß Arbeitsprioritäten wie Geld, Position und Erfolg auf Ihrer Liste ganz oben rangieren. In diesem Fall steht es Ihnen frei, sich zu entscheiden, ob Sie im Beruf unter allen Umständen erfolgreich sein und gleichzeitig Aussicht darauf haben wollen, daß jeder Rückschlag Streß für Sie bedeutet.

Andererseits können Sie sich aber auch dafür entscheiden, daß Familie oder andere zwischenmenschliche Beziehungen die Liste Ihrer Prioritäten anführen sollen. Dann werden Ihnen die Kleinigkeiten des Alltags sicher nicht den Schlaf rauben. Die Tabelle Lebensprioritäten wird Ihnen bei Ihrer Entscheidung helfen.

2. Ihre Lebensumstände

Auf die Gefahr hin, alles zu sehr zu vereinfachen: Wenn Ihre Situation oder Ihre Lebensumstände von Streß überrollt werden, haben Sie im Grunde genommen zwei Möglichkeiten:

1. Sie verändern die Streßauslöser,
2. Sie verändern Ihre Einstellung den Streßauslösern gegenüber.

Viele Menschen, die im Bereich Streßmanagement arbeiten, konzentrieren ihre Bemühungen auf Veränderungen im Arbeitsumfeld. Ihr Ziel ist es, die Haltung des Managements zu modifizieren, die Verantwortlichkeit für die Arbeit neu zu bestimmen und dem Arbeitnehmer mehr Mitspracherecht einzuräumen. Diese positiven Idealvorstellungen erfahren ihre Grenzen aber gerade dadurch, daß sie Idealvorstellungen sind. Sie plädieren für strukturelle Veränderungen, die für Sie persönlich nahezu unmöglich oder, falls doch, nur über einen sehr langen Zeitraum hinweg umzusetzen sind.

In den seltensten Fällen ist es leicht, die Umstände zu verändern, die bei Ihnen Streß auslösen. Sie können nicht so ohne weiteres Ihren Chef durch einen anderen ersetzen. Sie können oder wollen vielleicht nicht in eine andere Stadt ziehen. Ebenso würden Sie vermutlich Schwierigkeiten haben, plötzlich zum Computer-Programmierer umzuschulen, wenn Sie eine Ausbildung als Schreibkraft absolviert haben. Es erscheint auch nicht unbedingt vernünftig, einen gutbezahlten Job hinzuwerfen, nur weil Ihr derzeitiger Vorgesetzter Sie nicht ausstehen kann.

Die praktikabelste Möglichkeit für Sie besteht nicht darin, die Umstände zu verändern, sondern Ihre Einstellung diesen Umständen gegenüber zu ändern.

Ich will nicht behaupten, daß es leicht ist, lange bestehende Gewohnheiten und Einstellungen zu ändern. Aber Sie können sich tatsächlich sozusagen selbst »umkrempeln« und sich von einem Streßopfer in eine gelassene Persönlichkeit verwandeln. Nicht dadurch, daß Sie versuchen, die Streßfaktoren Ihres Arbeitslebens auszuschalten, sondern indem Sie Ihre persönliche Wahrnehmung dieser Faktoren erneuern.

Hier finden Sie weitere Tips zur Ruhe:

Der kreative Langzeitplan ...... Seite 207
Der unbewußte Plan .... Seite 215
Freibrief für Erfolgsverweige-
rung .... Seite 257

3. WÄHLEN SIE IHREN ARBEITGEBER

Wahrscheinlich waren Sie es bisher gewohnt zu denken, daß Ihr Arbeitgeber Sie für Ihren Job ausgesucht hat, statt daß Sie Ihren Arbeitgeber gewählt haben. Arbeitgeber haben in den seltensten Fällen etwas gegen die erste dieser beiden Denkweisen, denn sie bedeutet die Festschreibung der Beziehung Herr/Sklave.

> Welche Position Sie auch einnehmen, welcher Beschäftigung Sie auch nachgehen – Sie sind eine starke Persönlichkeit. Wenn Sie Ihre Aufgaben gut erfüllen, sind Sie und der Platz, auf dem Sie sich befinden, für Ihren Arbeitgeber von hohem Wert.

Für Sie besteht jedoch keine Notwendigkeit, in diesem Denkschema zu verharren.

Welche Position Sie auch einnehmen, welcher Beschäftigung Sie auch nachgehen – Sie sind eine starke Persönlichkeit. Sie tragen nicht unwesentlich zur Vermehrung des Kapitals, zur Steigerung der Macht und zur Festigung der Position Ihres Arbeitgebers bei. Sie ebnen ihm sogar den Weg auf seiner Karriereleiter. Wenn Sie Ihre Aufgaben gut erfüllen, sind Sie und der Platz, auf dem Sie sich befinden, für Ihren Arbeitgeber von hohem Wert.

Lassen Sie es mich noch einmal wiederholen: Sie und der Platz, auf dem Sie sich befinden, sind von *hohem* Wert! Über den Daumen gepeilt kann man sagen, in einem gut geführten, florierenden Unternehmen beträgt der Beitrag, den Sie zum Gewinn des Arbeitgebers leisten, ein Mehrfaches dessen, was Sie den Arbeitgeber insgesamt kosten. Wußten Sie das? *Ein Mehr-*

faches dessen, was Sie den Arbeitgeber insgesamt kosten. Nach konventionellen Maßstäben folgt daraus, daß Sie für Ihren Arbeitgeber wesentlich wertvoller sind, als er für Sie – zumindest auf der Basis eines Tag-für-Tag-Vergleichs.

Das ist natürlich alles Theorie. Aber von jetzt an sind Sie durchaus berechtigt, davon auszugehen, daß Sie Ihren Arbeitsplatz haben, weil Sie selbst diese Wahl trafen. Auch wenn Sie nur einen Arbeitgeber zur Auswahl hatten, sehen Sie es doch einfach so, daß Sie sich für Ihren Arbeitgeber entschieden haben, nicht andersherum. Wenn es Ihnen gelingt, Ihren Job aus diesem Blickwinkel zu betrachten, dann sind Sie bereits auf dem besten Weg, selbst zu entscheiden, ob Sie an Ihrem Arbeitsplatz ruhig und gelassen sein wollen oder nicht.

Kriterien für die Wahl des Arbeitgebers

Die meisten Arbeitgeber kann man in eine von drei Kategorien einteilen, allerdings gibt es auch Grenzfälle. Diese Beschreibung der einzelnen Kategorien ist auf private wie auf öffentliche Unternehmen anzuwenden. Sie bezieht sich auf Unternehmen aus den Bereichen Fertigung, Instandsetzung, Verkauf, Beratung, Wartung oder Reinigung. Mit anderen Worten, sie trifft auf die gesamte Arbeitswelt zu.

Ich überschreibe die drei Kategorien von Arbeitgebern mit den Begriffen kreativ, restriktiv und unentschlossen. Diese Kategorien sind das Produkt der Einstellungen von Anteilseignern sowie der Führungsriege aus Direktoren und Managern. Letztendlich definieren sie den Geist eines Unternehmens an sich.

Kreative Arbeitgeber

Kreative Arbeitgeber denken: »Der Mitarbeiterstab ist mein größter Aktivposten. Diesen Aktivposten will ich hegen und pflegen, um damit noch größere Erfolge zu meinem Nutzen und zum Nutzen der Mitarbeiter zu erzielen.« Kreative Arbeitgeber sagen: »Wie können wir etwas verbessern?«

Der Mitarbeiterstab ist mein größter Aktivposten. Diesen Aktivposten will ich hegen und pflegen, um damit noch größere Erfolge zu meinem Nutzen und zum Nutzen der Mitarbeiter zu erzielen. Ich hoffe, ich störe Sie nicht. Ich hätte daran denken sollen, Sie um etwas zu bitten, das ich gern möchte.

Die Aktivitäten dieser Art von Arbeitgebern sind nach außen gerichtet und ausgesprochen wachstumsorientiert, um das eigene Umfeld zu verbessern (und daraus resultierend *Ihr* Umfeld). Das hat nicht zwangsläufig Expansion zur Folge in der Form, daß das Unternehmen an Umfang zunimmt oder die Gewinnkurve steil nach oben zeigt. Es bedeutet schlicht und einfach, daß die Organisation auf Verbesserungen ausgerichtet ist. Im Zentrum des Interesses stehen günstige Wachstumsbedingungen für den Bereich der Produktion wie auch im Rahmen der Belegschaft, bei Aus- und Weiterbildung und in Personalfragen. Dabei handelt es sich nicht um Idealismus oder »New-Age«-Phantasien, sondern um das Markenzeichen eines jeden Arbeitgebers oder Managers, der hofft, durch seine Arbeit etwas zu bewirken. Noch wichtiger, es ist das Markenzeichen von Unternehmen oder Organisationen, die in der heutigen Zeit bleibenden Eindruck hinterlassen.

Kreative Arbeitgeber sind die positiven Kräfte in der Geschäftswelt, im öffentlichen Dienst, in Erziehung, Medizin, Kirche und Politik. Sie verdienen unseren Respekt und unsere Unterstützung.

Meine persönliche Politik besteht darin, nur für Unternehmen zu arbeiten, die kreativ zu nennen sind. Diese Bezeichnung ist unabhängig von der Funktion der Unternehmen, steht aber in engem Zusammenhang mit ihrer Einstellung. Man folgt dort der Maxime, genausoviel Wert auf diejenigen zu legen, die für einen arbeiten, wie auf diejenigen, für die man arbeitet. Es zeugt gleichermaßen von gutem Geschäftssinn, ein kreativer Arbeitgeber zu sein, wie für einen solchen zu arbeiten.

Restriktive Arbeitgeber

Restriktive Arbeitgeber denken: »Die Mitarbeiter sind der größte Kostenfaktor in meiner Kalkulation. Ich kann die Kosten eindämmen, indem ich weniger Arbeitskräfte beschäftige oder deren Bezüge kürze. Damit bleibt unter dem Strich mehr – zumindest für den Augenblick.«

Restriktive Arbeitgeber sind leicht zu erkennen. Sie bezeichnen sich selbst als Pragmatiker und können sich endlos über Effizienz und Produktivität auslassen. Auch wenn ihre Professoren gehofft hatten, ihnen ein breiter gefächertes Spektrum an Fähigkeiten im Bereich Unternehmensführung zu vermitteln, glänzen sie in der Regel in nichtproduzierenden Funktionen wie Buchhaltung oder internem Firmenmanagement.

Ich vermute, daß die meisten restriktiven Arbeitgeber unter dem Einfluß der Wirtschaftlichkeits- und Rationalisierungsgedanken der frühen neunziger Jahre stehen. Sie sind begeistert davon, daß die Summe unter dem Strich durch Einschnitte und Sparmaßnahmen viel leichter zu beeinflussen ist – zumindest auf kurze Sicht – als durch die Schaffung von Neuem. Vielfach sind sie dem Prinzip der Gesundschrumpfung sklavisch ergeben, und mit Vorliebe bringen sie den Spruch an, daß »ein gesparter Dollar soviel wert ist wie drei verdiente«. Sie sind besessen von dem Prinzip *billiger, schneller, schlanker*; und, noch viel alarmierender, ihre kurzfristig konzipierten Taktiken werden zunehmend zu Langzeitstrategien.

Die Mitarbeiter sind der größte Kostenfaktor in meiner Kalkulation. Ich kann die Kosten eindämmen, indem ich weniger Arbeitskräfte beschäftige oder deren Bezüge kürze. Damit bleibt unter dem Strich mehr – zumindest für den Augenblick.

Auch wenn sich diese Art von Arbeitgeber durch mein Urteil wahrscheinlich auf den Schlips getreten fühlt, behaupte ich, restriktive Arbeitgeber sind die negativen Kräfte in der Geschäftswelt. In der Regel führen sie introvertierte, hektische Unternehmen und haben auf lange Sicht nie große Erfolge zu verzeichnen.

Jetzt glauben Sie vielleicht, ich sei unnötig streng mit einem wohlmeinenden Teil der arbeitenden Gemeinschaft. Aber ich habe die Misere gesehen, die diese negative Philosophie zu verantworten hat: den Rückgang des mittleren Managements, den Ausschluß älterer Arbeitnehmer, den »kosmetischen« Zuschnitt der Beschäftigungsbedingungen und, was am schlimmsten ist, wachsende Angst und Unsicherheit am Arbeitsplatz.

Und das alles im Namen der Effizienz!

Glücklicherweise existiert inzwischen ausreichend Material, um das Scheitern der negativen Strategien der restriktiven Arbeitgeber zu belegen. Eine Studie, die 700 negativ-orientierte amerikanische Unternehmen unter die Lupe nahm, ergab, daß im Untersuchungszeitraum von fünf Jahren die meisten einen erheblichen Einbruch ihrer Aktienkurse hinzunehmen hatten. (Paradoxerweise besteht die sicherste Möglichkeit, dem Aktienkurs eines Unternehmens – zumindest kurzfristig – auf die Sprünge zu helfen, in einer massiven Reduzierung der Belegschaft.) Eine andere Studie zeigte, daß das Streßempfinden der Arbeitnehmer in einem Unternehmen dieses Typs – verglichen mit dem der Belegschaft eines von einem kreativen Arbeitgeber geführten – deutlich akzentuierter zum Ausdruck gebracht wird. Am erschütterndsten aber ist das Ergebnis einer Studie, die besagt, daß weniger als fünfzig Prozent dieser negativ-orientierten Unternehmen es schafften, das einzige Ziel zu erreichen, das ihrer Unternehmensphilosophie zugrunde liegt: die Steigerung der Produktivität.

Trotz dieser Erkenntnisse gibt es die restriktiven Arbeitgeber immer noch. Ist das nicht makaber?

Unentschlossene Arbeitgeber

Unentschlossene Arbeitgeber sind genau das, was ihr Name besagt. Darüber hinaus erweisen sie sich als gleichgültig, unmotiviert und unfähig oder nicht willens, sich zu entscheiden, ob sie nun kreativ oder restriktiv sein wollen.

Bei ihrer Beurteilung (wenn sie überhaupt zu beurteilen sind) kann man keine ausgesprochen negativen Grundzüge feststellen, aber es gibt auch nichts grundlegend Positives an ihnen. Obwohl ihnen vieles fehlt, das man von einer Unternehmensleitung oder einem Management erwartet, können Unentschlossene immer noch ganz brauchbare Arbeitgeber sein.

Für wen sollten Sie arbeiten?

Um es einmal ganz allgemein zu formulieren: Kreative Arbeitgeber schaffen positive, extrovertierte Arbeitsplatzumgebungen, während restriktive ein negatives, introvertiertes Ambiente erzeugen.

Wenn Sie also die Wahl haben und nicht danach trachten, das Unternehmen zu übernehmen, werden Sie wahrscheinlich die größte Befriedigung empfinden und den wenigsten Streß haben, wenn Sie sich für einen kreativen Arbeitgeber entscheiden (bei Gleichheit aller anderen Umstände).

Umgekehrt werden Sie wahrscheinlich die geringste Befriedigung erfahren und dem schlimmsten Streß ausgesetzt sein, wenn Sie für einen Restriktiven arbeiten.

Selbst in schwierigen Zeiten ist es besser, für einen kreativen Arbeitgeber tätig zu sein, wie ich Ihnen an einem kurzen Beispiel vor Augen führen möchte. Während der letzten Rezession wurde die Branche, in der ich beschäftigt war, arg gebeutelt. Die meisten unserer Konkurrenten vollzogen einen regelrechten Aderlaß, indem sie reihenweise Personal entließen. Auch die Einkommensverhältnisse der Weiterbeschäftigten verschlechterten sich zusehends. Die »Weisheit« der Restriktiven war jedoch mit dem

Allheilmittel Personalabbau bereits am Ende. Unser Unternehmen setzte dagegen eine kreative Taktik ein. Jeder Arbeitnehmer wurde aufgefordert, zusätzlich fünf Prozent seiner Zeit zu opfern, um für das Unternehmen neue Chancen zu entdecken, wie klein und unbedeutend sie auch erscheinen mochten. Das Ergebnis? Jedes Mitglied der Belegschaft in diesem Unternehmen überstand die Krise mit dem optimistischen Gefühl, gebraucht zu werden, und ohne überdimensionalen Streß aufgrund der schlechten Situation innerhalb der Branche. Die gemeinsam angesteuerten Ziele und die offene Ausrichtung motivierten die Menschen bei ihrer Arbeit und ließen sie trotz der Widrigkeiten eine gewisse Befriedigung empfinden. Durch die gemeinsamen Bemühungen gelang es unserem Betrieb als einem der ganz wenigen der Branche, während einer Phase allgemeinen Firmensterbens mehr Mitarbeiter einzustellen, als Personal abzubauen.

Natürlich steht nicht jedem Unternehmen die Möglichkeit offen, einen solchen Weg einzuschlagen. Zeiten großer Umwälzungen zum Beispiel erfordern in großen Betrieben, daß rechtzeitig klare, kurzfristig womöglich restriktiv anmutende Entscheidungen getroffen werden – und zwar unumstößlich. In solchen Situationen ist weder Raum noch Zeit für Gefühle und Sentimentalitäten. Arbeitskräfte, die man sich nicht leisten kann, kann man sich eben nicht leisten. Es zeugt von schwacher Geschäftsführung, etwas anderes vorzutäuschen. Sind aber solche strikten Entscheidungen einmal gefallen, dann besinnen sich kreative Arbeitgeber sofort wieder auf ihren positiven Kurs. Restriktive dagegen sehen ihr Heil in immer weiteren Einschnitten.

Das Leben verläuft allerdings nicht immer so klar und eindeutig. Vielfach bestehen Grenzfälle bei den Arbeitgebern, die dann in gewisser Weise kreativ sind, aber auch Charakterzüge des Restriktiven an den Tag legen. Trotzdem tendiert der Geist des Unternehmens in die eine oder andere Richtung. Wenn Sie mich also nach einem Rat fragen, und wenn Sie ruhig und gelassen sein wollen, dann suchen Sie sich ein Unternehmen, das in die kreative Richtung orientiert ist.

4. Einsichten für die mentale Ausgeglichenheit

Solange ich mit dem Management verschiedener Geschäfte und Unternehmen befaßt war, glaubte ich immer, daß bestimmte Grundsätze der Wirtschaft und Industrie von allen, die in

> Auch die banalste Aufgabe hat ihren Wert – wenn Sie bereit sind, ihn zu sehen. Erkennen Sie diesen Wert, dann finden Sie auch Befriedigung. Und wenn Sie Befriedigung finden, ist es nicht mehr weit bis zur Ruhe.

diesen Bereichen tätig sind, akzeptiert werden. Dennoch bin ich noch heute regelmäßig verblüfft, wie wenig von diesen grundlegenden Prinzipien bekannt ist.

1. Der ambivalente Charakter der Arbeit

Theoretisch ist jede Arbeit ein Unternehmen, aufgeteilt zwischen Arbeitgeber (Inhabern oder Anteilseignern), leitenden Angestellten (Managern) und »gewöhnlichen« Arbeitnehmern (Arbeitern und Angestellten). Wenn eine dieser Gruppen Ihrer Verantwortung nicht gerecht wird, kann das Unternehmen scheitern. Wenn jedoch das Gegenteil eintritt, das Unternehmen erfolgreich ist und floriert, arbeitet theoretisch auch jede dieser Gruppen erfolgreich.

Die größte Ruhe am Arbeitsplatz herrscht dort, wo jeder einzelne davon überzeugt ist, daß es ein gemeinschaftliches Bestreben, sozusagen einen Gesellschaftsvertrag, zwischen diesen Gruppen gibt.

Das Gegenteil davon ist die Unterteilung in »die anderen« und »wir«, das an vielen Arbeitsstätten gang und gäbe ist. Im extremsten Fall geht es soweit, daß die Arbeiter der festen Überzeugung sind, der Charakter des Managements drücke sich in überzogenen Forderungen und Habsucht aus, während umgekehrt das Management glaubt, die Arbeiter seien von Natur aus träge und gierig. Gott sei Dank sind solche Gedanken angesichts vieler Erleichterungen und Verbesserungen am Arbeitsplatz nicht mehr allzu sehr verbreitet. Aber wo eine solche Auffassung noch anzutreffen ist, ist die Atmosphäre geprägt von Mißtrauen und Spannungen. Hinzu kommt, daß die zunehmende Globalisierung und die technologischen Veränderungen in vielen Unternehmen den Gesellschaftsvertrag zwischen Arbeitnehmern und Arbeitgeber stark belasten oder zumindest eine gewisse Distanz aufkommen lassen. Diesen Mißstand zu beseitigen fällt nicht leicht, insbesondere nicht in großen, multinationalen Konzernen.

Zugegeben, diese Darstellung des »Arbeitgebers« ist abstrakt und verallgemeinernd. Sie werden Ihren Arbeitgeber in der Regel als eine oder zwei Personen kennen – diejenigen, die Sie eingestellt haben oder denen Sie Rechenschaft ablegen müssen. In diesem Fall ist es für Sie leichter, Ihre Arbeit als gemeinsames Unternehmen zwischen Ihnen und Ihrem »Arbeitgeber« zu sehen.

Wenn Sie Ihre Arbeit aus diesem Blickwinkel betrachten, ist es auch wesentlich einfacher für Sie, Zufriedenheit, Befriedigung und Ruhe bei Ihrer Tätigkeit zu empfinden.

2. Die Struktur des Geschäftslebens

Bei jeder Unternehmung Befriedigung zu empfinden, trägt zum besseren Verständnis des »Warum tue ich das« bei. Warum ist das, was ich tue, so wichtig? Warum gehe ich jeden Tag in die Arbeit? Was ist der eindeutige Nutzen meines Arbeitsbeitrags?

Wenn Sie für die Regierung arbeiten, für eine karitative Einrichtung oder für die Kirche, werden Sie wahrscheinlich eine klare Vorstellung von der Antwort haben (wenn Sie beispielsweise der Überzeugung sind, daß es Ihre Bestimmung ist, der Allgemeinheit zu dienen). Die meisten Menschen arbeiten aber nicht für die Regierung, eine karitative Einrichtung oder die Kirche. Wir arbeiten für die Wirtschaft, für einzelne Unternehmen. Für uns ist es daher wichtig, einen einfachen Grundsatz aus dem Wirtschaftsleben zu kennen.

In der Hauptsache existieren Unternehmen nicht, um Arbeitsplätze zur Verfügung zu stellen, nicht zum Vergnügen Ihrer Besitzer und auch nicht, um steuerliche Abgaben zu reduzieren. Seinem Wesen nach besteht ein Unternehmen, um etwas herzustellen oder eine Dienstleistung zu erbringen und dann mit Gewinn – das heißt für mehr Geld, als man vorher hineingesteckt hat – zu verkaufen. Ungeachtet der Tatsache, in welche Kanäle diese Gewinne letztendlich fließen, läßt sich dieses Prinzip auf alle Wirtschaftsunternehmen übertragen, sei es ein Einzelhandel für Strumpfwaren, ein Hot-dog-Hersteller oder eine Privatklinik.

Das mag offensichtlich sein, nicht unbedingt idealistisch klingen und für Sie nicht den Grund darstellen, weshalb Sie jeden Tag zur Arbeit gehen. Aber es handelt sich um eine Realität des Geschäfts- und Wirtschaftslebens. Wenn man das erkannt hat, ist es leichter, persönlichen Frieden und Befriedigung in dem zu finden, was man tut. Wenn man sich entschieden hat, für ein Wirtschaftsunternehmen zu arbeiten.

3. Der Zweck eines Arbeitsverhältnisses

Viele Arbeitnehmer haben eine verschwommene Vorstellung davon, warum sie sind und tun, was sie sind und tun, abgesehen von der Notwendigkeit, Geld verdienen zu müssen. Deshalb ist es durchaus angebracht, einen dritten Punkt herauszustellen: Was bedeutet Arbeit für das Leben?

Letztendlich arbeiten Sie in Ihrem Beruf zu Ihrem eigenen Nutzen, nicht zum Nutzen Ihres Chefs, des Unternehmens oder der Regierung.

Sie werden lange suchen müssen, um einen Chef oder Manager zu finden, der dem in aller Öffentlichkeit zustimmen wird. Aber wenn Sie genau überlegen, kann es gar keinen anderen Grund zum Arbeiten geben – abgesehen vom Altruismus.

Auch das mag offensichtlich sein, aber Sie würden sich wundern, wie viele Arbeitnehmer diesen simplen Grundsatz vollkommen aus den Augen verloren haben und wieviel Streß das auslöst.

Sobald Sie dieses Prinzip einmal verinnerlicht haben, können Sie darauf hinarbeiten, einen gewissen mentalen Status der Ruhe zu erreichen. In dem sicheren Wissen, daß Sie derjenige sind, der in erster Linie von Ihrer Arbeit profitiert.

4. Die Macht des einzelnen

Wenn Sie durch Ihre Arbeit Zufriedenheit und Befriedigung finden möchten, ist es von grundlegender Bedeutung, daß Sie über Ihre Rechte als arbeitendes Individuum informiert sind.

Gleich dahinter, an zweiter Stelle, stehen Ihre Pflichten.

Ob aus Furcht, Unsicherheit, Dankbarkeit oder mißverstandener Pflichtauffassung – immer wieder verlieren wir unsere grundlegenden *Rechte* aus den Augen. Zum Beispiel folgende:

1. Ihr Recht, einzufordern was Sie möchten;
2. Ihr Recht, im Rahmen Ihres Betätigungsfeldes eigene Entscheidungen zu treffen;
3. Ihr Recht auf eine Ihren Leistungen entsprechende Honorierung;
4. Ihr Recht auf Privatleben;
5. Ihr Recht, eine Zustimmung oder Leistung zu verweigern.

Das sind nicht nur gesetzlich festgelegte, sondern im Grunde genommen moralische Rechte. In einer demokratischen Gesellschaft können sie niemandem abgesprochen, verweigert oder aufgehoben werden. Das festgestellt zu haben ist für Sie von ebensolcher Wichtigkeit, wie Ihre *Pflichten* als arbeitendes Individuum zu erkennen (darunter fällt natürlich auch Ihre Pflicht, die Rechte anderer anzuerkennen).

Ihre Pflichten

In den meisten Fällen ist dafür, ob Sie sich in Ihrer Arbeit quälen oder ob Sie Befriedigung darin finden, wesentlich mehr ausschlaggebend, was Sie tun, als was andere tun. Denn so angenehm der Gedanke auch sein mag, daß immer jemand anderes die Verantwortung zu tragen hat – wenn es darum geht, mit sich selbst und dem, was Sie leisten, im reinen zu sein, dann gibt es dafür nur einen Verantwortlichen: Sie.

Jede Stellung, jeder Job, jede Aufgabe kann so bedeutungsvoll und erfüllend sein, wie Sie es zulassen. *Solange Sie dafür die Verantwortung übernehmen.*

Um das Bestmögliche aus Ihrer Arbeit herauszuholen – was immer Sie tun wollen oder müssen –, widmen Sie sich dem Kapitel »Die hunderprozentige Leistung« auf Seite 195. Folgen Sie vertrauensvoll der dort vorgeschlagenen Verfahrensweise, und Sie werden nicht nur ein Maximum an Befriedigung aus Ihrer Beschäftigung ziehen, sondern darüber hinaus feststellen, daß die Arbeit selbst Ihnen hilft, ruhig und entspannt zu werden.

Hier finden Sie weitere Tips zur Ruhe:

Wie Sie bekommen, was Sie wollen .... Seite 277

Die Kunst des Verhandelns .... Seite 290

Artikulieren Sie Ihre Gedanken .... Seite 280

Die hundertprozentige Leistung .... Seite 195

Sagen Sie nein .... Seite 176

5. Ratschläge, die das Leben bereichern

In aller Regel scheue ich davor zurück, Ratschläge zu erteilen. In diesem Fall aber habe ich die folgenden kleinen Bonbons eingestreut, weil sie so einfach sind und Ihnen dennoch eine große Hilfe sein können, sich bei der Arbeit ruhig zu fühlen.

> Es kann an Ihrem Chef oder Ihrem Job liegen, daß Sie sich gestreßt fühlen, aber sie sind in keinem Fall dafür verantwortlich, daß Sie sich ruhig und zufrieden fühlen. Dafür sind Sie selbst verantwortlich.

1. Richten Sie Ihren Blick auf die angenehmen Dinge

Sie sind schon auf dem besten Wege, zur Ruhe zu kommen. Aus dem einfachen Grund, weil Sie bereits den schwersten, aber auch wichtigsten Schritt getan haben. Sie haben die Entscheidung gefällt: Ich will ruhig werden. Denken Sie auch weiterhin positiv, und Sie werden ans Ziel gelangen.

2. Übernehmen Sie Verantwortung für sich selbst

Wenn ich Workshops leite oder Ratgeberprogramme im Radio veranstalte, verblüfft es mich immer wieder, wie weitverbreitet folgende Überzeugungen sind: »Das liegt im Verantwortungsbereich des Chefs« und »Wie ich mich fühle, bestimmt das Management, nicht meine eigene Einstellung.« Wenn man es jemanden sagen hört, klingt es irgendwie plausibel. Aber wenn es schwarz auf weiß vor einem geschrieben steht, wirkt es schnell lächerlich, finden Sie nicht? Dennoch ist es eine gängige Vorstellung in der Arbeitswelt und einer der Hauptgründe für Streß und Angst.

Ein Argument lautet: »Gute Manager versuchen, streßbetonte Probleme zu lösen, schlechte Manager dagegen schaffen sie.« In vielen Fällen entspricht das der Wahrheit. Was kann man also tun? Sind Sie in einer Position, in deren Einflußbereich es liegt, Manager ihres Postens zu entheben und gegen andere auszutauschen? Und selbst wenn dem so wäre – sind Sie in der Lage, bessere Manager zu finden? Vermutlich nicht.

Es kann an Ihrem Chef oder Ihrem Job liegen, daß Sie sich gestreßt fühlen, aber sie sind in keinem Fall dafür verantwortlich, daß Sie sich ruhig und zufrieden fühlen oder mit sich selbst im reinen sind.

Das liegt in *Ihrer* Verantwortung.

Wenn Sie die Einsicht in Betracht ziehen, daß Sie zu *Ihrem eigenen* Nutzen in Ihrem Unternehmen arbeiten, dann werden Sie erkennen, daß ich bis zu einem gewissen Grad recht habe.

Sie können die Schuld an dem Streß und den Angstgefühlen, die Sie bedrücken, in die Schuhe schieben, wem Sie wollen, aber Sie müssen die Verantwortung für die Überwindung der Probleme selbst übernehmen. Je mehr Enthusiasmus Sie dabei aufbringen, desto tiefgreifender wird das Ergebnis ausfallen.

3. Erledigen Sie zuerst Ihre eigenen Aufgaben

Jeder hat es gern, wenn andere gut über ihn denken. Auch mir geht es so. Also besteht der sicherste Weg, zu diesem Ziel zu gelangen, darin, das zu tun, was die anderen von uns verlangen, nicht wahr?

Das ist die landläufige Vorstellung.

Dieses Problem wird noch verschärft durch einen bestimmten Persönlichkeitstyp, nämlich Menschen, die sich mehr aufbürden, als sie bewältigen können.

Hier finden Sie weitere Tips zur Ruhe:

Sagen Sie nein .... Seite 176
Der nette Weg zum Nein .... Seite 178
Ruhezeiten festlegen .... Seite 169
Erkennen Sie Ihre Grenzen ..... Seite 180
Zeit für sich selbst .... Seite 188
Den Arbeitstag begrenzen ...... Seite 191

Sie werden sich vielleicht fragen, warum sie das tun. Sind Sie unfähig, ihre Arbeit zu planen? Überschätzen sie ihre Fähigkeiten? Oder verschafft es ihnen einen gewissen Lustgewinn, wenn sie sich beklagen können, daß sie überarbeitet sind?

Die Ursache für ein solches Verhalten mag sich aus verschiedenen Faktoren zusammensetzen, aber in vielen Fällen ist es schlicht die Tatsache, daß solche Menschen unfähig sind, nein zu sagen. Sie können nicht nein sagen, wenn man ihnen zusätzliche Arbeit aufbürden will. Sie können nicht nein sagen, um Einladungen abzulehnen. Und sie können nicht nein sagen, wenn man Gefälligkeiten oder Hilfe von Ihnen erwartet.

Lernen Sie, nein zu sagen, wenn es nötig ist. Dann werden Sie sich nicht nur zufriedener fühlen, weil Sie mehr Selbstbestimmung ausüben, sondern Sie werden dadurch auch wesentlich mehr Effizienz gewinnen.

4. Leben Sie bewußt

Erzählen Sie Ihrem Chef nicht, daß Sie das von mir haben, aber unter uns: Das Leben besteht tatsächlich nicht nur aus Arbeit.

Auch wenn Sie auf der Karriereleiter ganz nach

Hier finden Sie weitere Tips zur Ruhe:

Den Arbeitstag begrenzen ...... Seite 191
Haben Sie Spaß .... Seite 381
Suchen Sie sich ein bißchen
Streß .... Seite 261

oben wollen, wenn Sie der beste Arbeitnehmer, die perfekte Führungskraft, der reichste Unternehmenseigner sein wollen – Sie können es nie erreichen, wenn Sie ein nur eindimensional ausgerichteter Mensch sind.

Reservieren Sie sich außerhalb der Arbeit Zeit für sich selbst, dann wird Ihnen die Arbeit mehr Freude bereiten.

5. Lernen Sie, richtig zu atmen

Der Prozeß, den Sie durchlaufen müssen, um Entspannung zu lernen, steht und fällt mit einer Fertigkeit von herausragender Bedeutung. Auch die müssen Sie erlernen: richtiges Atmen.

Womöglich werden Sie jetzt sagen: »Richtig atmen kann ich schon seit den ersten Sekunden nach meiner Geburt. Im Atmen bin ich Spezialist.«

Wahrscheinlich sind Sie jedoch nicht der Spezialist, für den Sie sich halten. Noch wahrscheinlicher ist, daß Ihre schlechte Atmentechnik Ihnen nicht nur den Weg verbaut, sich ruhig zu fühlen, sondern statt dessen zu der Anspannung, die Sie empfinden, beiträgt.

Lesen Sie die Kapitel über das Atmen (Seite 81). Lernen Sie daraus, und integrieren Sie die dort erteilten Ratschläge in Ihr Leben. Dann werden Sie mehr darüber wissen, wie man zur Ruhe kommt, als neunzig Prozent aller Menschen.

6. BEREICHE, IN DENEN SIE ETWAS ÄNDERN KÖNNEN

Es gibt sechs Bereiche, in denen Sie im Hinblick darauf, wie Sie sich bei Ihrer Arbeit fühlen, leicht etwas verändern können. Führen

> Unabhängig von Ihrem Arbeitsplatz entsteht der größte Teil Ihres Stresses stets am selben Ort – in Ihrem Kopf.

Sie in dem einen oder anderen – am besten natürlich in allen – eine bedeutsame Verbesserung ein, und Sie werden sich selbst helfen, Ruhe zu finden.

1. Verhalten

Die Art, wie Sie sich bei der Arbeit verhalten, hat einen nicht unbedeutenden Einfluß darauf, wie Sie sich bei der Arbeit fühlen. Gewöhnen Sie sich streßförderndes Verhalten an, so wird die Folge davon sein, daß Sie sich gestreßt fühlen.

Was sind streßfördernde Verhaltensweisen?

Schieben Sie alles, was Sie zu erledigen haben, bis zum letzten Moment auf – der Pegel Ihrer Angstgefühle wird nie absinken. Tun Sie sich mit Arbeitskollegen zusammen, die extrem unter Druck stehen und deren Nervenkostüm bis zum Zerreißen gespannt ist – bald werden auch Sie sich angespannt fühlen (sofern Sie Ihren Kollegen nicht helfen können, Ruhe zu finden). Rauchen Sie wie ein Schlot, und trinken Sie fünfzehn Tassen Kaffee am Tag – Sie können sicher sein, daß Sie sich bald getrieben fühlen, während alles andere seinen gemächlichen Gang geht.

Hier finden Sie weitere Tips zur Ruhe:

Wie empfindsam sind Sie? .... Seite 26
Deadlines, die Druck abbauen .. Seite 168

Umgekehrt können Sie natürlich auch einige der Verhaltensweisen annehmen, die ich im weiteren Verlauf des Buches als ruhetypisch anführe. Raten Sie mal, wie Sie sich dann am Ende fühlen werden …

2. Einstellung

Gleichgültig, wo sich Ihr Arbeitsplatz befindet oder in welcher Branche Sie tätig sind – der größte Streß entsteht stets am selben Ort oder stammt aus derselben Quelle. Das ist Ihr Kopf.

Und am meisten tragen zu diesem Mißstand Ihre eigenen Verhaltensweisen bei.

Nachfolgend werden einige Techniken und Methoden vorgestellt, die direkt auf das Ungleichgewicht in Ihren Verhaltensweisen abzielen. Es ist ausgesprochen verblüffend, wie selbst unscheinbare Berichtigungen in diesem Bereich deutliche Verbesserungen in Ihrer Einstellung und Ihrem Befinden hervorrufen können.

Hier finden Sie weitere Tips zur Ruhe:

Ein positives Wort .... Seite 223
Positive Beiträge .... Seite 225
Das positive Bild .... Seite 228
Suchen Sie die Sonnenseite ... Seite 230
Die Plus-Minus-Methode .... Seite 239
Machen Sie sich nur Gedanken über wichtige Dinge .... Seite 241

3. Umstände

Arbeiten Sie im ständigen Lärm einer Fabrikhalle – Sie werden sich am Ende wie gerädert fühlen. Arbeiten Sie im dichten Gedränge unter vielen Menschen – Sie werden sich eingeengt und bedrückt fühlen. Sitzen Sie den ganzen Tag lang auf einem unbequemen Stuhl – Sie werden schließlich von Kopf bis Fuß verspannt sein. Tragen Sie eine eng gebundene Krawatte oder ein enges Halstuch – Sie werden sich zum Schluß fühlen, als ob man Ihnen die Luft abschnürt.

Es gibt zahlreiche physische Aspekte in Zusammenhang mit Ihrem Arbeitsplatz oder Ihren Arbeitsgewohnheiten, die einen nicht zu vernachlässigenden Einfluß auf Ihren mentalen Status haben. Viele dieser Umstände befinden sich außerhalb Ihres Einflußbereiches. Aber wenn Sie sie auch nicht direkt ändern können, so können Sie immerhin Einfluß nehmen auf die Art und Weise, wie Sie darauf reagieren.

Hier finden Sie weitere Tips zur Ruhe:

Schaffen Sie sich Ihren
Freiraum .... Seite 336
So klingt Ruhe .... Seite 339
So riecht Ruhe .... Seite 341
Der Ruhe-Raum .... Seite 348

4. Vorgehensweise

Oft sagt man, daß schlechte Manager Streß am Arbeitsplatz auslösen. Den gleichen Effekt haben schlechte Praktiken und Vorgehensweisen bei der Arbeit.

Sämtliche möglichen Punkte abzudecken oder auch nur anzusprechen, würde den Rahmen dieses Buches sprengen. Trotzdem gibt es einen Ratschlag, der in jeder Situation beherzigt werden kann: Wenn Sie die Vorgehensweisen nicht ändern können, dann ändern Sie doch Ihre Einstellung ihnen gegenüber!

Ruhe zu finden kann so leicht sein.

Hier finden Sie weitere Tips zur Ruhe:

Die Ruhe-Agenda .... Seite 218
Nichtstun .... Seite 259
Schließen Sie einen Pakt
mit der Ruhe .... Seite 316

5. Planung

Zeitmanagement, Leistungsziele, Produktionsziele, Planung – dicke Bücher sind dazu geschrieben worden, Kurse werden zu diesen Themen abgehalten, zahllose Managerseminare befassen sich damit.

Für die Führung großer Unternehmen entscheidet die Planung oftmals über Erfolg oder Pleite. Für Sie als Individuum kann Planung auch darüber entscheiden, aus welchem Blickwinkel Sie Ihre Arbeit sehen.

Menschen, die sich über ihre Ziele im klaren sind, fällt es leichter, auf dem Weg dorthin Ruhe zu bewahren. Menschen, die zu planen verstehen, planen auch Möglichkeiten ein, wie sie ihre Angstgefühle überwinden können. Menschen, die sich in Eigeninitiative weiterbilden, Kurse belegen und ihren Horizont erweitern, erlernen Wege, die zu einem erfüllten, streßfreien Arbeitsleben führen. Am wichtigsten aber ist: Menschen, die ihr Leben planen, leiden weniger unter Zeitdruck.

Hier finden Sie weitere Tips zur Ruhe:

Liste der Lebensprioritäten ..... Seite 115
Der kreative Langzeitplaner .... Seite 207
Der unbewußte Plan .... Seite 215

Planen Sie also, ruhig und gelassen zu sein.

6. Entscheidungsfindung

Viele Menschen, die nach der Lösung für ein Problem suchen, treffen im Grunde nie die Entscheidung, das Problem tatsächlich zu lösen. Sie haben Lösungen greifbar vor Augen, nutzen sie aber nicht. Sie suchen einen Arzt auf, kaufen ein Buch, sehen sich das neueste Aerobic-Video an, wollen mit Yoga beginnen, lesen Anleitungen – aber sie raffen sich nicht auf zu dem ersten Schritt, der notwendig ist, um das Problem aus der Welt zu schaffen. Sie treffen nicht die unumstößliche Entscheidung, das Problem zu lösen.

Keine Entscheidungen treffen zu können, ist das Merkmal von Versagern und Zauderern. Sich zu entscheiden, hat nichts mit Willenskraft oder Entschlossenheit zu tun. Es bedeutet lediglich, eine Entscheidung zu treffen.

Auch auf die Gefahr hin, daß ich mich wiederhole: Jetzt ist der Zeitpunkt gekommen, die Entscheidung zu treffen, »Ich will ruhig werden«. Sobald Sie das getan haben, brauchen Sie nur noch die Lösungsvorschläge in diesem Buch in die Tat umsetzen.

Hier finden Sie weitere Tips zur Ruhe:

Zeit der Entscheidung .... Seite 212
Der ruhige Weg zur Ent-
scheidungsfindung .... Seite 216
Die Plus-Minus-Methode .... Seite 239

7. URSACHEN FÜR STRESS AM ARBEITSPLATZ

Streß am Arbeitsplatz fällt für gewöhnlich in eine der folgenden drei Kategorien: physischer, emotionaler und verhaltensauffälliger Streß.

Physischer Streß kann auf Krankheit beruhen, auf unbequemen Schuhen oder auf Umwelteinflüssen wie

> Um die besten Lösungsmöglichkeiten, die zu Ruhe und Gelassenheit bei der Arbeit führen, herauszufinden, ist es nötig, die sieben bedeutendsten Faktoren für Streß am Arbeitsplatz zu untersuchen: Zeitdruck, mangelnder Einfluß, das Ego, soziale Faktoren, Veränderungen, physische Gründe und Lebensgewohnheiten.

Lärm, Kälte oder Staub. Emotionaler (psychologischer) Streß entsteht in Ihrem Kopf und ist der schlimmste und komplexeste von allen. Verhaltensauffälliger Streß (in der Regel eine Kombination aus physischem und emotionalem) äußert sich in Situationen vom einfachen Zögern über ineffizientes Arbeiten bis hin zu Medikamenten- und Alkoholmißbrauch.

Diese Kategorien sind allen Streßarten gemeinsam. Die Faktoren, die den Streß auslösen, unterscheiden sich jedoch. Bei den Auslösern handelt es sich in der Regel um: Veränderungen, Zeitdruck, mangelnden Einfluß, andere Personen (soziale Faktoren) und/oder Arbeitsüberlastung.

Einige Therapeuten, die sich schwerpunktmäßig mit Problemen durch Arbeitsstreß auseinandersetzen, sind der Meinung, daß diese Art von Schwierigkeiten am Arbeitsplatz durch eine Kombination aus enorm hohem Arbeitsdruck und minimalem Einfluß entstehen. Andere behaupten, daß die größten Probleme durch ein Gefühl der Verunsicherung, hervorgerufen durch Veränderungen, verursacht werden. (Untersuchungen, die vor zehn und mehr Jahren durchgeführt wurden, gehen kaum darauf ein, daß »Veränderungen« eine primäre Ursache für Streß sein könnten. Heutzutage sehen wir das anders.) Nur wenige Untersuchungen befassen sich mit dem »eigenen Ich« oder mit dem »Lebensstil« und den »Gewohnheiten« als bedeutende Ursachen für Streß, obwohl sie zweifellos dazu zählen.

Die folgende Grafik stellt die wichtigsten Ursachen von Streß am Arbeitsplatz dar. Das Verhältnis zwischen den einzelnen Streßauslösern variiert jedoch je nach Branche, Land und Zeit.

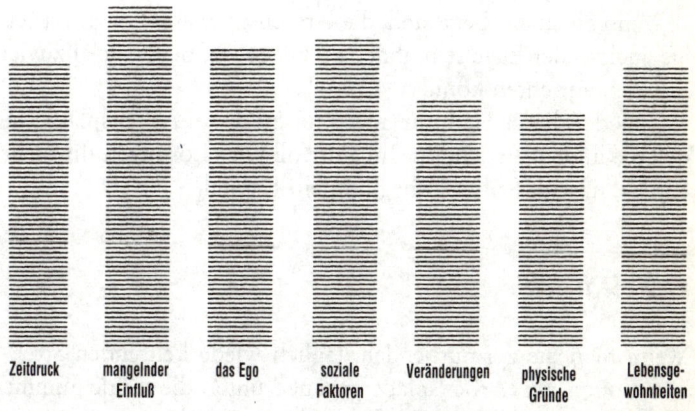

| Zeitdruck | mangelnder Einfluß | das Ego | soziale Faktoren | Veränderungen | physische Gründe | Lebensgewohnheiten |

Es gibt auch die Auffassung, daß Streßempfinden am Arbeitsplatz gar nicht das Produkt des Arbeitsplatzes ist! Hier kommt ein weiterer Faktor ins Spiel: Einflüsse aus dem Privat- und Familienleben. Bei dem hohen Prozentsatz von arbeitenden Eltern (verheiratet oder in eheähnlicher Gemeinschaft lebend) ist das keineswegs überraschend, noch dazu, wenn man die finanzielle und soziale Unsicherheit, die heute so im Vordergrund steht, mit in Betracht zieht.

Diese von außen in die Arbeitswelt hereingetragenen Belange beinhalten alle Arten von Schwierigkeiten, seien es eine schwache Gesundheit, Schwierigkeiten in persönlichen Beziehungen, finanzielle Probleme, Familiensorgen, Kahlköpfigkeit, Übergewicht, Unterernährung, oder was Sie sonst anführen wollen. Sie sind viel zu zahlreich, als daß man den Versuch unternehmen könnte, sie in einem einzigen Buch abzuhandeln. Es liegt auch wirklich nicht in meiner Absicht, all diese Gründe tiefgreifend zu analysieren. Wie bereits erwähnt, liegt mein Hauptaugenmerk auf den Lösungen, weniger auf den Problemen. Trotzdem ist es vonnöten, daß wir uns zumindest in aller Kürze mit jedem der in der Grafik dargestellten Faktoren für Streß am Arbeitsplatz befassen, wenn wir die besten Lösungsmöglichkeiten herausfinden wollen, um Ihnen zu Ruhe und Entspanntheit zu verhelfen.

Wenn Sie in der Lage sind, die Ursachen zu erkennen, werden Sie auch in der Lage sein, ihnen zu begegnen, bevor sie allzuviel Schaden anrichten können.

Zu jeder dieser Hauptursachen für Streß am Arbeitsplatz finden Sie in dem Abschnitt »Ihr Portfolio der Lösungen für mehr Ruhe«, das auf Seite 113 beginnt, ein Kapitel.

1. Zeitdruck

Wenn man die zermürbenden, täglich wiederkehrenden Streßsituationen am Arbeitsplatz genauer unter die Lupe nimmt, findet man rasch heraus, daß der Faktor Zeit immer wieder als Ursache bezeichnet werden muß.

Die Zeit steckt hinter dem Druck, der uns allen bestens bekannt ist. Deshalb ist die Zeit auch in den meisten Fällen eine Ursache von streßbedingten Problemen, die während eines Arbeitstages auftreten.

»Zeit ist Geld«, »Zeit und Gezeiten warten auf niemanden«, »Verzögerungen stehlen Zeit«, drängende Termine, verrinnende Zeit, zu viel zu erledigen, aber nicht genug Zeit, der Tag hat nicht annähernd genug Stunden – wer kennt sie nicht, solche Aussprüche und Situationen? Für einige Menschen scheint dieser Alpdruck nie nachzulassen. Immer wenn man glaubt, endlich das Ende der Fahnenstange erreicht zu haben, geht es am nächsten Morgen von vorne los.

Haben Sie sich jemals gefragt, warum das so ist? Wenn ich die Frage stelle, warum sich so viele moderne Menschen unter derartigem Zeitdruck fühlen, bekomme ich fast immer dieselbe Antwort. Da wird vom Tempo des modernen Lebens gesprochen, von der Notwendigkeit, jeden Tag mehr und mehr erledigen zu müssen, vom Druck, den eine ständige Berieselung durch Werbung dem Ganzen noch hinzufügt, von dem scheinbar grenzenlosen, nie endenden Angebot an Unterhaltung.

Ich weiß, ich gehörte mit meiner Ansicht zur Minderheit, aber ich glaube, daß all diese Faktoren nur ein kleiner Teil des Grundes sind, weshalb die Zeit einen solchen Druck auf unser Leben ausübt. Ich glaube, daß dieser sogenannte »Zeitdruck« etwas ist, das jedem seit frühester Jugend eingetrichtert worden ist. Belauschen Sie einmal ein Gespräch zwischen Eltern und Kindern. Ich garantiere Ihnen, daß Sie sogar in den aufgeschlossensten Familien als gängigste Ermahnungen hören werden »Beeil dich!« (oder »Komm weiter, Eliza, mach endlich!« oder »Schneller, Oliver!«). Hören Sie einmal zu, und Sie werden verblüfft sein, wie oft ein Kind solchen Ausdrücken und Aufforderungen im ganz normalen Tagesverlauf ausgesetzt ist. Ist es da noch ein Wunder, daß wir alle in solchem Maße Opfer des Zeitdrucks sind?

Aus welchem Grund auch immer – Zeit wird als einer der bedeutendsten Streßfaktoren am Arbeitsplatz angesehen. Dabei erhöht sich in dem Maße, in dem die Erwartungen an die Produktivität steigen, der Zeitdruck zusätzlich.

Oder etwa nicht?

Insgesamt gesehen ist Zeit ein abstrakter Begriff. Die Zeit als solche ist nicht verantwortlich, sondern vielmehr Ihre Einstellung gegenüber der Zeit. Ihre Auffassung von Zeit entscheidet. Mit anderen Worten: Der Kopf kreiert den Zeitdruck, nicht die Uhr.

Deadlines

Deadlines und Ihre Auffassung von Zeit (oder wieviel Zeit Sie zu Ihrer Verfügung zu haben glauben) stehen in direktem Zusammenhang.

Für viele Menschen ist ein Problem schon vorprogrammiert, wenn die Zeitvorgaben festgeschrieben sind. Insbesondere bestimmte Persönlichkeitstypen und Industriezweige sind davon betroffen. Beobachten Sie eine beliebige, terminorientierte Beschäftigung oder eine terminorientierte Person, und Sie werden eine Unmenge von streßbedingten Problemen vorfinden. Spannungen verstärken sich in dem Maße, wie das Ziel näherrückt.

Andererseits arbeiten manche Menschen besser und mit dem Gefühl größerer Sicherheit, wenn ein festes Ziel vorgegeben ist.

Wie kommt es, daß solche Zielvorgaben die einen überfordern, anderen dagegen Behagen verschaffen? Wieder liegt die Antwort in Ihrer Auffassung von Zeit, dicht gefolgt von Ihrer Fähigkeit, sich die Zeit einzuteilen.

Hier finden Sie weitere Tips zur Ruhe:

Zeit für sich selbst .... Seite 188
Zeit für Termine .... Seite 190
Erkennen Sie Ihre Grenzen ..... Seite 180
Ruhezeiten festlegen .... Seite 169
Drei Regeln für die Planung
von Zeit und Leistung .... Seite 165

Arbeitsüberlastung

Wenn man Menschen in Arbeitsverhältnissen danach fragt, was bei ihnen Streß verursacht, wird ein Grund öfter als jeder andere erwähnt (auch wenn er nicht immer als Hauptgrund angesehen wird). Die Rede ist von Überlastung durch Arbeit.

Insbesondere im Aufschwung der neunziger Jahre haben die erhöhten Anforderungen an die Produktivität den Eindruck hervorgerufen, daß immer mehr Menschen härter zu arbeiten haben. Sind wir wirklich überarbeitet? Hat die Arbeitsbelastung wirklich in so starkem Maße zugenommen? In vielen Fällen lau-

tet die überzeugte Ant-
wort: eindeutig ja. Trotzdem ist der Eindruck, wir
wären überarbeitet, in
vielen Fällen mindestens
ebenso problematisch wie
die Realität selbst.

Hier finden Sie weitere Tips zur Ruhe:

Sagen Sie nein .... Seite 176
Der nette Weg zum Nein ...... Seite 178
Erkennen Sie Ihre Grenzen .... Seite 180
Zeit für sich selbst .... Seite 188
Den Arbeitstag begrenzen ..... Seite 191

Informationsflut

In den Führungsetagen ist ein neues Problem aufgetaucht, man
nennt es »Informationsflut«. Ich habe Untersuchungen gesehen,
nach denen in manchen Industriezweigen bis zu vierzig Prozent
der mit Führungsaufgaben betrauten Personen (und etwa fünfundzwanzig Prozent solcher ohne Führungsaufgaben) die zu
große Informationsflut für ihre erhöhte Zahl an Arbeitsstunden
und für einige oder auch alle Probleme in Verbindung mit ihrer
Arbeit verantwortlich machen.

Noch vor drei Jahren erwähnten Untersuchungen diese Kategorie nicht einmal, und jetzt beklagen sich bis zu vierzig Prozent der Führungskräfte über eine zu große Informationsflut.
Was ist geschehen?

Es ist nicht schwierig zu erkennen, woraus das resultiert. Man
sagt, das Wissen auf der ganzen Welt verdopple sich alle zwei
Jahre. Außerdem heißt es, in einer einzigen Ausgabe der *New
York Times* seien mehr Informationen enthalten, als unsere Ur-
großeltern in ihrem ganzen Leben erhielten. Das Internet setzt
uns so vielen Informationen aus, daß ein älteres Gehirn diese
nicht mehr alle erfassen kann oder will. Die Datenflut, die einem
leitenden Angestellten zu jeglichem Begriff zur Verfügung steht,
wirkt vielfach abschreckend. (Wenn man dies berücksichtigt,
fällt es allerdings schwer, das Maß an Unwissenheit zu tolerie-
ren, mit dem mancherorts zu Werke gegangen wird!)

Bei diesem Übermaß an Informationen können Sie sich jedoch wirklich fragen, wie Sie das alles aufnehmen sollen. Selbst

der schnellste Leser könnte nicht einmal einen Bruchteil dessen aufarbeiten, was an einem durchschnittlichen Arbeitstag an Informationen über den Schreibtisch eines leitenden Angestellten geht. Ist Unwissenheit damit die einzige Lösung?

Gott sei Dank nicht. Die Antwort liegt in den Begriffen *Schwerpunkte setzen* und *Disziplin*.

Hier finden Sie weitere Tips zur Ruhe:

Umgang mit Informationen .... Seite 183
Liste der Lebens-
prioritäten .... Seite 115

Verzögerungstaktik

Sie werden sich vielleicht fragen, warum ich die Verzögerungstaktik unter dem Punkt »Zeit« aufführe, statt unter »Verhalten« oder einem neuen Punkt »Arbeitspraktiken«.

Der Hauptgrund liegt darin, daß die Verzögerungstaktik als Mißbrauch Ihrer Zeit anzusehen ist. Hintanstellen von Dingen, von denen Sie wissen, daß sie erledigt werden müssen, erhöht den Druck in Ihrem Leben. Darüber hinaus sind die Angelegenheiten, die Sie hintanstellen, Dinge, die Sie ungern erledigen. So schieben Sie diese unangenehmen Aufgaben zwar zunächst auf einen späteren Zeitpunkt, der aber unweigerlich mit jeder Minute näherrückt.

Hier finden Sie weitere Tips zur Ruhe:

Die hundertprozentige
Leistung .... Seite 195

2. Mangelnder Einfluß

Im allgemeinen wird die Wirkung von Streßsituationen durch drei Faktoren bestimmt: die Fähigkeit, das Streßereignis und seine Folgen vorauszusagen; die Fähigkeit, eine gewisse Kontrolle darüber auszuüben; die emotionale Unterstützung durch andere, die man angesichts des Ereignisses erfährt.

Arbeitspsychologen behaupten, daß mangelnder Einfluß auf die zu verrichtende Arbeit zu einem großen Teil für Streß am Arbeitsplatz verantwortlich ist. Je weniger Einfluß Sie auf Ihre Arbeit und Ihre Umgebung nehmen können, desto mehr leiden Sie in bezug auf diese beiden Faktoren unter Streß, Angstgefühlen, Unsicherheit oder Ärger. (Gemeint ist Ihr gefühlsmäßiger Einfluß darauf.)

Die weithin propagierte Lösung ist eine Politik der »Machtzuteilung«, des »Empowerment«. Damit soll ein Arbeitsklima geschaffen werden, in dem Arbeitnehmer oder Untergebene an ihrem Arbeitsplatz das Gefühl einer gewissen Autonomie erhalten sowie das Empfinden, Einfluß auf ihre Arbeit und Produktion auszuüben. In der Theorie führt das zu einer Reduzierung von Streßeindrücken, die normalerweise mit einem Mangel an Einfluß einhergehen. Zwar ist das Empowerment im Prinzip sehr positiv zu bewerten, aber unglücklicherweise entsteht dadurch wieder nur ein anderes »Überlaß-das-dem-Chef«-Verhalten. Es ist deshalb nur von geringem Wert für das generelle Ziel dieses Buches. Wenn Sie auf das Management angewiesen sind, um das Gefühl von Druck und Anspannung bei Ihrer Arbeit zu überwinden, dann sind Sie in einer äußerst schwachen Position.

Wirklicher Machtzuwachs kommt von innen. Wenn Sie sich dafür entscheiden, Einfluß auf die Bereiche in Ihrem Job zu nehmen, auf die Sie Einfluß nehmen können – wie klein und unbedeutend sie Ihnen zunächst auch erscheinen mögen –, dann erfahren Sie einen tatsächlichen Machtzuwachs.

Was können Sie also tun?

Wir wissen, daß Streß durch monotone, sich ständig wiederholende Aufgaben ausgelöst wird. Wir wissen weiterhin, daß Streß durch eine Überwachung ohne Kommunikation von übergeordneter Position her verursacht wird und durch Frustration aufgrund von Arbeitsüberlastung, der unbefriedigenden eigenen Position, Mangel an Informationen und unzureichender Formulierung der Aufgabenstellung entsteht. Und wir wissen, je weniger Sie das Gefühl haben, auf Ihre Arbeit Einfluß nehmen zu können, desto mehr werden Sie sich unter Druck gesetzt fühlen. Einige Untersuchungen haben sogar ergeben, daß streßbedingte Erkrankungen in direkter Proportionalität zum Grad des Ohnmachtsgefühls gegenüber der Arbeit stehen. Wenn Sie das, was um Sie herum vorgeht, nicht beeinflussen können, dann sind Sie ein Opfer dieser Vorgänge. Wenn Sie nicht die Möglichkeit haben, Zeitpläne zu steuern oder zu beeinflussen, können Sie lediglich darauf reagieren. Das ist nicht der Weg, um Ruhe zu finden.

(Sie werden jetzt vielleicht glauben, daß diejenigen, die das größte Maß an Einfluß in ihrem Beruf ausüben, die Manager sind. Sind nicht sie es, die alles in allem die Befehle erteilen, Entscheidungen treffen und den gesamten zeitlichen Ablauf diktieren? Wenn dem so wäre, müßte daraus folgen, daß die Personen im Management das Gefühl haben, sie hätten ihr Leben und ihr Geschick absolut unter Kontrolle. Aber weit gefehlt – Manager leiden wie alle anderen Arbeitnehmer unter dem Gefühl der Ohnmacht, fühlen sich unfähig, auf die Ereignisse ihres Lebens Einfluß zu nehmen. Nur der Grad und die jeweiligen Umstände unterscheiden sich.)

Ebenso stressend wie der Eindruck, nichts im Leben beeinflussen zu können, ist der Gedanke, auf alles Einfluß nehmen zu *müssen*. Zweifellos kennen Sie den pejorativen Ausdruck »herrschsüchtig« für jemanden, der wie unter Zwang alle Menschen und Vorgänge in seiner unmittelbaren Umgebung steuern und beeinflussen muß. Ein solcher Mensch wird immer unter Druck stehen, denn nichts im Leben läuft so, wie er sich das vorstellt. Aber wenn sie keine Kontrolle, keinen Einfluß ausüben können, dann sind solche Menschen frustriert oder außer sich vor Zorn.

Es gibt also einerseits Personen, die Einfluß ausüben könnten, es aber nicht tun, und andererseits welche, die gerne Einfluß nähmen, es aber nicht können.

In beiden Fälle könnte eine einfache Einsicht die Lösung aller Probleme bedeuten: Das einzige, das Sie in Ihrem Leben wirklich unter Kontrolle haben und auf das Sie Einfluß nehmen können, sind Sie selbst. Ihre Handlungen, Ihre Einstellungen, Ihre Empfindungen – bringen Sie sie in Einklang, und Sie werden überrascht sein, bis zu welch hohem Grad Sie sich mit sich selbst im reinen fühlen.

Warten

Wenn Sie nicht wissen, was auf Sie zukommt, oder wann etwas auf Sie zukommt, kann auch Warten Streß bedeuten.

Wenn man Sie darauf hingewiesen hat, daß der Chef übel gelaunt ist und Sie sprechen will, Sie aber nicht wissen, wann er Sie anruft, dann kann eine halbe Stunde Wartezeit mehr Streß bedeuten als ein anschließender Tadel.

Jetzt könnte jemand einwenden, sich mit dem Portier zu unterhalten oder eine Illustrierte zu lesen, verschaffe eine halbe Stunde Entspannung, statt einer halben Stunde Streß. Deshalb besteht Ihre Aufgabe darin, die Zeit planlosen Wartens produktiv zu gestalten. Dann werden Sie auch Ruhe finden.

Hier finden Sie weitere Tips zur Ruhe:
Schluß mit der Langeweile .... Seite 200
Die hundertprozentige
Leistung .... Seite 195

Langeweile

Langeweile geht oft mit einem Gefühl der Ruhelosigkeit und Ohnmacht einher. Aus diesem Grund suchen wir Ablenkung, wenn wir uns langweilen. Aus Langeweile entsteht ebensoviel Streß wie aus Überarbeitung. Hinzu kommt, daß Sie, wenn Sie unter krankmachendem Streß leiden, leichter das Opfer von Langeweile werden.

Es stellt sich also die Frage: Ist Langeweile das Ergebnis von Streß, oder ist Streß das Ergebnis von Langeweile?

Im Grunde genommen spielt das keine Rolle. Gegen Langeweile muß etwas unternommen werden, wenn Sie Erfüllung finden und die negativen Einflüsse von Streß auf Ihr Leben reduzieren wollen.

Frustration

Sie stehen im Verkehrsstau; Sie bleiben mit dem Lift stecken; Sie fühlen sich vom größten Stumpfsinn der Welt in die Ecke gedrängt oder von einem Assistenten, der es nie lernen wird, aufgehalten; oder Sie haben jede Hoffnung aufgegeben, jemals eine Audienz bei Ihrem Abteilungsleiter zu bekommen – für sich gesehen sind diese Punkte die kleinen Unannehmlichkeiten des Alltags, aber für viele sind sie der Gipfel der Frustration.

Frustration führt zu negativem Streß. Umgekehrt kann man sagen: Je höher der allgemeine Streßpegel, desto größer die Disposition, frustriert zu sein.

Wenn Sie also gegen das eine vorgehen, behandeln Sie gleichzeitig das andere.

Es wird Sie sicher freuen zu erfahren, daß Frustration – wie auch Langeweile – leicht zu überwinden ist.

Hier finden Sie weitere Tips zur Ruhe:

Die hundertprozentige
Leistung .... Seite 195
Schluß mit der Langeweile .... Seite 200
Die Freude an der Wieder-
holung .... Seite 197

Mehrfache Verantwortlichkeit

Der letzte Bereich des mangelnden Einflusses – oder, genauer gesagt, des Mangels an Mitbestimmung – ist die mehrfache Verantwortlichkeit. Sie kommt zum Tragen, wenn man Arbeit und Familienleben miteinander vermengt.

Gemäß einer Umfrage übertragen bis zu vierzig Prozent der arbeitenden Bevölkerung ständig persönliche und familiäre Probleme auf den Arbeitsplatz. Wenn sich auch viele dieser Probleme auf temporäre Ereignisse wie Meinungsverschiedenheiten oder finanzielle Engpässe beziehen, reflektieren sie doch sehr oft den sich verändernden Charakter der Einheit aus Familie und Haushalt. In früheren Zeiten hatte man den Haushaltsvorstand, der die Brötchen verdiente, die Hausfrau und die Kinder, wobei dieses Schema in jeder Familie leichte Abweichungen aufwies. Heute verdienen in den sogenannten intakten Familien meistens beide Elternteile den Lebensunterhalt. In vielen Fällen leben aber nicht beide Elternteile in der Familie, sondern nur einer. Die meisten Familien mit alleinerziehenden Eltern müssen um ihre Existenz kämpfen, viele sind finanziell sehr schlecht gestellt. Die Mehrzahl der alleinerziehenden Eltern können sich keine adäquate Betreuung für die Kinder leisten und auch keine Haushaltshilfe. Viele alleinerziehende Elternteile gehen weiterhin zur Arbeit, können aber noch weniger Zeit dafür aufbringen. So ist es nicht verwunderlich, daß viele dieser Familien eine überproportionale Last zu tragen haben.

Derartige Veränderungen im privaten Bereich betreffen aber nicht nur Familien. Viele Erwachsene leben alleinstehend, es gibt sogar mehr Singles als Paare. Heute zählt man mehr Geschiedene und mehr verwitwete Personen beiderlei Geschlechts als je zuvor. Der Einfluß dieser strukturell veränderten Haushalte hat deutliche Auswirkungen auf den Lebensstil und die Einstellung – was wiederum in den Arbeitsbereich eingebracht wird.

Und wenn Sie Verantwortlichkeitskonflikte zu bewältigen haben, dann haben Sie auch Streß.

> **Hier finden Sie weitere Tips zur Ruhe:**
>
> Liste der Lebensprioritäten .... Seite 115
> Doppelte Verantwortung .... Seite 202
> Sagen Sie nein .... Seite 176
> Schaffen Sie Reserven .... Seite 269

3. Das Ego

Der weitaus bedeutendste Faktor für Disharmonie am Arbeitsplatz ist jedoch nicht die Zeit. Es sind auch nicht die Veränderungen oder der Mangel an Mitbestimmung. Sie selbst sind es – die Art wie Sie denken, Ihr Persönlichkeitstyp, was Sie glauben und meinen, wie Sie urteilen, was in Ihrem Kopf vor sich geht.

Ein ganzes Buch könnte ich über diesen Teilbereich des Problems schreiben, ohne das Thema völlig auszuloten. Die Lösungen können aber sehr wohl auf ein paar Seiten abgehandelt werden.

Zu wissen, daß Probleme innerhalb des eigenen Kopfes entstehen, hat einen beruhigenden Vorteil: Man weiß gleichzeitig, daß die Lösungen für diese Probleme an derselben Stelle zu finden sind. Es ist ein Ort, der Ihnen selbst am unmittelbarsten zugänglich ist.

Konzentrieren Sie sich auf Ihre Wahrnehmungen, Ihre Einstellungen und auf die Art, wie Sie auf Arbeitsprobleme reagieren. Dann können Sie bei der Eliminierung dieser Probleme mitarbeiten und gleichzeitig auf Ihrem Weg fortschreiten, einen Zustand der Ruhe zu erreichen.

Persönlichkeit

Eine Fragestellung gilt es vorweg zu behandeln: Sind manche Menschen von Natur aus dafür disponiert, sich angespannt und ängstlich zu fühlen? Sind einige zugänglicher für Sorgen, Ärger und Nervosität als andere?

Wenn auch einige meiner akademischen Kollegen vor meiner ungeschliffenen Terminologie zurückschrecken mögen, so will ich doch feststellen, daß es Menschen gibt, die man nur als »sorgenvolle Schwarzseher« bezeichnen kann. Ich kenne mich hier sehr gut aus, denn ich neige selbst zu dieser Eigenschaft.

Darüber hinaus gibt es eine ganze Palette von Persönlichkeitstypen, die vom Charakter her für die Auswirkungen von negativem Streß empfänglich sind.

Die Mehrzahl der Leser dieses Buches zeigt wahrscheinlich charakteristische Merkmale von getriebenem Verhalten. Entsprechend der gängigen Vorstellung von diesem Persönlichkeitstyp leiden getriebene Menschen mehr unter hausgemachtem Streß als andere, die alles gelassener nehmen. Eine charakteristische Eigenschaft des getriebenen Verhaltens ist die Ungeduld. Der getriebene Leser wird dazu neigen, die Seiten zu überfliegen, hier und dort den einen oder anderen Abschnitt zu lesen, bevor sich seine Aufmerksamkeit rasch wieder auf etwas anderes richtet.

Ein weiteres Charakteristikum solcher Menschen ist die Ansicht, sie bestimmten mehr über sich oder die jeweilige Situation als Menschen anderer Verhaltenstypen.

Hier finden Sie weitere Tips zur Ruhe:

Wie empfindsam sind Sie? .... Seite 26
Werden Sie ein B-Typ .... Seite 247
Gönnen Sie sich etwas
Gelassenheit .... Seite 248
Haben Sie Spaß an der Arbeit . Seite 250
Suchen Sie sich ein bißchen
Streß .... Seite 261
Ertragen Sie es mit einem
Lächeln .... Seite 350

Beklemmungen

Ich habe schon Dutzende von Theorien darüber gehört, warum Menschen unter Beklemmungen leiden. Sie reichen von ausgesprochen exotischen Auffassungen – Verdrängungssyndrom, biochemisches oder neurochemisches Ungleichgewicht, kulturelle Aspekte – bis zu umweltbedingten Faktoren, wie häusliche, soziale und gesellschaftliche oder arbeitsplatzbezogene Konditionierung. Die meines Erachtens glaubwürdigste Theorie besagt, daß Beklemmungen eine zweite Stufe, eine Art verschlimmerter Streß sind. Davor steht eine Abfolge streßbeladener Ereignisse oder Verhaltensweisen, anschließend stellen sich generelle Ängste ein (in dieser dritten Phase hat man keinen Einfluß mehr auf seine Empfindungen).

Es ist nicht von Bedeutung, welche dieser Theorien Sie für richtig halten, die Beklemmungen bestehen weiter. Denn Beklemmungen sind ein Resultat, keine Ursache. Es ist sogar sehr gut möglich, daß Sie sich der Ursache Ihrer Beklemmungen und Unruhe gar nicht bewußt sind.

Die meisten unter Beklemmungen leidenden Personen können, nach den Ursachen ihres Leidens befragt, keine Antwort geben. »Ich fühle mich beklemmt.« Dieses Gefühl ist so sehr Alltag und den meisten von uns so vertraut, daß die Feststellung, Beklemmungen seien gar nicht so vage und allgemein, wie sie erscheinen, vielfach Erstaunen auslöst.

Das Gefühlsspektrum von Besorgnis, das wir als »Beklemmung« kennen, ist sehr spezifisch. Solche emotionalen Empfindungen sind immer das Produkt der Vorstellung, stehen stets in Beziehung zur Zeit und beziehen sich fast immer auf die Zukunft (auch wenn es den betroffenen Personen nicht bewußt ist). »Was, wenn ...?«, »Was werde ich ...?«, »Wer wird ...?« und so weiter. Beklemmungen können sich auf verschiedenste Weisen ausdrücken – Besorgnis über finanzielle oder gesundheitliche Angelegenheiten, Unruhe aufgrund von Verantwortung, Autoritätsängste oder Angst vor dem Versagen –, oder sie machen sich als allgemeine, undefinierbare Ängstlichkeit und Unbehagen bemerkbar.

All diesen Beklemmungen ist zweierlei gemeinsam: Es fehlt ihnen in der Regel an Substanz, und sie beziehen sich auf die Zukunft. Ob es sich hierbei um die sozusagen vorhersehbare Zukunft handelt – sagen wir, dreißig Minuten im voraus – oder um eine weit entfernte Zukunft, ist irrelevant. Tatsache ist, daß sie wegen etwas besorgt sind, das in diesem Moment noch nicht existiert. Zum gegenwärtigen Zeitpunkt ist die Zukunft nichts weiter als ein abstrakter Begriff. Unser Bemühen, diesen Begriff mit einer Art Realität auszustatten (sogar mit Ausdrücken wie »vorhersehbare Zukunft« und »weit entfernte Zukunft«), in Verbindung mit dem Versuch, ihn als etwas Beeinflußbares zu behandeln, verschlimmert die Beklemmungen, wenn es sie nicht gar erst begründet.

Hier finden Sie weitere Tips zur Ruhe:

Finden Sie den Park .... Seite 264
Die Wahl des Wortes .... Seite 252
Nutzen Sie die Fähigkeiten
Ihrer Nase .... Seite 243
Sorgen eliminieren .... Seite 232
Suchen Sie die Sonnenseite ... Seite 230

Wenn Sie analysieren könnten, mit welcher Wahrscheinlichkeit sich Ihre Befürchtungen als Realität erweisen werden, würden Sie wahrscheinlich feststellen, daß diese Wahrscheinlichkeit äußerst gering ist. Sie hätten also gar keinen Grund zur Sorge und damit auch keine Veranlassung, sich beklommen zu fühlen.

Natürlich verfügen nur wenige Menschen über genügend Objektivität, um ihre Beklemmungen in dieser Weise zu analysieren. Deshalb habe ich eine ganze Reihe von Techniken entwickelt, um dieses Gefühl zu überwinden, indem man ihm entspannt, bisweilen auch mit einem gewissen Humor begegnet.

Ehrgeiz

Sie denken wahrscheinlich, daß ehrgeizige Menschen arbeitsmäßig gewisse Vorteile gegenüber denen ohne Ehrgeiz haben. Menschen mit dieser Eigenschaft wissen zumindest, was sie wollen, und sind für gewöhnlich ausreichend motiviert, um ihre volle Konzentration und Kraft zur Erreichung eines Ziels einzusetzen. Das beinhaltet auch die Beherrschung zahlreicher Streßfaktoren bei der Arbeit – soweit wenigstens die Theorie.

In der Realität leiden ehrgeizige Menschen jedoch ebenso an den ungesunden Auswirkungen von negativem Streß wie andere, vielleicht sogar mehr. Der Druck, der aus Ehrgeiz entsteht, ist eng mit dem verbunden, den strikte Terminfixierung bewirkt. Sie wählen ein Ziel, und dann setzen Sie sich unter Druck, bis Sie dieses Ziel erreicht haben. Ein Resultat solchen Getriebenseins ist, daß vermutlich viele ausgesprochen ehrgeizige Menschen dieses Buch lesen.

Durch Ehrgeiz zur Erfüllung bestimmter Zielvorgaben getrieben zu werden, ist nicht per se als Streßfaktor anzusehen. Viele Menschen empfinden eine Herausforderung als Bereicherung und Belebung. Viele glauben, daß Ehrgeiz dem Leben eine Richtung und einen Zweck verleiht. Sicherlich kann Ehrgeiz Menschen mit fortschreitendem Alter eine starke, lebenserfüllende Kraft verleihen. Wenn Sie Ehrgeiz jedoch mit vage definierten Zielvorgaben kombinieren, dann haben Sie einen gefährlichen Cocktail vor sich. Denn dann tragen Sie zwar die ganze Belastung, empfinden aber nichts von der Befriedigung, die aus vollbrachter Leistung entsteht. Vage definierte Ziele wie »Ich möchte reich werden« oder »Ich möchte berühmt werden« können, vor allem wenn sie Ihre Fähigkeiten übersteigen oder außerhalb Ihrer selbst gesetzten Zeitvorgaben liegen, sehr spezifischen Druck erzeugen.

Der beste Weg, um Frieden und Befriedigung aus Ihrem Ehrgeiz zu entwickeln, besteht darin, sich klare Ziele zu stecken. Ich arbeitete jahrelang im Bereich Strategieplanung und lernte dabei, daß in den Organisationen die gelassenste (und effizienteste) Atmosphäre herrschte, in denen man sich völlig über die Zielsetzungen im klaren war. Mit anderen Worten: Sie hatten konkrete Pläne. Ich fand außerdem heraus, daß die gesündesten Pläne aus kühler Überlegung entstehen, weder beeinflußt waren von unkontrolliertem Ehrgeiz noch von Panik.

Hier finden Sie weitere Tips zur Ruhe:
Liste der Lebensprioritäten .... Seite 115
Sorgen eliminieren .... Seite 232
Drei Regeln für die Planung
von Zeit und Leistung .... Seite 165

Angst

Angst ist einer der brutalsten Streßfaktoren am Arbeitsplatz. Abgesehen von den Mechanismen, um sich gegen Bedrohungen oder Feinde zu schützen, sind ihre psychologischen Auswirkungen fast ausschließlich negativ. Angst wird bisweilen als der schädlichste emotionale Streßfaktor betrachtet. Aus dem einen oder anderen Grund tendiert sie jedoch dazu, am Arbeitsplatz zu entstehen.

Angst ist selten rational. Sie befürchten, daß die Bemerkung, die Sie in der Kantine haben fallenlassen, Ihrem Vorgesetzten zu Ohren kommen könnte – obwohl Ihnen Ihr gesunder Menschenverstand sagt, daß es unwahrscheinlich ist. Sie befürchten, daß die leichtsinnige Haltung Ihrer Konkurrenten gegenüber unserer Umwelt den Planeten zerstören könnte. Sie befürchten, daß jemand anderes Ihre jetzige Position einnehmen könnte. Sie

befürchten, daß der Steuerprüfer den Abschreibungen nach-
spüren könnte, die Sie im letzten Jahr geltend gemacht haben.
Noch belastender als all diese Beispiele ist es jedoch, wenn Sie
sich nicht darüber im klaren sind, welcher spezifische Ausgangspunkt Ihrer Angst zugrunde liegt. Sie merken nur, daß Sie
sich belastet fühlen, die Furcht empfinden, irgend etwas könnte
geschehen.

Ängste in Verbindung mit dem Arbeitsplatz sind in aller Regel ebenso irrational wie Beklemmungen. Es sind Sorgen und
Befürchtungen, die sich auf etwas konzentrieren, das sich im gegenwärtigen Augenblick nicht realisiert und dessen Eintreten in
der Zukunft vielfach sogar eher unwahrscheinlich ist. In den
meisten Fällen bewegt sich Ihre Furcht um etwas, das geschehen
könnte.

Diese Empfindungen sind natürlich gleichermaßen kontra-
produktiv wie irritierend. Glücklicherweise ist der Produzent
gleichzeitig auch ihr Gegner: Ihr Unterbewußtsein. Hierbei
handelt es sich um eine
Kraftquelle, die wir im
Verlauf dieses Buches
mehr und mehr nutzen
werden.

| **Hier finden Sie weitere Tips zur Ruhe:** |
| Die Plus-Minus-Methode ...... Seite 239 |
| Ein positives Wort .... Seite 223 |
| Das positive Bild .... Seite 228 |

Schuld

So unwahrscheinlich es klingen mag, Schuldgefühle sind eine
weitere bedeutende Ursache für Streß am Arbeitsplatz. Ob sie
Ihnen von Ihrer Unsicherheit eingegeben werden, durch Druck
aufgrund von äußeren Umständen oder aus einem überzogenen
Pflichtgefühl resultieren – die Auswirkungen sind in allen Fällen negativ.

Generell kann Schuld in zwei Kategorien eingeteilt werden:

1. Wie Sie selbst über sich denken (zum Beispiel, für welche Art
Mensch Sie sich halten, was Sie bisher getan haben oder tun

wollen, oder welche Züge Ihrer Persönlichkeit Sie aufgrund Ihrer Konditionierung für schlecht oder unattraktiv halten);

2. was andere Ihnen zu tun oder zu denken einzureden versuchen (zum Beispiel, daß Sie verantwortlich für deren Launen oder Situation seien), um in Ihnen Schuldgefühle bei der Arbeit zu wecken.

Gott sei Dank ist es aber so, daß Sie um so weniger unter Schuldgefühlen leiden, je ruhiger Sie sind, und vice versa.

Ego

Wie viele Qualen werden weniger durch das verursacht, was Sie selbst von sich denken, als vielmehr durch das, was andere vermeintlich von Ihnen denken? Es wirkt verletzend zu entdecken, daß jemand anderes Sie für ineffizient, unprofessionell oder unzuverlässig hält. Es wirkt auch verletzend zu entdecken, daß Sie unbeliebt sind oder nicht respektiert werden.

Dies ist nicht immer auf persönliche Eitelkeit oder Einbildung zurückzuführen, die – als negative Emotionen – weitere Gründe für negativen Streß am Arbeitsplatz sind. In der Regel ist es das Ergebnis des Konfliktes zwischen dem, was (Ihrer Meinung nach) die Leute von Ihnen denken, und dem Bild, das Sie selbst von sich haben. Wenn eine solche Diskrepanz besteht, dann fühlen Sie sich verletzt und falsch eingeschätzt und stehen unter Streß.

Eine Möglichkeit, dem zu begegnen, wäre es, ein vernünftiges, objektives Bild von sich selbst zu haben, die eigenen Stärken und Schwächen zu kennen und sich selbst zu akzeptieren, wie man ist.

Psychologen halten dagegen, daß es für uns schwierig sei, ohne Hilfe von außen eine korrekte Bewertung unserer eigenen Persönlichkeit vorzunehmen. Ich kann das zwar schwerlich widerlegen, aber ich bestreite, daß diese These auch die Möglichkeit, uns selbst *einzuschätzen,* beinhaltet. Alles in allem sind wird das Produkt unserer Gedanken und Vorstellungen vom eigenen Ich. Was soll uns also daran hindern, Gedanken und Vorstellungen vom eigenen Ich zu entwickeln, die uns helfen, das Angestrebte zu leisten? Was soll uns daran hindern, vor unserem geistigen Auge ein Bild von uns selbst zu entwerfen, das uns als ruhige, selbstsichere und fähige Person zeigt? Nichts kann uns daran hindern, uns als Gewinner und leistungsstarke, erfolgreiche Menschen zu sehen!

Rein gar nichts.

Sie müssen nur wissen, wie Sie diese Bilder erzeugen.

Hier finden Sie weitere Tips zur Ruhe:

Grundschablone der
Visualisierung .... Seite 146
Setzen Sie eigene Bezugs-
punkte fest .... Seite 255
Liste der Lebensprioritäten .... Seite 115
Freibrief für Erfolgsver-
weigerung .... Seite 257
Die hundertprozentige
Leistung .... Seite 195

Unsicherheit

Unsicherheit verdient eine spezielle Erwähnung. Sie ist allgegenwärtig. Und im Zuge der Veränderung der Welt wird sie immer ausgeprägter.

In der heutigen Arbeitswelt ist die Tendenz festzustellen, daß Unsicherheit und Ungewißheit im Verlauf der Zeit wachsen. Im Leben der meisten Arbeitnehmer kommt eines Tages der Zeitpunkt, an dem sie feststellen müssen, daß sie nicht mehr zur Spitzenklasse gehören. Daß sie nicht mehr unentbehrlich sind, daß es für ihren Job besser gerüstete Menschen gibt. Diese Erkenntnis wird noch durch das Eingeständnis verstärkt, daß ihr Fachwissen zunehmend geringer wird. Nicht, weil ihr Wissensstand nachläßt; er wird vielmehr übertroffen – von einer Computerdatenbank, von einem Abiturienten oder auch von einem jungen Menschen, der im Verkauf tätig ist und sich mit allen Errungenschaften des modernen Lebens auskennt.

Unabhängig von Ihrer Ausbildung, Kompetenz oder der Po-

sition, die Sie erreicht haben, entsteht im Zuge solcher Entwicklungen ver-
ständlicherweise eine Neigung, sich unsicher zu
fühlen. Aber mit etwas
Planungsaufwand können
Sie solche Gefühle über-
winden.

Hier finden Sie weitere Tips zur Ruhe:

Gehen Sie davon aus, daß Sie
sicher sind .... Seite 266
Sagen Sie sich, daß Sie
sicher sind .... Seite 267
Schaffen Sie Reserven .... Seite 269
So riecht Ruhe .... Seite 341

Fokussierung

In Lehrbüchern wird diese letzte Kategorie häufig ignoriert
oder ausgeklammert. Dabei stellt sie eine der Hauptursachen für
persönlichen negativen Streß am Arbeitsplatz dar.

Die Rede ist von der Fokussierung, genauer gesagt vom
Nichtvorhandensein einer solchen Fokussierung.

Sie werden schon Sportkommentatoren gehört und gesehen
haben, die voller Ehrfurcht von »Fokussierung« sprechen. Bei
der Darstellung von Persönlichkeitsprofilen in der Wirtschafts-
presse wird der Ausdruck ebenfalls verwendet – »ein hochgradig fokussierter Manager« oder »eine stark fokussierte Organisation«. In beiden Fällen assoziiert man mit diesem Attribut
Erfolg oder Kompetenz und Leistung.

Nur selten werden Sie Schmeichelhaftes über das Gegenteil,
einen unfokussierten Zeitgenossen, lesen. Eine Person, die nicht
fokussiert ist, das heißt, sich nicht auf etwas Bestimmtes konzentriert, ist ein unsicherer Kandidat. Man weiß von ihr nicht,
ob und wie sich ihre Zielsetzung von einem Augenblick zum
nächsten ändert. Ein Individuum, das nicht fokussiert ist, arbeitet langsamer und weniger kompetent; darüber hinaus erleidet es
mehr Frustrationen. Vergleichbares läßt sich von einem Vorgesetzten in leitender Position sagen, wenn er nicht auf einen Fokus ausgerichtet ist: Er verbreitet Streß und Disharmonie. Und
ein nicht fokussiertes Unternehmen ist ein trister Arbeitsplatz.

Sie mögen zwar keinen Einfluß auf die Fokussierung des Unternehmens haben, für das Sie arbeiten, aber Sie sind trotzdem in einer mächtigen Position. Wenn Sie als Individuum wissen, wie Sie sich einen Fokus schaffen, auf den Sie sich konzentrieren können, und wie Sie diesen im Auge behalten, dann sind Sie auf dem besten Wege, ruhig zu werden. Sie nehmen Einfluß darauf, wie Sie Ihre Arbeit empfinden.

An diesem Punkt werden Sie vielleicht denken, daß meine Ausführungen über die Fokussierung nur die höheren Ideale von Erfolg und Leistung betreffen. Daß es sich um eine der Qualitäten handelt, die man meistens den Menschen zuerkennt, welche hohe Leistungen erbringen. Ich möchte Ihnen jedoch einzig und allein einen Weg weisen, wie Sie die Fokussierung nutzen können, um Ihre Arbeit leichter und befriedigender zu gestalten. Dabei ist es gleichgültig, ob Sie sich dazu entscheiden, sich besonders hervorzutun, oder nicht.

Sich einen Fokus zu schaffen, ist allein schon eine Methode, die zur Ruhe führt. Doch mehr dazu später.

Hier finden Sie weitere Tips zur Ruhe:

Die hundertprozentige
Leistung .... Seite 195
Der kreative Langzeitplan ...... Seite 207
Ein Dreißig-Sekunden-Kurs
in Marketing .... Seite 386
Der unbewußte Plan .... Seite 215
Doppelte Verantwortung ...... Seite 202

4. Soziale Faktoren

Bekanntlich stehen die Hauptursachen für negativen Streß am Arbeitsplatz im Zusammenhang mit Zeitdruck, mangelndem Einfluß auf das eigene Tun und fehlender sozialer Unterstützung im Arbeitsumfeld.

Der letzte Grund ist ein vielköpfiges Ungeheuer. Es beginnt bei fehlendem Respekt vor Ihrer Person und reicht von mangelhaftem Wissen über Ihren Beitrag zum Ganzen bis hin zu alltäglichen Konflikten zwischen den Menschen, mit denen und für die Sie arbeiten. Hierbei kann es sich um Kunden, Kollegen oder Vorgesetzte handeln.

Wettbewerbsfähigkeit

Die zunehmende Bedeutung, die Regierungen und Wirtschaft dem Wettbewerb und der Wettbewerbsfähigkeit beimessen, schürt soziale Spannungen am Arbeitsplatz. Dabei stehen die Anforderungen an die Wettbewerbsfähigkeit erst ganz am Anfang; sie werden sich noch um ein Vielfaches steigern. Wird dann der Wettbewerb, der Konkurrenzdruck, alle Freude aus unserem Leben vertreiben? Wird er die Schwächeren unter uns vorzeitig zum Rückzug zwingen, so daß man sie als »altes Eisen« abschiebt? Werden wir gezwungen sein, immer konkurrenzfähiger zu werden oder unterzugehen?

Wettbewerb und Konkurrenzkampf sind von ihrem Charakter her prädestinierte Streßfaktoren.

Viele »große Wettbewerber« haben autodidaktisch gelernt, entstehenden Streß in positive Kraft umzuwandeln. Diese hilft ihnen, sich selbst ein Stück nach vorn zu bringen oder noch schwierigere Ziele anzustreben. Für solche Menschen kann der aus Konkurrenzdruck entstehende Streß in den Bereich des positiven Stresses fallen. Er stellt dann in gleicher Weise eine Belebung wie auch eine Bereicherung des Lebens dar.

Auf der anderen Seite reagieren viele Menschen in genau entgegengesetzter Weise auf Konkurrenzdruck und Wettbewerb. Statt als Stimulans und Bereicherung, empfinden wir sie als schwächend oder gemein. Wer nicht in einer von Konkurrenz geprägten Umgebung aufgewachsen ist, empfindet eine solche Situation vielleicht sogar als beängstigend. Am meisten betroffen sind Menschen, die sowieso schon von Unsicherheitsgefühlen und Selbstzweifeln geplagt sind.

Warum? Weil wir uns nicht gern einem Vergleich stellen. Wir verabscheuen das Gefühl, uns einer ständigen Herausforderung gegenüberzusehen, und finden es unwürdig, daß jemand anderes sein Gehalt (oder seine Gratifikation) aufgrund des Vergleichs seiner Leistung mit der unsrigen erhalten soll. Allein die Aussicht, daß unsere Fähigkeiten mit denen anderer verglichen werden sollen, erschreckt uns.

Ich bin davon überzeugt, daß die Mehrheit der arbeitenden Bevölkerung in die zuletzt genannte Kategorie einzuordnen ist. Solche Menschen empfinden Wettbewerb und Konkurrenzkampf eher als negativen denn als positiven Streß. Wenn Sie auch zu dieser Kategorie zählen, dann erwarten Sie von Ihrem Job wahrscheinlich nichts anderes, als daß Sie ein solides Tagespensum an Arbeit leisten und dafür dann entsprechend entlohnt werden. Der Gedanke, Ihr Arbeitsbeitrag könnte bewertet und mit der Leistung Ihrer Kollegen oder mit der von Arbeitern in Korea, Schweden oder der Tschechischen Republik verglichen werden, ruft Unbehagen bei Ihnen hervor. Viele Gründe, die zu noch mehr Streß führen.

Das Geheimnis, um in einer solchen Atmosphäre einen ruhigen, erfüllenden Arbeitstag zu erleben, liegt darin, die Arbeit mit einer bestimmten Zielsetzung anzugehen und dann die den eigenen Fähigkeiten entsprechend bestmögliche Leistung zu erbringen. Das mag auf den ersten Blick idealistisch erscheinen, aber Sie werden erkennen, daß es sowohl eine befriedigende wie auch kraftsparende Möglichkeit ist, den Tag zu verbringen.

Hier finden Sie weitere Tips zur Ruhe:

Wie empfindsam sind Sie? .... Seite 26
Setzen Sie eigene Bezugs-
punkte fest .... Seite 355
Freibrief für Erfolgsver-
weigerung .... Seite 257
Ein Dreißig-Sekunden-Kurs
in Marketing .... Seite 386

Ärger

Die physischen Effekte von Ärger sind vergleichbar mit denen von Angst (oder anderen Erregungszuständen): Die Herzschlagfrequenz erhöht sich, der Atem geht schneller, die Pupillen sind geweitet, das Blut zieht sich aus Magen und Eingeweiden zurück, um verstärkt in Gehirn und Muskeln zu fließen, der Blutzuckerspiegel steigt und so weiter.

Bekanntlich ist Ärger ein Nebenprodukt von Streß, er kann aber umgekehrt den Streß auch verstärken. Der Grund dafür ist ganz einfach. Die natürliche Reaktion des Menschen zur Überwindung der Auswirkungen von Ärger besteht darin, entweder rein physisch vor der Quelle dieser Frustration zu fliehen oder sie (körperlich oder mit Worten) zu attackieren. Körperliche Attacken werden am Arbeitsplatz in der Regel mit großer Mißbilligung aufgenommen, und verbale Attacken kommen nicht immer so an, wie man es sich wünscht; deshalb erleben wir eine solche Erleichterung nicht sehr oft. Ebenso ist das buchstäbliche Davonlaufen vor der Quelle unseres Ärgers nicht unbedingt eine empfehlenswerte Methode, wenn man auf der Karriereleiter emporklettern will. Hinzu kommt, daß die Ursache unserer Frustration am Arbeitsplatz oft nur sehr vage ist, außerhalb unseres Einflußbereiches liegt oder gar gänzlich verborgen bleibt. Also haben Sie nur die Möglichkeit, Ihren Ärger in immer mehr Streß umzuwandeln. Wahrlich keine schönen Aussichten für den Rest des Arbeitslebens.

Ärger ist eine Emotion, mit der Sie sich arrangieren müssen. Ob Sie sich ihm unterwerfen oder ihn im Alkohol ertränken – beides verkürzt Ihr Leben im gleichen Maße. Sie werden aber gleich feststellen, daß es einige einfache Techniken gibt, mit denen Sie die negativen Auswirkungen dieses Gefühls überwinden können.

Hier finden Sie weitere Tips zur Ruhe:
Ärger bewältigen .... Seite 276
Finden Sie den Park .... Seite 264

Mißgunst

Eines der am deutlichsten wahrnehmbaren Merkmale im Bereich privater Unternehmen nenne ich, in Ermangelung eines treffenderen Wortes, Habgier. Eng damit verbunden ist die Mißgunst, die sich gewöhnlich als Empfindung gegenüber anderen – aufgrund ihrer Position, Besitztümer oder Fertigkeiten – äußert. Sowohl die Habgier als auch die Mißgunst oder der Neid ziehen Streß nach sich.

Da Mißgunst häufig in Verbindung mit hohen Erwartungen (auch eine Ursache für Streß) einhergeht, kann sie zusätzlich Frustration im Gefolge haben (wieder ein Grund für Streß), wenn die Erwartungen nicht erfüllt werden. Sie ist sogar dazu fähig, bei normalerweise ausgeglichenen Personen den gesunden Menschenverstand aufzuweichen, sie zu verblenden und zu aberwitzigen, vollkommen unsinnigen Handlungen zu treiben.

In erster Linie muß man über Mißgunst schlicht die Tatsache wissen, daß sie existiert. Sich ihr und ihrer negativen Auswirkungen bewußt zu sein, ist in der Regel bereits der erste Schritt, um sie zu überwinden. Von diesem Ausgangspunkt aus kann jede der in dem vorliegenden Buch beschriebenen Techniken zur Planung oder zur Erlangung einer positiven Einstellung angewendet werden, um den Prozeß weiter- und schließlich zum Ziel zu führen.

Hier finden Sie weitere Tips zur Ruhe:

Liste der Lebensprioritäten .... Seite 115
Ein positives Wort .... Seite 223
Haben Sie Spaß .... Seite 381

Zwischenmenschliche Beziehungen

Wie gehen Sie mit einem anmaßenden Chef um? Wie mit einem unvernünftigen Vorgesetzten oder einem Untergebenen ohne Verantwortungsgefühl? Wie verhalten Sie sich gegenüber jemandem, der boshaft oder unehrlich ist? Wie werden Sie mit einem Maulhelden fertig? Und wie realisieren Sie von Zeit zu Zeit Ihre Vorstellungen?

Oft sagt man zu mir, daß nur ein unerschrockener Mensch behaupten könne, für so vielfältige soziale Probleme Lösungen zu besitzen. Ich glaube jedoch, daß sich die meisten Probleme, die aus zwischenmenschlichen Beziehungen am Arbeitsplatz entste-

hen, in ein paar klar um-
rissene Kategorien fassen
lassen. Noch dazu können
sie alle mit einigen einfachen Tricks behoben wer-
den.

Hier finden Sie weitere Tips zur Ruhe:

Die hundertprozentige
Leistung .... Seite 195
Umgang mit schwierigen
Menschen .... Seite 274
Die Kunst des Verhandelns .... Seite 290
Ruhige Selbstverteidigung .... Seite 297

Durchsetzungskraft

Da Industrie, Wirtschaft und öffentlicher Dienst immer konkurrenzfähiger werden müssen, ergibt sich für Angestellte hier
tätiger Organisationen die Notwendigkeit, eine stärkere Durchsetzungskraft zu entwickeln.

Auch wenn diese charakterliche Eigenschaft in den früheren
Abschnitten »Mangelnder Einfluß« und »Das Ego« bereits eine
Art Heimstatt hatte, so ist sie doch im Bereich der Interaktion
mit anderen Menschen am nötigsten.

Sie werden bemerkt haben, wie viel Frustration und Ohn-
machtsempfinden am Arbeitsplatz auf einen Mangel an Durchsetzungskraft seitens des einzelnen Arbeitnehmers zurückzuführen ist. Dies gilt insbesondere dann, wenn sie oder er mit
einer großen oder ständig wechselnden Gruppe von Personen
zusammenarbeitet.

Manche werden das Management dafür verantwortlich machen, weil es seiner Aufgabe, »schwächere« Arbeitnehmer zu
schützen, nicht nachkommt. Das bringt Ihnen persönlich aber
keine Verbesserung, wenn
Sie zufällig in einer solchen Situation sind. Für
Sie gibt es nur eine Lö-
sung: Sie müssen lernen,
Ihre Durchsetzungskraft
zu stärken.

Hier finden Sie weitere Tips zur Ruhe:

Wie empfindsam sind Sie? .... Seite 26
Wie Sie bekommen, was Sie
wollen .... Seite 278
Artikulieren Sie Ihre
Gedanken .... Seite 280

Sozialer Druck von außen

Ein bedeutender Grund für Streß am Arbeitsplatz läßt sich nur mit der Bezeichnung »Persönliches« umschreiben. Meistens geht es hierbei um Beziehungen außerhalb des Arbeitsumfeldes – Familie, Freunde, Liebschaften, potentielle Liebschaften – oder um Themen, die diese involvieren.

Vielfach scheinen die Verantwortlichkeiten, die auftauchen, wenn Sie Arbeit und Familienleben unter einen Hut bringen wollen, unüberwindbar. Sie können aber im allgemeinen in einem überschaubaren Rahmen gehalten werden, wenn Sie einige einfache Vorgehensweisen beherzigen:

1. Machen Sie sich bewußt, was Sie von Ihrer Arbeit erwarten.
2. Entwickeln Sie Strategien, um diese Ziele zu erreichen.
3. Teilen Sie solche Strategien mit Ihrem Partner, Ihrer Familie oder jemand anderem, den Ihre Karriere betrifft.

Hier finden Sie weitere Tips zur Ruhe:	
Doppelte Verantwortung	Seite 202
Liste der Lebensprioritäten	Seite 115
Steigen Sie in die Badewanne	Seite 380
Ärger bewältigen	Seite 276
Schaffen Sie Reserven	Seite 269
Entfliehen Sie dem täglichen Einerlei	Seite 265

5. Veränderungen

Ich arbeitete einmal mit einer Frau zusammen – einer Führungspersönlichkeit –, die sofort alle älteren Manager das Büro wechseln ließ, nachdem sie die Leitung des Unternehmens übernommen hatte. »Die Veränderung bringt ihre gewohnten Bequemlichkeiten durcheinander«, erklärte sie. »Bis sie das wieder ausgeglichen haben, bin ich über alles im Bilde.« Es klappte. Sie war eine Frau mit viel Durchsetzungskraft und Macht.

Das war Manipulation, sicher. Nach heutigen Maßstäben war

es auch kein gutes Management, aber es erwies sich als ausgesprochen effektiv, um den Status quo umzukrempeln.

Heutzutage sind Veränderungen das einzige in unserem Job, mit dem wir sicher rechnen können. Sie sind nicht nur unausweichlich, sie kommen darüber hinaus immer öfter zum Tragen. Daran wird sich auch in Zukunft nichts ändern.

Wenn Ihnen der Gedanke an Veränderungen unangenehm ist – bei den meisten Menschen ist das so –, kann die Konfrontation mit einer Welt zunehmender Dynamik, Fluktuation und möglicherweise jäher Unterbrechungen beängstigend wirken. Eine Veränderung des Status quo bewirkt nämlich ganz natürlich, daß Gefühle der Unsicherheit und Anspannung aufkommen. Plötzlich sind Sie nur noch auf die Bedrohung fixiert, daß Sie Ihren Arbeitsplatz verlieren könnten, oder auf Versagensängste, statt positive Inspiration im Hinblick auf mögliche Vorteile zu erfahren.

Dabei haben Veränderungen auch unzählige Vorteile gebracht. Verbesserte Verfahren in Produktion und Organisation werden unseren Lebensstandard weiterhin heben. Wir genießen eine bessere medizinische Versorgung, sicherere Transportsysteme, intensivere Pflege im Krankheitsfall, preisgünstigere Kommunikationsmöglichkeiten, eine verantwortungsbewußtere Regierung...

Solange Sie es zu schätzen wissen, daß aus Veränderungen mehr Gutes als Schlechtes erwächst (Statistiken belegen das), können Sie sich darum bemühen, daß Veränderungen auch zu Ihren Gunsten wirken: zur Verbesserung Ihres Lebens, Ihrer Arbeit, Ihres Wohlergehens.

Aufgrund der allgemein gestiegenen Lebenserwartung sowie unserem anscheinend unersättlichen Verlangen nach mehr Freizeit und besserer Unterhaltung können Veränderungen im Beruf zu unserem Vorteil wirken, was die Zufriedenheit betrifft. Vielleicht ist gerade jetzt der Zeitpunkt gekommen, an dem man über eine Veränderung im Bereich Karriere im kommenden Lebensabschnitt nachdenken sollte...

Bejahen Sie Veränderungen wegen des Guten, das sie Ihnen bringen können, und akzeptieren Sie sie wegen ihrer Unausweichlichkeit. Dann werden Sie nicht nur Ihre jetzige Welt entspannter sehen, es wird sich auch ein Potential zukünftigen Erfolges zu Ihren Gunsten aufbauen.

Hier finden Sie weitere Tips zur Ruhe:

Liste der Veränderungen ...... Seite 322
Man ist nie zu alt, um zur
Ruhe zu kommen .... Seite 324
Eine Veränderung zum
Besseren .... Seite 326

6. Physisches

Vor fünftausend Jahren war der Streß, unter dem die Menschen zu leiden hatten, überwiegend physischer Natur: Der Jäger gewann den Kampf mit dem Beutetier, oder das Beutetier blieb Sieger; man entkam dem Buschfeuer, oder man verbrannte darin; man fand eine Höhle, oder man mußte frieren. Als die Menschen begannen, sich ihren Lebensunterhalt durch sogenannte *Arbeit* zu verdienen, wurde es mit dem Streß komplizierter.

Noch vor hundert Jahren gründete die häufigste Ursache für Streß am Arbeitsplatz in den Bedingungen, denen man rein physisch während der Arbeit ausgesetzt war. Dabei ging es einerseits um direkte Umwelteinflüsse wie Hitze, Kälte, Feuchtigkeit, Dunkelheit, blendende Helligkeit, extreme Trockenheit oder Nässe und andererseits um – je nach Berufsbild – erschwerend hinzukommende Faktoren wie ungenügende Sicherheitsbedingungen, schwache Beleuchtung oder schlechte Belüftung.

Heutzutage mag der Arbeitsplatz ebensoviel Streßpotential bergen, aber der Streß ist weniger körperlicher Natur. Das war einer der großen Vorteile, die der Anbruch des modernen Industriezeitalters mit sich brachte. Die physischen Ursachen für Streß stehen nicht mehr annähernd so stark im Vordergrund wie noch vor einem Jahrhundert.

Nichtsdestotrotz existieren sie weiterhin. Extrem schlechte Bedingungen rund um den Arbeitsplatz finden wir bei Tauchern, Minenarbeitern und Feuerwehrleuten. In anderen Bereichen haben die Arbeiter unter starkem Lärm zu leiden, unter Erschütterungen oder verschiedensten Formen der Umweltbelastung wie Gestank, Gasen, Staub oder gar Giftstoffen.

Im allgemeinen sind die Ursachen für physischen Streß aber vergleichsweise alltäglicher Natur. Viele Menschen empfinden es zum Beispiel als ebenso stressig wie unbequem, den ganzen Tag über hinter einem Schalter stehen zu müssen. Viele, die stundenlang am Computerbildschirm arbeiten, bringen ähnliche Klagen vor.

Nicht anders verhält es sich mit Fließbandarbeitern, Klinikpersonal in der Notaufnahme oder Angestellten bei Handelsgärtnereien. Schichtarbeiter sind einer körperlichen Belastung ausgesetzt, über die sich die meisten Menschen noch nie Gedanken gemacht haben.

Auch wenn Sie der Auffassung sein mögen, daß keiner der genannten Berufe grundsätzlich von starkem körperlichem Streß geprägt ist – sie schwächen die Betroffenen trotzdem erheblich.

In der Regel erfordern physische Ursachen für Streß auch physische Lösungen. Einige davon sind augenfällig (und gehen über den Rahmen dieses Buches hinaus), andere werden wir später behandeln.

Hier finden Sie weitere Tips zur Ruhe:

Schaffen Sie sich Ihren
Freiraum .... Seite 336
Stellen Sie den Lärm ab .... Seite 335
So klingt Ruhe .... Seite 339
Aufrecht zur Ruhe finden ...... Seite 353
Über entspannte Kiefer
zur Ruhe .... Seite 357
Ruhe im Gesicht .... Seite 359
Ruhe beginnt in den Füßen .... Seite 370

7. Lebensgewohnheiten

Ich habe nie verstanden, warum diese Kategorie in den üblichen Auflistungen von Gründen für Streß am Arbeitsplatz ausgelassen wird. Ohne Zweifel ist das Leben, das Sie *außerhalb* Ihres Arbeitsbereiches führen, eine der potentiell hauptverantwortlichen Ursachen für Streß am Arbeitsplatz. Wenn Sie rauchen, viel Kaffee trinken, jeden Abend bis spät in die Nacht um die Häuser ziehen; wenn Sie keinen Sport treiben, zuviel Alkohol trinken, nicht genügend Schlaf finden, mit Ihrem Ehepartner streiten, oder wenn irgendeine andere von etlichen belastenden Gewohnheiten Ihr Leben bestimmt, dann werden Sie wahrscheinlich empfindlicher auf emotionalen und physischen Streß am Arbeitsplatz reagieren.

Um aus diesem Teufelskreis auszubrechen, müssen Sie Ihre Lebensweise nicht zwangsläufig vollkommen umstellen. Sie sollten aber erkennen, daß all diese Faktoren zum Streß beitragen, und Sie müssen lernen, sie zu kompensieren.

Hier finden Sie weitere Tips zur Ruhe:

Verwöhnen Sie sich selbst .... Seite 376
Geben Sie Ihren Neigungen
nach .... Seite 378
Trainieren Sie sich fit .... Seite 379
Steigen Sie in die Badewanne .. Seite 380
Die sechs Wege zu dauerhafter
Ruhe .... Seite 386

Ihr Portfolio der Lösungen für mehr Ruhe

Finden Sie Ruhe

ERSTENS:
TREFFEN SIE EINE
ENTSCHEIDUNG

Der wichtigste Schritt bei der Erledigung der meisten Tätigkeiten ist zu entscheiden, was Sie von Ihrer Arbeit erwarten.

> Treffen Sie heute die Entscheidung, Ihre Energien auf das zu konzentrieren, was Ihnen wichtig ist – zum Beispiel Ruhe finden.

Die einzige Möglichkeit, um diese Entscheidung zu fällen, besteht darin, sich zunächst einmal darüber klarzuwerden, was Sie von Ihrer Arbeit halten und was Sie mit ihr erreichen wollen. Anschließend können Sie entsprechende Pläne machen. Wenn Sie auf Ziele hinarbeiten, die Sie selbst festgelegt haben und an die Sie selbst glauben, dann werden Sie ruhig und zufrieden sein bei dem, was Sie tun.

Hier nun eine einfache Methode, die Ihnen helfen soll, zu ordnen und aufzulisten, was Ihnen im Leben wichtig ist.

Liste der Lebensprioritäten

Der Zweck der Liste der Lebensprioritäten besteht natürlich darin, Prioritäten im Leben zu setzen. Hat bei Ihnen die Arbeit oberste Priorität? Ihre Stellung? Das Geld? Erfolg? Familie? Glück? Oder sind Ihnen menschliche Beziehungen wichtiger? Wollen Sie einfach nur andere Menschen treffen? Was wird in Ihrer persönlichen Liste an erster Stelle stehen? Die Liste der

Lebensprioritäten wird Ihnen bei der Entscheidung behilflich sein.

Wenn Sie, nachdem Sie diesen Test gemacht haben, zum Beispiel entscheiden, daß Erfolg im Beruf bei Ihnen oberste Priorität genießt, dann können Sie sich darauf konzentrieren, diesen Erfolg zu erzielen. Wenn Sie diesen Weg einmal eingeschlagen haben, wird so mancher unvermittelt auftretende Streß und manche Frustration im alltäglichen Arbeitsgeschehen entweder verschwinden oder zumindest deutlich abgeschwächt werden.

Ihre Liste der Lebensprioritäten

Überdenken Sie das Leben, das Sie bis zum Alter von fünfundsechzig Jahren geführt haben... Ordnen Sie anschließend die Punkte der folgenden Liste nach der Wichtigkeit, die sie für Sie haben.

- Ich war erfolgreich in meinem Beruf.
- Ich verdiente mit meiner Arbeit viel Geld.
- Ich erreichte die Spitzenposition in meinem Berufsstand.
- Ich half anderen und teilte meinen Erfolg mit ihnen.
- Ich wurde geschäftsführender Direktor.
- Ich besaß ein wunderbares Haus und einen ebensolchen Wagen.
- Ich pflegte die Beziehungen zu meinen Freunden.
- Die beste Zeit meines Lebens verbrachte ich mit meiner Familie.
- Ich nahm mir die Zeit, die Beziehung zu meinem Partner zu entwickeln und zu pflegen.
- Ich verbrachte einige Male einen sagenhaften Urlaub.
- Ich lernte manches kennen, das mein Leben bereicherte, aber nicht in Beziehung zu meiner Arbeit stand.
- Ich empfand jeden Tag als neuen Abenteuer.
- Ich schrieb ein Buch/baute ein Haus/lernte Geige spielen/umsegelte die Welt/promovierte.
- Ich achtete sehr auf meine Gesundheit.
- Ich verbrachte, als meine Kinder noch klein waren, so viel Zeit wie irgend möglich mit ihnen.

Um Nutzen aus dieser Liste zu ziehen, sollten Sie sich an einen Ort zurückziehen, wo Sie ruhig und ungestört sitzen können.

Bevor Sie endgültig beginnen, tun Sie zunächst für einige Minuten gar nichts. Lauschen Sie nur auf Ihren Atem.

Wenn Sie sich dann ein gewisses Behagen bei Ihnen einstellt, malen Sie sich aus, wie es sein wird, wenn Sie fünfundsechzig Jahre alt sind. Stellen Sie sich vor, wie Sie aussehen, was Sie tun werden.

Als nächstes überdenken Sie das Leben, das Sie bis dahin geführt haben …

Dies ist zwar bei weitem keine vollständige, abschließende Liste von Lebenszielen, aber sie wird Ihnen helfen, Ihre persönlichen Prioritäten einzuordnen. Möglicherweise werden Sie feststellen, daß Prioritäten mit Bezug zur Arbeit – Geld, Stellung, »Erfolg« – an der Spitze Ihrer Liste stehen. In diesem Fall können Sie sich dafür entscheiden, weiterhin, koste es was es wolle, Erfolg im Berufsleben anzustreben. Allerdings in dem Bewußtsein, daß bei einer solchen Entscheidung jeder Rückschlag für Sie Streß bedeutet.

Es kann aber auch sein, daß Sie sich für zwischenmenschliche Beziehungen oder lebensbereichernde Aspekte als oberste Prioritäten in Ihrem Leben entschieden haben. In diesem Fall werden die vielfältigen Belange rund um die Arbeit Sie nicht von der Verfolgung dieser Aktivitäten abhalten.

Auf jeden Fall haben Sie eine Entscheidung getroffen. Wenn der letztgenannte Fall (zwischenmenschliche Beziehungen oder Lebensbereicherung) Ihrer Entscheidung entspricht, dann können Sie mit Sorgfalt und ehrlichem Eifer an Ihre Arbeit herangehen. Sie werden aber keinen Schlaf versäumen wegen irgendwelcher Karriereabsichten oder Aufstiegsaussichten. Das mag Ihre Arbeitsethik verletzen, aber die Befriedigung, die Sie in Ihrem Leben empfinden, wird dadurch erhöht.

Jeder Mensch verfügt nur über ein begrenztes Maß an psychischer (also nichtkörperlicher) Energie, die er für seine Lebensaktivitäten aufwenden kann. Sie auf das Ziel zu konzentrieren, das Ihnen wichtig ist, ist ein sicherer Weg zum Erfolg. Es wäre in der Tat ein Jammer, wenn Sie ihre Kraft für Unwichtiges verschwendeten.

Treffen Sie noch heute die Entscheidung.

Hier finden Sie weitere Tips zur Ruhe:

Ruheatmung .... Seite 129
Grundschablone der
Visualisierung .... Seite 143

118

ZWEITENS:
ATMEN SIE TIEF EIN

Gestreßte und nervöse Menschen haben eines gemeinsam: die Art zu atmen.

Angespannte Menschen holen in kurzen, flachen

> Lernen Sie, Ihre Atmung zu beherrschen, und Sie werden auch im größten Streß an Ihrem Arbeitsplatz Zuflucht in der Ruhe finden.

Atemzügen Luft. Sie atmen nach einem engen, hektischen Schema. Wenn die Atemzüge aber nur kurz sind, braucht man mehr, um die Lunge ständig mit Luft zu füllen. Da jedoch das Ein- und Ausatmen so rasch aufeinanderfolgen, wird nicht alle verbrauchte Luft aus der Lunge gepreßt. Ein bestimmter Prozentsatz verbrauchter Luft bleibt mehr oder weniger auf Dauer in der Lunge zurück.

Diese Art zu atmen setzt eine streßbetonte physiologische Kettenreaktion in Gang. Die Menge des in den Blutstrom aufgenommenen Sauerstoffs wird herabgesetzt (während gleichzeitig eine Reduzierung des Kohlendioxidgehalts ausbleibt), was zur Folge hat, daß sich die Blutgefäße im ganzen Körper verengen. Das wiederum bewirkt, daß weniger Sauerstoff in das Gehirn gelangt, was ein Gefühl von Anspannung und Nervosität freisetzt.

Ein ruhiger, gelassener Mensch atmet dagegen völlig anders. Seine Atemzüge erfolgen langsam, gleichmäßig und tief. Die Atmung verläuft ruhig und entspannt. Das bedeutet, daß mehr Sauerstoff in den Blutkreislauf gelangt, mehr Kohlendioxid ausgeschieden und mehr Sauerstoff ins Gehirn transportiert wird. Es erfolgt eine Freisetzung von Endorphinen (den »Glückshormonen«), die Ihnen helfen, sich ruhig und entspannt zu fühlen.

Auswirkung des emotionalen Zustands auf die Atmung				
	sehr nervös	nervös	normal	ruhig
Atemzüge pro Minute	35–40	20–28	12–18	6–8
Volumen pro Atemzug (ml)	170–150	300–215	500–330	1000–750
Ausgeatmete verbrauchte Luft pro Minute (ml, ca.)	100	2400	4200	5100
Zurückgehaltene verbrauchte Luft pro Minute (ml, ca.)	5900	3600	1800	900

Die logische Schlußfolgerung hieraus lautet: Wenn Sie ruhig und entspannt sein wollen, müssen Sie nur sicherstellen, daß Ihre Atmung in langsamen, regelmäßigen und tiefen Atemzügen vor sich geht.

Kann es etwas Einfacheres geben?

Auch auf die Gefahr hin, daß es oberflächlich und zu stark vereinfacht klingt: Wenn Sie auf schnelle, sichere und effektive Weise ruhig und entspannt werden möchten, dann lernen Sie einfach, richtig zu atmen.

Lernen Sie, Ihre Atmung zu beherrschen, und Sie werden auch im größten Streß an Ihrem Arbeitsplatz Zuflucht in der Ruhe finden. Denken Sie stets daran, Ihre Atmung zu kontrollieren, und Sie werden in der Lage sein, praktisch jedem Druck, wo und wann er auch auftritt, die Stirn zu bieten und ihn zu meistern.

Langsame, regelmäßige und tiefe Atemzüge – mehr bedarf es nicht.

Ruheatmung

Die Atmung ist unter den Vitalfunktionen des Menschen einzigartig, denn sie ist die einzige unwillkürliche, physische Tätigkeit, die Sie willentlich beeinflussen können. Indem Sie die Art, wie Sie atmen, beeinflussen, können Sie auch Ihre Gesundheit, Ihr körperliches Wohlbefinden, Ihr Denken und Ihr gesamtes geistiges Befinden beeinflussen. Ja, mehr noch, Sie können alle diese Zustände – physische wie emotionale – durch wenige Tricks steuern, die ich im folgenden darlegen will.

Natürlich war ich nicht der erste, der die nahezu magische Wirkung des Atmens herausfand. Die Chinesen und Indianer erkannten sie schon vor fast fünftausend Jahren und integrierten sie seitdem in ihre Kriegsführung und Meditationsrituale. Jedoch kann ich Ihnen zeigen, wie man das Beste aus diesem Wissen herauspickt und sich in wenigen Sekunden aneignet!

Ich nenne dies die Ruheatmung.

Sie ist die Grundlage aller Methoden zur Ruhe. (Und die Basis vieler Techniken im Sport und in den darstellenden Künsten. Sie kann aber auch leicht zur Grundlage für den Erfolg Ihrer zukünftigen Arbeiten werden – doch das ist eine andere Geschichte.)

Die Ruheatmung ist die wichtigste körperliche Übung, die Sie durch dieses Buch lernen können. Sofern Sie nicht schon gelernt haben, sie anzuwenden, wird keine andere Übung für sich allein – weder Yoga, noch Tai Chi, Meditation, Autogenes Training oder Biofeedback – so hilfreich sein bei dem Bestreben, Ruhe zu finden und Ruhe zu bewahren, wann immer und wo immer Sie die Notwendigkeit dazu verspüren.

Das Schöne an der Ruheatmung ist, daß sie der Auslöser, sozusagen das Sprungbrett für alle anderen Disziplinen der Ruhe werden kann, einschließlich Yoga, Tai Chi, Meditation und so weiter. Außerdem bedarf es nur dreier Schritte, so daß Sie Ihr eigener Lehrer sein können, um diese Technik in wenigen Minuten zu erlernen.

Die drei Schritte sind:

1. Atmen Sie tief.
2. Atmen Sie langsam.
3. Lauschen Sie auf Ihren Atem.

1. Atmen Sie tief

Fragen Sie Menschen einmal, was atmen für sie bedeutet, und Sie werden feststellen, daß man Sie verwundert anschaut. Atmen ist etwas, das einfach geschieht und keiner weiteren Beachtung oder Analyse bedarf. Selbst wenn es eines gewissen Grades an Beachtung bedürfte, würde man Sie sicherlich für einen Experten darin halten, denn schließlich haben Sie seit dem Moment Ihrer Geburt erfolgreich geatmet.

Auch was tiefe Atemzüge anbelangt, sind Sie ein Experte. Erinnern Sie sich noch an das, was Sie im Sportunterricht in der Schule, im Fitneß-Studio oder beim Militär gelernt haben?

Überprüfen wir kurz einmal Ihre Kenntnisse. Stellen Sie sich dabei gerade vor einen Spiegel.

Atmen Sie tief ein. Füllen Sie Ihre Lunge mit einem wahrhaft gigantischen Atemzug. Mit dem gigantischsten und tiefsten Atemzug, zu dem Sie als Mensch fähig sind. So, wie Sie Ihre Lunge eben mit einem Maximum an Luft füllen können.

Versuchen Sie es nun.

Notieren Sie dann, was dabei mit Ihren Schultern und Ihrem Brustkorb geschehen ist.

Ihre Schultern haben sich vermutlich in die Höhe gezogen, der obere Teil Ihres Brustkorbs hat sich dramatisch ausgedehnt, und Ihr Bauch hat sich wahrscheinlich eingezogen (vgl. Zeichnung, Abb. A).

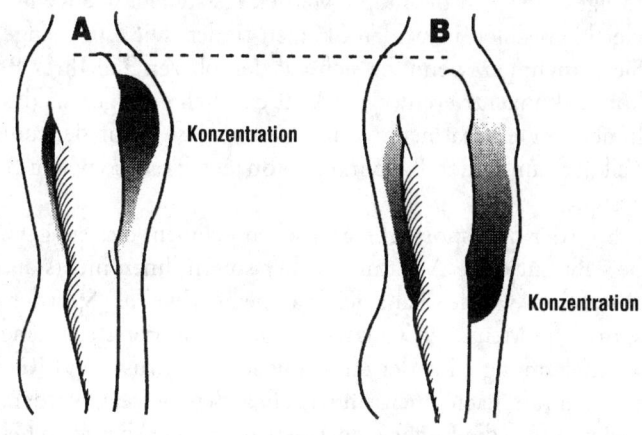

Ein tiefer Atemzug

Sie werden sich auf den oberen Teil des Brustkorbes konzentriert haben, nach dem Motto »Brust raus, Bauch rein«, wie Sie es als Kind gelernt haben, nicht wahr?

Unglücklicherweise hat man Ihnen da etwas Falsches beigebracht. (Wenn auch Sänger, Tänzer, Schauspieler und etliche Sportler eine andere Ansicht vertreten mögen.) Die korrekte Art, einen tiefen Atemzug zu tun, die Lunge richtig mit Luft zu füllen, beinhaltet absolut nicht, die Schultern zu heben oder den oberen Teil des Brustkorbes nach außen zu wölben. Ganz im Gegenteil, Sie sollten sich vielmehr auf *die unteren Regionen* Ihrer Lunge konzentrieren, um die Luft richtig tief, bis hinunter zum Nabel, in sich hineinzusaugen. Auf diese Weise fühlen Sie, wie sich Ihr Leib in dem Maße ausdehnt, in dem die Luft einströmt (vgl. Abbildung oben, B).

Betrachten Sie die nebenstehende Abbildung, die darstellt, wie sich die

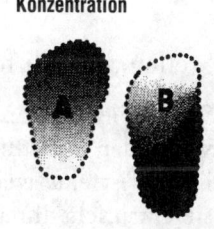

Lungenausdehnung

Lunge jeweils ausdehnt. Sie werden feststellen, wie wenig Vergleichbares sich in beiden Skizzen findet. Die Luftmenge, die Sie aufnehmen, wenn Sie sich auf den oberen Teil Ihres Brustkorbes konzentrieren (vgl. A), ist deutlich geringer als das Volumen der eingeatmeten Luft, wenn Sie sich auf den unteren Teil der Lunge, den Bauchraum, konzentrieren, so wie in B dargestellt.

Sportler und sportliche Menschen glauben, daß sie ganz unbewußt auf diese Art atmen. Aber sofern ihnen nichts anderes antrainiert wurde, habe ich da meine Zweifel. Sportler und sportliche Menschen vollziehen nämlich in der Regel eine Art »Mittelatmung«, bei der die Rippen durch Brust- und Rückenmuskelkraft nach oben und nach außen bewegt werden, um mehr Luft in die Lunge eindringen zu lassen. Aber auch bei dieser Atemtechnik wird noch nicht die gesamte Lungenkapazität genutzt.

Das ist nur möglich, wenn man auf die richtige Weise tief einatmet. Bei dieser Atemtechnik bewegen die Muskeln *zwischen den Rippen* die Rippenbögen nach oben und nach außen, während sich gleichzeitig das *Zwerchfell* unterhalb der Lunge zusammenzieht und nach unten in den Bauchraum wölbt, so daß sich das Fassungsvermögen der Lunge nach unten hin erweitert. Aus diesem Grund konzentrieren Sie beim richtigen tiefen Atmen Ihre ganze Aufmerksamkeit auf den unteren Teil Ihrer Lunge.

Stellen Sie sich folgendes vor

Stellen Sie sich Ihre Lunge als langen, starren Zylinder vor, so wie in der Abbildung rechts. Am Boden dieses gedachten Zylinders ist eine weiche, flexible Gummimembran angebracht; sie entspricht Ihrem Zwerchfell. Wenn Sie einatmen und die Luft in den starren Zylinder Ihrer Lunge pressen, bleibt nur eine Möglichkeit, überschüssige Luft unterzubringen, nämlich indem sich die flexible Gummimembran am Zylinderboden

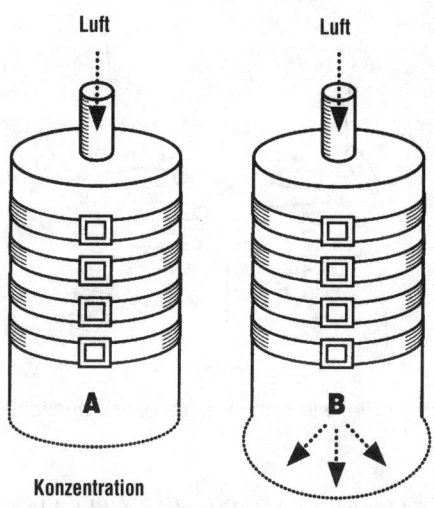

Modell eines tiefen Atemzugs

ausdehnt, so wie in B. Und was passiert, wenn Sie aufhören einzuatmen und der Druck der Luft nach unten nachläßt? Das weiche, elastische Material zieht sich wieder in seine normale Form und Position zurück, und die Luft wird aus dem Zylinder herausgepreßt.

Demnach sollten Sie sich mehr auf den unteren Teil Ihrer Lunge konzentrieren, weniger auf den oberen. Wenn Sie sich daran halten, und wenn Sie fühlen, wie sich Ihr Zwerchfell ausdehnt, geschieht alles andere von selbst.

Wie fühlt es sich an?

Natürlich reicht es nicht aus, diese Zeilen zu lesen und sich nur vorzustellen, wie die richtige Tiefenatmung funktionieren soll, um ein Gefühl dafür zu bekommen. Deshalb hier eine einfache Übung, die Ihnen helfen soll zu fühlen, wie sich Ihr Zwerchfell ausdehnt, wenn Sie richtig atmen.

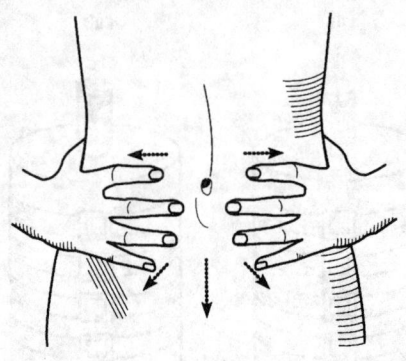

Fühlen Sie, wie sich Ihr Unterbauch ausdehnt.

Legen Sie Ihre Hände auf die Hüfte (siehe Abbildung oben). Die Zeigefinger liegen auf der Höhe des Nabels, die Daumen in der Taille, die übrigen Finger auf dem Bauch, unterhalb des Nabels. (Nehmen Sie es mit der exakten Position der Hände nicht übertrieben genau.)

Konzentrieren Sie sich jetzt darauf, Ihre Schultern nicht hochzuziehen, atmen Sie tief ein, und fühlen Sie, wie sich Ihr Unterbauch unter Ihren Händen ausdehnt. Konzentrieren Sie sich auf den *unteren Teil* Ihrer Lunge, während Sie einatmen, und achten Sie darauf, daß sich Ihre Schultern nicht bewegen. In dem Maße, wie sich das Zwerchfell ausdehnt, um der eingeatmeten Luft Platz zu schaffen, in dem Maße wölbt sich Ihr Unterbauch unter Ihren Fingern nach außen.

Atmen Sie jetzt wieder aus, langsam, und bis Sie fühlen, daß Ihr Unterbauch wieder in seine ursprüngliche Form zurückkehrt.

Das ist die Tiefenatmung, der erste Schritt zur Ruheatmung.

2. Atmen Sie langsam

Erinnern Sie sich noch, wie nervöse und angespannte Menschen atmen? Sie machen kurze, flache Atemzüge, schnell und hektisch. Dieses Atemtempo trägt übriges zu ihrem Gefühl der Anspannung bei, und die hohe Atemfrequenz hindert sie daran, ein ausreichendes Volumen an verbrauchter Luft wieder auszuatmen.

Ein sehr nervöser Mensch macht zwar fünfunddreißig bis vierzig Atemzüge in der Minute, atmet dabei aber nur sehr wenig verbrauchte Luft aus. Somit steht er am Rande der Hyperventilation.

Ein etwas weniger nervöser Mensch kommt immerhin noch auf zwanzig bis achtundzwanzig Atemzüge in der Minute. Es besteht nicht mehr die Gefahr der Hyperventilation, aber die Atmung ist dennoch zu schnell und baut Spannungen auf. Auch wird nach wie vor eine ungenügend große Menge an verbrauchter Luft ausgeatmet.

Nun werden wir langsam entspannter. Im »normalen« emo-

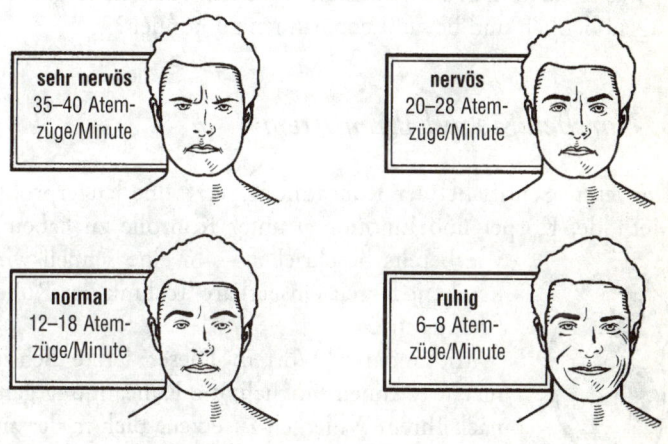

sehr nervös
35–40 Atemzüge/Minute

nervös
20–28 Atemzüge/Minute

normal
12–18 Atemzüge/Minute

ruhig
6–8 Atemzüge/Minute

Atemfrequenz

tionalen Zustand sinkt die Atemfrequenz auf zwölf bis achtzehn Atemzüge in der Minute. Wenn Sie unter normalen Umgebungsbedingungen mit dieser Frequenz atmen, fühlen Sie sich in aller Regel entspannt.

Die ideale Atemfrequenz, um ruhig zu werden – das heißt, die ideale Atemfrequenz zur Ruheatmung –, beträgt nur sechs bis acht Atemzüge in der Minute. Wenn Sie entspannt sind, werden Sie keine Schwierigkeiten haben, die Zahl Ihrer Atemzüge auf zehn bis zwölf zu reduzieren. Um mit nur sechs Atemzügen auszukommen, bedarf es vielleicht etwas mehr Konzentration, aber diese Frequenz zu erreichen ist gut und wohltuend. (Menschen, die Erfahrung in Meditation besitzen, holen zeitweise nur viermal in der Minute Luft.)

Die Tiefenatmung mit dieser Frequenz versorgt Ihren Blutkreislauf mit einem Maximum an Sauerstoff und ermöglicht es Ihnen, möglichst viel verbrauchte Luft aus der Lunge auszuatmen. Sie werden sich dadurch nicht nur allmählich entspannter fühlen, sondern auch in die Lage versetzt, Einfluß darauf zu nehmen, wie Sie sich fühlen.

Atmen Sie tief ein, atmen Sie langsam, und Sie werden ruhig.

Was braucht man also, um sich praktisch jederzeit so gut wie augenblicklich und bewußt entspannen zu können?

3. Horchen Sie auf Ihren Atem

Der letzte Schritt bei der Ruheatmung setzt eine langerprobte Methode, Körper und Emotionen unter Konrolle zu haben – 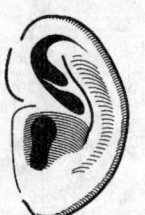 wie bereits beschrieben –, in eine schnell wirkende, jederzeit einsetzbare Technik der Ruhefindung um.

Mit anderen Worten: Dieser letzte Schritt macht es Ihnen möglich, die Ruheatmung ganz nach Ihrem Willen einzusetzen, auch in der angespanntesten Situation.

Dieser Schritt bezieht Ihre Ohren mit ein. Er ist sehr leicht auszuführen. Atmen Sie tief ein (bis in die untersten Lungenspitzen). Atmen Sie langsam (etwa sechs bis acht Atemzüge in der Minute). Jetzt brauchen Sie nur noch *zu horchen.*

Sie haben richtig gelesen. Hören Sie auf das Geräusch Ihrer Atmung, lauschen Sie den Atemzügen nach, wie sie kommen und gehen. Verfolgen Sie das Eindringen der kühlen Luft durch Ihre Nase. Vertiefen Sie sich in das Geräusch Ihres durch den Mund ausströmenden, warmen Atems.

Horchen Sie. Das ist alles. Atmen Sie tief, atmen Sie langsam – und lauschen Sie Ihrem Atem.

Sie werden feststellen, daß diese Methode selbst in der scheinbar ungeeignetsten Umgebung funktioniert. Wenn Sie sich auf diese Weise konzentrieren, wird es Ihnen leichtfallen, Ihr Atmen »innerhalb« des Kopfes zu hören, selbst wenn um Sie herum der schlimmste Lärm tobt. Solange Sie Ihrem Atem lauschen, werden Sie ihn auch hören. Ganz deutlich und gerade so, als würden Sie auf dem Wasser oder unter der Oberfläche schwimmen.

Versuchen Sie es. Wo auch immer Sie sind, was auch immer Sie gerade tun, atmen Sie tief ein, und verfolgen Sie mit den Ohren das Geräusch Ihrer kommenden und gehenden Atemzüge.

Das war doch leicht!

Ruheatmung

1. Atmen Sie tief ein (nutzen Sie den unteren Teil Ihrer Lunge).
2. Atmen Sie langsam (sechs bis acht Atemzüge in der Minute).
3. Lauschen Sie dem Geräusch des Einatmens – die Luft strömt durch Ihre Nase in die Lunge.
4. Lauschen Sie dem Geräusch des Ausatmens – die Luft strömt durch Ihren Mund aus dem Körper.
5. Wiederholen Sie das sechzig Sekunden lang oder auch unbegrenzt lange.

Streben nach langanhaltender Ruhe

Wenn Sie für alle Zeit ruhig bleiben wollen, müssen Sie sich für alle Zeit auf das richtige Atmen konzentrieren. Das Erlernen fällt zwar leicht, die ständige Anwendung erfordert jedoch einige Mühe. Eine jahrelange schlechte Atemtechnik kann man nicht von heute auf morgen überwinden. Die flache Atmung hat vielleicht das Zwerchfell und die Muskulatur der Bauchdecke geschwächt. Beides muß zuerst trainiert werden, um wieder in Form zu kommen. Üben Sie in Zeiten der Ruhe, dann wird die Ruheatmung ganz natürlich und von selbst einsetzen, wenn Streß auftritt. Je mehr Sie üben, desto selbstverständlicher und intuitiver werden Sie diese Technik anwenden. Und je mehr Sie in Zeiten der Ruhe üben, desto mehr werden Sie ein Gefühl der Ruhe mit dieser Tätigkeit assoziieren.

Körperhaltung der Ruhe

Außer Gewohnheit und Technik gibt es noch einen weiteren Faktor, der Ihre Art zu atmen beeinflußt – Ihre Körperhaltung. Selbst wenn Sie die Schultern nur ein wenig hängen lassen, kann das schon einen einschränkenden Effekt ausüben. Es reduziert das Volumen Ihres Brustraumes, was wiederum dazu führt, daß Sie eher mit dem oberen Teil Ihres Brustkorbes atmen (flache Atmung) als mit Ihren Rippen und dem Zwerchfell.

Mit einer einfachen Korrektur Ihrer Körperhaltung können Sie Wunder wirken. Öffnen Sie das gesamte Volumen Ihres Brustraumes, und die Luft kann bis in die Lungenspitzen strömen. Das spült mehr Stoffwechselprodukte aus Ihrer Lunge und verringert Muskelverspannungen im Bereich von Bauchdecke und Rippen. Sind diese Verspannungen erst einmal aufgehoben, werden Sie allmählich automatisch richtig atmen.

Hier finden Sie weitere Tips zur Ruhe:

Aufrecht zur Ruhe finden .... Seite 353
So klingt Ruhe .... Seite 339
Ertragen Sie es mit einem Lächeln Seite 350

DRITTENS:
LASSEN SIE IHR UNTER-BEWUSSTSEIN ARBEITEN

In einem der vorangehenden Kapitel habe ich geschrieben, daß Sie, wenn Sie Ihrer Intuition erlauben, Sie

> Der meiste Streß entsteht im Kopf, nicht im Körper.

zur besten Lösung zu führen, zu den kraftvollsten Techniken in diesem Buch Zugang erhalten werden.

Viele dieser Techniken setzen ein gewisses Maß an Vertrauen in Ihre Intuition oder in Ihr Unterbewußtsein voraus, um optimal zur Wirkung zu kommen. Das ist nichts Außergewöhnliches. Alle bedeutenden Verbesserungen im Leben erfordern diesen Glauben in mehr oder minder starker Ausprägung.

Vielen Menschen im Arbeitsprozeß ist dies aber ein Greuel. Sie haben ihre Karriere auf logischem, von keinerlei Emotionen geprägtem Verhalten aufgebaut, versuchen, sich allzeit in der Gewalt zu haben. Eine Aufforderung, von diesem praktischen, rationalen Pfad abzuweichen, ist nie erfolgt. Aus diesem Grund haben sie allmählich eine Neigung zu einer ganz bestimmten Art des Denkens entwickelt – einem Denken, bei dem überwiegend die linke Gehirnhälfte zum Einsatz kommt. Betrachten Sie einmal die Abbildung auf der nächsten Seite, dann werden Sie verstehen, warum diese Art des »linkshirnigen« Denkens in der Wirtschaft, der Industrie und an den meisten Arbeitsplätzen dominiert.

Das menschliche Gehirn ist in zwei Hälften geteilt. Die linke

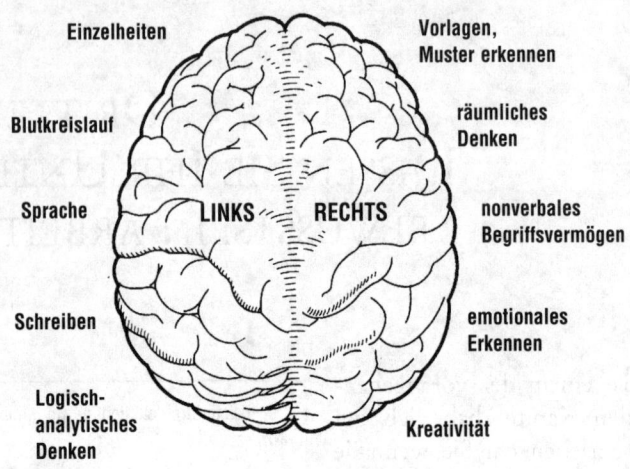

Einzelheiten

Vorlagen,
Muster erkennen

Blutkreislauf

räumliches
Denken

Sprache

LINKS   RECHTS

nonverbales
Begriffsvermögen

Schreiben

emotionales
Erkennen

Logisch-
analytisches
Denken

Kreativität

Zuständigkeitsbereiche des Gehirns

Gehirnhälfte ist zuständig für strukturierte, vernunftgeprägte und analytische Denkprozesse. Diese Art des Denkens ist an den meisten Arbeitsplätzen üblich, wird dort erwartet und geschätzt.

Die rechte Hälfte des Gehirns widmet sich den kreativen, imaginativen, abstrakten oder emotionalen Denkprozessen. Aus diesem Grund wird diese Gehirnhälfte in den Bereichen der alltäglichen Arbeitswelt weniger in Anspruch genommen.

Obwohl es für viele Tätigkeitsbereiche förderlich wäre, die rechte Gehirnhälfte (Kreativität, Vorstellungskraft) mehr in den Denkablauf einzubeziehen, dominiert die linke (strukturerkennendes, vernunftgeprägtes, analytisches Denken). Selbst in Wirtschaftszweigen wie der Werbebranche oder dem Fernsehen, von denen man annehmen sollte, daß Kreativität und Vorstellungskraft hier einen höheren Stellenwert besitzen, setzt sich dieser Trend fort. Angesichts der Dominanz der linken Gehirnhälfte in allen Denkprozessen werden Sie einsehen, wie schwierig es ist, manche Menschen dazu zu bringen, daß sie ihr Unterbewußtsein oder ihre Intuition mit Überzeugung einsetzen. Alles in allem erscheint es jedoch kaum vernünftig oder logisch, ein solches Potential ungenutzt zu lassen.

Oder sehen Sie das anders?

Die Logik des Unterbewußten

Das Wirken unseres Unterbewußtseins ist Teil unserer ganz normalen Gehirnfunktionen. Es bezieht sich auf Dinge, die nicht im Zentrum unserer Aufmerksamkeit stehen, aber trotzdem irgendwo in unserem Bewußtsein registriert (oder beobachtet) werden.

Wenn ich Sie davon überzeugen könnte, daß die Tatsache, daß Sie Ihrem Unterbewußtsein vertrauensvoll gefolgt sind, für die meisten, wenn nicht gar für alle großen Leistungen in Ihrem Leben von ausschlaggebender Bedeutung war, dann würden Sie mir zustimmen, daß diese Handlungsweise von Vorteil in Ihrem Beruf wäre.

Im Hinblick auf die Steuerung der Emotionen ist Ihr Unterbewußtsein deutlich stärker als Ihr Bewußtsein und unermeßlich viel stärker als Ihre Willenskraft. Alle Menschen, die Großes geleistet haben, wissen, daß das Unterbewußtsein helfen kann, Leistungen zu vollbringen, die sie nie erreicht hätten, wenn sie sich nur auf ihren Verstand und ihre Willenskraft gestützt hätten.

Daher kommt es, daß die wirklich großen Leistungen im Leben – in der Arbeit, im kreativen Bereich, im Sport oder bei der Ruhefindung – nur durch die umfassende, aktive Unterstützung durch das Unterbewußtsein erbracht werden.

Beobachten Sie einen Karatekämpfer, der seine Vorbereitungen trifft, um fünf Ziegelsteine mit der Stirn zu zerschmettern. Sie werden bemerken, wie sich sein Blick, ohne einen Punkt zu fixieren, in weiter Ferne verliert. Er würde Ihnen sagen, daß er damit durch absolute Konzentration sein *Chi* (die Lebenskraft) aktiviert – aber letztendlich aktiviert er sein Unterbewußtsein.

Denn es ist sein Unterbewußtsein, das ihm den Glauben verleiht, etwas tun zu können, von dem wir »wissen«, daß es unmöglich ist (z.B. fünf Ziegelsteine mit der Stirn zu durchschlagen).

Den gleichen ziellosen Blick können sie auch bei großen Musikern beobachten, wenn sie zum Höhepunkt ihrer Darbietung kommen. Dasselbe gilt für Boxer, Sprinter und Schwimmer vor einem Wettkampf.

Ich habe dieses Phänomen auch in den Augen von Geschäftsleuten bemerkt, bevor sie ein gigantisches Geschäft abschlossen. *Und Sie werden es häufig in den Augen von Menschen beobachten, die in Streßsituationen wieder ruhig werden.*

Nennen Sie es, wie Sie wollen – es ist einfach der Vorgang, bei dem das Unterbewußtsein sozusagen zur Teilnahme am Geschehen aufgefordert wird. Wenn Sie wissen, wie Sie Ihr Unterbewußtsein nutzen, und lernen, ihm zu vertrauen, dann können Sie praktisch alles schaffen. Auch Ruhe bewahren in Situationen, die Sie normalerweise als streßbeladen bezeichnen würden.

Aber zuerst müssen Sie lernen, Ihrem Unterbewußtsein zu vertrauen.

Eine Binsenweisheit

Ich werde Ihnen ein Beispiel der Wirksamkeit des Unterbewußtseins geben, das Ihnen vielleicht bekannt ist.

Haben Sie sich jemals beim Zubettgehen eindringlich vorgesagt: »Morgen früh will ich um 7.00 Uhr aufwachen«? Mit ziemlicher Sicherheit wachen Sie in diesem Fall am nächsten Morgen auf, wenn der Wecker 6.59 Uhr anzeigt. Wie ist das möglich? Und wie kann es so exakt eintreffen?

Erst in jüngster Zeit haben Wissenschaftler herausgefunden, daß ein Teil des Gehirns nicht nur für die Speicherung des Zeitbegriffs zuständig, sondern darin auch äußerst exakt ist. Über eine bewußte Willenssteuerung haben Sie dagegen zu diesem Bereich keinen Zugang. Sie können tun und lassen, was Sie wollen, und Ihre ganze Willenskraft einsetzen: Sie werden scheitern, denn dieser Bereich des Gehirns ist über die bewußte Ebene Ihrer Gedanken nicht erreichbar. Nur Ihr Unterbewußtsein hat hier sozusagen Zutritt.

Das Wunderbare und Schöne an Ihrem Unterbewußtsein ist, daß es dann am besten funktioniert, wenn Sie *glauben*, daß es funktionieren wird. Vertrauen Sie Ihrem Unterbewußtsein, daß es Sie um 7.00 Uhr wecken wird, und Sie werden genau um 7.00 Uhr aufwachen. Jederzeit, auf die Minute pünktlich. (Wenn Sie nun einwenden, daß Sie diesen mentalen Wecker auf die Probe stellen und nutzen wollten und es nicht geklappt hat, dann muß ich Ihnen entgegenhalten: Sie haben kein Vertrauen zu Ihrem Unterbewußtsein gehabt. Vertrauen Sie ihm, und es wird funktionieren. Das ist so sicher wie das Amen in der Kirche.)

Ich übertreibe nicht. Es wird jedesmal funktionieren.

Ihr Unterbewußtsein leistet mit gleichbleibender Regelmäßigkeit auch andere »unmögliche« Dinge in Ihrem Leben. Einer der anschaulichsten Fälle ist, wenn Sie auf einer Party, bei der der Lärmpegel ziemlich hoch ist, hören, wie jemand am anderen Ende des Raumes Ihren Namen erwähnt. Dabei hätten Sie nie gedacht, daß Sie aus einer solchen Entfernung auch nur ein Wort der Unterhaltung verstehen würden. In gleicher Weise tritt Ihr Unterbewußtsein in Aktion und warnt Sie davor, daß eine Person, der Sie gerade vorgestellt wurden, nicht vertrauenswürdig ist oder daß sich auf dem Weg vor Ihnen eine Stolperfalle verbirgt.

Ihr Unterbewußtsein wird Ihnen auch helfen, Ruhe zu finden.

Sind Sie dafür zu gewitzt?

Tief in ihrem Inneren stehen viele vom Intellekt geprägte Menschen der Kraft des Unterbewußtseins mit großer Skepsis gegenüber. Sie haben so großes Vertrauen in die kognitive Wahrnehmung ihres Gehirns investiert, daß sie die Annahme, es gebe etwas, das genauso kraftvoll – oder, Schreck laß nach, sogar noch mächtiger! – in die Gestaltung ihres Lebens eingreift, schlichtweg ablehnen. Solche Menschen verlangen gern »Beweise« (die zu erbringen natürlich niemand verpflichtet ist). Insgeheim sind sie davon überzeugt, daß etwas, das sie weder sehen noch hören, unmöglich existieren kann.

Wenn Sie nur das glauben und nur dem vertrauen, was Sie sehen – oder glauben, sehen zu können –, dann sollten Sie einmal folgendes bedenken: Ein Großteil dessen, was als »sichtbare« Information über unsere Augen zum Gehirn gelangt, ist alles andere als sichtbar. Es wird gar nicht zu dem Teil der Großhirnrinde, der für visuelle Eindrücke zuständig ist (Bereich des Gehirns für Denken und Vernunftsteuerung) geleitet, sondern kommt in jene Teile des Gehirns, die für das »Nichtbewußte«, das Emotionale, die Motivation zuständig sind. Oder, was noch skurriler wirkt, es wird zu jenem Teil der Großhirnrinde geleitet, der für auditive Eindrücke zuständig ist und das Hören ermöglicht. Während Sie also *einige* der visuellen Informationen, die Sie aufnehmen, ganz bewußt wahrnehmen, wird eine Vielzahl davon in Bereiche des Gehirns geleitet, die zu »nichtbewußten« Funktionen wie Fühlen oder Intuition in enger Relation stehen.

Andere Sinne arbeiten nach dem gleichen Prinzip. Viele Informationen, die Sie zum Beispiel über das Gehör empfangen, erreichen nicht die kognitiven Bereiche Ihres Gehirns. Daher können Sie gar nicht bewußt all das wahrnehmen, was Sie hören.

Außerdem gibt es einen durch die Forschung dokumentierten psychologischen Status, der es Ihnen ermöglicht, Töne zu *sehen* und Farben zu *hören*. Dieser Status, bekannt als *Synästhesie*, ist ein Zustand, in dem Sie einen Stimulus, den ein sensorisches System aufgefangen hat, in einem anderen sensorischen System wahrnehmen. Künstlern und Musikern ist dies wohlbekannt, einige Wissenschaftler sind sogar davon überzeugt, daß wir alle hin und wieder zu einer solchen Wahrnehmung fähig sind – wenn wir unsere Aufmerksamkeit darauf konzentrieren.

Welche Gefühle löst bei Ihnen der Gedanke aus, daß Sie etwas, das Sie sehen oder hören, gar nicht bewußt wahrnehmen?

Beruhigend ist, daß Ihr Unterbewußtsein unmittelbaren Zugriff auf all diese Informationen hat, auf die bewußten ebenso wie auf die unbewußten. So gerüstet, greift es Ihnen unter die Arme, um anscheinend Unmögliches leisten zu können. Es läßt Sie ein herannahendes Fahrzeug wahrnehmen, obwohl Sie in die entgegengesetzte Richtung schauen. Es zieht Ihren Blick auf Ihren Namen, der auf einer Zeitungsseite erscheint, die über und über mit Text bedruckt ist. Es warnt Sie vor jemandem, der zwar freundlich mit Ihnen spricht, Ihnen aber nicht wohlgesonnen ist.

Es kann Ihnen helfen, Großes zu vollbringen, Probleme zu überwinden und Ruhe zu finden.

Einige der im folgenden beschriebenen Techniken erfordern die Unterstützung durch Ihr Unterbewußtsein. Wenn Sie diesen Techniken gegenüber ein gutes Gefühl und zu Ihrem Unterbewußtsein das strikte Vertrauen haben, daß es das Beste für Sie herausholen wird, dann werden Ihnen diese Techniken nützen.

Machen Sie sich Ihr Unterbewußtsein zunutze

Das Wissen darum, daß Ihnen Ihr Unterbewußtsein ein mächtiger Verbündeter sein kann, ist nur die halbe Miete. Viel wichtiger ist, daß Sie es schaffen, Ihr Unterbewußtsein für Sie arbeiten zu lassen, insbesondere was Ihren Wunsch anbelangt, allzeit Ruhe zu bewahren.

Die Erläuterungen zum Unterbewußtsein mögen sehr fachspezifisch oder akademisch wirken, trotzdem bedarf es keines speziellen Trainings und keiner speziellen Ausbildung, um das Unterbewußtsein für sich arbeiten zu lassen.

Der erste Schritt in diese Richtung ist, Ihre Willenskraft auszuschalten. Nachdem Sie das erreicht haben, wählen Sie einen der folgenden Wege:

1. Vorstellungsvermögen
2. Wiederholung
3. Verführung

Vorstellungsvermögen

Die diszipliniertesten Menschen sind auf die Überzeugung getrimmt worden, daß es nur eines ausreichenden Einsatzes unserer Wilienskraft bedarf, um zu erreichen, was sie sich in den Kopf gesetzt haben. Daß allein das Gewicht ihres Willens und ihrer Persönlichkeit alle unterbewußten Triebe überwindet.

Leider stimmt das nicht.

Soweit es Ihr Unterbewußtsein betrifft, ist Ihr Vorstellungsvermögen unendlich viel stärker. Ich möchte Ihnen ein Beispiel geben. Sie wissen, daß die Chancen, daß Sie in der Dunkelheit auf einem Friedhof von einem vermummten Monster angefallen werden, eins zu einer Milliarde stehen. Sie wissen auch, daß es wesentlich wahrscheinlicher ist, daß Sie von einem Bus überfahren werden oder an Lebensmittelvergiftung sterben. Warum also beginnt Ihr Puls zu rasen, wenn Sie nachts über einen Friedhof gehen? Und warum ändert sich Ihre Pulsfrequenz praktisch nicht, wenn Sie eine belebte Straße überqueren und dabei einen Hamburger verspeisen?

Der Grund dafür ist Ihr Vorstellungsvermögen.

Seine Kraft steigt direkt proportional zu dem Aufwand an Willenskraft, den Sie einsetzen, um es unter Kontrolle zu halten. Um das Beispiel mit dem Friedhof auszubauen: Je mehr Sie Ihre Willenskraft einsetzen, um *nicht* an vermummte Monster zu denken, desto mehr denken Sie daran, während Sie zwischen den Grabsteinen umhertappen.

Wenn Sie Ihr Denken und Fühlen beeinflussen wollen, müssen Sie mehr Ihr Vorstellungsvermögen heranziehen, weniger Ihren Verstand.

In einem späteren Kapitel werden Sie etwas über Visualisierungstechniken erfahren, die Ihnen helfen, die Kraft Ihres Vorstellungsvermögens so einzusetzen, daß Sie streßbedingte Situationen und streßbetonte Gefühle gut durchstehen.

Wiederholung

Sie haben sicherlich im Fernsehen schon genug Sendungen über Hypnose gesehen, um der Hypnotiseure liebsten Trick zu kennen: Wiederholung. Ein Hypnotiseur wiederholt immer und immer wieder dieselbe Suggestion. Vielleicht faßt er sie in unterschiedliche Formulierungen, aber er wiederholt sie ein ums andere Mal.

Jede Form der Wiederholung hat einen charakteristischen Effekt auf das Unterbewußtsein. Wenn Sie sich nur oft genug vorsagen, daß Ihre Arbeit Ihnen Schmerzen im Nacken verursacht, dann werden Sie wahrscheinlich bald unter verspannten Nackenmuskeln leiden, während Sie an Ihrem Arbeitsplatz sitzen. Ständig wiederholte negative Suggestionen (oder Gedanken) führen zu Versagen, Unfällen und Krankheit. Umgekehrt können ständig wiederholte positive Suggestionen zum Erfolg führen, können helfen, Probleme und Widrigkeiten zu überwinden.

Warum? Aus einem einfachen Grund: Wiederholungen tendieren dazu, bewußte Gedanken zu dominieren, so daß sich mehr Raum für die Beeinflussung durch das Unterbewußtsein ergibt. Dies befähigt Sie, sich in einer Weise zu konzentrieren, wie es die reine Willenskraft nie zulassen würde. Wenn Sie sich so konzentrieren – nicht aufgrund von Willenskraft, sondern weil das bewußte Denken fehlt –, dann ist Ihr Unterbewußtsein am empfänglichsten. Und das ist der ideale Zeitpunkt, um positive Veränderungen zu bewirken.

Wenn Sie also Ihr Unterbewußtsein beeinflussen wollen, dann wiederholen Sie, wiederholen Sie, wiederholen Sie – positive Worte (Bestätigung), Handlungen oder Gedanken.

Verführung

Das Unterbewußtsein kann nicht dazu gezwungen werden, sich rational zu verhalten. Das gelingt weder durch Logik noch durch Willenskraft, gesunden Menschenverstand oder irgend etwas anderes in dieser Art.

Um Ihr Unterbewußtsein dazu zu bringen, daß es eine Ihrer logischen, spitzfindigen, praktischen Forderungen in Schwarzweiß-Malerei akzeptiert – das heißt, ein Kommando Ihres Willens –, muß es zu dem Vorgehen, das Ihnen vorschwebt, *verführt* werden. Es will umgarnt, umschmeichelt und mit List dahin gebracht werden zu tun, was Sie von ihm verlangen.

Das läßt sich durch Suggestion erreichen.

Anders als der bewußte Bereich Ihres Denkens ist das Unterbewußtsein nicht fähig, Unterscheidungen zu treffen. Unter den richtigen Voraussetzungen eingesetzt, wird jede Suggestion, die Sie ihm präsentieren, übernommen und ausgeführt (solange sie nicht allzu konträr zu Ihren üblichen Vorstellungen und Wünschen verläuft).

Das Wissen um diese Kraft der Suggestion kann, richtig eingesetzt, einen Geschäftsmann befähigen, Einfluß auf einen Kunden zu nehmen. Sie läßt gesunde Menschen krank werden, Kranke genesen, Soldaten wahre Heldentaten vollbringen und führt Sportler zum Sieg. Dieses Wissen ist die Grundlage der Hypnose, der Selbsthypnose und vieler Selbsthilfeprogramme.

Deshalb wird ein Gespräch über Hautjucken in Ihnen den Wunsch wecken, sich zu kratzen. Der Vorwand, müde zu sein, bringt Sie zum Gähnen. Und aus demselben Grund sind Menschen, die über Erfolg sprechen, oft selbst erfolgreich, während umgekehrt Versager über das Versagen sprechen. Das Phänomen ist als »angewandte Suggestion« bekannt. Sie kann von einer anderen Person (zum Beispiel jemandem, der sich beklagt, von einem Geschäftsmann oder einem Hypnotiseur) ausgehen, oder von Ihnen selbst. Sobald jedoch das Unterbewußtsein diese Suggestion akzeptiert hat, setzt es alles daran, sie zu realisieren.

Deshalb ereignen sich *positive, beruhigende* Dinge auch, wenn Sie sie sich vorsagen. Wenn Sie unbeirrt nach dieser Methode verfahren, wird sie funktionieren, daran besteht kein Zweifel. Noch wirkungsvoller ist die *visuelle* Suggestion. Wenn Sie vor Ihrem geistigen Auge Positives, Beruhigendes »sehen« – und vor allem, wenn Sie sich selbst »sehen«, wie Sie daran teilhaben –, dann sind Sie auf dem besten Weg, Ruhe zu finden.

DIE VIER WERKZEUGE
DES UNTERBEWUSSTSEINS

Man könnte argumentieren, es gebe Hunderte von Hilfsmitteln, die sich heranziehen ließen, um das Unterbewußtsein zu beeinflussen und so am Arbeitsplatz zu erreichen, was man erstrebt.

> Das Unterbewußtsein benimmt sich oft wie ein kleines Kind. Es gefällt ihm, wenn man es unterhält und mit ihm spielt, und es ist reich an Träumen, Emotionen, abstrakten Ideen, Vorstellungen, Bildern, Idealen und visuellen Phantasien.

Ich habe diese nützlichen Hilfsmittel zur Vereinfachung in vier Kategorien zusammengefaßt. In erster Linie, weil jede davon hervorragend funktioniert, aber auch deshalb, weil ich schon viele Arbeiten über ihre Wirksamkeit publiziert habe.

Jede Kategorie stellt sozusagen eine Schablone dar, eine Grundtechnik oder Grundformel, der Sie etwas hinzufügen oder die Sie Ihren Anforderungen oder Neigungen entsprechend verändern können. Es sind:

1. Visualisierung
2. Bestätigung
3. Selbsthypnose (und Meditation)
4. Übernahme

Erlernen Sie zunächst diese Grundtechniken. Später können Sie sie ausbauen und verfeinern und so Ihren eigenen, auf Ihre ganz spezifischen Probleme am Arbeitsplatz zugeschnittenen Lösungsweg finden. Anfänglich sollten Sie diese Techniken zu

Hause anwenden, so daß sie Ihnen als Vorbereitung auf Situationen dienen, in die Sie am Arbeitsplatz geraten könnten. Sie sind nicht unbedingt so konzipiert, daß sie am Arbeitsplatz direkt eingesetzt werden, ausgenommen in sehr ruhigen Zeiten.

1. Visualisierung

Der Satz »Ein Bild sagt mehr als tausend Worte« gewinnt an Wahrheit, wenn man ihn dazu hernimmt, den Einfluß eines Bildes (auch eines nur mental vorhandenen) auf das Unterbewußtsein zu beschreiben.

Sie kennen das aus eigener Erfahrung. Eine Straßenprügelei, die Sie als Zeuge miterleben, geht Ihnen wesentlich stärker unter die Haut als eine, die man Ihnen am Telefon beschreibt. Ein flüchtiger Blick auf den leibhaftigen Tom Cruise prägt sich Ihnen ganz anders ein als ein großartiger Artikel über ihn in einer Illustrierten.

Je mehr Sie also Ihr Unterbewußtsein mit kraftvollen, bildlich-visuellen Darstellungen versorgen – *positiven* bildlichen Darstellungen –, um so mehr ist es geneigt, diese Bilder zu übernehmen.

Deshalb ist Visualisierung die wirkungsvollste Methode, die Sie anwenden können, um Veränderungen in Ihrer Stimmung oder Ihrem Verhalten zu bewirken. Denn sie appelliert an das Vorstellungsvermögen, an die Fähigkeit des Geistes, Bilder zu erzeugen.

Visualisierungen erfordern nur ein geringes Maß an Vorstellungskraft. Wenn Sie an Ihrer Fähigkeit zweifeln, etwas zu visualisieren, dann tun Sie einfach so, als fiele es Ihnen ganz leicht. Sie werden sehen, dann klappt es.

Im folgenden stelle ich Ihnen eine ausgereifte Technik der Visualisierung vor, die so entworfen wurde, daß sie je nach Erfordernis variiert werden kann. Aber sie ist in jeder Form einzigartig wirkungsvoll.

Die Kinoleinwand

Dieses Bild ist im Hinblick auf unser Zeitalter geschaffen worden, das geprägt ist von Elektronik und Multimedia-Einsatz. Die Methode basiert auf einem uns allen vertrauten, hier jedoch nur imaginären Gegenstand aus dem Bereich der Technologie: eine große Kinoleinwand (siehe unten). Statt zu versuchen, Vorstellungen und Visualisierungen in einem mehr oder minder fest umrissenen Bereich Ihres Gehirns zu entwickeln, können Sie sich einfach vorstellen, daß die Visualisierung auf dieser Leinwand vonstatten geht.

Alles folgende tun Sie bitte mit geschlossenen Augen. Zunächst wählen Sie ein Bild aus, das der Art, wie Sie sich fühlen möchten, am nächsten kommt. Wenn Sie sich überarbeitet und völlig gestreßt fühlen, könnte das ausgewählte Bild Sie selbst zeigen, wie Sie ruhig, entspannt und absolut mit sich im reinen arbeiten. Als Alternative bietet sich ein Bild an, das eine vollkommene Flucht aus der Realität darstellt – ein üppiger, fried-

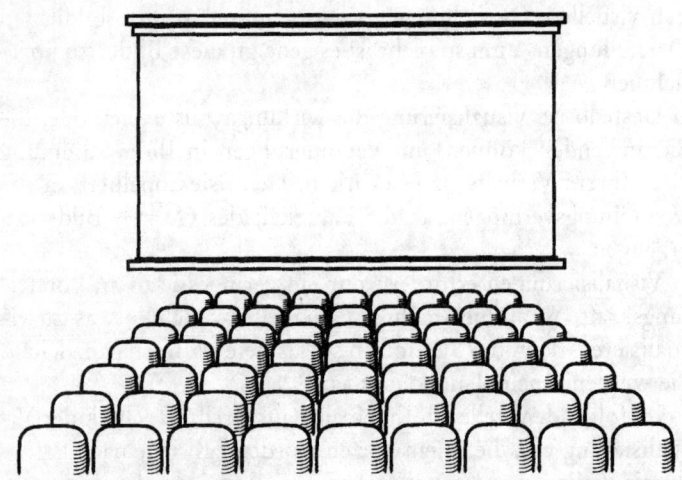

Die Kinoleinwand, die zur Visualisierung eingesetzt wird.

licher Regenwald oder eine Strandidylle auf einer pazifischen Insel.

Sobald Sie sich für das Bild, das Ihnen am meisten zusagt, entschieden haben, projizieren Sie es auf die Leinwand; das heißt, Sie stellen sich vor, daß es dort erscheint.

Mit immer noch geschlossenen Augen nehmen Sie nun jedes visuelle Detail des Bildes auf der Leinwand in sich auf: den Blätterteppich auf dem Boden des Regenwaldes oder den langgestreckten weißen Sandstrand der Insel.

Wenn Sie dieses Bild klar und deutlich vor Ihrem inneren Auge sehen, dann stellen Sie sich vor, daß Sie selbst in diese Leinwand hineinsteigen und damit ein Teil des Bildes werden.

Beobachten Sie sich selbst in dem Regenwald oder am sonnenüberfluteten Sandstrand der tropischen Insel. Halten Sie fest, welche Kleidung Sie tragen, wie Sie entspannt dastehen, wie der leichte Wind Ihre Haare zerzaust, das ruhige Lächeln in Ihrem Gesicht.

Nun stellen Sie sich vor, was Sie sähen, wenn Sie wirklich dort in dem Bild auf der Leinwand wären. »Sehen« Sie die umgebende Szenerie mit Ihren Augen, aus Ihrem Blickwinkel.

Gleichzeitig beginnen Sie, die Geräusche der Umgebung zu »hören«, so als ob Sie sich wirklich an Ort und Stelle befänden – das Rauschen der Brandung, den Gesang der Vögel im Regenwald.

Dann »fühlen« Sie, wie es ist, in dieser Szenerie zu stehen – die wärmenden Sonnenstrahlen auf Ihrem Körper, die kühle Brise in Ihrem Gesicht, die Laubschicht oder den weichen Sand unter Ihren Füßen.

Wenn Sie das Gefühl haben, Sie erleben die »Anwesenheit« an diesem besonderen Platz tatsächlich, dann machen Sie ein Foto von der ganzen Szenerie. Oder lassen Sie das Bild im Rahmen erstarren, komplett, mit allen visuellen Eindrücken, Geräuschen und emotionalen Empfindungen.

Legen Sie dann eine Pause ein, und schwelgen Sie in diesem Gefühl.

Innerhalb weniger Sekunden werden Sie sich ruhig und entspannt fühlen, so als ob Sie tatsächlich auf dieser wundervollen Insel oder in jenem friedlichen Regenwald Ihrer Vorstellung wären.

Hier finden Sie weitere Tips zur Ruhe:

Ruheatmung .... Seite 129
Aufrecht zur Ruhe finden ...... Seite 353
So klingt Ruhe .... Seite 339
Das positive Bild .... Seite 228

Grundschablone der Visualisierung

1. Genießen Sie fünf Minuten lang die Ruheatmung. Lauschen Sie dem Geräusch Ihres Atems, der ein- und ausströmenden Luft.
2. Wenn Sie entspannt sind, schließen Sie die Augen und stellen sich vor, Sie sitzen vor einer großen Kinoleinwand.
3. Wenn Sie diese Leinwand »sehen« können, entwerfen Sie vor Ihrem geistigen Auge ein Bild der ruhigsten und entspanntesten Umgebung, die Sie sich vorstellen können. Nehmen Sie dieses Bild in allen Details in sich auf.
4. Nun stellen Sie sich vor, wie Sie in dieses Bild hineinsteigen. Sehen Sie sich selbst auf der Leinwand so, wie Sie gern wären – *positiv* handelnd, sprechend und denkend.
5. Jetzt, da Sie Teil der Szene sind, »sehen« Sie alles um sich herum.
6. »Hören« Sie alle Geräusche um sich herum.
7. »Fühlen« Sie den leichten Wind, die Gegenstände, die Temperatur.
8. Wenn alles fest in Ihrem Geist gespeichert ist, dann machen Sie einen »Schnappschuß« von sich selbst (oder lassen Sie alles im Rahmen erstarren), komplett mit allen Bildern, Geräuschen und Empfindungen.
9. Entspannen Sie sich, und lassen Sie die positiven Empfindungen ihren Weg durch Ihr Bewußtsein nehmen (es ist dabei keinerlei Bemühen erforderlich).
10. Wiederholen Sie die ganze Übung, falls nötig.

2. Bestätigung

Bestätigung ist eine Technik, die unter Hypnose- und Psychotherapeuten, Veranstaltern von Selbstsicherheitstrainings und vor allem Produzenten von Selbsthilfe-Audiobändern bestens bekannt ist. Den Vorgang nennt man Eigen-Unterrichtung oder Autosuggestion. Es ist eine der am einfachsten anzuwendenden Techniken.

Bestätigungen bestehen aus einem Set von Worten, deren Kraft in der Wiederholung liegt. Wenn diese Worte ständig wiederholt werden, beginnen sie, das Unterbewußtsein zu beeinflussen, und bewirken eine gewisse Selbsterfüllung. Mit den Worten oder vermittelten Empfindungen, für die Sie sich entscheiden, bestimmen Sie die zu erzielenden Ergebnisse.

Das klingt einfach und ist es auch. Dennoch ist Bestätigung ein außerordentlich starkes Hilfsmittel, um Veränderungen herbeizuführen – insbesondere im Hinblick auf das Ziel, Ihrem Leben mehr Ruhe und Ausgeglichenheit zu verschaffen.

Die Auswahl der richtigen Worte

Die Worte, die Sie für Ihre Bestätigung wählen, sollten im Präsens stehen. Sie müssen einfach, aktivisch und positiv sein. Für Nebensätze und Spezifizierungen besteht kein Raum, nur einfache, geradlinige, positive Suggestionen sind brauchbar. Zum Beispiel: »Ich empfinde immer mehr Freude an meiner Arbeit. Jeder Augenblick bringt mehr Erfüllung.«

Da Sie mehr an das Vorstellungsvermögen als an den Intellekt appellieren, ist es von Nutzen, emotional beladene Worte zu verwenden (»sich freuen an«, »lieben« »bewundern«, »vertrauensvoll«, »glücklich«), denn sie verstärken die Wirkung.

Am wirkungsvollsten ist es, wenn Sie Ihr Vorstellungsvermögen mit bildformenden Formulierungen ansprechen. Phrasen wie »ich schaue«, »Menschen sehen mich«, »ich behalte den Kopf oben« sind zwar nicht immer leicht in eine Bestätigung zu integrieren, aber wenn Sie über solche Möglichkeiten nachdenken, ist das Ergebnis um so besser.

Angenommen, Ihr größtes Problem bei der Arbeit ist ein furchteinflößender Chef, der die Gewohnheit hat, Ihre Bemühungen und Qualitäten schlechtzumachen. Um dem entgegenzuwirken, wählen Sie Worte für Ihre Bestätigung, die einzig und allein auf die *Lösung*, die Sie anstreben, ausgerichtet sind. Wählen Sie keine Formulierungen, die die negativen Charaktereigenschaften Ihres Chefs ansprechen oder Ihre Beziehung zu Ihrem Chef.

Ihre Sätze sollten auf Sie selbst fokussiert sein und auf Ihre Art zu empfinden – letztendlich kommt es ja auf Sie an. Es hat keinen Zweck, Sätze wie »mein Chef findet mich wunderbar«, zu verwenden, wenn Sie sie im Grunde genommen gar nicht glauben. Arbeiten Sie an Ihren eigenen Gewohnheiten und Fähigkeiten, und lassen Sie die anderen sich um ihre eigenen Belange kümmern.

Formulierungen, die Sie in dem hier behandelten besonderen Fall auswählen könnten, sollten etwa so lauten:

Ich habe volles Vertrauen in meine Fertigkeiten und die Eignung für meinen Job. Ich weiß, daß ich alles erreichen kann, was ich mir vornehme. Ich strahle Ruhe und Vertrauenswürdigkeit auf meine Umgebung aus.

Versuchen Sie, sich diese Sätze einige Male eindringlich vorzusagen, und stellen Sie dann fest, in welcher Weise sie zu einer Veränderung in der Art Ihres Empfindens führen. Wenn Sie einen solchen Text mehrmals am Tag wiederholen, werden Sie die Art, sich selbst zu empfinden, in kurzer Zeit verändern.

Falls Sie den Eindruck haben, diese Worte leisteten nicht das, was Sie von ihnen erwarten, wählen Sie andere Formulierungen. Noch einmal: Nehmen Sie einfache, aktivische und positive Worte, und sprechen Sie im Präsens.

Wiederholen Sie die Übung immer wieder. So laut, wie Sie es sich erlauben können, und so lange, bis Ihr ganzes Bewußtsein davon erfüllt ist. Tun Sie es jedesmal mindestens fünf Minuten lang. Wenn Ihre Gedanken abschweifen, lassen Sie sich deswegen keine grauen Haare wachsen. Kehren Sie einfach wieder zu Ihren Sätzen zurück.

Hier finden Sie weitere Tips zur Ruhe:

Ruheatmung .... Seite 129

Stellen Sie den Lärm ab .... Seite 335

Sagen Sie sich, daß Sie
sicher sind .... Seite 267

Ein positives Wort .... Seite 223

Führen Sie Selbstgespräche ... Seite 256

Grundschablone der Bestätigung

1. Genießen Sie fünf Minuten lang die Ruheatmung. Lauschen Sie dem Geräusch Ihres Atems, der ein- und ausströmenden Luft.
2. Wählen Sie positive Worte und Sätze, die
   - das Ideal, das Sie gerne verkörpern würden, widerspiegeln;
   - einfach, aktivisch, positiv und treffend sind;
   - im Präsens stehen;
   - mehr an das Vorstellungsvermögen oder die Emotionen appellieren als an den Intellekt.
3. Wiederholen Sie diese Formulierungen immer wieder. Wiederholen Sie sie, wiederholen Sie sie, wiederholen Sie sie.
4. Tun Sie das mehrere Male am Tag.

3. Selbsthypnose

Zugegeben, der Ausdruck »Selbsthypnose« klingt ein wenig exotisch. Er ruft die Vorstellung von Magiern auf Showbühnen hervor und von albernen Leuten, die immer schläfriger und schläfriger werden ...

Die Realität ist natürlich keineswegs so exotisch. Selbsthypnose ist eine einfache, leicht zu erlernende Fertigkeit, die nahezu jeder nutzen und durch die sich jeder wohl fühlen kann. In den meisten Aspekten ist sie weit von der Hypnose als Bühnenspektakel entfernt, die Sie möglicherweise kennen.

Der Hauptunterschied zwischen der Hypnose, wie sie auf Bühnen oder auch im klinischen Bereich durchgeführt wird, und der Selbsthypnose liegt darin, wer die treibende Kraft dabei ist. Im ersten Fall öffnen Sie Ihr Unterbewußtsein der Führung einer dritten Person – dem Hypnotiseur –, während im zweiten Fall Sie allein das ausschlaggebende Agens und Medium sind. Doch haben Sie in beiden Fällen die Kontrolle über alles, was geschieht.

Die Techniken der Bestätigung und der Visualisierung, die wir bereits behandelt haben, ähneln in vieler Hinsicht der Selbsthypnose. Alle drei Techniken stützen sich auf die *angewandte Suggestion*, über die Sie Ihrem Unterbewußtsein bestimmte Inhalte vermitteln, und zeigen vergleichbare Ergebnisse, indem sich Ihr Unterbewußtsein anschickt, Ihr Bewußtsein zu leiten. (So können Sie irrationale Befürchtungen, Streß und andere negative Empfindungen überwinden.)

Wie läßt sich nun diese Selbsthypnose durchführen?

Eine Möglichkeit besteht darin, daß Sie einen Hypnotiseur konsultieren, der Ihnen durch posthypnotische Suggestion die Möglichkeit eröffnet, sich selbst in Hypnose zu versetzen, wann immer Sie das wollen. Die meisten Menschen ziehen es jedoch vor, der einfachen Anleitung zu folgen, die ich im folgenden darlegen werde.

Technik der Selbsthypnose

Jede Hypnose vollzieht sich in zwei Schritten:

1. einen Trancezustand herbeiführen;
2. dem Unterbewußtsein eine Suggestion anbieten, die es dann in die Realität umsetzen soll.

Zwar genügt normalerweise bereits das Wort »Trance« um allerlei dunkle und mysteriöse Bilder hervorzurufen, doch handelt es sich hierbei um ein vollkommen natürliches, alltägliches

Ercignis, das wir alle schon am eigenen Leib erfahren haben. Ja, auch Sie.

Waren Sie schon einmal mit dem Zug unterwegs und hatten nichts anderes zu tun, als aus dem Fenster zu schauen und auf das Rattern der Räder zu hören? Erinnern Sie sich noch, wie Sie bei dieser Gelegenheit »ins Leere« starrten, sich »Tagträumen« hingaben, unter Ausschaltung des Bewußtseins eigentlich an »gar nichts« dachten?

Sind Sie schon einmal massiert worden, erhielten Sie eine Gesichtsmassage, oder waren Sie beim Haareschneiden und stellten fest, daß Sie mit »offenen Augen träumten«, vielleicht sogar einnickten?

Das war dann ein Trancezustand. Wahrscheinlich war er genauso tief und bedeutungsvoll – wie kurz auch immer die Zeitspanne ausfiel – wie jeder andere Trancezustand unter Hypnose. Mag er nur einige Minuten, vielleicht sogar nur Sekunden angedauert haben – es war eine Trance. Genau dieselbe Art von Trance, die auch auf der Bühne gezeigt wird. Eben diese Art von Trance können Sie auch zur Ruhe in Selbsthypnose anwenden.

Der hypnotische Zustand unterscheidet sich in vielen wesentlichen Punkten von Ihrem normalen Wachzustand. Im Normalzustand können Sie zur gleichen Zeit Hunderte verschiedener Stimuli aufnehmen; im Trancezustand dagegen konzentrieren Sie Ihre ganze Aufmerksamkeit auf eine einzige Sache. Im Wachzustand umfaßt Ihre Wahrnehmungsfähigkeit ein breites, nahezu vollständiges Spektrum; im Trancezustand ist Ihre Wahrnehmungsfähigkeit fokussiert, stärker ausgeprägt und viel intensiver. Aus diesem Grund nimmt Ihr Unterbewußtsein die Suggestion auf, die Sie ihm übermitteln.

Genausowenig, wie Sie bei den in Ihren Alltag eingebundenen, gelegentlichen Tranceerfahrungen (im Zug, im Bad, bei der Gesichtsmassage) nicht in einen tiefen, festen Schlaf gefallen sind und alle Kontrolle verloren haben, wird Ihnen dies widerfahren, wenn Sie die folgenden Anleitungen befolgen.

1. Herbeiführen eines Trancezustands

Es gibt Tausende von Möglichkeiten, einen Trancezustand herbeizuführen. Hier möchte ich Ihnen eine sehr einfache vorstellen, die ich zufällig auf einer Bühne kennenlernte. (Dort wurde sie eigentlich nur angewendet, weil sie neu war.)

Im Grunde geht es bei dieser Methode darum, zunächst Ihre Sinne mit den visuellen, auditiven und emotionalen Eindrücken Ihrer unmittelbaren Umgebung zu erfüllen und diese dann nach und nach einzuschränken, während Sie Ihre Aufmerksamkeit immer stärker auf einen Punkt konzentrieren.

Gibt es etwas Einfacheres?

Zunächst sollten Sie sich einen ruhigen Platz in einem mäßig hellen Raum suchen. Ziehen Sie Ihre Schuhe aus, lockern Sie Ihre Kleidung, nehmen Sie Platz, und machen Sie es sich bequem.

Bleiben Sie einige Minuten so sitzen, und nutzen Sie diese Zeit zur Ruheatmung.

Bevor Sie etwas anderes tun, sagen Sie sich – mit Nachdruck! –, daß sich Ihr Kinn in dem Moment heben wird, in dem Sie in den Trancezustand eintreten. Langsam, aber sicher und aus eigenem Antrieb. Das wird für Ihr Unterbewußtsein das Signal sein, daß Sie den erwünschten Trancezustand erreicht haben, in dem es am empfänglichsten für jegliche Suggestion ist, die Sie ihm vermitteln wollen. (Dahinter steckt keine Zauberei. Es entspricht ganz dem mentalen Einstimmungsvorgang, der zu Beginn dieses Kapitels beschrieben wurde.)

Legen Sie Ihre Hände bequem in den Schoß, jedoch ohne daß sie sich gegenseitig berühren.

Fixieren Sie mit Ihrem Blick nun einen hellen Punkt im Raum, vielleicht einen Lichtreflex auf der Türklinke oder einen Sonnenfleck auf dem Fußboden.

Konzentrieren Sie Ihre ganze Aufmerksamkeit auf diesen hellen Fleck.

Jetzt registrieren Sie – *nur unter Verwendung Ihres peripheren Gesichtsfeldes* – sechs verschiedene Gegenstände, die Sie im

Raum sehen. Als nächstes registrieren Sie, immer noch, ohne die Augen von dem Lichtpunkt zu nehmen, sechs verschiedene Geräusche, die Sie hören. Halten Sie anschließend die Augen weiter starr auf den Lichtpunkt gerichtet, und registrieren Sie sechs verschiedene Eindrücke, die Sie fühlen.

In der nächsten Runde registrieren Sie nur noch jeweils fünf visuelle, auditive und emotionale Eindrücke. (Fixieren Sie dabei mit Ihrem Blick weiter den Lichtfleck.)

Dann registrieren Sie nur noch vier Dinge.

Dann drei.

Dann zwei.

Dann eins.

Anschließend werden Sie wahrscheinlich feststellen, daß sich Ihr Kinn selbständig gehoben hat. Sie werden in diesem Augenblick wahrscheinlich so überrascht sein, daß Sie sich selbst aus

Ihrem angenehmen, friedlichen Trancezustand aufrütteln. (Dieser letzte Schritt im ganzen Ablauf, das automatische Anheben des Kinns, ist nichts weiter als ein einmaliger Trick, um Ihnen zu zeigen, wie Ihr Unterbewußtsein mit Ihnen in Kommunikation treten kann. Da sich nichts anderes dahinter verbirgt, können Sie ihn in Zukunft ruhig weglassen.)

2. Die Suggestion übermitteln

Die Formulierungen, die Sie im Abschnitt »Bestätigung« verwendet haben, sind als Autosuggestionen bekannt. Sie können dieselben Formulierungen auch bei der Selbsthypnose benutzen.

Wenn Sie also durch Selbsthypnose nichts anderes erreichen möchten, als Ruhe und Entspannung zu finden, dann können Sie zum Beispiel folgende Formulierungen verwenden:

Ich entspanne mich zunehmend und erreiche mehr und mehr einen Zustand der Zufriedenheit und Ruhe. Ich fühle mich zufrieden, ruhig und im Einklang mit der Welt. Ich strahle Zufriedenheit und Ruhe auf alle aus, mit denen ich in Kontakt komme.

(Haben Sie bemerkt, daß all diese Sätze positiv und emotional sind und im Präsens stehen?)

Ziel der Selbsthypnose zur Ruhe ist es, dem Unterbewußtsein diese Formulierungen anzubieten, *nachdem* Sie den Trancezustand erreicht haben. Um dies zu erreichen, gibt es zwei einfache Möglichkeiten.

Zunächst einmal müssen Sie die Formulierungen auswendig lernen. Als nächstes sagen Sie sich nicht, daß sich Ihr Kinn heben wird, sondern Sie fordern sich auf, diese Formulierungen aufzusagen, sobald Sie den Trancezustand erreicht haben. Ihr Unterbewußtsein wird sich dann um den Rest kümmern.

Eine zweite Möglichkeit besteht darin, die Formulierungen auf Ton-

Hier finden Sie weitere Tips zur Ruhe:
Ruheatmung .... Seite 129
So klingt Ruhe .... Seite 339
Aufrecht zur Ruhe finden ...... Seite 353

154

band aufzuzeichnen. Sie müssen sich dann nur selbst auffordern, das Band abzuspielen, sobald Sie den Trancezustand erreicht haben. (Stellen Sie vorher sicher, daß das Band ganz leise abgespielt wird.)

Grundschablone der Selbsthypnose

1. Nehmen Sie in einem bequemen Sessel Platz. Ziehen Sie Ihre Schuhe aus. Legen Sie die Hände bequem in den Schoß, aber ohne daß sie sich berühren.
2. Genießen Sie fünf Minuten lang die Ruheatmung. Lauschen Sie dem Geräusch Ihres Atems, der ein- und ausströmenden Luft.
3. Fordern Sie sich selbst auf, Ihre Formulierungen zur Autosuggestion aufzusagen, sobald Sie den Trancezustand erreicht haben. (Oder bereiten Sie ein entsprechend präpariertes Tonband vor.)
4. Konzentrieren Sie Ihren Blick auf einen hellen Lichtpunkt im Raum, und halten Sie die Augen während der ganzen Zeit starr darauf gerichtet.
5. Benutzen Sie nur Ihr peripheres Gesichtsfeld, und registrieren Sie sechs verschiedene Gegenstände, die Sie im Raum sehen.
6. Registrieren Sie sechs verschiedene Geräusche, die Sie hören.
7. Registrieren Sie sechs verschiedene fühlbare Eindrücke.
8. Dann registrieren Sie nur noch jeweils fünf visuelle, auditive und emotionale Reize.
9. Wiederholen Sie diesen Vorgang für nur noch vier, drei, zwei und schließlich jeweils einen Eindruck.
10. Sagen Sie sich Ihre Formulierungen zur Autosuggestion vor, oder spielen Sie das vorbereitete Tonband ab.

Meditation

Zweifellos gibt es eine ganze Reihe verstockter Zeitgenossen, die vor Empörung aufschreien, wenn ich behaupte, Meditation sei ein Hilfsmittel. Nach meinen Erwartungen werden sie dahingehend argumentieren, daß Meditation ein Seinszustand ist, vielleicht sogar eine geheiligte Gabe, aber nie und nimmer etwas, das als reines Hilfsmittel des Unterbewußtseins anzusehen ist.

Sie können das glauben, wenn sie wollen.

Sie können aber auch ganz pragmatisch an die Sache herangehen (so wie ich es tue) und das *Ausüben* der Meditation – als Gegenpol zur Philosophie – als Hilfsmittel des Unterbewußtseins sehen. Dabei handelt es sich um ein Hilfsmittel, das Sie unterstützt, wenn Sie zur Ruhe kommen, eine positive Einstellung gewinnen, Probleme lösen oder Ihre Gesundheit verbessern wollen.

Kurzum, Meditation ist ein Zustand des veränderten Bewußtseins, in dem Sie sich ganz entspannt und von der Außenwelt abgeschirmt fühlen, dabei gleichzeitig hellwach sind und doch eins mit einer viel größeren Welt (je mehr Sie sich in die verschiedenen Meditationstechniken vertiefen, desto mehr werden Sie die Paradoxa schätzen lernen).

Die Praxis des Meditierens ist für die Anwender dieser Technik ebenso erfreulich wie wohltuend. Und je öfter Sie sie anwenden, desto erfreulicher und wohltuender wird sie.

Auf den Begriff werden wir in einem der folgenden Kapitel dieses Buches (Seite 390) näher eingehen. (Übrigens finden Sie im Internet auf der Homepage des Calm Centre – http:\\www.calmcentre.com – ein Kapitel, das Sie mit visuellen Mitteln durch die einzelnen Schritte führt.)

4. Übernahme

Bisweilen kann es vorkommen, daß Sie sich als menschliches Wesen in Ihrer Haut ganz und gar nicht wohl fühlen. Trotz des Intellekts und der Willenskraft, die Ihnen zur Verfügung stehen, sind Sie nicht in der Lage, Einfluß darauf auszuüben, wie Sie in den simpelsten Situation reagieren. Sie fühlen sich angespannt und empfinden Besorgnis, obwohl Sie gleichzeitig ganz genau wissen, daß solche Empfindungen albern sind. Aber auch wenn

Sie alle Reserven Ihres Geistes und Ihrer Persönlichkeit ausschöpfen, kommen Sie nicht dagegen an.

Jetzt kennen Sie den Grund dafür. Ihre Willenskraft hat keinerlei Einfluß auf Ihr Unterbewußtsein.

Das Unterbewußtsein benimmt sich oft wie ein kleines Kind. Es gefällt ihm, wenn man es unterhält und mit ihm spielt, und es ist reich an Träumen, Emotionen, abstrakten Ideen, Vorstellungen, Bildern, Idealen und visuellen Phantasien.

Eines der effektivsten Mittel, die Ihnen zur Verfügung stehen, um Ihr Unterbewußtsein zu beeinflussen, haben Sie im zarten Kindesalter selbst entwickelt. Es ermöglichte es Ihnen, dem ganz normalen Geschehen des Alltags zu entfliehen, und versetzte Sie innerhalb eines Augenblicks in herrliche Märchenschlösser oder verwandelte Sie in Batman. Es ließ Sie winzig klein oder riesengroß werden.

Es ist Ihre Fähigkeit zu tun als ob, Ihre Fähigkeit, in imaginäre Rollen zu schlüpfen.

Wegen der Kreativität und spielerischen Leichtigkeit, die im Zusammenhang mit einer irrealen Erlebniswelt freiwerden, ist dieses Tun als ob oder das Spielen einer Rolle eine sehr wirkungsvolle Methode, um das Unterbewußtsein anzusprechen. Einige der fähigsten Psychotherapeuten, insbesondere solche, die mit Hypnose arbeiten, nutzen diese Fähigkeit, um die Barrieren und Widerstände der bewußten Gedankenwelt zu überwinden. Wenn sie Patienten behandeln, die sich für etwas Besonderes halten oder glauben, sie empfänden in ganz besonderer Weise, statt in einer Situation etwas wirklich erreichen zu wollen, weichen die Psychiater so den Hindernissen, die das Bewußtsein aufbaut, aus und aktivieren das Unterbewußtsein.

Das bedeutet, daß sich Erfolge hundert-, ja tausendmal schneller einstellen, als wenn nur das Bewußtsein aktiv wäre.

Die Technik der Übernahme

Nachfolgend soll Ihnen gezeigt werden, wie Sie die Technik der Übernahme einsetzen können, um Ruhe und Entspannung zu finden. (Mit leichten Abänderungen kann sie Ihnen auch helfen, Schüchternheit zu überwinden, das Rauchen aufzugeben, sportlicher zu werden oder ungewohnte Situationen besser zu meistern.)

In einem ersten Schritt beschwören Sie im Geiste all die Eigenschaften herauf, die Sie als jene völlig ruhige Person, die Sie gern wären, am liebsten hätten – wie Sie sich kleideten, wie Sie alles nicht so tragisch nähmen, wie Sie ganz entspannt gestikulierten, wie Sie langsamer sprächen und so weiter. Sehen Sie dieses Bild?

Nun zur Technik.

Sie *übernehmen* einfach, was Sie auf diese Weise an Empfindungen erschaffen. Führen Sie all diese Aktivitäten ruhig aus. Sprechen Sie langsam und mit ruhiger Stimme, und bewegen Sie sich, wie sich eine ruhige Person bewegt. Mit anderen Worten: Gehen Sie davon aus, daß Sie ruhig und entspannt *sind*. Gehen Sie auch davon aus, daß Sie diese Situation absolut im Griff haben wie auch jede andere entsprechende Situation. Gehen Sie davon aus, daß Ihnen dieses Gefühl des Friedens vollkommen vertraut ist.

Nun raten Sie einmal, wie Sie sich nach fünf Minuten fühlen, wenn Sie das alles so machen … Genau, Sie werden sich ruhig fühlen.

Wenn Sie diese Erfahrung vertiefen wollen, dann wenden Sie doch einfach den folgenden subtilen Trick an: Gehen Sie davon aus, daß alle Welt Sie als die ruhige und entspannte Person sieht, die zu sein Sie vorgeben.

Hier finden Sie weitere Tips zur Ruhe:

Gestalten Sie Ruhe .... Seite 315
Gehen Sie davon aus, daß Sie
Einfluß haben .... Seite 198
Gehen Sie davon aus, daß Sie
sicher sind .... Seite 266
Werden Sie ein B-Typ .... Seite 247
Vorgetäuschte Unaufmerk-
samkeit .... Seite 162

Üben Sie das ehrlich und gewissenhaft, und in kürzester Zeit werden Sie selbst daran glauben.

Grundschablone der Übernahme

1. Genießen Sie fünf Minuten lang die Ruheatmung. Lauschen Sie dem Geräusch Ihres Atems, der ein- und ausströmenden Luft.
2. Wenn Sie entspannt sind, schließen Sie die Augen und stellen sich vor, vor einer großen Kinoleinwand zu sitzen.
3. Stellen Sie sich ein Bild auf dieser Leinwand vor, das Sie selbst zeigt, wie Sie ruhig, entspannt und friedlich im Einklang mit der Welt sind (oder wie auch immer Sie sich sehen wollen). Registrieren Sie, wie Sie atmen, sprechen, sich bewegen.
4. Wenn Sie ein klares Bild davon haben, wie Sie aussehen, verdunkeln Sie die Leinwand und öffnen die Augen.
5. Ab jetzt verhalten Sie sich so, wie Sie sich gesehen haben, in Ihrem normalen Arbeitsleben:
   - Gehen Sie davon aus, daß Sie exakt die Person sind, die Sie sich vorgestellt haben. (Hier handelt es sich nur um ein Tun als ob, seien Sie also in Ihren Vorstellungen nicht schüchtern.) Gehen Sie davon aus, daß Sie ruhig sind. Bewegen Sie sich wie eine ruhige Person, sprechen Sie wie eine ruhige Person, handeln Sie wie eine ruhige Person.
   - Als nächstes gehen Sie davon aus, daß die anderen Sie so sehen, wie Sie sich das vorgestellt haben.

WENN ZEIT
DIE URSACHE IST

Fragen Sie einmal Menschen, die in ihrem Beruf stark eingespannt sind, was ihnen am Arbeitsplatz die

> Am häufigsten entsteht Zeitdruck im Kopf, nicht durch die Uhr.

meisten Probleme bereitet. Sehr wahrscheinlich werden die meisten *die Zeit* anführen.

Oder Zeit*mangel*.

Vielleicht können Sie das verstehen, denn letztendlich wird die Welt von Tag zu Tag geschäftiger, und das einzige, worauf Sie keinen Einfluß nehmen können, ist die Zeit. Oder können Sie das?

Wie aber kommt es, daß manche im Beruf stark eingespannte Menschen es schaffen, an einem Tag ein Pensum an Arbeit zu erledigen, für das andere eine ganze Woche brauchen? Sind das

Übermenschen? Haben sie irgendwelche außergewöhnlichen Fähigkeiten, die anderen nicht zur Verfügung stehen? Eine Zauberformel, mit der sie den Ablauf der Zeit beeinflussen können?

Wahrscheinlich nicht. Wenn ihnen auch bestimmte Fähigkeiten oder Techniken zur Planung der Zeit zur Verfügung stehen mögen, so liegt ihr wirklicher und realer Vorteil anderen gegenüber doch in ihrer Einstellung und Art der Wahrnehmung begründet. Ausschlaggebend ist, wie man Zeit *empfindet*, nicht, wieviel Zeit zur Verfügung steht. Denn in den meisten Fällen wird Zeitdruck, wie wir bereits festgestellt haben, im Kopf verursacht, nicht durch die Uhr.

Hier nun einige Methoden, die Ihnen helfen sollen, Ihren Kopf – und als Ergebnis Ihr Zeitempfinden – unter Kontrolle zu behalten.

So bekommen Sie die Zeit in den Griff

Machen wir es kurz: Niemand hat Macht über die Zeit – Sie nicht, ich nicht, niemand. Macht können Sie höchstens über die Ereignisse haben und vielleicht über die Zeit, die sie in Anspruch nehmen. Somit können wir festhalten, daß »Macht über die Zeit« zu haben darin besteht,

1. die Ereignisse zu steuern, die Ihre Zeit in Anspruch nehmen, und
2. Einfluß auszuüben auf die Art und Weise, wie Sie der Zeit gegenüberstehen.

Zeitfeind Nummer 1

Es ist an der Zeit, die schlimmsten Feinde der Zeit am Arbeitsplatz einmal bloßzustellen. Hierbei handelt es sich weder um eine Person noch um eine Arbeitsmethode und auch nicht um eine Frage der Einstellung oder Haltung.

Es geht um die Armbanduhr.

Wenn Sie dazu neigen, in Ihrem Verhalten »getrieben« zu reagieren, schauen Sie höchstwahrscheinlich an die hundert Mal am Tag auf Ihre Armbanduhr. Und jedesmal, wenn Sie einen Blick darauf werfen, schaffen Sie sich selbst neuen Druck: »Ich muß das fertigbringen bis …«, »Schau nur, wie wenig Zeit mir noch bleibt ...«, »Wie soll ich das jemals fertigbringen ...«, »Ich habe einfach nicht genug Zeit.«

Was Sie erledigen müssen, werden sie erledigen, ob Sie eine Armbanduhr tragen oder nicht. Aber etwas viel Wichtigeres passiert, wenn Sie keine tragen: Sie beginnen, sich ein wenig wie ein Mensch des Typus »gelassen« zu verhalten. Wie jemand, der ungezwungener mit der Zeit, mit Zeitvorgaben und dem sogenannten Zeitdruck umgeht.

Vorgetäuschte Unaufmerksamkeit

Denken Sie für einen Moment über folgende Tatsachen nach:

1. »Gelassene« Menschen zerbrechen sich nicht allzusehr den Kopf über Zeit, Zeitvorgaben oder anderweitigen Zeitdruck.
2. »Gelassenen« Menschen gerät nicht gleich die Welt aus den Fugen, wenn sie bei irgendeiner Gelegenheit einmal vergessen haben, ihre Armbanduhr anzulegen.
3. »Gelassene« Menschen gehen so ungezwungen mit der Zeit um, daß sie aus freiem Entschluß auf eine Armbanduhr verzichten.

Da Sie und Ihr Unterbewußtsein diese Aufstellung nun kennen, könnte der einfache Akt, Ihre Armbanduhr abzulegen, Sie neu dazu motivieren, wie eine gelassene Person zu handeln und der Zeit entspannter gegenüberzustehen. Das wäre möglicherweise der erste Schritt für Sie, ruhiger zu werden.

Wenn Sie diese Annahme für trivial halten, dann tun Sie sich den Gefallen, und probieren Sie es einmal aus. Sie werden feststellen, daß dieses Spiel Ihrem Unterbewußtsein gefällt und es großartig darauf reagiert.

Hier finden Sie weitere Tips zur Ruhe:

Ruheatmung .... Seite 129
Gestalten Sie Ruhe .... Seite 315
Werden Sie ein B-Typ .... Seite 247

Noch mehr Wirkung erzielen

Um unserem kleinen Spiel eine andere Dimension und noch mehr Wirkung zu verleihen, können Sie die Grundschablone der Bestätigung von Seite 159 anwenden. Danach ist es einfach, diese Technik einzusetzen, wann und wo immer Sie wollen.

Jedesmal, wenn Sie weniger Probleme mit und durch die Zeit haben möchten, legen Sie einfach Ihre Armbanduhr ab und rufen sich die Charakteristika des Gelassenen in Erinnerung, den Sie auf Ihrer imaginären Kinoleinwand beobachtet haben (im Rahmen der Visualisierung). Den Rest können Sie dann getrost Ihrem Unterbewußtsein überlassen.

Vorgetäuschte Unaufmerksamkeit

- Genießen Sie fünf Minuten lang die Ruheatmung. Lauschen Sie dem Geräusch Ihres Atems, der ein- und ausströmenden Luft.
- Wenn Sie entspannt sind, schließen Sie die Augen und stellen sich vor, Sie sähen sich auf einer riesigen Kinoleinwand, ruhig, entspannt und friedlich im Einklang mit der Welt. Registrieren Sie, um wieviel gelassener Sie sich fühlen, wenn Sie keine Armbanduhr tragen. Registrieren Sie, daß Zeitvorgaben nicht mehr so bedrohlich wirken, weil Sie ausreichend Zeit haben, Ihre Arbeit zu vollenden, und jeweils nur eine Sache gleichzeitig erledigen, die Sie dann genießen.
- Wenn Sie ein klares Bild davon haben, wie Sie aussehen, öffnen Sie die Augen.
- Nehmen Sie jetzt Ihre Armbanduhr ab, und gehen Sie Ihren normalen Geschäften nach.
- Gehen Sie davon aus, daß Sie genau wie die Person sind, die Sie sich vorgestellt haben. Seien Sie davon überzeugt, daß Sie gelassen sind. Bewegen Sie sich wie ein gelassener Mensch, sprechen Sie wie ein gelassener Mensch, handeln Sie wie ein gelassener Mensch, ohne sich von der Zeit ängstigen zu lassen.
- Gehen Sie dann davon aus, daß die anderen Sie so sehen, wie Sie sich Ihre eigenen Empfindungen vorstellen.

Wenn wir schon beim Handgelenk sind ...

Es gibt noch zwei andere kleine Methoden, die ich im Laufe der Jahre zusammengetragen habe und die sich ebenfalls auf das Handgelenk beziehen, jedoch nicht zwangsläufig auf die Zeit. Beide nutzen einfache Akupressur-Techniken, um einen Zustand der Ruhe herbeizuführen.

Diese Techniken erfordern an sich nur eine minimale Anstrengung. Wenn Sie einmal begriffen haben, wo die entsprechenden Akupressurpunkte liegen, brauchen Sie nur noch mit gestrecktem Zeigefinger einen festen Druck darauf auszuüben.

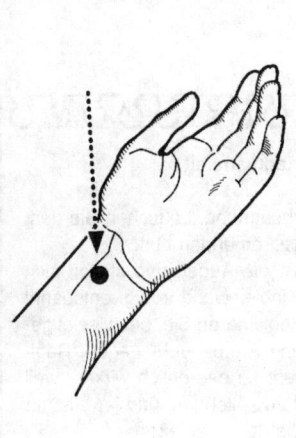
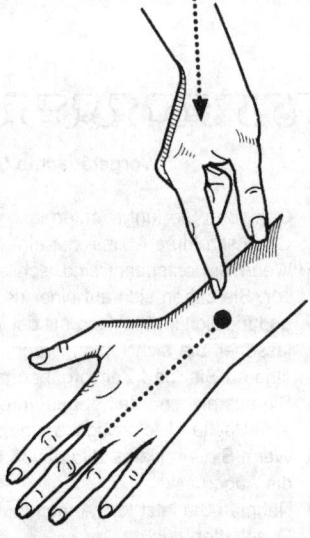

Dieser Akupressurpunkt wird bei der Behandlung von Angstzuständen stimuliert. Er sitzt in der Mitte des Handgelenks, auf der direkten Verlängerung Ihres Mittelfingers, etwa zwei Daumenbreiten unterhalb Ihrer Handfläche. Sie spüren dort eine natürliche Vertiefung, genau hinter Ihrem Handwurzelknochen.

Dieser zweite Akupressurpunkt – eine Alternative zum ersten – befindet sich auf der Oberseite Ihres Handegelenks, in direkter Verlängerung des Mittelfingers, etwa zwei Daumenbreiten über dem Gelenk. Sie spüren dort eine kleine Vertiefung.

1. Drücken Sie auf den Akupressurpunkt, wenn Sie ausatmen, lösen Sie den Druck, wenn Sie einatmen.
2. Wiederholen Sie diesen Vorgang einige Male: drücken beim Ausatmen, Druck lösen beim Einatmen.

Das ist leicht, nicht wahr?

Drei Regeln für die Planung von Zeit und Leistung

Jeder, der sich mit Zeitproblemen konfrontiert sieht, wird zugeben, daß nicht die größeren Projekte, sondern eher die kleineren die meiste Zeit erfordern (und damit den meisten Streß erzeugen). Solche, um die Sie sich im Grunde gar nicht kümmern sollten.

Wir müssen uns zwar hüten, komplexe Probleme zu sehr zu vereinfachen, aber es gibt einige »natürliche« Regeln, die sich auf die Planung von Zeit und Leistung beziehen. Etwas phantasielos nennt man sie die »Drei Regeln für die Planung von Zeit und Leistung«. Ich habe über Jahre hinweg bedeutende Beweise Ihrer Effizienz gesehen und kann sie Ihnen nur als einfache Ratschläge empfehlen, die Sie beherzigen sollten, um Ihre Arbeit und Leistung zu planen und die Kontrolle darüber zu behalten.

1. Etwas, das Sie wirklich tun wollen, nimmt in der Regel doppelt soviel Zeit in Anspruch, bis es erledigt ist, kostet am Ende doppelt soviel und bringt Ihnen (oder Ihrem Chef, der Mannschaft, den Anteilseignern, dem Partner oder dem Bankmanager) nur die Hälfte des Lohns ein, den Sie im voraus erwartet haben.
2. Schwierige Arbeitsaufträge erscheinen größer und komplizierter, wenn sie vor Ihnen liegen, als wenn Sie dann mit der Ausführung befaßt sind. Deshalb brauchen Sie für etwas, das

Sie nicht tun wollen, nur die Hälfte der Zeit; es kostet nur die Hälfte und bringt oft das Doppelte an Lohn ein, als Sie im voraus erwartet haben.

3. Achtzig Prozent Ihrer Zeit und Leistung verwenden Sie in der Regel auf Projekte, die nur zwanzig Prozent Ihrer Entlohnung ausmachen.

1. Regel für die Planung von Zeit

Wenn Sie eine erwünschte Aufgabe oder ein wünschenswertes Ereignis planen – und das beinhaltet auch die Erwartungen, die Sie damit verknüpfen –, dann denken Sie an die erste Regel: Es dauert in der Regel doppelt so lange wie geplant, kostet doppelt soviel und bringt nur die Hälfte des erwarteten Gewinns. Wenn mehr geschäftliche Unternehmungen unter diesem Aspekt geplant würden, ginge die Zahl der Pleiten drastisch zurück. Und wenn mehr Menschen ihren Arbeitstag und ihre Lebensarbeitszeit unter diesem Gesichtspunkt planten, wären sie wesentlich weniger frustriert, wenn sie es einmal nicht schafften, etwas planmäßig in einer bestimmten Zeit zu erledigen.

Stellen Sie Ihre Pläne mit diesen Gedanken im Hinterkopf auf, *und bemühen Sie sich dann, in der Ausführung den Plan zu übertreffen!*

2. Regel für die Anwendung Ihrer Kraft

Die Menschen, die am meisten unter Zeitdruck leiden, neigen dazu, alles hinauszuzögern und zu verschleppen.

Ob nun der Druck das Zögern bedingt oder umgekehrt, weiß ich nicht. Ich weiß aber, daß das In-Angriff-Nehmen einer Aufgabe eine viel bessere Taktik ist, mit Zeitdruck umzugehen, als das Hinauszögern. Sobald Sie einmal eine Arbeit begonnen haben, scheint die Zeit, die Sie dafür aufwenden müssen, weniger zu werden. Je früher Sie also mit einer Arbeit anfangen, desto weniger Zeit müssen Sie ihrer Erledigung opfern.

Der Trick dabei: einfach zu arbeiten beginnen.

3. Regel für den adäquaten Einsatz
   Ihrer Fähigkeiten

Sie können eine Menge Zeit und Energie vergeuden, indem Sie mit unnützem, frustrierendem und zeitraubendem Aktionismus fortfahren. Die oben genannte Verhältnisrechnung von achtzig:zwanzig ist ebenso auf die Zeit anwendbar wie auf die eingesetzte Energie: Achtzig Prozent der von Ihnen eingesetzten Energie schaffen nur zwanzig Prozent der von Ihnen erreichten Resultate und umgekehrt.

Seien Sie deshalb konsequent bei der Entscheidung, welche Aufgaben es wirklich wert sind, daß Sie Zeit und Kraft in sie investieren. Konzentrieren Sie sich in erster Linie auf solche Aufgaben.

Hier finden Sie weitere Tips zur Ruhe:

Liste der Lebensprioritäten .... Seite 115
Sagen Sie nein .... Seite 176
Der nette Weg zum Nein ...... Seite 178
Der kreative Langzeitplan ...... Seite 207
Der unbewußte Plan .... Seite 215

**Anwendung der drei Regeln
für die Planung von Zeit und Kraft**

- Wenn Sie wünschenswerte Aufgaben und Ereignisse planen, dann kalkulieren Sie ein, daß diese doppelt soviel Zeit in Anspruch nehmen, doppelt soviel kosten und nur die Hälfte dessen einbringen, was Sie erwarten. Verbessern Sie anschließend Ihren Plan.
- Je eher Sie eine Aufgabe in Angriff nehmen, desto weniger Zeit wird sie Sie kosten. Zögern zieht ein Projekt nur in die Länge.
- Konzentrieren Sie Ihre Energie auf die zwanzig Prozent an Arbeiten, die Ihnen die besten Ergebnisse bringen werden.

Deadlines, die Druck abbauen

Wurde erst einmal eine Deadline festgelegt, dann ist bei vielen Menschen schon ein Problem entstanden. Vor allem bei ganz bestimmten Persönlichkeitstypen (siehe Seite 35 f.) und in bestimmten Branchen ist das der Fall. Suchen Sie sich einmal Beschäftigungen heraus, bei denen es sehr häufige und strikte Zeitvorgaben gibt, oder einen Arbeitnehmer, der stark an Zeitvorgaben orientiert ist. In beiden Fällen werden Sie eine wahre Brutstätte für streßbezogene Probleme finden.

Deadlines festzusetzen kann ein effektives Hilfsmittel für die Zeiteinteilung sein, sofern dadurch das Hinauszögern überwunden und die Erledigung der Aufgabe forciert wird. Gleichzeitig bringt es aber auch zusätzlichen Streß in den Arbeitstag. Wenn man sich allmählich der Deadline nähert und die Aufgabe immer noch nicht erledigt ist, bauen sich Spannungen auf.

Sicher, es gibt Menschen, die arbeiten besser und fühlen sich sicherer, wenn man Ihnen ein Zeitlimit vorgibt. Trotzdem bedeuten solche Deadlines zusätzlichen Druck während der Arbeit und schaffen damit auch Probleme.

Deadline

Warum?

Die meisten Menschen werden Ihnen etwas von »viel zu wenig Zeit« erzählen. Ich kann das aber nicht akzeptieren.

Nach meinen Beobachtungen ist es so, daß eine Zeitvorgabe die Menschen weniger aufgrund ihres Zeitempfindens beunruhigt, sondern vielmehr, weil sie sie als drohenden Endpunkt sehen. Mit anderen Worten, es handelt sich um eine irrationale Bedrohung, die von ihrem eigenen Unterbewußtsein geschaffen worden ist.

Das ist verständlich. Der Begriff an sich assoziiert bereits ein Risiko. Sogar die Wörter wirken bedrohlich: **Zeitlimit, Deadline!**

Wenn Sie die Definition Ihrer Aufgabe ein klein wenig modifizieren, können Sie auch diese Bedrohung ausschalten. Richtig: indem Sie Ihr Unterbewußtsein einsetzen.

Ruhezeiten festlegen

Eine Aufgabe neu zu definieren, um dadurch den Druck aufzuheben, den eine Deadline bedingt, ist einfach. Denken Sie in bezug auf Ihre Aufgabe nicht mehr in Begriffen wie Zeitlimit, sondern ändern Sie den entsprechenden Ausdruck um in »Zeitzuteilung«. Wenn also die Aufgabe bis in einer Woche erledigt sein muß, dann setzen Sie dafür nicht ein Zeitlimit fest, sondern gestehen Sie sich einen gewissen Zeitraum zu.

In diesem Fall wären das sieben Tage. Oder, wenn Sie lieber große Zahlen mögen, 168 Stunden. Noch viel wichtiger aber als die Stundenzahl ist die Tatsache, daß Sie diese Zeitzuteilung nach eigenem Gutdünken variieren können. Gestehen Sie sich 144 Stunden zu oder neunundneunzig Stunden oder zwölf Stunden.

Erkennen Sie, was Sie getan haben? Sonst ist es in der Regel ein Außenstehender, der Ihnen die Deadline vorschreibt. Diesmal dagegen teilen Sie selbst sich die Zeit zu. Damit sind Sie für Ihr eigenes Geschick zuständig. Und Menschen, die das Gefühl haben, Ihr Geschick selbst zu bestimmen, leiden weniger unter arbeitsbedingtem Streß. (Wenn Sie natürlich die Stunden vertrödeln, die Sie sich für eine Aufgabe zugemessen haben, dann müssen Sie damit rechnen, daß Sie letztlich, wenn nur noch wenige Stunden bleiben, unter Druck geraten.)

Sollten Sie jemals das Gefühl haben, daß die Deadline, die Ihnen ein anderer vorgibt, nicht genügend Raum für eine sinnvolle Zeitzuteilung läßt, dann müssen Sie zu Beginn eines Projekt darüber verhandeln. Gegen Ende des Projekts ist nicht mehr der richtige Zeitpunkt dafür.

Hier finden Sie weitere Tips zur Ruhe:

Liste der Lebensprioritäten .... Seite 115
Sagen Sie nein .... Seite 176
Der nette Weg zum Nein ...... Seite 178
Die Kunst des Verhandelns .... Seite 290

Zeitzuteilung als Hilfsmittel der Ruhe

- Handeln Sie Deadlines vor Beginn eines Projekts aus, oder zumindest sobald wie möglich.
- Wenn ein Außenstehender ein Zeitlimit festgelegt hat, setzen Sie es *sofort* in eine Zeitzuteilung um.
- Für größere Aufgaben sollten Sie die Zeitzuteilung schriftlich festhalten. Dann führen Sie Buch über die Stunden, die Sie wirklich aufwenden.
- Bei größeren Projekten sollten Sie immer wieder einen Vergleich anstellen zwischen Ihrer Zeitzuteilung und den Stunden, die Sie aufgewendet haben.
- Entspannen Sie sich durch den Gedanken, daß nur Sie ganz allein Ihre Zeit bestimmen.

Hinauszögern

Fachleute auf dem Gebiet des Zeitmanagements wissen, daß die größte Schwachstelle in der zeitbezogenen Arbeitspraxis das Hinauszögern ist. Sie wissen auch, daß eben dieses Hinauszögern am schwierigsten zu behandeln ist.

Oberflächlich betrachtet könnte man meinen, hinauszögern führte zu einer entspannteren Einstellung gegenüber dem Leben. Das Hintanstellen aller schwierigen und wenig attraktiven Aufgaben und Arbeiten sollte Stunden angenehmen Müßiggangs schaffen, denen eine kurze, hektische Phase harter Arbeit folgt. Unglücklicherweise läuft es aber nicht so ab.

Das Hintanstellen von Aufgaben bringt nur zusätzlichen Druck in Ihr Arbeitsleben. Denn die Tätigkeiten, die Sie auf die lange Bank schieben, sind immer die, die Sie am wenigsten gern erledigen. Somit häufen Sie immer mehr Unangenehmes an. Dieses Hinauszögern hat auch einen negativen Einfluß auf Ihre Produktivität. Schlimmer noch, es hat eine verheerende Wirkung auf Ihr Selbstwertgefühl und auf die Intensität Ihres Stresses, denn auf diese Weise beeinflussen die Ereignissen *Sie*, statt umgekehrt. Aus diesem Grund bin ich der Auffassung, daß das Hinauszögern ein sehr wichtiger – wenn auch unaugenfälliger – Streßfaktor am Arbeitsplatz ist.

Hinauszögern ruft Spannungen hervor, aktive Tätigkeit dagegen führt zur Ruhe. Setzen Sie sich mit jedem Problem auseinander, sobald es auftaucht, dann machen Sie den Weg frei zu ruhigem Denken. Wie aber können Sie die Neigung, alles hinauszuzögern, überwinden?

Die meisten Zeit-Experten raten, Zeitlimits festzulegen. Aber das verleiht jeder Arbeit und jeder Aufgabe den Anstrich von großer Dringlichkeit. Wir wissen unterdessen, daß solche Zeitlimits zusätzliche Streßfaktoren sind. Es sind also differenziertere Lösungen erforderlich.

Das Hinauszögern ausschalten

Hinauszögern entsteht aus dem Trugschluß, daß wir glauben, später mehr Zeit zur Verfügung zu haben, als wenn wir sofort mit dem Tagespensum an Arbeit beginnen würden.

Dieser Irrglaube ist sowohl ineffizient als auch unproduktiv und trägt mit dazu bei, daß wir bei der Arbeit unter Streß leiden. Um ihn zu überwinden sind folgende sieben Schritte zu empfehlen.

1. Unterteilen Sie große Aufgaben in kleinere Arbeitsschritte

Sie haben das schon einmal gelesen, nicht wahr? Suchen Sie also keine weiteren Ausflüchte mehr, jetzt ist der Zeitpunkt gekommen, es in die Tat umzusetzen.

Wenn Sie eine große Aufgabe vor sich haben, dient oft schon deren Umfang oder Komplexität als Entschuldigung dafür, sie zur Seite zu legen. Fast alle großen Aufgaben lassen sich jedoch in kleinere Teilaufgaben untergliedern.

Haben Sie erst diese kleineren Teilaufgaben festgelegt, wirkt der gesamte Aufgabenkomplex schon nicht mehr so bedrohlich.

2. Halten Sie die Teilaufgaben schriftlich fest

Wenn Sie die großen Aufgabenkomplexe in eine Reihe kleinerer Teilaufgaben splitten, führt das allein schon zu einer effizienteren Behandlung von Details – was nur gut für Ihre Arbeit ist. Verwenden Sie noch ein klein wenig mehr Disziplin auf Ihr Vorhaben, und notieren Sie sich jede der Teilaufgaben an einer Stelle, an der Sie ständig auf Ihre Aufzeichnungen zurückgreifen können.

3. Teilen Sie jeder Aufgabe eine Zeitspanne zu

Haben Sie Ihre Teilaufgaben schriftlich aufgelistet, dann geben Sie sich für die Vollendung einer jeden eine bestimmte Zeitspanne. Bei solchem Vorgehen haben Sie eher das Gefühl, alles unter Kontrolle zu haben und beeinflussen zu können. Es ist besser, als sich Zeitlimits zu setzen.

4. Stürzen Sie sich ohne langes Zögern auf die Aufgabe, die Sie am *wenigsten* gern erledigen

Zögert man die weniger attraktiven Tätigkeiten bis zuletzt hinaus, führt das unweigerlich zu einem Gefühl der Unzufriedenheit.

Es kann aber ganz leicht überwunden werden, indem Sie eine Modifizierung gemäß der Rangfolge Ihrer Neigungen vornehmen. Erledigen Sie die am wenigsten angenehmen Dinge zuerst, dann bleibt Ihnen das Angenehmere am Schluß, sozusagen als »Belohnung«.

Ab dem Moment, in dem Sie Ihre verschiedenen Aufgaben festgelegt haben, sollten Sie sich beherzt an die Erledigung der am wenigsten angenehmen Arbeiten machen. Der Schwung, den Sie damit entwickeln, wird Sie auch bei der Bewältigung der übrigen Tätigkeiten beflügeln.

5. Machen Sie Ihre Arbeit zu einem Spiel

Sie erwarten nicht, daß Erwachsene Spaß an Ihrer Arbeit haben, oder? Sie können es aber sehr wohl. Vor allem sollten *Sie persönlich* Spaß daran haben. Wenn Sie ihre alltägliche Arbeit in ein Spiel umwandeln – beispielsweise indem Sie eine Art Rennen gegen die Zeit fahren, sich mehr als Wissenschaftler für Raketenforschung fühlen denn als Schreibkraft oder Ihre Telefonstimme perfektionieren –, dann mobilisieren Sie dadurch nicht nur Ihr Unterbewußtsein für die Erledigung dieser Aufgaben, sondern die Zeit wird wie im Flug vergehen.

6. Dokumentieren Sie Ihre Belohnung

Um eine Methode zu finden, mit der Sie das Hinauszögern überwinden, trainieren Sie sich darauf, das Positive zu sehen. Eine wesentliche Abkürzung auf dem Weg dorthin ist es, in Ihr Programm eine Belohnung einzubauen. Das kann etwas ganz Handfestes sein oder eine Art Vergnügung oder etwas, das im Zusammenhang mit der Arbeit steht, zum Beispiel eine Stunde Zeit, die Sie nicht zum Arbeiten, sondern für einen Spaziergang im Park nutzen.

Um diese Belohnung zusätzlich attraktiv zu gestalten, ihr mehr Gewicht zu verleihen, sollten Sie sie aufschreiben – warum nicht längs an den Rand Ihrer Aufgabenliste und Zeitzuteilungen?

7. Arbeiten Sie mit hundert Prozent Leistung

Wenn es schließlich soweit ist, daß Sie mit der Erledigung einer Aufgabe beginnen – insbesondere wenn es sich um einen der weniger attraktiven Abschnitte handelt –, dann machen Sie sich mit voller Konzentration und Kraft daran. Das Pensum wird auf diese Weise nicht nur schnell erledigt sein, sondern Sie werden auch in unerwartetem Maße Befriedigung daraus gewinnen. (Übrigens werden Sie die Arbeit auch wesentlich effizienter ausführen, doch das steht auf einem anderen Blatt.)

Hier finden Sie weitere Tips zur Ruhe:

Ruhezeiten festlegen .... Seite 169
Trainieren Sie sich fit .... Seite 379
Drei Regeln für die Planung von
Zeit und Leistung .... Seite 165
Die hundertprozentige
Leistung .... Seite 195

Arbeitsüberlastung

Sieht man sich Menschen in ihrem Arbeitsalltag an und fragt sie, was ihnen am meisten negativen Streß verursacht, geben viele vor allem einen Grund an: Arbeitsüberlastung.

Gesteigerte Anforderungen an die Produktivität während der vergangenen zehn Jahre hatten zur Folge, daß tatsächlich länger gearbeitet wird, und zwar mit weniger Unterstützung als jemals zuvor in der jüngeren Vergangenheit. Aber ist auch die Arbeitslast tatsächlich so gestiegen? Sind wir wirklich mit Arbeit *überlastet*?

Auch wenn wir diese Fragen mit nein beantworteten, bliebe die Tatsache, daß wir das *Gefühl* haben, zu viel arbeiten zu müssen. Und das schafft ebenso viele Probleme wie eine echte Überlastung.

Arbeitsüberlastung ist selten gleichbedeutend mit Überarbeitung. Sie bedeutet vielmehr, daß in der Ihnen zur Verfügung stehenden Zeit zu viele Anforderung in bezug auf die Arbeit an Sie herangetragen werden. Stünden Ihnen zwölf Stunden Arbeitszeit täglich zur Verfügung, und hätten Sie den gleichen Umfang an Arbeit zu erledigen, wären Sie wahrscheinlich nicht überlastet.

Da Sie jetzt dem Problem auf den Grund gegangen sind – daß nämlich zu viele Anforderungen in der Ihnen zur Verfügung stehenden Zeit an Sie herangetragen werden –, ist es leicht zu lösen.

Sagen Sie nein

Haben Sie sich schon einmal gefragt, warum Sie sich nicht dagegen wehren, daß Sie in der Ihnen zur Verfügung stehenden Zeit so vieles erledigen sollen? Wahrscheinlich steckt hinter diesem Problem kein Planungsfehler und wohl auch keine Überschätzung Ihrer Fähigkeiten, sondern schlicht und einfach Ihre Unfähigkeit, nein zu sagen.

Nein zu sagen ist eine Fähigkeit, die Sie sich, schon um Ihrer Gesundheit und Ihrer Leistungsfähigkeit willen, unbedingt aneignen sollten. Aber wie? Wo ziehen Sie die Grenze, wann sagen Sie nein?

Hier stelle ich Ihnen drei einfache Maßnahmen vor, die Ihnen helfen werden:

1. Setzen Sie Ziel und Resultat für jeden Aspekt Ihrer Arbeit fest.
2. Nehmen Sie nur Arbeit an, wenn sie Ihnen hilft, diese Ziele und Resultate zu erreichen. Alles anderen lehnen Sie mit einem entschiedenen Nein ab.
3. Ignorieren Sie alle Argumente, die Sie umstimmen sollen.

Der Ausgangspunkt ist Ihr Resultat: Was soll nach Abschluß der Arbeit erreicht sein? Welchen Nutzen möchten Sie ziehen? Wie möchten Sie sich fühlen? Sobald Sie sich über das Resultat im klaren sind, schreiben Sie es ganz oben auf ein leeres Blatt Papier. Benutzen Sie dabei positive Formulierungen, und schreiben Sie im Präsens. Listen Sie anschließend darunter Ihre Ziele auf. (Die Ziele sind Teilergebnisse, die auf dem Weg zum Resultat erreicht werden sollen.)

Wenn dann jemand mit der Bitte an Sie herantritt, etwas zu erledigen, das Sie in Ihre Planung bislang nicht einbezogen hatten, stehen Ihnen drei Möglichkeiten offen:

1. Sagen Sie ja, wenn es Ihnen hilft, Ihr Resultat oder Ihre Ziele zu erreichen.
2. Sagen Sie ja, wenn es für einen Dritten eine wirkliche Hilfe darstellt und Sie bei der Erreichung Ihres Resultates oder Ihrer Ziele nicht behindert.
3. Sagen Sie nein.

Lernen Sie, nein zu sagen, wenn es nötig ist, und Sie werden sich nicht nur wohler fühlen, Sie werden dadurch auch effizienter arbeiten.

Hier finden Sie weitere Tips zur Ruhe:

Die Kunst des Verhandelns .... Seite 290
Artikulieren Sie Ihre Gedanken   Seite 280
Wie Sie bekommen, was
Sie wollen .... Seite 277

Sagen Sie nein

- Legen Sie Ziele und Resultate fest.
- Beginnen Sie beim Resultat: Was wollen Sie am Ende erreicht, welchen Nutzen möchten Sie gezogen haben? Wie wollen Sie sich fühlen? Definieren Sie anschließend Ihre Ziele (Teilabschnitte, die auf dem Weg zum Resultat zu erreichen sind).
- Schreiben Sie Ihr angestrebtes Resultat oben auf ein Blatt. Listen Sie darunter Ihre Ziele auf.
- Wägen Sie alle Anforderungen, die zusätzlich an Sie herangetragen werden, im Hinblick auf diese Liste ab. Sagen Sie ja zu den Dingen, die Ihnen helfen, Ihre Ziele und Resultate zu erreichen. Alles andere lehnen Sie, ohne zu zögern, ab.
- Widerstehen Sie allen Argumenten, die Sie umstimmen sollen.

Der nette Weg zum Nein

Gehören auch Sie zu den Menschen, die nicht nein sagen können, wenn jemand zusätzliche Arbeiten von Ihnen fordert? Können Sie eine Aufforderung oder Bitte um Hilfeleistung nicht ablehnen? Und haben Sie deshalb schon oft darunter gelitten, sich zuviel aufgebürdet zu haben? Dann können Sie durch die Entwicklung einer wirksamen und nützlichen Fähigkeit nur gewinnen: Lernen Sie, freundlich, aber bestimmt nein zu sagen, wenn es erforderlich ist.

Es gibt vernünftige und den geschäftlichen Gepflogenheiten entsprechende Argumente, warum Sie diese Fähigkeit erlernen sollten. Denn wenn Sie sich überfordern, steigt Ihr Streßpegel, Ihre Effizienz nimmt ab, Ihre Produktivität strebt gegen null, und alle Aufgaben werden in die Länge gezogen. Es besteht sogar die Gefahr, daß Sie etwas *nicht* erledigen. Vielleicht haben Sie schon einmal statistische Untersuchungen gesehen, die belegen, daß die meisten Geschäftspleiten mehr das Ergebnis vieler kleiner Probleme sind als eines einzigen großen.

Dieses Nein-Sagen, wo und wenn nötig, soll Sie deshalb nicht als arbeitsscheu, unsozial oder unkooperativ erscheinen lassen. Wenn überhaupt, dann kennzeichnet es Sie als Menschen, der effizient arbeitet und sein Tagespensum im Griff hat – insbesondere dann, wenn Sie Ihrem Gegenüber erklären, warum Sie ablehnen.

Es fällt Ihnen leichter, wenn Sie

1. Ihre Prioritäten festlegen und
2. Ihre Ablehnung begründen.

Legen Sie Ihre Prioritäten fest

Nach welchen Gesichtspunkten entscheiden Sie, welche Aufgaben Sie annehmen und welche Sie ablehnen? In erster Linie müssen Sie entscheiden, was Ihnen wichtig ist.

Wenn es sich um wirklich Wichtiges, um Mega-Entscheidungen handelt, dann nehmen Sie die Liste der Lebensprioritäten von Seite 115 oder den Kreativen Langzeitplan von Seite 207 zu Hilfe. Beide werden Sie darin unterstützen, die wirklichen Prioritäten Ihres Lebens festzulegen – also Arbeit, Stellung, Finanzen, Erfolg, Familie, Glück und so weiter.

Für die alltäglichen Entscheidungen über Ihre Leistungsfähigkeit gibt es jedoch keine Hilfsmittel zur detaillierten Planung. Die Grundlagen für die Arbeitsplanung sind:

1. die Aufgaben, die Sie zu erledigen haben;
2. die Zeit, die Ihnen dafür zur Verfügung steht;
3. die Reihenfolge nach Wichtigkeit.

Wenn Sie das in Betracht ziehen, sind Sie auch in der Lage, Ihre Leistungsfähigkeit im Hinblick auf zusätzliche Aufgaben richtig einzuschätzen.

Begründen Sie Ihre Ablehnung

Viele Menschen haben ein ungutes Gefühl, wenn sie merken, daß sie nicht in der Lage sind, zusätzliche Anforderungen zu erfüllen, und diese ablehnen – deshalb nehmen sie doch noch vieles an.

Falls Sie ebenfalls unter diesem »kollegialen Gefälligkeitssyndrom« leiden, ist es erforderlich, daß Sie Ihre Ablehnung begründen. Die wirksamste Art, dies zu tun, ist ein Arbeitsplan, den man vorweisen kann, auch wenn er primär dem eigenen Nutzen dient.

Dabei handelt es sich nicht um ein formales Dokument. Sie sind auch nicht gezwungen, ihn jemand anderem vorzulegen. Es ist einfach eine Auflistung der Aufgaben, die Sie, nach Wichtigkeit geordnet, innerhalb eines von Ihnen erstellten Zeitplans zu erledigen haben.

Wenn Sie Ihren Arbeitstag oder Ihre Arbeitswoche in dieser

Weise geplant haben, fällt es Ihnen leicht zu sagen, daß Ihre Zeitplanung keine zusätzlichen Aufgaben oder Gefälligkeiten zuläßt.

Hier finden Sie weitere Tips zur Ruhe:

Liste der Lebensprioritäten .... Seite 115
Ein positives Wort .... Seite 223
Der kreative Langzeitplan ...... Seite 207
Der unbewußte Plan .... Seite 215

Der nette Weg zum Nein

- Legen Sie Ihre Prioritäten fest. Das heißt, ordnen Sie jene Aufgaben in der Reihenfolge ihrer Wichtigkeit, die Sie innerhalb eines von Ihnen aufgestellten Zeitplans zu erfüllen haben.
- Halten Sie sie schriftlich in einem (nur für Sie bestimmten) Arbeitsplan fest.
- Werden zusätzliche Anforderungen an Sie herangetragen, die Sie nicht in Ihren Arbeitsplan integrieren können, lehnen Sie höflich, aber bestimmt ab – unter Hinweis auf Ihren Arbeitsplan.
- Bleiben Sie unerschütterlich bei Ihrem Arbeitsplan, wenn man versuchen sollte, mit Ihnen zu verhandeln.

Erkennen Sie Ihre Grenzen

Bei drohender Arbeitsüberlastung ist die wahrscheinlich wertvollste Information, die Sie besitzen, das Wissen um Ihre eigenen Grenzen – hinsichtlich Ihrer Zeit, Kraft und Leistungsfähigkeit.

Wenn Sie diese Grenzen erkannt haben, entscheiden Sie leichter, was zu tun oder zu erledigen Sie noch imstande sind.

Diese Erkenntnis bezieht sich ebenso auf Ihre Position und Verantwortungsbereiche wie auf Ihre Arbeiten und Zeitvorgaben.

Informationsflut

Zu viele Informationen, zu viele Neuentwicklungen, zu viele Veränderungen – heutzutage liegen darin die verbreitetsten Ursachen für Streß am Arbeitsplatz. Insbesondere in den Bereichen Verwaltung, Medien, Informationstechnologien, Gesundheit sowie in fast allen anderen Bereichen der Technologie kommt die Informationsflut zum Tragen.

Das weltweite Wissen erscheint schier unbegrenzt. Viele dieser Informationen sind auch Ihnen zugänglich – über E-Mail, Internet, Büchereien, Universitäten. Wie gehen Sie damit um? Wie sollen Sie das Wissen und die Kenntnisse schützen, die Sie über Jahre hinweg aufgebaut haben? Welchen Wert haben solche Kenntnisse überhaupt noch, wenn das Wissen so rapide zunimmt, sich ständig erneuert? Und wie sollen Sie all die Informationen noch aufnehmen, die an einem durchschnittlichen Arbeitstag über Ihren Schreibtisch gehen?

Diese Probleme und Befürchtungen sind real. Trotzdem ist die Informationsflut kein reales Problem.

In der Mehrzahl der Fälle existiert es nämlich nicht. Nur ganz wenige Arbeitnehmer werden wirklich von Informationen überschwemmt. Denn niemand zwingt sie, alle irgendwie zugänglichen Daten zu konsumieren. Ihnen werden nur unzählig viele Möglichkeiten vorgegeben, aus denen Sie dann auswählen können.

Sind solche Möglichkeiten etwas, das man fürchten muß? Muß man einer großen Auswahl gegenüber Streß aufbauen? Das wäre sehr ungerecht, denn eine viel größere Anzahl von Arbeitnehmern nennt einen *Mangel* an Auswahlmöglichkeiten als Hauptursache für Streß am Arbeitsplatz. Sobald man also das Wort »Flut« durch den Ausdruck »Wahlmöglichkeiten« ersetzt, wird das Problem schon kleiner. Es ist doch wahrhaft wunderbar, in einer Zeit zu leben, in der einem so vielfältige Wahlmöglichkeiten offenstehen, wenn es darum geht, Informationen zu erhalten, die einen bei der Arbeit unterstützen.

Wenn Sie natürlich glauben, diese Informationen ausnahmslos aufnehmen zu müssen, um Erfolg zu haben, dann ist Streß die logische Konsequenz. Sie haben das aber gar nicht nötig.

Kurze Unterbrechung für eine Geschichte aus dem Leben meiner Großmutter

Als ich dieses Kapitel schrieb, fiel mir eine Geschichte aus dem Leben meiner Großmutter ein. In den ersten Jahren dieses Jahrhunderts gehörten sie und ihr Mann einer Gruppe von Eisenbahnarbeitern an, die angeworben wurden, um als Gleisbautrupp die Schienenverbindung zu einem entlegenen Teil des australischen Outback herzustellen.

Einer der jungen Männer im Team war ein wirklicher Unglücksrabe, der keine Ahnung von den grundlegenden Weisheiten des Lebens hatte. Wären nicht die Lebensmittelpakete gewesen, die ihm seine Schwester jede Woche mit dem Versorgungszug schickte, wäre er vermutlich verhungert. Er hungerte auch so. Da er keinerlei Konzept in der Planung seiner Mahlzeiten hatte, verschlang er die für eine ganze Woche gedachten Lebensmittel bis auf den letzten Krümel sofort, nachdem das Paket da war. Danach darbte er, bis das nächste Lebensmittelpaket eintraf.

Da meine Großmutter das mitbekommen hatte, begann sie, ihn zu sich einzuladen, damit er an ihrem bescheidenen Mahl teilhaben konnte. Stellen Sie sich einen solchen gedeckten Tisch einmal vor: eine Schüssel Kartoffeln, ein Teller gepökeltes Fleisch, ein Teller mit einem Laib Brot. Aber egal, welche Schüssel, welcher Teller direkt vor dem jungen Mann stand, er verschlang alles, was darauf oder darin lag. Meine Großmutter konnte ihm zureden, wie sie wollte, ihm Vorhaltungen über das Teilen oder Warten machen, bis alle gegessen hätten, nichts fruchtete – was vor seiner Nase stand, mußte er vertilgen. Wahlmöglichkeiten waren für ihn nie ein Thema, er verdrückte alles wie unter einem Zwang.

In mancher Weise gleichen unsere Zeitgenossen, die sich von Informationen »überrollt« fühlen, diesem jungen Bahnarbeiter von 1921. Sie leben in dem zwanghaften Glauben, alles, was man ihnen vorsetzt – in diesem Falle nicht Lebensmittel, sondern Informationen, Forschungsergebnisse und so weiter –, aufnehmen zu müssen.

Dem ist aber nicht so. Es handelt sich lediglich um ein *Angebot an Möglichkeiten*, aus dem Sie wählen können.

Umgang mit Informationen

Wir leben in einem aufgeklärten Jahrhundert. Welche Interessen Sie auch haben, welcher Beschäftigung Sie auch nachgehen – Ihnen steht eine Fülle von Forschungsergebnissen und Informationen zur Verfügung, aus denen Sie wählen können, um Ihre Aufgaben bestmöglich zu erfüllen.

Das ist keine Informationsflut. Es sind Wahlmöglichkeiten.

Um daraus Nutzen zu ziehen, brauchen Sie nichts weiter als ein wenig Vorbedacht – einige Kriterien der Klassifizierung, die wie ein Sieb wirken – und ein bißchen Disziplin.

Vorbedacht

Das ist die Basis jeglicher Planung. Nehmen Sie die Liste der Lebensprioritäten zur Hand, und entscheiden Sie, was für Sie, Ihre Karriere und Ihr Leben wichtig ist. Wenn Sie diese Punkte herausgefiltert haben, halten Sie sie schriftlich fest.

Um damit zurechtzukommen, benötigen Sie wahrscheinlich in gewissem Umfang auch Informationen und Daten.

Klassifizierungskriterien

Da Sie nun entschieden haben, was Ihnen in Ihrem Leben wichtig ist, sollten Sie einige Klassifizierungskriterien als Sortiersieb anwenden. Machen Sie von den unten aufgeführten Methoden der Planung Gebrauch, um die Kriterien herauszufinden, die Sie benötigen, und fixieren Sie Ihre so gewonnenen Informationsfilter schriftlich. Sie sollten das eigentlich nur einmal oder höchstens jedes Jahre einmal tun müssen.

1. Das erste Kriterium – der erste Filter sozusagen – besteht in Ihrer Entscheidung, ob Sie es darauf anlegen, ein Allrounder (mit einem breitgefächerten Überblick, aber wenig detailliertem Fachwissen) oder ein Spezialist mit eng umrissenem Wissensbereich zu sein.

2. Der zweite Filter bezieht sich auf Ihre berufliche Tätigkeit. In welchem Bereich arbeiten Sie *derzeit*, in welchem Bereich werden Sie höchstwahrscheinlich *später* arbeiten, und in welchem Bereich *wären Sie gern* tätig (sofern dieser Bereich nicht mit einem der beiden anderen identisch ist)?

3. Der dritte Filter orientiert sich an geographischen Gesichtspunkten, beziehungsweise richtet sich nach dem Absatzmarkt. Wo möchten Sie sich mit Ihrer Arbeit dem Wettbewerb stellen? Wo möchten Sie Ihre Arbeit verrichten? Wo liegt derzeit Ihr Absatzmarkt? Wo wird er in Zukunft liegen?

4. Entsprechend Ihren Bedürfnissen, Interessen, Zielen und Ambitionen reihen Sie nach und nach mehrere Filter aneinander.

5. Der letzte Filter hat die Aufgabe, die anderen zu überprüfen. Kann ein Experte oder eine Informationsquelle einen der Filter ersetzen? (Wenn Sie zum Beispiel gesagt haben, daß Ihr künftiger Absatzmarkt im asiatischen Raum liegt, wäre es dann nicht besser, gelegentlich einen Asien-Experten zu konsultieren als zu versuchen, die eigenen Kenntnisse zu erweitern, um in Asien Fuß zu fassen?)

Ein bißchen Disziplin

Jetzt kommt der leichtere Teil. Sie brauchen nur ein bißchen Disziplin. Wenden Sie, wenn Ihnen Informationen vorgelegt werden, die oben aufgeführten Filter an (die Liste bewahren Sie in Ihrer Schreibtischschublade auf). Oder, falls Sie einen Assistenten oder eine Sekretärin haben, lassen Sie sie diese Filter anwenden.

Informationen, die den Kriterien Ihrer Filter nicht entsprechen, lassen Sie außer acht. Versuchen Sie nicht zu überlegen, wem diese Informationen nützlich sein könnten, weil dadurch an sich schon Streß aufgebaut und Zeit vergeudet werden kann. Wenn eine Information nicht durch Ihren Filter paßt, wird sie ignoriert oder verworfen.

Nichts leichter als das, werden Sie denken. Was aber, wenn Sie leitender Angestellter eines großen Unternehmens sind, und alle Informationen, die über Ihren Tisch gehen, für das Unternehmen und damit auch für Sie relevant sind? Wie effektiv sind Ihre Filter dann?

Um es noch einmal zu sagen: Sie wählen Ihre Filter selbst. Leitende Angestellte von großen Unternehmen müssen eher Allrounder als Spezialisten sein, so daß ihr erster Filter die meisten der Informationen eliminiert, die den Unternehmen entspringen, denen sie vorstehen.

Wenn Sie also eine Aufgabe zu erledigen haben, gehen Sie nach den beiden gleichen Grundprinzipien vor, die die Menschen seit Urzeiten leiten: Sammeln Sie die Informationen, die Sie wirklich benötigen, und handeln Sie dann entsprechend diesen Informationen.

Die Frage ist nur: Welche Informationen benötigen Sie?

Ein weiterer Punkt, der unter dem Oberbegriff Informationsflut auftritt, ist für viele Menschen der aufdringliche Charakter der E-Mail. Ich kenne einige Personen, die bis zu fünfhundert unerwünschte Nachrichten pro Woche bekommen.

Unerwünschte Briefe, die mit der täglichen Post ins Haus flattern, können Sie leicht ignorieren. Schwerer fällt es Ihnen dagegen, E-Mails zu ignorieren. Außer, Sie haben die richtige Software. Die meisten Programme für elektronische Nachrichtenübermittlung ermöglichen es Ihnen heutzutage, E-Mails nach Absender oder Stichwort zu sortieren. Wenn Sie Ihre E-Mails aufdringlich finden, benötigen Sie diese Software. Sie bezahlen einen geringen Betrag, um sich Ruhe zu verschaffen.

Hier finden Sie weitere Tips zur Ruhe:

Liste der Lebensprioritäten .... Seite 115
Ein Dreißig-Sekunden-Kurs
in Marketing .... Seite 386
Der kreative Langzeitplan ...... Seite 207
Der unbewußte Plan .... Seite 215

Ihre Zeit

Jetzt kommen wir zu dem Abschnitt, der Ihr Leben, Ihre Gesundheit und Ihre geistigen Kräfte retten kann. Auch er bezieht sich auf die Zeit.

Menschen, die am Arbeitsplatz Sklaven der Zeit sind – und blicken wir den Tatsachen ins Gesicht: das sind die meisten –, übersehen ein wichtiges Element in unserer Persönlichkeitsentwicklung: die Zeit für das Sammeln neuer Kräfte. Das heißt Zeit für Entwicklung, Zeit für das Überleben.

Diese Zeit nehmen Sie sich nur für sich, reservieren sie nur für Ihr persönliches Wohlergehen. Und raten Sie mal, was Sie dabei zu tun haben – rein gar nichts!

Wenn auch das Arbeitstier in Ihnen heftig protestieren wird, gelegentliches Nichtstun kann ein durchaus anspruchsvoller Gebrauch der Zeit sein, den man sich gönnen sollte. Vielleicht glauben Sie, daß Sie bereits in diesem Sinne handeln. Vielleicht tun Sie es sogar regelmäßig. In diesem Fall kann ich nur sagen: großartig.

Aber nur sehr wenige im Arbeitsleben stehende Menschen nutzen die Zeit in dieser Weise!

Menschen, die alles hinauszögern, tun es jedenfalls nicht. Auch nicht die, die wir als Einzelgänger (viele, die schwer arbeiten, gehören dazu) kategorisieren und die kaum ein gesellschaftliches Leben pflegen, weshalb sie, wie man annehmen könnte, jede Menge Zeit zur Verfügung haben müßten. Nicht einmal die, die wir als einsam (was viele sind, die ganz in ihrer Arbeit aufgehen) bezeichnen würden, nutzen die Zeit zum Nichtstun.

Aufgrund der Kombination aus reizüberfluteter Gesellschaft mit verschobener Arbeitsethik gibt es kaum Menschen, die sich wirklich einmal in nennenswertem Maße Zeit für sich selbst zugestehen. Zeit, in der sie einfach »herumlungern« und absolut nichts tun.

Bevor Sie jetzt zu spotten anfangen, lassen Sie uns untersuchen, was es heißt, »nichts« zu tun.

Zeit für sich selbst

Zeit für sich selbst – oder nennen wir sie »eigene Zeit« – ist schlicht eine Zeitspanne, die Sie sich jeden Tag für sich ganz allein reservieren. Um Entspannung vom Druck des Alltags zu finden oder um sich an sich selbst zu freuen.

Diese eigene Zeit kann fünfzehn bis dreißig Minuten dauern oder auch länger, wenn Sie möchten. Sie kann das erste sein, was Sie am Tag in Angriff nehmen, oder das letzte, was Sie abends tun. Es kann aber auch irgendeine »Auszeit« im Laufe des Tages sein.

Eigene Zeit duldet keine Gesellschaft, keine Stimulantien, keine Unterhaltung, keinen Versuch, Probleme zu lösen, und vor allem keine Gedanken an die Arbeit. Wenn Sie das zum ersten Mal versuchen, mag es schwieriger erscheinen, als es klingt. Das liegt daran, daß Sie dahingehend erzogen wurden, solches Verhalten als Faulheit, als Zeitverschwendung zu betrachten.

Nichts aber könnte von der Wahrheit weiter entfernt liegen.

Wenn Sie sich einige Male eigene Zeit gegönnt haben, werden Sie geradezu süchtig nach diesen Momenten sein. Sie werden am Morgen ohne weiteres dreißig Minuten früher aufstehen, um sich in dieser Weise zu verwöhnen. Sie werden diese wertvollen Momente ohne große Gewissensbisse Ihrem Partner oder den Kindern entziehen, denn dadurch wird die Zeit, die Sie *mit* ihnen verbringen, eine Bereicherung erfahren.

Fünfzehn bis dreißig Minuten am Tag. Jeden Tag, nur zu Ihrer eigenen Freude.

Ob Sie die Zeit für Meditation nutzen oder zur Ruheatmung, oder ob Sie einfach irgendwo sitzen und an die Wand starren, ist nicht von Bedeutung. Wichtig ist, daß Sie die Verpflichtung eingehen, sich die Zeit, nichts zu tun, zuzugestehen, und das jeden Tag aufs neue.

Wenn Sie ein sehr beschäftigter Mensch sind, der keinerlei

freie Zeit hat (jedenfalls Ihrer Ansicht nach), werden Sie vielleicht meinen, daß diese fünfzehn bis dreißig Minuten sinnvoller genutzt werden könnten, indem Sie etwas lesen, die Nachrichten im Fernsehen verfolgen oder sich mit Ihrem Partner oder den Kindern unterhalten. Das stimmt nicht.

Ihre eigene Zeit darf nicht die wichtigen Zeiträume Ihres Tages beeinträchtigen. Sie soll sich die unwichtigen Zeitabschnitte Ihres Tages aneignen. Dabei ist Ihnen anheimgestellt zu entscheiden, was unwichtig ist. (Ganz nebenbei bemerkt, wie viele hochgradig unter Streß stehende Menschen kennen Sie, die auf die sogenannte Entspannungsmethode des »Abschaltens vor dem Fernseher« schwören? Das Fernsehprogramm kann aber noch so anspruchslos sein, fernsehen ist Stimulation, nicht Entspannung.)

Während wir noch darüber diskutieren, was wichtig ist, sollten Sie eines bedenken: Wenn Sie Ihre eigene Zeit regelmäßig in Anspruch nehmen, werden Sie sich weniger unnötige Gedanken machen, werden weniger anfällig für streßbedingte Probleme sein, Ihre Gesundheit wird sich verbessern und Ihr Leben in jeder Hinsicht Bereicherung erfahren. Mit anderen Worten: Sich jeden Tag etwas Zeit für sich zu reservieren, ist eine ausgesprochen produktive Handlungsweise für jeden geschäftigen Menschen.

Hier finden Sie weitere Tips zur Ruhe:

Ruheatmung .... Seite 129
Ruhetechnik .... Seite 393
Der Ruhe-Raum .... Seite 348
Ertragen Sie es mit einem
Lächeln .... Seite 350
Nichtstun .... Seite 259

Zeit für Termine

So wichtig es ist, in Ihrem Tagesablauf eine eigene Zeit einzuplanen, so wichtig ist es auch, sich während der Arbeit immer wieder eine kleine Spanne Zeit für sich selbst zuzugestehen. Wenn Ihr Alltag viele Verabredungen und Termine umfaßt, machen Sie sich die folgende einfache Art der Planung zu eigen, und Sie verlängern Ihre Lebenserwartung um Jahre.

Die Prinzipien sind ganz einfach:

1. Brechen Sie zu allen Terminen, die Sie außer Haus wahrnehmen müssen, zehn Minuten früher auf. Sie werden dadurch nicht nur Streß und Hetze vermeiden. Wenn alles glatt geht, haben Sie vor der nächsten Verpflichtung auch noch zehn Minuten, um sich zu entspannen.

Hier finden Sie weitere Tips zur Ruhe:

Die Ruhe-Agenda .... Seite 219
Nichtstun .... Seite 259
Ruhezeiten festlegen .... Seite 169

2. Planen Sie zwischen den einzelnen Verabre-

dungen eine Pause von fünfzehn Minuten ein. Im Idealfall bleibt Ihnen so zwischen den Terminen eine kleine Zeitspanne ohne Streß. Im schlechtesten Fall werden sich Ihre Termine wenigstens nicht überschneiden.

Den Arbeitstag begrenzen

Den besten Rat,den ich jedem geben kann, der glaubt, mit Arbeit überlastet zu sein oder zu wenig Zeit zu haben, gleichzeitig aber den Wert einer vernünftigen Planung anerkennt, ist folgender: Begrenzen Sie das, was Sie Arbeitstag nennen, strikt.

Legen Sie einen »Abschalt«-Moment fest – etwa wenn Sie den Gehweg außerhalb Ihres Firmengeländes betreten, oder wenn Sie zu Hause Ihre Eingangstür durchschreiten –, den Sie jeden Tag feierlich zelebrieren. Immer wenn dieser Moment erreicht ist, verbannen Sie alles aus Ihren Gedanken, was mit der Arbeit in Verbindung steht. Tun Sie sich etwas Gutes. Unterhalten Sie sich selbst.

Arbeiten Sie mit voller Kraft während der Stunden, die Sie sich dafür zugeteilt haben, dann aber, wenn Sie nach Hause gehen, lassen Sie alles hinter sich. (Falls Sie Arbeit zu Hause zu erledigen haben, ziehen Sie sich für eine festgesetzte Zeit zurück. Außerhalb dieser Zeitspanne aber verdrängen Sie jeden Gedanken an die Arbeit.)

Denken Sie daran, daß Sie leicht morgen da weitermachen können, wo Sie heute aufgehört haben.

Hier finden Sie weitere Tips zur Ruhe:

Ruhezeiten festlegen	Seite 169
Zeit der Entscheidung	Seite 212
Der Drei-Stufen Plan	Seite 213
Der unbewußte Plan	Seite 215
Zeit für sich selbst	Seite 188

WENN MANGELNDER EINFLUSS DIE URSACHE IST

Haben Sie manchmal das Gefühl, keinen Einfluß auf die Ereignisse zu haben, die Ihr Arbeitsleben bestimmen? Oder schlimmer: Können Sie sich des Eindrucks nicht erwehren, selbst von diesen Ereignissen beeinflußt zu sein? Ha-

> **Wie kann ich… beeinflussen?**
> Sie können einen »schwierigen« Chef/Angestellten/Türsteher/eine Klimaanlage nicht beeinflussen. Sie würden sich viel besser fühlen, wenn Sie sich darauf konzentrierten, nicht die Ereignisse beeinflussen zu wollen – was Ihnen nur negativen Streß einbringt –, sondern Ihre *Reaktion* darauf.

ben Sie das Gefühl, daß Sie in Ihrer Arbeit nie das Ende der Fahnenstange erreichen oder daß Sie in einem Kreislauf gefangen sind, der Sie an kein Ziel bringt? Finden Sie, daß immer andere die Punkte machen?

Sie stehen damit nicht allein. Viele Menschen, auch Manager und Persönlichkeiten in Führungspositionen, empfinden so.

Aber wieviel Einfluß können Sie wirklich ausüben?

Sowenig wie Sie die Zeit in Ihrer Gewalt haben, sowenig haben Sie alles, was in der Welt vor sich geht, in der Gewalt. Selbst Persönlichkeiten in Führungspositionen haben nur wenig Kontrolle über ihre Welt. Das einzige in Ihrem Leben, über das Sie immer die Herrschaft haben und auf das Sie Einfluß ausüben können, sind Sie selbst – Ihre Handlungen, Ihre Verhaltensweisen, Ihre Wahrnehmungen. Bringen Sie diese auf einen Nenner, und Sie werden erstaunt sein, in welchem Maße es Ihnen mög-

lich ist, den Eindruck zu gewinnen, daß Sie Einfluß auf Ihre
Arbeit haben.

Nehmen Sie Einfluß auf Ihr Leben

Denken Sie einmal an Bekannte, die allem Anschein nach ihr
Geschick unter Kontrolle haben, während sie ruhig und mit der
Welt im Einklang sind. Mit anderen Worten: an Menschen, die
ihr Leben wirklich selbst bestimmen.

Sind sie reich und mächtig? Sind sie berühmt oder angesehen?
Sind es Firmenchefs, Politiker oder Präsidenten großer Unternehmen?

Möglicherweise. Aber die Menschen, an die ich denke, sind
ganz anders. Ich denke an einen Surfer, der ständig umherreist,
von einem herrlichen Strand an den anderen, immer auf der Jagd
nach Wellen. Oder an das kleine Kind, das endlos mit einer zer-
fledderten Puppe spielt, den Künstler, der vor einer Anhöhe
steht und nichts sieht als die Leinwand vor sich und die Land-
schaft dahinter. Oder an den Arbeiter am Fließband, der ständig
ein Lied pfeift, während er anscheinend fasziniert die vorbeizie-
hende Reihe eingedoster Früchte betrachtet.

Was haben diese Menschen gemeinsam? Was besitzen sie, das
Sie nicht haben? Es ist nicht unbedingt der Job, materieller
Reichtum oder ein Mangel an Intellekt, der diese Menschen charakterisiert. Auch nicht der Grad der Einflußnahme, der ihnen
zugestanden oder gesetzlich zuerkannt wurde.

Was sie gemeinsam haben, ist die Tatsache, daß sie ganz aufgehen in dem, was sie tun. Diese intensive Einbindung in ihre
Tätigkeit gibt ihnen das Gefühl, Einfluß darauf auszuüben. Dies
wiederum ist der Grund für ihre entspannte, unbekümmerte
Haltung.

Eindeutig klar wird Ihnen das, wenn Sie einem Schreinermei-
ster dabei zuschauen, wie er sich Stunde um Stunde damit ab-
plagt, in mühevoller Kleinarbeit geschickt Bretter zu einer

Schublade zusammenzufügen (würde er die Bretter einfach zusammennageln, wäre er in wenigen Sekunden fertig). Ganz offensichtlich kann er dieser langwierigen Arbeit auch Befriedigung und Vergnügen abgewinnen. Erscheint es Ihnen nicht erstaunlich, wie man Befriedigung in einer Tätigkeit finden kann, die Sie in kürzester Zeit an den Rand des Wahnsinns triebe?

Wenn Sie zum Beispiel eine sehr tüchtige Kassenkraft in einem Supermarkt beobachten, die jeden Kunden wie einen lange vermißten Bekannten behandelt, an jedem Detail ihres kurzen Gesprächs interessiert ist und beim Einscannen der Preise jeden kleinen Gegenstand behandelt, als wäre er ausgesprochen bedeutungsvoll – fragen Sie sich dann nicht, wie man das, scheinbar ohne jeglichen Anflug von Frustration, den ganzen Tag über tun kann?

Die Antwort auf diese Fragen liegt in der Fähigkeit des jeweiligen Individuums, sich ganz von der Gegenwart in Beschlag nehmen zu lassen. Oder, um es mit Begriffen des Zen-Buddhismus auszudrücken: den Augenblick voll und ganz zu leben. (Sie werden sich erinnern, daß die wirkungsvollsten Suggestionen, die vom Unterbewußtsein übernommen werden, im Präsens formuliert sind.)

Menschen, die sich dafür entschieden haben, ihr Leben auf eine solche Weise zu leben – die also ganz in der Gegenwart, im Hier und Jetzt aufgehen, statt sich über die Zukunft den Kopf zu zerbrechen oder über Fehler der Vergangenheit nachzugrübeln –, haben für sich das Geheimnis entdeckt, wie sie sich ruhig fühlen und den Eindruck gewinnen können, ihr Tun zu beeinflussen.

Im folgenden möchte ich eine Technik vorstellen, die dabei helfen soll, jede Arbeit – auch die langweiligste und monotonste – in eine Aktivität umzugestalten, die beruhigend und hochgradig befriedigend wirkt.

Wenn Sie diese Technik anwenden, die »hundertprozentige Leistung«, dann haben Sie sich zu hundert Prozent in der Gewalt und üben zu hundert Prozent Einfluß aus.

Die hundertprozentige Leistung

Nehmen wir zum Beispiel an, Sie haben ein Dokument von zweihundert Seiten abzutippen. Es sind keine interessanten Informationen, sondern ein ganzer Band voll trockener technischer Angaben. In diesem Fall gibt es zwei Möglichkeiten, an diese Arbeit heranzugehen.

Sie könnten tun, was die meisten tun würden, nämlich sich alle dreißig Sekunden vorsagen, welch langweilige Tätigkeit Sie vor sich haben, wie lange es noch bis zum Mittagessen dauert, was für ein Pechvogel Sie doch sind, weil gerade Sie dieses langweilige Machwerk abzutippen haben, daß Sie viel lieber die Tennis-Übertragung im Fernsehen anschauen würden und daß Sie sicher nicht die geringste Anerkennung für Ihre Bemühungen erfahren werden, denn Sie wissen ja nicht einmal, für wen Sie diese Arbeit eigentlich erledigen.

Sie können aber auch ganz anders an die Aufgabe herangehen.

Das fängt damit an, daß Sie sich mit der Situation abfinden. Die Arbeit ist vorgegeben und muß, sofern Sie sie weder abändern noch zurückweisen können, getan werden. Angesichts dieser Tatsache liegt es an Ihnen, die Tätigkeit in eine kreative, Erfüllung bringende Aufgabe umzuwandeln.

Tun Sie dies, indem Sie sich selbst dazu verpflichten, Ihren Job, das Abtippen des Textes, in nach menschlichem Ermessen bester Art und Weise zu erfüllen. Sie vertiefen sich so ins Detail, daß am Ende nicht ein Wort falsch geschrieben und auch das Layout tadellos ist. Anders ausgedrückt: Sie sind zu hundert Prozent bei der Sache, Sie üben hundert Prozent Einfluß auf Ihre Arbeit aus.

Können Sie sich vorstellen, was daraufhin geschieht? Innerhalb von Minuten sind Sie ganz in Ihre Arbeit versunken. Sie werden es vielleicht nicht bemerken, aber Sie sind trotz der Konzentration, die Sie aufbringen, ruhiger und entspannter, als Sie je geglaubt hätten, bei dieser Tätigkeit sein zu können. Darüber hinaus haben Sie den Eindruck, die Zeit vergehe wie im Flug, und die Arbeit sei im Nu erledigt. Am allerbesten aber ist, daß Sie ein außergewöhnlich hohes Maß an Befriedigung und Erfüllung aus der Tatsache gewinnen, Ihre Aufgabe nach bestem Können zu erfüllen. Denn Sie üben vollen Einfluß aus auf das, was Sie tun.

Menschen, die sich mit Meditation befassen, wissen, daß es Spannungen erzeugt, seine Aufmerksamkeit zu teilen. Konzentriert man sich dagegen nur auf eine Sache, ist das beruhigend und effizient.

Es ist mit Abstand die effizienteste Möglichkeit zu arbeiten!

Hier finden Sie weitere Tips zur Ruhe:

Schluß mit der Langeweile .... Seite 200
Den Arbeitstag begrenzen ..... Seite 191
Die Ruhe-Agenda .... Seite 218

Die hundertprozentige Leistung

- Der Schlüssel liegt darin, immer nur eine Aufgabe gleichzeitig zu erledigen, nie mehrere auf einmal. Erledigen Sie diese so gründlich, wie Sie können. Ob Sie dabei mit Dateneingabe beschäftigt sind, putzen oder Akten sortieren – verrichten Sie Ihre Aufgabe so gewissenhaft und so gut, wie Sie können.
- Versuchen Sie, alle Störungen von außen auszuschalten, zum Beispiel das Radio oder Gespräche.
- Konzentrieren Sie sich auf jeden einzelnen Arbeitsschritt Ihrer Tätigkeit. Konzentrieren Sie sich auf das Detail. Bemühen Sie sich, Ihre Tätigkeit so effektiv wie möglich zu verrichten.
- Sie werden ganz in Ihrem Tun aufgehen, und die Arbeit wird sich fast von allein erledigen. Anschließend werden Sie sich ruhig, entspannt und zufrieden fühlen.

Die Freude an der Wiederholung

Die Tante meiner Mutter war der Ansicht, sie habe den besten Job der Welt. Lange Jahre arbeitete sie im Dampf einer Wäscherei im Keller eines Krankenhauses. Sie empfand die ständig gleiche, sehr anstrengende Arbeit als ausgesprochen anregend und erfüllend.

Hier ihr Rezept, mit dem sie Ihre Tätigkeit anregend gestaltete.

Bei vielen Arbeiten läßt sich eine gewisse Abstumpfung nicht vermeiden. Einige Jobs haben von Haus aus einen repetitiven Charakter, manche speziellen Aufgaben auch. Die meisten Menschen empfinden solche Aufgaben als extrem frustrierend.

Personen, die den ganzen Tag am Computer arbeiten und über die Tastatur Daten eingeben, leiden oft an streßbedingten Gesundheitsstörungen. Fließbandarbeiter erzählen häufig, daß sie nur wenig Befriedigung aus ihrer gleichförmigen Arbeit ziehen. Überhaupt steht jeder Arbeitnehmer, der tagaus, tagein, immer die gleichen Handgriffe, die gleichen Tätigkeiten zu verrichten hat, solchen Wiederholungen mit großem Unbehagen gegenüber.

Dabei kann Wiederholung auch eine positive Seite haben. Wiederholung ist der Schlüssel zu mancher, das Unterbewußtsein beeinflussenden Technik, wie zum Beispiel der Selbsthypnose oder Bestätigung. Sie spielt in den meisten Richtungen der Meditation eine bedeutende Rolle. Sicher haben Sie schon von einer Meditationshilfe gelesen, die als »Mantra« bekannt ist. Hierbei handelt es sich um ein Wort oder einen Laut, der Personen, die sich ganz ruhig und entspannt im meditativen Zustand befinden, immer wieder vorgesagt wird.

Warum wirkt aber eine Art der Wiederholung beruhigend, während die andere eine absolute Frustration zur Folge hat? Das hängt davon ab, wieviel Kontrolle, wieviel Einfluß Sie ausüben oder eben nicht ausüben können. Oder besser gesagt: Wieviel Sie *glauben*, nicht ausüben zu können!

Während der Meditation haben Sie sich völlig unter Kontrolle. Sie können aufhören, wann Sie wollen, Sie können sich eine Tasse Tee holen, wenn Sie es wünschen, und Sie können alles stehen und liegen lassen, wenn Sie das gerade möchten. Am Fließband dagegen, am Sortiertisch oder bei der Dateneingabe am PC ist Ihnen jede Kontrolle, jede Einflußmöglichkeit, entzogen. In aller Regel sitzt ein anderer am Steuerpult und bestimmt den Rhythmus der Wiederholung.

Es gibt aber eine ganz simple Arbeitstechnik, die den repetitiven oder stumpfsinnigen Charakter einer Aufgabe umkehrt, so daß sie zur Beruhigung und Erfüllung wird. Das ist die Technik der hundertprozentigen Leistung, die ich schon vorgestellt habe.

Konzentrieren Sie sich zu hundert Prozent auf Ihre Aufgabe. Verwenden Sie hundert Prozent Ihrer Schaffenskraft darauf, und die Wiederholung wird allmählich zu Ihrem Nutzen tätig werden. Vertiefen Sie sich völlig in Ihre Arbeit, so daß Sie das beste Resultat herausholen, zu dem Sie fähig sind. Sie werden merken, daß die Aufgabe wie eine Meditation beruhigend und zufriedenstellend wird. (Das ist der sogenannte »kleine Weg«, den die heilige Thérèse von Lisieux vor einigen Jahrhunderten berühmt machte. Ein Weg, den auch die Tante meiner Mutter sehr gut kannte.)

 ## Gehen Sie davon aus, daß Sie Einfluß haben

Zu Beginn meiner Laufbahn bekleidete ich eine untergeordnete Position in einer großen Werbeagentur. Da ich in meinem damaligen Alter wenig Ahnung davon hatte, was möglich ist oder nicht, erklärte ich, daß ich die richtige Person für einen Posten im höheren Management sein könnte, der zu besetzen war. Mein Chef sagte mir daraufhin, daß es in dem Unternehmen normalerweise nicht üblich sei, einen solchen Posten mit einem Angestellten meines Alters zu besetzen. »Aber warum gehen Sie nicht davon aus, Sie hätten diesen Posten tatsächlich inne«, fuhr er fort. »Handeln Sie, als ob Sie schon in dieser Position wären, dann wird wahrscheinlich jeder annehmen, daß Sie diese Fähigkeiten haben.«

Da mir nichts Besseres einfiel, nahm ich den Rat an und setzte ihn in die Tat um. Sie werden es nicht für möglich halten: Es hat funktioniert.

Heute weiß ich, daß Ihre eigene Wahrnehmung Sie am meisten daran hindert, in Ihrem Leben vorwärtszukommen. Wenn Sie sich selbst als untergeben empfinden, werden Sie immer der Untergebene sein. Wenn Sie sich als Schachfigur ohne Einfluß empfinden, werden Sie für die anderen tatsächlich immer diese Schachfigur ohne Einfluß bleiben.

Fühlen Sie sich aber als Angestellter von gewisser Bedeutung, als jemand, der seine Tätigkeiten im Griff hat und beeinflußt, so haben Sie schon ein gutes Stück auf dem Weg zurückgelegt, eine solche Persönlichkeit zu werden.

Am meisten hilft Ihnen, sich selbst in einem solchen Licht zu sehen, wenn Sie so tun, als wären Sie bereits in der Rolle, die Sie für sich vorgesehen haben.

Hier finden Sie weitere Tips zur Ruhe:	
Grundschablone der Übernahme	Seite 159
Ruheatmung	Seite 129
Gestalten Sie Ruhe	Seite 315
Gehen Sie davon aus, daß Sie sicher sind	Seite 266
Werden Sie ein B-Typ	Seite 247

Üben Sie nur dort Einfluß aus, wo Sie es können

Im Leben gibt es vieles, worüber Sie keine Kontrolle haben, das Sie nicht beeinflussen können. Sie können die Zeit nicht beeinflussen, Ihre Vorgesetzten nicht und auch nicht die Welt um Sie herum. Das einzige, was Sie wirklich unter Kontrolle haben und auf das Sie Einfluß ausüben können, sind Ihre Handlungen, Ihre Einstellung, Ihre Wahrnehmungen.

Das akzeptiert zu haben, kann Ihnen in Ihrem Arbeitsleben einen bedeutenden Zuwachs an Wohlbefinden bescheren – ganz besonders, wenn Sie dazu neigen, alles beeinflussen und unter Kontrolle haben zu wollen.

Wenn Sie ruhig und zufrieden sein und das Gefühl haben wollen, Einfluß auf das zu nehmen, was Sie tun, dann machen Sie sich folgende einfache Einstellung zu eigen: Versuchen Sie, nur das beeinflussen zu wollen, was Sie beeinflussen *können*.

Nehmen Sie die Plus-Minus-Methode von Seite 239, und definieren Sie Ihre Ziele und Resultate. Mit der gleichen Methode differenzieren Sie zwischen dem, auf dessen Ergebnis Sie Einfluß nehmen können, und dem, das gänzlich Ihrer Kontrolle entzogen ist.

Im Anschluß daran konzentrieren Sie Ihre Energie auf die Aufgaben, die Sie beeinflussen können.

Hier finden Sie weitere Tips zur Ruhe:
Die Plus-Minus-Methode ...... Seite 239
Der kreative Langzeitplan ...... Seite 207

Schluß mit der Langeweile

Sind Sie der Meinung, daß Sie einen stumpfsinnigen, von ständigen Wiederholungen geprägten Job haben?

Stumpfsinn ist einer der am meistverbreiteten Streßfaktoren. Er erzeugt ebensoviel Streß wie Arbeitsüberlastung. Wenn Sie frustriert sind, weil Sie nichts Zufriedenstellendes zu tun haben, steigt der Grad Ihrer Anspannung ins Unermeßliche. Genauso ist es, wenn Sie Aufgaben zu erfüllen haben, die sich ständig wiederholen.

Das Geheimrezept, um Stumpfsinn und Langeweile aus eintönigen Tätigkeiten zu vertreiben, ist einfach: Finden Sie Vergnügen und Zufriedenheit an der Eintönigkeit.

Wenden Sie die Technik der hundertprozentigen Leistung von Seite 195 an, um jedem Augenblick das Beste abzugewinnen.

Wenn Sie völlig in Ihrer Tätigkeit aufgehen, können Sie Ihre Langeweile und die Eintönigkeit überwinden. Gleichzeitig sind Sie auf dem sicheren Weg zu Ruhe und Entspannung.

Hier noch einige weitere Möglichkeiten, um Stumpfsinn und Langeweile ein Ende zu bereiten.

Entdecken Sie den Wert Ihrer Arbeit

Selbst die eintönigste Arbeit hat ihren Wert – Sie müssen ihn nur erkennen. Ist dies erst einmal geschehen, werden Sie auch lernen, Zufriedenheit aus Ihrer Arbeit zu schöpfen. Und dann fehlt nicht mehr viel, und Sie fühlen sich ruhig.

Suchen Sie nach dem Wert in Ihrer Arbeit.

Arbeiten Sie intensiver

Der Unterschied zwischen Schinderei und anständiger, erhebender Arbeit ist oft nur eine Frage der Einstellung. Es spielt keine Rolle, was Sie tun – wenn Sie sich Ihrer Arbeit voll widmen, vergessen Sie Ihre Anspannung und Ihren Ärger, ehe Sie sich's versehen.

Bündeln Sie Ihre Aufmerksamkeit. Wenn Sie an der Schreibmaschine sitzen und tippen, machen Sie jedes Wort zu einem Meisterwerk. Wenn Sie putzen, lassen Sie jede Fläche vor Sauberkeit blitzen. Sind Sie Taxifahrer, machen Sie jede Tour zur angenehmsten, die Ihr Fahrgast je erlebt hat.

Sehen Sie alles als Herausforderung an

Vielfach hat der Streß, den Sie jeden Tag empfinden, keine andere Ursache, als daß Sie den Eindruck haben, Sie machten jeden Tag dasselbe.

Machen Sie deshalb aus Ihrer Arbeit eine Herausforderung. Variieren Sie von Zeit zu Zeit die Art, wie Sie manches erledigen. Nützlich kann auch sein, einmal einen anderen Weg zu

wählen (auch wenn er länger oder beschwerlicher ist). Fügen
Sie dem alltäglichen Ab-
lauf Ihre eigenen Variatio-
nen hinzu.

Das mögen nur kleine
Veränderungen sein, die
aber einen großen Unter-
schied bedeuten können.

> **Hier finden Sie weitere Tips zur Ruhe:**
> Die hundertprozentige
> Leistung .... Seite 195
> Suchen Sie die Sonnenseite ... Seite 230
> Haben Sie Spaß an der Arbeit . Seite 250

Doppelte Verantwortung

Für viele von Ihnen wird dies das interessanteste in diesem Buch
angesprochene Thema sein: Wie bringt man Arbeit und Kinder
unter einen Hut?

Die größte Herausforderung, der viele Menschen heutzutage
gegenüberstehen, ist die Tatsache, daß sie alleinerziehende Elternteile sind und gleichzeitig in einem festen Arbeitsverhältnis
stehen. Oder aber ein Elternteil ist allein für das Aufziehen der
Kinder verantwortlich, aber zusätzlich in den Arbeitsprozeß
eingebunden (möglicherweise auch verantwortlich für einen be-
hinderten und/oder pflegebedürftigen Erwachsenen). Selbst in
einem bestens organisierten Haushalt ergeben sich aus einer solchen Situation Verantwortlichkeitskonflikte, die unweigerlich
Streß hervorrufen.

Es stellt sich daher die Frage: Wie können Sie diese Doppel-
belastung – Arbeit und Familie – meistern? Wie können Sie beides zu Ihrer Zufriedenheit managen, ohne die Interessen einer
Seite oder Ihre Entlohnung zu opfern oder zu gefährden?

Ich sehe sehr wohl die Komplexität dieses Problems, ebenso
wie die Tatsache, daß es für viele Menschen nicht einfach ist, Lösungswege zu finden. Aber sollten Sie in diesem Fall zu den Betroffenen gehören, so gibt es sehr wohl Möglichkeiten, Ihren
Streß zu verringern. Das sind:

1. Setzen Sie Prioritäten in Ihrer Verantwortlichkeit.
2. Seien Sie offen zu allen beteiligten Parteien.
3. Sorgen Sie für zuverlässige Hilfe.
4. Halten Sie sich Zeit für sich selbst frei.

Setzen Sie Prioritäten in Ihrer Verantwortlichkeit

Bei den Vorarbeiten zu diesem Kapitel führte ich viele Gespräche und stellte mit Erstaunen fest, daß in vielen Fällen, in denen es Arbeit und Kindererziehung zu meistern galt, drei Faktoren im Spiel waren.

In allen Fällen waren die Eltern der Meinung, nur zwei Faktoren seien beteiligt: das Aufziehen der Kinder und die Arbeit. Aber von Zeit zu Zeit machte sich auch ein dritter bemerkbar, und tatsächlich war es oft dieser Faktor, der (meiner Meinung nach) am meisten Unruhe und Kopfzerbrechen verursachte.

Der dritte Faktor neben Kindererziehung und Arbeit betrifft das gesellschaftliche Leben: Was tun Sie mit dem Rest Ihrer Zeit? Die häufigsten Antworten auf diese Frage lauteten: »Welches gesellschaftliche Leben?« und »Welche Zeit?« Sie dürfen aber nicht außer acht lassen, daß sozialer und/oder gesellschaftlicher Druck genausoviel Streß beinhalten und so isolierend wirken kann, wie die beiden anderen Faktoren. Insbesondere für alleinerziehende Eltern.

In einem früheren Kapitel haben wir uns damit beschäftigt, durch die Liste der Lebensprioritäten die wichtigsten Elemente in Ihrem Leben herauszufinden. Jetzt kann Ihnen dieses Auswahlverfahren großen Nutzen bringen. Worin sehen Sie die oberste Priorität in Ihrem Leben? Ist es die Arbeit? Ist es Ihr Kind, beziehungsweise sind es Ihre Kinder? Ist es der Wunsch, einen Partner zu finden, mit dem Sie Ihr Leben (und Ihre Verantwortlichkeit) teilen können? Oder ist es Ihr Bestreben, Ihre Ehe zu retten?

Sobald Sie sich für diese erste Priorität entschieden haben, können Sie die anderen Belange als weniger bedeutungsvoll einstufen. Ihr Leben ins Lot zu bringen heißt dann, Ihre anderen Interessen im Hinblick auf Ihre erste Priorität neu zu ordnen.

Nehmen wir einmal an, Ihre erste Priorität gilt dem Wohlergehen Ihrer Kinder. Die Sicherheit Ihres Arbeitsplatzes steht damit natürlich in enger Verbindung, das Vorwärtskommen auf der Karriereleiter dagegen ist nicht so wichtig. Dementsprechend können Sie sich dazu entschließen, in den Bereichen Karriere und gesellschaftliches Leben einige Abstriche zugunsten Ihrer Hauptpriorität und Ihres Seelenfriedens zu machen. Sie dürfen diese Entscheidung ruhig im Hinblick darauf treffen, daß sich die Prioritäten für gewöhnlich alle paar Jahre verändern.

Nun wird es Situationen geben, in denen Sie glauben, die Umstände erlaubten diesen Luxus der Prioritätenfestsetzung nicht. Auch wenn Sie davon fest überzeugt sind, fordere ich Sie nachdrücklich auf, den Prozeß, den die Liste der Lebensprioritäten auslöst, zu durchlaufen. Sie werden wahrscheinlich staunen, was Sie entdecken.

Seien Sie offen zu allen beteiligten Parteien

Dabei handelt es sich eher um eine Kleinigkeit, die oft übersehen wird. Wenn Sie ein oder mehrere kleine Kinder haben, ist es in aller Regel zu Ihrem Vorteil, wenn Ihr Arbeitgeber oder Manager über Ihre diesbezügliche Situation Bescheid weiß. Vielleicht befürchten Sie, ein solches Wissen wäre Ihrem Fortkommen hinderlich. So anachronistisch diese Einstellung auch erscheinen mag, in manchen Fällen wird sie sicher zutreffen. Wenn Sie aber einen Teil des Stresses, der aus Ihrer Doppelverantwortung entsteht, vermeiden wollen, ist es unbedingt nötig, daß Sie von Anfang an offen zu allen Beteiligten sind.

Dazu gehört auch, daß Ihr Kind oder Ihre Kinder über Ihre Situation Bescheid wissen (vorausgesetzt natürlich, daß es oder sie bereits in einem entsprechend verständigen Alter sind). Entscheidungen und Verantwortung zu teilen, kann dann für alle Parteien ein Gewinn sein.

Sorgen Sie für zuverlässige Hilfe

Auch wenn sich das als größte Schwierigkeit herausstellen sollte, ist es doch unumgänglich: Sie brauchen eine zuverlässige Aufsicht für Ihr Kind. Jemanden, auf den Sie sich verlassen können, und der Ihr Kind als Babysitter oder in einer Kindergruppe betreut. Und Sie brauchen jemanden, den Sie anrufen und um Hilfe bitten können, wenn ein unerwarteter Notfall eintritt.

Es ist nicht erstaunlich, daß für den erstgenannten Fall schwerer Hilfe zu finden ist. Ich wünschte, ich könnte eine einfache Lösungsmöglichkeit aufzeigen.

Hilfe für den Notfall ist leichter zu bekommen. Sie könnten einen Verwandten dafür finden oder eine andere Mutter/einen anderen Vater, die/der auch zur Arbeit geht und mit der/dem Sie ein Abkommen auf Gegenseitigkeit schließen. Dann können Sie sie/ihn im Fall des Falles anrufen und umgekehrt. Eine weitere Möglichkeit sind sogenannte Ersatz-Großeltern. (Ich habe einmal per Inserat danach gesucht und war ganz erstaunt, wie viele Großmütter ohne Familie sich gemeldet und mir gesagt haben, wie dankbar sie über gelegentliche »Familien«-Pflichten wären.)

Halten Sie sich Zeit für sich selbst frei

Es ist lebensnotwendig für Sie, daß Sie sich jeden Tag mindestens fünfzehn Minuten nur für sich zugestehen, nur für Ihr eigenes Wohlbefinden. Dies ist Ihre eigene Zeit, in der Sie, während Sie absolut nichts tun, sich vom Druck des Alltags befreien und die Bedeutung der Ruhe wiederentdecken.

Tun Sie das regelmäßig, und Ihr Leben wird Ihnen in jeder Hinsicht besser und lebenswerter erscheinen.

Hier finden Sie weitere Tips zur Ruhe:

Liste der Lebensprioritäten .... Seite 115
Wie Sie bekommen, was Sie
wollen .... Seite 277
Freibrief für Erfolgsver-
weigerung .... Seite 257
Verwöhnen Sie sich selbst .... Seite 376
Zeit für sich selbst .... Seite 188

Jetzt können Sie ruhig werden...

WENN SIE SELBST
DIE URSACHE SIND

Jetzt wissen Sie es. Die bei weitem größte Quelle für Streß am Arbeitsplatz ist nicht die Zeit, nicht Mangel an Einflußvermögen, und es

> Die größte Quelle von Streß am Arbeitsplatz sind Sie selbst. Genauer: das, was in Ihrem Kopf vorgeht.

sind auch nicht andere Menschen. Sie selbst sind es, und zwar durch das, was in Ihrem Kopf vorgeht.

Das Gute daran ist, wie gesagt, daß sich die Lösung am gleichen Ort und sehr leicht zugänglich anbietet – ebenfalls in Ihrem Kopf.

Wenn Sie Ihre Wahrnehmungen, Ihre Einstellung und die Art, wie Sie auf bestimmte Arbeitssituationen reagieren, unter die Lupe nehmen und gegebenenfalls ändern, können Sie die Mehrzahl der Probleme am Arbeitsplatz eliminieren. In vielen Fällen sogar, ohne die Bequemlichkeit und Sicherheit Ihres Bürostuhls aufgeben zu müssen.

Die nachfolgend dargestellten Lösungsvorschläge beziehen sich auf die am weitesten verbreiteten Streßfaktoren und -situationen am Arbeitsplatz. Sie beinhalten *nach innen gerichtete* Faktoren wie Beklemmungen, Angstzustände, Ehrgeiz, Schuldgefühle, Ego, Unsicherheit und fehlende Fokussierung ebenso wie *nach außen gerichtete* wie Wettbewerbsfähigkeit, Mißgunst, Gier und Ärger.

Die im Hinblick auf diese Streßfaktoren wichtigste Fertigkeit, die Sie aus diesem Buch lernen können, ist die Fähigkeit, vorauszuplanen und gleichzeitig eine Neigung zum Positiven zu entwickeln.

Planen Sie, ruhig zu sein

Die Fähigkeit, einen gewissen Einfluß auf Ihre Tätigkeiten auszuüben, überwindet einen der hervorstechendsten Streßfaktoren am Arbeitsplatz: das Fehlen von Kontrolle und Einfluß.

Wie Sie wissen, haben Sie keine Gewalt über die Zeit, können sie nicht beeinflussen. Sie können nur Einfluß auf die Ereignisse und vielleicht auf die Zeitspanne ausüben, die sie in Anspruch nehmen. Das effektivste Hilfsmittel, das Ihnen Einfluß auf die Ereignisse am Arbeitsplatz einräumt, ist die Planung. Planen Sie Ihre Arbeit, planen Sie Ihren Tag, planen Sie, was Sie durch Ihre Arbeit erreichen wollen.

Schlechte Planung führt zu Frustration, Hinauszögern sowie Ruhelosigkeit und schafft zusätzlich viele andere Pobleme. Gute Planung hilft Ihnen, ruhig zu bleiben. Im folgenden nun einige Möglichkeiten der Planung, aus denen Sie wählen können.

Der kreative Langzeitplan

Ich war viele Jahre als Strategieplaner für große Wirtschaftsunternehmen tätig. Meine Arbeit betraf vielfach Marketingstrategien, aber bei häufigen Gelegenheiten kamen auch unternehmensinterne Gesichtspunkte zum Tragen.

Die wohl faszinierendste Erkenntnis aus all diesen Jahren, in denen ich mit Zukunftstheorien und -spekulationen jonglierte, war diese: Die meisten Einzelpersonen wie auch Unternehmen haben keine Ahnung, wie sie vorgehen müssen, um eine vernünftige Planung auf die Beine zu stellen.

Sie versuchen es mit allen Mitteln. Sie glauben, daß Sie planen. Aber so, wie sie in der Regel an das Thema herangehen, handeln sie eher wie Buchhalter, als daß sie der Zukunft ein Gesicht geben. So machen es neunundneunzig Prozent aller großen Organisationen in aller Welt. Das ist ein ernstzunehmendes Manko.

Eine funktionierende Taktik sollte geradlinig, zukunftsorientiert und voraussagbar sein.

Ihr Ausgangspunkt ist das Heute. Die Realität. Sie stellen fest: »So stehen wir heute da, zwei Millionen Dollar Schulden, schlechte Arbeitsmoral in der Belegschaft, in einigen Ländern steht eine Senkung der Tarife unmittelbar bevor, unsere Technologie ist ausreichend – wie werden wir in drei, fünf oder zehn Jahren dastehen?« Dann beginnen Sie mit Ihrer Planung. Ein logischer Schritt folgt auf den anderen, weg von der Realität des Heute und allem, was Sie hier und jetzt für wahr und richtig erachten, in Richtung auf einen strahlenden Erfolg in einer noch fernen und im Nebel verborgenen Zukunft.

Die Zukunft

Wie können wir dorthin kommen?

Jetzt

Es gibt nur ein Problem: In der überwiegenden Mehrzahl der Fälle funktioniert dieses Prinzip nicht. (Außerdem ist es eine typisch männliche Art zu planen, aber das ist eine andere Geschichte.)

Es funktioniert nicht, weil man auf strukturierte, analytische und logische (oder von der linken Gehirnhälfte gesteuerte) Weise an etwas herangeht, das sich jeglichem linearen Denken entzieht: die Vorhersage der Zukunft.

»Kein Problem«, heißt es, wenn dieser Punkt angesprochen wird. »Wir engagieren Leute, die solche Vorhersagen von Berufs wegen erstellen, und lassen uns von ihnen die Prognosen ausarbeiten. Dann können wir ganz linear an die Sache herangehen und unseren Job tun.«

Aber auch das funktioniert nicht. Es erschließt sich Ihnen schlicht und einfach kein Bild von der Zukunft, wenn Sie nur die Kapazitäten Ihrer linken Gehirnhälfte darauf verwenden. Das entspricht nicht Ihrem geistigen Potential.

Wesentlich mehr Erfolg verspricht eine umgekehrte Vorgehensweise. Experten bezeichnen das als »inverse Konstruktion« oder »Umkehrmanöver«. Diese Methode bezieht die rechte Gehirnhälfte, zuständig für alles Kreative und bildnerisch Formende, mit ein und ist in weitaus höherem Maße eine ganzheitliche Art des Planens.

Um diese Methode in Gang zu setzen, beginnen Sie mit einer Situation, die ganz und gar der Phantasie entspringt: »Wir sind im Jahre 2005, unser Unternehmen beherrscht den XY-Markt« und so weiter.

Dann setzen Sie Ihre Kreativität, Ihre Vorstellungskraft und was Ihr Unterbewußtsein sonst noch in diesem Bereich zu bieten hat, ein und verfolgen Ihren Weg Schritt für Schritt zurück.

»Jetzt sind wir im Jahr 2001. Was haben wir unternommen, um bis hierher zu kommen?«

Die Zukunft

Was haben wir
getan, um dorthin
zu kommen

Und hier?

Und hier?

Jetzt

Dann arbeiten Sie sich noch weiter zurück. Den ganzen Weg bis zum heutigen Stand.

Das funktioniert. Es funktioniert, weil nur der Teil Ihres Gehirns zum Zuge kommt, der sich mit einem abstrakten Begriff wie der »Zukunft« auseinandersetzen kann – Ihre rechte Gehirnhälfte.

Denken Sie voraus, dann arbeiten Sie sich zurück. Das ist die effektivste Art der langfristigen Planung, die es gibt, und immer mehr führende Organisationen entdecken sie für sich.

Viele Menschen bringen den Einwand, daß diese Art, an die Planung heranzugehen, zu technisch oder zu theoretisch sei. (Profis unter den Strategieplanern werden das nicht sagen. Sobald sie das hier lesen, werden sie mit allem Eifer ihre eigenen Vorgehensweisen überprüfen.) Wie auch immer, nur die *Erklärung* der Vorgehensweise ist Theorie. Die eigentliche Praxis – insbesondere, wenn eine ganze Gruppe von Personen daran beteiligt ist – ist einfach, mitreißend und vergnüglich.

Wenn sich Ihre berufliche Tätigkeit so gestaltet, daß Sie Planungen in großem Umfang abwickeln müssen, werden Sie mit dieser Vorgehensweise die mit Abstand besten Ergebnisse erzielen. Wenn Ihrer Planung persönliche Umstände zu Grunde liegen, also in Zeiten, in denen Sie über Ihre eigenen Bedürfnisse in Relation zu Ihrem Job, Ihrer Karriere und Ihrem Privatleben entscheiden müssen, wird sich der kreative Langzeitplan als unschätzbare Hilfe erweisen.

Vorgehensweise

Das alles nimmt zehn bis dreißig Minuten in Anspruch – eine kurze Zeitspanne, die Sie für wichtige, Ihr Leben beeinflussende Entscheidungen aufwenden. Es liegt bei Ihnen, ob Sie den ganzen Prozeß wiederholt durchlaufen und Details der einzelnen Schritte zum Ziel ausformulieren wollen.

Ziehen Sie sich zunächst an einen ruhigen Ort zurück, und setzen Sie sich bequem hin. Tun Sie einige Minuten lang gar nichts, lauschen Sie nur Ihrem Atem. Wenn Sie sich dann angenehm entspannt fühlen, machen Sie sich ein imaginäres Bild von sich oder Ihrem Unternehmen zu einem bestimmten Zeitpunkt in der Zukunft. Stellen Sie sich vor, wie Sie aussehen, mit wem Sie arbeiten, was Sie tun werden.

Sobald Sie vor Ihrem geistigen Auge ein komplettes Bild dieser Situation mit allen visuellen, auditiven und emotionalen Eindrücken geschaffen haben, ist es an der Zeit, Ihre Schritte zurückzuverfolgen.

Denken Sie zuerst daran, wie es ein Jahr (oder zwei Jahre, einen Monat oder was immer Sie für das geeignete Zeitintervall halten) vor Erreichung des imaginären Zieles war. Halten Sie auch das wieder in einem geistigen Bild fest. Schreiben Sie nun, ohne lange darüber nachzudenken, alle Details, die Sie wahrnehmen, auf ein Blatt Papier. Seien Sie nicht zu kritisch mit dem, was Sie aufschreiben.

Als nächstes denken Sie noch weiter zurück, nähern Sie sich gedanklich noch weiter dem Heute. Schreiben Sie auch diese Eindrücke rasch wieder auf ein Blatt Papier.

Fahren Sie so fort, Schritt für Schritt, bis Sie beim Hier und Heute angelangt sind.

Jetzt liegen einige Blätter Papier vor Ihnen. Die Notizen darauf stellen Ihre Zukunftsvisionen dar. Gehen Sie die Notizen mit offenem Geist und wacher Aufmerksamkeit noch einmal durch. Die Aufzeichnungen sind nicht als Offenbarungen gedacht, sondern stellen sozusagen eine Straßenkarte für Ihre Planung dar.

Nehmen Sie einfach jedes Ihrer Notizblätter, und benutzen Sie es als Anregung für die detaillierte Planung der ganz speziellen Phase, auf die sie sich jeweils beziehen.

Hier finden Sie weitere Tips zur Ruhe:

Liste der Lebensprioritäten .... Seite 115
Grundschablone der
Visualisierung .... Seite 146
Grundschablone der
Übernahme .... Seite 159

Zeit der Entscheidung

Hier nun ein einfacher Tip, der gestreßte, chaotische Menschen in Paradebeispiele für Ruhe und Organisation umwandelt (relativ betrachtet, natürlich).

Reservieren Sie sich jeden Tag eine Zeitspanne von zwanzig Minuten, die Sie dazu verwenden, Entscheidungen zu treffen und Ihre Organisation zu managen. Nutzen Sie diese Zeit, um Ihren Tag zu planen, auf Ihrem Schreibtisch Ordnung zu schaffen, Gebrauchsgegenstände zurechtzulegen und Ihre Ziele abzustecken.

Gestehen Sie sich während dieser Zeit keine anderen Gedanken, keine Unterbrechungen für andere Tätigkeiten zu.

Das mag Ihnen wie ein allzu großer Teil der Zeit, die Ihnen pro Tag zur Verfügung steht, erscheinen, aber Sie werden diese zwanzig Minuten mehrfach einsparen, allein schon dadurch, daß Sie nicht planlos handeln. Sollte Ihre Stellung es Ihnen nicht erlauben, sich diese zwanzig Minuten zu reservieren, fangen Sie Ihren Arbeitstag zwanzig Minuten früher an. Betrachten Sie dies als kleine Investition dafür, daß Sie sich bei Ihrer Arbeit besser und ruhiger fühlen.

Der Drei-Stufen-Plan

Am Arbeitsplatz ist es von Nutzen, wenn man sich eine einfache, aber wirkungsvolle Handlungsweise aneignet, um die zahlreichen Situationen zu meistern, bei denen man eine Strategie braucht, um bestimmte Ziele zu erreichen oder die einem einfach hilft, den Tag gut zu überstehen.

(Wir gehen davon aus, daß Sie bereits die Liste der Lebensprioritäten durchgearbeitet und entschieden haben, was Ihnen in Ihrem Arbeitsleben wichtig ist.)

Der Drei-Stufen-Plan ist eigentlich ganz einleuchtend. Er umfaßt drei Abschnitte.

Im ersten Abschnitt entscheiden Sie, was Sie erreichen wollen. Um dorthin zu kommen, nehmen Sie sich eine Stunde Zeit für sich selbst. Schließen Sie jede Ablenkung oder Störung aus, und entscheiden Sie definitiv, welche positiven Ergebnisse Sie sich erwarten. Als Alternative können Sie eine Methode wie den kreativen Langzeitplan verwenden. (Stellen Sie sicher, daß ein positives Ergebnis festgelegt wird.)

Der zweite Abschnitt umfaßt die eigentliche Planung. Sie stellen den Planungsentwurf für das Erreichen Ihres Zieles auf. Er kann verschiedene Schritte beinhalten. Das Ergebnis und jeder einzelne Schritt dorthin müssen schriftlich fixiert werden. Nehmen Sie sich dafür so viel Zeit, wie Sie brauchen, um alles niederzuschreiben.

Der dritte Abschnitt ist das Umsetzen in die Tat. Als wirkungsvollste Methode habe ich die hundertprozentige Leistung angeführt. In den meisten Fällen können Frustrationen am Arbeitsplatz, aber auch Spannungen zwischen Kollegen und eine daraus resultierende Verschlechterung des Arbeitsklimas dadurch überwunden oder verhindert werden, daß Sie sich völlig in Ihren Arbeitsprozeß versenken. Das ist die Grundidee der hundertprozentigen Leistung.

Hier finden Sie weitere Tips zur Ruhe:

Liste der Lebensprioritäten .... Seite 115
Der kreative Langzeitplan ...... Seite 207
Die hundertprozentige
Leistung .... Seite 195

Der Drei-Stufen-Plan

1. **Entscheiden Sie, was Sie erreichen wollen.**
   Opfern Sie eine Stunde, um zu entscheiden, was Sie erreichen wollen. Sie werden dann ein positives Ziel vor Augen haben.
2. **Entscheiden Sie, wie Sie vorgehen wollen, um dieses Ziel zu erreichen.**
   Wie sieht Ihr Planungsentwurf aus, um das Ziel zu erreichen? Diese Frage ist leichter gestellt als beantwortet. Ganze Wirtschaftszweige, Regierungen und auch Einzelpersonen investieren maßlos Zeit und Kraft, während sie darum ringen, diesen Punkt zu erfüllen. *Dieser Schritt muß schriftlich auf einem Blatt Papier festgehalten werden.*
3. **Beziehen Sie sich selbst völlig in den Prozeß mit ein.**
   Nutzen Sie die hundertprozentige Leistung, um zu erreichen, was Sie erreichen wollen, und um Ihre Effizienz und die Zufriedenheit, die Sie aus Ihrem Job gewinnen, während des Prozesses zu steigern.

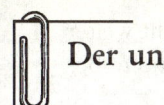

Der unbewußte Plan

Lassen Sie es mich noch einmal sagen: Menschen, die ihren Arbeitstag planen, leiden weniger unter streßbedingten Problemen, als Menschen, die keinen Plan für den Tag haben. Einen Plan aufzustellen ist demnach ganz vernünftig, nicht wahr?

Ich weiß: Sie haben nicht genug Zeit für die herkömmlichen Planungsmethoden, Sie sind in Ihrem Job zu sehr eingespannt, und herkömmliche Planungsverfahren sind zu sehr von der linken Gehirnhälfte getragen und außerdem langweilig. Sie wären erstaunt zu erfahren, wie viele Menschen solche Ausreden vorbringen.

Was aber würden Sie sagen, wenn ich Ihnen erzählte, es gibt eine Möglichkeit, einen Plan für Ihren Tag aufzustellen, der alles andere als langweilig ist und Ihnen keine einzige Sekunde Ihrer Arbeitszeit raubt?

Das funktioniert folgendermaßen: Wählen Sie eine sich ständig wiederholende Tätigkeit aus, die Sie täglich, am besten morgens, verrichten. Es sollte eine Tätigkeit sein, die Sie schon mehr oder weniger automatisch, wie ferngesteuert ausüben und die keinerlei geistige Anstrengung erfordert. Es könnte Ihre Morgengymnastik sein oder Ihr halbstündiger Dauerlauf nach dem Aufstehen, die tägliche Hausarbeit, die Sie routinemäßig erledigen, bevor Sie zur Arbeit gehen, oder Ihre dreißigminütige Meditation. Es kann aber auch die langweilige Busfahrt zum Büro sein.

Das Ziel ist, diese Zeit dahingehend zu nutzen, daß Sie einen detaillierten Tagesplan aufstellen. Wichtig ist, daß Sie während des Planens keinen anderen Gedanken aufkommen lassen.

Das können Sie erreichen, indem Sie einfach Ihr Unterbewußtsein damit beauftragen. Geben Sie sich selbst zu Beginn Ihrer routinemäßigen Tätigkeit die entsprechende Anweisung. Erklären Sie sich, daß Sie am Ende dieser Tätigkeit einen detaillierten Tagesplan vorliegen haben möchten, und denken Sie dann nicht weiter darüber nach.

Dieser letzte Schritt ist sehr wichtig: Denken Sie nicht weiter darüber nach. Verbannen Sie den Planungsprozeß aus Ihrem Bewußtsein. Denken Sie aber auch an nichts anderes.

Dann, am Ende Ihres Laufes, Ihrer Meditation oder Ihrer Busfahrt wird die Antwort, Ihr Tagesplan, in vorderster Front Ihrer Gedanken bereitstehen und darauf warten, daß Sie ihn aufschreiben.

Das funktioniert immer. Ohne Ausnahme.

Hier finden Sie weitere Tips zur Ruhe:

Liste der Lebensprioritäten .... Seite 115
Der Ruhe-Raum .... Seite 349
Ruhetechnik .... Seite 393

Der unbewußte Plan

1. Wählen Sie eine Tätigkeit, die Sie allmorgendlich routinemäßig, mehr oder weniger automatisch verrichten.
2. Geben Sie sich selbst zu Beginn Ihrer routinemäßigen Tätigkeit die entsprechende Anweisung. Erklären Sie sich, daß Sie am Ende dieser Tätigkeit einen detaillierten Tagesplan vorliegen haben möchten, und *dann denken Sie nicht weiter darüber nach*.
3. Am Ende Ihrer Tätigkeit wird Ihr detaillierter Tagesplan in vorderster Front Ihrer Gedanken bereitstehen.
4. Halten Sie diesen Plan schriftlich fest.

Der ruhige Weg zur Entscheidungsfindung

Es gibt Zeiten – vielleicht ist es ja sogar die meiste Zeit über der Fall –, da ist das Schwierigste, das Sie sich vorstellen können, eine Entscheidung zu treffen.

Keine Entscheidungen zu treffen ist einfach. Allerdings führt es unweigerlich in die Frustration. Und Frustration zieht wiederum Anspannung und Beklemmungen nach sich.

Wenn Sie also wissen, daß eine Entscheidung ansteht, treffen Sie diese Entscheidung. Selbst wenn es nur eine kleine ist – die Entscheidung, eine Entscheidung zu treffen. (Es gibt viele erfolgreiche Menschen, die die Auffassung vertreten, es sei besser, eine falsche Entscheidung zu treffen als gar keine. Wenn ich das auch nicht jedem nahelegen möchte, so muß ich doch zugeben, daß es Situationen gibt, wo dies wirklich ein zu beherzigender Rat ist.)

Hier nun die Vorgehensweise, die es Ihnen ermöglicht, zu jedem beliebigen Zeitpunkt die beste Entscheidung zu treffen, die zu treffen Sie fähig sind. Was noch besser und wichtiger ist: Sie wird es Ihnen ermöglichen, dies ruhig und schnell zu tun.

Sie erfassen alle Ihnen zugänglichen Informationen. Anschließend erledigen Sie alles, was an Kalkulation oder Analyse notwendig ist. Dann geben Sie sich selbst einen Arbeitsauftrag (zum Beispiel: »Unter Verwendung aller Informationen, die ich zur Verfügung habe, wird mein Unterbewußtsein mir den bestmöglichen Weg zeigen, um die Erträge aus dieser speziellen Investition zu maximieren.«).

Anschließend tun Sie einige Minuten lang absolut gar nichts. In dieser Zeit sichtet Ihr Unterbewußtsein die Informationen und präsentiert Ihnen die beste Lösungsmöglichkeit, zu der Sie im Moment fähig sind.

Diese Methode funktioniert tadellos. Nur eines könnte Schwierigkeiten bereiten. Ich möchte es »Arroganz der linken Hirnhälfte« nennen. Gemeint ist der Fall, daß jemand nicht akzeptieren kann, daß eine physiologische Kraft wirkt, die seinen analytischen Fähigkeiten gleichkommt. Solche Menschen sollten sich weiterhin mit ihren analytischen Fertigkeiten plagen. Wir übrigen können den einfacheren und bequemeren Weg gehen: die ruhige Art, eine Entscheidung zu treffen.

Hier finden Sie weitere Tips zur Ruhe:

Liste der Lebensprioritäten .... Seite 115
Der kreative Langzeitplan ...... Seite 207
Der unbewußte Plan .... Seite 215

Die Ruhe-Agenda

Nichts ist frustrierender, nichts erzeugt mehr Streß als eine Besprechung, die sich ohne konkreten Schwerpunkt ewig hinzieht. Aber auch kurze Besprechungen können sehr lästig sein, denn sie bringen jeglichen Arbeitsplan, den Sie aufgestellt haben, durcheinander.

Es gibt hierfür keine schönende Paraphrase: Besprechungen sind die weitaus größte Zeitverschwendung am Arbeitsplatz, die man sich denken kann. In vielen Fällen sind sie einfach lächerlich, die Tarnung für ein unentschlossenes, schwaches Management. Je größer sie aufgemacht sind, desto mehr haben sie diese Tarnfunktion.

Wenn Sie an vielen Besprechungen teilnehmen müssen, dann wird es für Sie von großem Nutzen sein, sich die Prinzipien zu eigen zu machen, die in der Ruhe-Agenda in bezug auf die Organisation von Besprechungen aufgeführt sind. Die Ergebnisse werden besser und Sie selbst ruhiger sein.

Dies setzt allerdings voraus, daß Sie Einfluß darauf nehmen können, wie die Besprechungen ablaufen. Wenn Sie nicht über diesen Einfluß oder diese Autorität verfügen, kann ich Ihnen nur den Rat geben, diese Seiten zu fotokopieren und denen zukommen zu lassen, die über den nötigen Einfluß verfügen. Sie können sich natürlich auch freiwillig melden, die Agenda auszuarbeiten. Das bringt Ihnen ein gewisses Maß an Einfluß – sofern Sie die Betroffenen dazu bringen können, ihr zu folgen.

Die Ruhe-Agenda umfaßt fünf Prinzipien, die wir aber unter folgende Punkte subsummieren können:

1. Sie wissen, warum Sie an der Besprechung teilnehmen, und
2. Sie wissen, daß Ihnen die Besprechung etwas bringen wird.

Sollte nicht jedes der nachfolgend genannten Prinzipien eingehalten werden, empfehle ich Ihnen, an der Besprechung nicht teilzunehmen. Ich kann Ihnen garantieren, sie wird für die meisten Beteiligten reine Zeitverschwendung sein (ausgenommen für jene, die solche Besprechungen als Tarnung für Unentschlossenheit und schwaches Management verwenden).

Hier finden Sie weitere Tips zur Ruhe:

Die Kunst, Gehör zu finden .... Seite 307
Wie Sie bekommen, was Sie
wollen .... Seite 277
Unter dem Einfluß der Ruhe ... Seite 317

Einige aufgeklärte Organisationen haben diese Prinzipien für Besprechungen mit weiteren Grundsätzen aufpoliert. Ich möchte Ihnen einige davon vorstellen, damit Sie sich ein Urteil darüber bilden können:

1. Erfrischungen sollen immer nur serviert werden, *nachdem* ein Beschluß gefaßt worden ist (es sei denn, an der Besprechung nehmen auch Fremde teil).
2. Stühle mit gerader Rückenlehne sind geeigneter als bequeme Sessel.
3. Die Teilnehmer sollten möglichst alle stehen, nicht sitzen (das ist zwar etwas exzentrisch, aber sehr effektiv, um rasch zu einem Ergebnis zu kommen).
4. Private Gespräche sind erst gestattet, wenn ein Beschluß gefaßt worden ist.

Folgen Sie diesen kleinen Tips, und Sie werden erstaunt sein, in welchem Maße Sie Zeit und Beklemmungen während Ihres Arbeitstages sparen.

Sollten Sie in Ihrer Stellung die Möglichkeit haben, die Ruhe-Agenda in die Tat umzusetzen, dann werden Sie im Bereich der Produktivität Nutznießer all der Vorteile sein, die aus einer positiven, gut geführten Besprechung zu erwarten sind.

Eine positive Veränderung

Nach dem Kapitel über die Atmung ist das der wichtigste Abschnitt dieses Buches. Ich hätte ihm gern das Gewicht eines eigenen Kapitels gegeben, aber das Thema ist so eng mit Ihrem Empfinden, Ihrer Arbeit und Ihrem Erfolg verbunden, daß es wirklich keine andere Möglichkeit gibt, als es hier zu behandeln – in dem Kapitel, das Ihnen gewidmet ist.

Der Schlüssel, um alles im Leben zu einem erfolgreichen Abschluß zu bringen, ist eine positive Einstellung. Eine feste Überzeugung ist die Voraussetzung dafür, daß Sie erreichen, was Sie wollen.

Na toll, werden Sie sagen, das weiß doch jeder: Eine positive Einstellung ist wichtiger als alles andere. Es mag wahr sein, daß alle das wissen, trotzdem folgt nicht jeder dem Ratschlag. Weil es so schwierig ist, eine positive Einstellung zu haben.

Wie können Sie positiv eingestellt sein angesichts des vielfach negativen und feindlichen Charakters der Unternehmenspolitik, wenn der Großteil dessen, was Sie von Ihren Vorgesetzten hören, negativ ist? Oder wenn die wesentlichen Themen in Kino, Fernsehen, Literatur und sogar Popmusik negativ sind, weil sie so bei der breiten Masse mehr Anklang finden?

Der Grund dafür, daß es so schwierig ist, liegt darin, daß Sie sich nach dem richten, was Sie hören, nicht danach, wie Sie selbst empfinden. Wenn Sie erst einmal anfangen, *sich selbst* als positiv zu hören und zu empfinden, dann sind Sie auf dem besten Wege, diese positive Einstellung zu einer Gewohnheit werden zu lassen.

Wir haben in einem früheren Kapitel bereits darüber gesprochen, daß Ihr Unterbewußtsein am effektivsten reagiert, wenn Sie ihm positive Suggestionen zukommen lassen. Hypnose, Bestätigung und Visualisierung funktionieren am besten, wenn Sie positive Suggestionen verwenden. Genauso funktioniert es, wenn Sie Untergebenen Anordnungen erteilen, bei Vorgesetzten Ansuchen vorbringen und Gleichgestellten Empfehlungen unterbreiten.

Positive Suggestionen haben den positivsten Effekt. Das klingt ziemlich banal, ich weiß, aber es ist erstaunlich, wie viele wichtige Lebensweisheiten banal klingen.

Ich habe schon sogenannte Koryphäen im Bereich Streßmanagement gehört, die eine positive Einstellung als Mittel zur Bekämpfung von Streß ablehnen: »Sie können sich, sooft sie wollen, vorsagen 'Ich werde heute bei der Arbeit Ruhe bewahren', aber es wird sich nichts an Ihren Streßproblemen ändern.«

Wenn Sie tatsächlich die Formulierung »Ich werde heute bei der Arbeit Ruhe bewahren« benutzt haben, dann ist es sehr wahrscheinlich, daß sich dadurch wirklich keine Veränderung einstellt. Denn diese Formulierung spiegelt keinerlei positive Einstellung wider. Sie drückt nur Wunschdenken aus. Ein positiver Ausdruck ist zum Beispiel »Ich fühle mich ruhig und zuversichtlich«. Wunschdenken drückt sich aus in »Ich *werde* mich ruhig und zuversichtlich fühlen«. Erkennen Sie den Unterschied?

Er ist wirklich absolut grundlegend. Fast jede Methode der Selbstbestätigung oder Selbsterkenntnis, die je erfunden wurde, basiert auf diesem einfachen Grundverständnis: Es genügt nicht, daß Sie *wünschen und hoffen*, Sie müssen *wissen*. Wenn Sie positiv eingestellt sind, dann – und nur dann – wird es klappen.

Dieses Grundverständnis ist so wichtig, daß ich es noch einmal wiederholen möchte: Wenn Sie davon überzeugt sind, daß etwas klappen wird, dann wird es auch klappen.

Die positive Einstellung hilft Ihnen, große Leistungen zu vollbringen, Feindschaften zu überwinden, Schwäche in Stärke umzuwandeln. Sie kann Ihnen helfen, Mißempfindungen zu beseitigen, Marathonläufe zu gewinnen und sich von den negativen Auswirkungen des Stresses zu befreien. Sie kann Ihnen das Gefühl von Ruhe und Glück vermitteln. (Umgekehrt hat es sich gezeigt, daß eine negative Einstellung schuld daran ist, daß Sie sich miserabel fühlen und sich sogar schädigend auf Ihr Immunsystem auswirken kann.)

Seien Sie positiv eingestellt, und gehen Sie mit dieser positiven Haltung an alles heran. Dann stehen Sie auch die vertracktesten Situationen völlig entspannt durch, Situationen, die zu meistern Sie vielleicht nie für möglich hielten. Sie werden in sich selbst Ruhe finden und Ruhe auf Ihre Umgebung ausstrahlen.

Vielleicht haben Sie es noch nicht bemerkt, aber Sie sind schon auf dem besten Weg dazu. In eben diesem Augenblick sind Sie dem Frieden und der Ruhe wesentlich näher als die meisten Ihrer Mitmenschen. Sie haben nämlich den positiven Schritt getan und sich entschlossen, ein Buch wie das vorliegende zu lesen.

Ein positives Wort

Ob Sie sich dessen bewußt sind oder nicht – die Wörter, die Sie benutzen, haben eine tiefgreifende Wirkung auf die Art Ihres Denkens und Fühlens. Wenn Sie positive, optimistische Wörter verwenden, werden Sie sich positiv und optimistisch fühlen. Wenn Sie dagegen negative Wörter benutzen, werden Sie sich auch negativ fühlen.

Daraus ergibt sich folgerichtig: Wenn Sie Ihren Wortschatz

mit positiven Wörtern anreichern, werden Sie in Ihrem Inneren positive Empfindungen entwickeln.

Das ist so einfach, wie es klingt. Sie persönlich müssen dazu den Wörtern, die Sie verwenden, nur ein wenig Aufmerksamkeit widmen. Das gilt für Wörter, die Sie laut aussprechen, ebenso wie für solche, die nur in Ihren Gedanken auftauchen. Dabei ersetzen Sie nach und nach die negativen Wörter, vielleicht sogar die neutralen, durch positive. Je positiver die Wörter, desto ausgeprägter der Nutzen, den Sie daraus ziehen.

Hören Sie einmal auf Ihre Gespräche und auf Ihre Gedanken. Bemühen Sie sich, für alles, was Sie sagen und denken, einen positiven Ausdruck zu finden. Wenn Sie einmal keinen positiven Ausdruck finden, dann bombardieren Sie den negativen mit positiven Interpretationen des gleichen Inhalts. Statt »Ich habe heute soviel Arbeit zu erledigen« könnten Sie sagen »Ich bin glücklich, denn ich bin beschäftigt« oder »Es bringt etwas ein, wenn man nützliche Arbeit verrichtet und Herausforderungen an einen gestellt werden«.

Im folgenden habe ich eine Liste von Wörtern zusammengestellt, die verdeutlichen sollen, was ich meine. Diese Liste erhebt keinesfalls Anspruch auf Vollständigkeit, ist wahrscheinlich nicht einmal in Ansätzen komplett, aber sie wird Ihnen einen Eindruck dessen vermitteln, was möglich ist.

Hier finden Sie weitere Tips zur Ruhe:

Grundschablone der
Bestätigung .... Seite 149
Führen Sie Selbstgespräche ... Seite 256
Die Freude an der
Wiederholung .... Seite 197

Jedesmal, wenn Sie sich dabei ertappen, daß Sie ein Wort oder eine Phrase wie die hier aufgelisteten verwenden wollen ...	... versuchen Sie, sich dafür wie folgt auszudrücken:
nein	ja
ich kann nicht	ich kann
ich will nicht	ich will
vielleicht	sicherlich
angespannt	entspannt
Chaos	Ordnung
Problem	günstige Gelegenheit
es geht so	großartig
versagen/Fehlschlag	erfolgreich sein/Erfolg
Furcht	Zuversicht
krank	gesund
ich hasse ...	ich liebe/mag ...
gelangweilt	angeregt
Panik	Ruhe
elend	gücklich
leer	erfüllt
verlieren	gewinnen
deprimiert	beschwingt

Positive Beiträge

Wir hatten einmal einen sehr religiösen Kunden, der keinerlei unfeine Redeweisen tolerierte. Wenn Sie jemals in einer Werbeagentur zu tun hatten, insbesondere in einer, in der viele begabte junge Künstler und Texter beschäftigt sind, werden Sie verstehen, wie schwierig es sein kann, diese jungen Menschen, genauer gesagt, ihr loses Mundwerk, im Zaum zu halten. Weniger im direkten Umgang mit diesem speziellen Kunden, als vielmehr, wenn sie seine Anwesenheit im Büro nicht bemerkt hatten oder sich der Wirkung ihrer Alltagssprache nicht bewußt waren, trat diese Problematik zutage.

Um das Konfliktpotential auf möglichst positive Weise zu

mindern, ließen wir bald Ermahnungs- und Belohnungssysteme – beide hatten keinen besonderen Unterhaltungswert – zugunsten einer lustigeren Vorgehensweise fallen. Es wurde eine »Fluchbüchse« eingeführt. Jedesmal, wenn einem von uns ein derber Ausdruck entschlüpfte, drängten ihn die Kollegen, einen Dollar in die Büchse zu werfen. Wenn anschließend der Geldbetrag in der Büchse eine bestimmte Höhe erreicht hatte, wurde einer mit der Aufgabe betraut, ein nettes Spielzeug für ein Kind aus ärmeren Verhältnissen oder für einen Patienten in einem Kinderkrankenhaus zu besorgen.

Dieser kleine Beitrag sollte nicht als Geldbuße oder als Strafe gesehen werden. Auch sollte es keine »negative Verstärkung« sein (bei der Schmerz oder Bestrafung eingesetzt werden, um kooperatives Verhalten zu fördern). Es war ein kleines, kreatives Spiel, das an das Unterbewußtsein appellierte und unsere Texter und Künstler an etwas erinnerte, das sie sowieso wollten: sich auf Dauer mit einem wichtigen Kunden gut stellen. Es veranlaßte sie, willens zu sein, einen positiven Ausdruck zu finden, und zu einem bewußten Gebrauch der Sprache, worum sie sich normalerweise nicht kümmerten. Bald spielte jeder das Spiel mit, und in den Korridoren etablierte sich ein für eine junge Werbeagentur ungewöhnlich gepflegter Umgangston.

Mir wurde damals klar, daß eine solche Technik, die negative Sprache und Sprechgewohnheiten überwindet, auch negative Einstellungen überwinden kann.

Die Büchse der positiven Beiträge

Jetzt stelle ich Ihnen ein Spiel vor, das Sie auch für sich selbst spielen können.

Nehmen Sie ein kleines Glas oder eine Büchse mit zur Arbeit, und bewahren Sie sie an Ihrem Arbeitsplatz auf. Über den Zweck dieser Büchse braucht außer Ihnen niemand Bescheid zu wissen. Jedesmal, wenn ein negativer Gedanke, ein negativer Kommentar oder ein negatives Wort in Ihr Bewußtsein dringt, stecken Sie eine Münze hinein. (Oder auch einen Geldschein – das hängt davon ab, wie dringend Sie die Veränderung wünschen.)

Wenn Sie wachsam sind, wird Ihre Büchse über kurz oder lang prall gefüllt sein. Nun wandeln Sie all diese bezahlten negativen Gedanken und Kommentare in etwas Positives um.

Kaufen Sie von dem Geld aus der Büchse etwas, das einem anderen, der weniger begütert ist als Sie, Freude und Nutzen bringt.

Dann überreichen Sie das Geschenk persönlich. (Da dieser Teil der Übung Ihrer eigenen Zufriedenheit dient, steht es Ihnen frei, das Geld karitativen Einrichtungen, Bettlern, Straßenmusikanten, oder wem Sie es sonst gern geben möchten, zu schenken.)

Merken Sie, was Sie getan haben? Sie haben sich selbst dafür belohnt (mit Zufriedenheit), daß Sie ein negatives Wort, negative Gedanken oder Kommentare in etwas Positives umgewandelt haben.

Sobald Sie sich selbst darauf trainiert haben, auch die leiseste Neigung zum Negativen zu erkennen und sich dieser Einflüsse bewußt sind, können Sie sich daranmachen, sie durch positive zu ersetzen.

Positive Beiträge

- Stellen Sie ein kleines Glas oder eine Dose als Sammelbüchse für positive Beiträge bereit.
- Jedesmal, wenn Sie sich eines negativen Gedankens, Wortes oder Kommentars bewußt werden, stecken Sie eine Münze hinein.
- Wenn die Büchse voll ist, kaufen Sie von dem Geld ein kleines Geschenk für jemanden, der weniger begütert ist als Sie.
- Übergeben Sie das Geschenk persönlich (soweit Sie das als befriedigend empfinden).
- Sobald Sie sich selbst darauf trainiert haben, sich Ihrer negativen Gedanken, Worte und Kommentare bewußt zu werden, ersetzen Sie sie durch positive.

Das positive Bild

Haben sie erst einmal Ihre positive/negative Sprache unter Kontrolle gebracht, dann ist es an der Zeit, an den *Bildern* zu arbeiten, die sich in Ihrem Gehirn formen. (Sie erinnern sich: Mentale Bilder haben die stärkste Wirkung, wenn es darum geht, Ihr Unterbewußtsein zu beeinflussen.) Indem Sie positive mentale Bilder auswählen, können Sie in Ihrem Unterbewußtsein die positiven Ergebnisse entwerfen, die Sie sich wünschen. Wenn Sie dabei mit einer gewissen Kreativität zu Werke gehen, können diese Bilder Ihr Leben entscheidend verändern.

Die nachfolgend beschriebene Technik ist ebenso angenehm wie effektiv. Wieder einmal muß die Kinoleinwand aus dem Kapitel »Grundschablone der Visualisierung« herhalten, auf der sie sich eine positive Szene vorstellen; dann stellen Sie sich vor, Sie seien selbst Teil dieser Szene. Im Anschluß daran wird es Ihnen leichtfallen, eine positive mentale Einstellung zu entwickeln. Sie brauchen sich nur auf dieses mentale Bild zu beziehen – eine Angelegenheit, die den Bruchteil einer Sekunde in Anspruch nimmt.

Eine positive Einstellung

Eine positive Einstellung ist mehr als nur eine Therapie, sie ist a priori ein Vergnügen. Arbeiten Sie daran, und Sie werden sich ruhiger fühlen sowie den Eindruck gewinnen, alles besser unter Kontrolle zu haben. Jede noch so gering erscheinende Bemühung in dieser Angelegenheit wird sich von selbst wieder und wieder bezahlt machen.

Erkennen Sie negativen Druck und negative Ausdrücke. Ersetzen Sie sie durch positive Formulierungen, wo immer dies möglich ist. Möbeln Sie Ihren Wortschatz mit positiven Wörtern und Formulierungen auf.

Nehmen Sie die Ki-

Hier finden Sie weitere Tips zur Ruhe:
Ruheatmung .... Seite 129
Grundschablone der Visualisierung .. Seite 146

noleinwand zur Hilfe, und entwerfen Sie ein Idealbild von sich selbst – immer mit einem Lächeln auf den Lippen und grenzenlosem Enthusiasmus. Rufen Sie sich dieses mentale Bild den ganzen Tag über stets aufs neue ins Gedächtnis.

Suchen Sie förmlich nach jeder Gelegenheit für ein Lachen.

Und stürzen Sie sich mit Elan in jede Tätigkeit, die Ihnen zufällt. Selbst wenn die Aufgabe unerfreulich ist, erledigen Sie sie so gründlich und gewissenhaft, wie Sie können. Diese positive Einstellung zur Arbeit ist eine der besten Möglichkeiten, um Frieden und Zufriedenheit daraus zu ziehen.

Das positive Bild

1. Genießen Sie fünf Minuten lang die Ruheatmung. Lauschen Sie dem Geräusch Ihres Atems, der ein- und ausströmenden Luft.
2. Wenn Sie entspannt sind, schließen Sie die Augen und stellen sich vor, vor einer großen Kinoleinwand zu sitzen.
3. Sobald Sie diese Leinwand sehen, malen Sie vor Ihrem geistigen Auge ein Bild der positivsten (und wahrscheinlich entspanntesten) Umgebung, die Sie sich vorstellen können. Nehmen Sie dieses Bild mit allen Details in sich auf.
4. Nun stellen Sie sich vor, wie Sie selbst in dieses Bild hineinsteigen. Sehen Sie sich auf dieser Leinwand immer positiv agieren, sprechen und denken – ganz so, wie Sie gerne wären. Malen Sie ein Bild von sich mit einem Lächeln auf den Lippen und grenzenlosem Enthusiasmus.
5. Halten Sie fest, was Sie rund um sich herum sehen.
6. Hören Sie alle Geräusche um sich herum.
7. Fühlen Sie den leichten Wind, die Beschaffenheit des Bodens, die Temperatur und so weiter.
8. Wenn alles fest in Ihrem Geist gespeichert ist, machen Sie einen Schnappschuß (oder lassen alles im Rahmen erstarren) von sich, komplett mit allen Bildern, Geräuschen und Empfindungen.
9. Entspannen Sie sich, und lassen Sie die positiven Empfindungen ihren Weg durch Ihr Bewußtsein nehmen (es ist dabei keinerlei Bemühen erforderlich). Schwelgen Sie genüßlich in diesen Empfindungen.
10. Um eine positive Einstellung zu entwickeln, rufen Sie sich dieses mentale Bild immer wieder ins Gedächtnis.

Suchen Sie die Sonnenseite

Um dieses Kapitel über die positive Einstellung abzurunden, habe ich für Sie ein kleines Spiel erfunden, das Sie durchs Leben begleiten soll. Wenn Sie es regelmäßig spielen, wird es Ihnen helfen, sich in einem Maße ruhig zu fühlen und mit Ihrer Arbeit zufrieden zu sein, wie Sie es nie für möglich gehalten hätten.

Das Spiel ist so konzipiert, daß es mehrmals am Tag gespielt werden soll. Je öfter Sie es spielen, desto mehr Freude bereitet es Ihnen und desto mehr wird es Ihnen zur Gewohnheit.

Es nennt sich »Suchen Sie die Sonnenseite«.

Das ist ein einfaches Gedankenspiel, das auf der Umkehr der Perspektive beruht. Sie sollten es auf alle Ereignisse anwenden, die Ihnen unangenehm sind, die Ärger oder Mißempfindungen bei Ihnen auslösen. Um es zu spielen, brauchen Sie nichts anderes zu tun, als den Dingen, die Sie normalerweise als negativ empfinden, eine positive Seite abzugewinnen.

Das ist nicht immer ganz einfach. Sehr oft werden Sie gezwungen sein, negativen Aspekten eine humoristische oder heitere Wendung ins Positive zu verleihen.

Ein Beispiel: Es ist ziemlich schwer, der Tatsache, daß man auf einen schlechteren Posten degradiert wurde, eine positive Seite abzugewinnen. Also trösten Sie sich, indem Sie sich sagen, daß jetzt jemand anderes dafür verantwortlich ist, den ganzen Mist in Ihrem Aktenschrank aufzuarbeiten – wo Sie schon dachten, Sie müßten sich bis an Ihr Lebensende damit herumschlagen. Dies löst zwar das eigentliche Problem nicht, verleiht der Angelegenheit, die sicher nicht lustig ist, aber einen Anstrich von Heiterkeit.

In Fällen wie diesem ist Humor positiv. Er übt eine positive Wirkung auf Sie aus und hilft Ihnen, sich in bezug auf sich selbst und auf die Arbeit gut zu fühlen.

Suchen Sie nach der Sonnenseite, finden Sie in allem, was Sie tun, etwas Positives, und schon bald werden Sie in der Lage sein, selbst dem größten Verdruß und den schwierigsten Situationen etwas Positives abzugewinnen.

Dann können Sie Ruhe finden.

Der Umgang mit Sorgen

Sorgen und Beklemmungen haben vieles gemeinsam. Es handelt sich hierbei zwar um völlig verschiedene Empfindungen, aber beide Gefühle basieren auf der Kraft der Vorstellung, und oft fehlt für das eine wie das andere der konkrete Anlaß. Um es einmal laienhaft auszudrücken: Sorgen beziehen sich in der Regel auf etwas Spezifisches, Beklemmungen haben in der Regel allgemeine und unspezifische Auslöser. Sorgen hängen mit konkreten Gegenständen oder Ereignissen zusammen, Beklemmungen sind mehr »Gefühlssache«. (Das ist zwar sehr vereinfacht, aber ich bin mir sicher, Sie wissen, worauf es ankommt.)

Viele der nachfolgend aufgeführten Hilfsmittel können deshalb beim einen wie beim anderen eingesetzt werden.

Zukunftssorgen

Charakteristisch für Sorgen ist es, daß sie sich auf etwas beziehen, das eintreten *könnte*. Nie betreffen sie etwas, das in dem jeweiligen Augenblick wirklich stattfindet. Viele Menschen, die sich ständig sorgen, haben Schwierigkeiten, mit diesem abstrakten Charakter zurechtzukommen. Sie halten ihr Problem für absolut real und gegenwärtig. Aber Sorgen richten sich per definitionem immer auf die Zukunft. In dieser Beziehung liegen sie mit Beklemmungen auf einer Linie.

Dieses Wissen wird Ihnen vermutlich auch beim nächsten Mal nicht helfen, wenn Sie beginnen, sich Sorgen zu machen. Trotzdem wird es eine Erleichterung sein, mit effektiven Lösungsvorschlägen aufwarten zu können. Die meisten davon sind dahingehend konzipiert, daß Sie nicht mehr über die Zukunft nachgrübeln, sondern sich auf die Gegenwart konzentrieren.

Sorgen eliminieren

Sorgen ohne konkreten Hintergrund (das sind die meisten) sollte man so leicht wie Kopfweh vertreiben können. Wenn sie sich nicht gänzlich ausschalten lassen, kann man sie zumindest in ihrer Intensität mildern.

Um dies zu erreichen, bieten sich die folgende elementare Schritte an:

1. Planung
2. Überdenken Sie Ihre Sorgen noch einmal.
3. Befassen Sie sich mit der Gegenwart.

Planung

Weil Sorgen zukunftsgerichtet sind – das heißt, sie beziehen sich auf etwas, das eintreten kann oder auch nicht –, gelten sie immer Unbekanntem. Je mehr Sie darüber wissen, was geschehen wird, desto weniger sind Sie beunruhigt, selbst wenn es sich um etwas Unerfreuliches handelt.

Wird Ihnen etwa gesagt, daß Sie Ihren Arbeitsplatz verlieren werden, dann sorgen Sie sich darüber weniger, als wenn Sie nur vermuteten, Sie könnten ihn verlieren. Sagt Ihnen Ihr Röntgenarzt, Ihr Handgelenk sei gebrochen, dann machen Sie sich weniger Sorgen, als wenn man Sie ohne Informationen ins Krankenhaus brächte.

Wissen hilft, Sorgen geringer zu halten. Deshalb betreiben wir Planung. Alle gutgeführten Unternehmen planen bis zu einem gewissen Grad. Das ist ein notwendiges Unterfangen, da es nicht nur die richtige Verteilung der Finanzmittel ermöglicht, sondern auch die Koordination der Erwartungen an die Zukunft (Ihrer ebenso wie der von anderen).

Der Umgang mit zukünftigen Erwartungen ist der entscheidende Faktor, wenn man Menschen helfen will, Ruhe zu bewahren und Zufriedenheit bei ihrer Arbeit zu empfinden. Sie können das ganz leicht an Ihrer Arbeitsstätte nachvollziehen: Die Kollegen, die wissen, was man von ihnen erwartet, und die Einblick haben in den weiteren Verlauf ihrer beruflichen Karriere, leiden weniger unter Beklemmungen hinsichtlich ihres Arbeitsplatzes.

Deshalb sollten Sie immer darauf bestehen, eine detaillierte Spezifikation Ihres Arbeitsplatzes zu bekommen. Darin sollten nicht nur Ihre Aufgaben und Ihre Verantwortlichkeiten definiert sein, sondern auch die Bemessungskriterien.

Zunächst habe ich mein Gedächtnis auf der Suche nach einem geeigneten Beispiel aus meinen eigenen Erfahrungen durchforscht, um eine entsprechende Situation zu veranschaulichen. Aber dann ist mir etwas Besseres eingefallen.

Lernen Sie etwas von meiner Großmutter

Meine Großmutter war, wie schon erwähnt, eine jener Pionierinnen, die während der Weltwirtschaftskrise ihren Ehemann in die erbarmungslose Wildnis des australischen Outback begleiteten, um dort für ihre junge Familie den Lebensunterhalt zu verdienen. Zwei Themen beschäftigten sie hauptsächlich: Arbeit (und das damit zu verdienende Geld) und Essen. Eine Familie, die mit einem ständigen Wechsel zwischen festem Arbeitsplatz und Arbeitslosigkeit zu kämpfen hatte und auch in den besten Zeiten unter einer ausgesprochen unsicheren Versorgung mit Lebensmitteln litt, hatte allen Grund, sich Sorgen zu machen. Drei kleine Kinder (das älteste noch nicht einmal fünf Jahre alt), die kein Verständnis für eine Kürzung der Lebensmittelrationen aufbrachten, waren ein Grund mehr zur Beunruhigung.

Verzweifelte meine Großmutter angesichts all der Sorgen? Nein, sie meisterte sie durch Planung.

Sie plante, zwei Nahrungsmittel einzulagern, die wenig kosteten und mit denen sie über lange Zeit überleben konnten: Mehl (für Brot) und ausgelassenes Fett (Fett, das beim Kochen von Fleisch anfällt). Dies löste zwar eines ihrer Probleme, gleichzeitig ergab sich aber ein anderes: Wie konnte sie mit einer Ernährung aus Brot und Fett, die gerade zum Überleben reichte, drei kleine Kinder glücklich machen oder zumindest bei Laune halten?

Sie stellte auch hierfür einen Plan auf. Ab dem Zeitpunkt, an dem sie im australischen Hinterland angekommen waren, kannten ihre Kinder nur eine Speise für besondere Gelegenheiten. Von Zeit zu Zeit bekamen sie Kuchen, Braten oder auch Orangen, aber all das wurde ihnen nie als Festessen vorgesetzt. Für besondere Gelegenheiten war nur ein Gericht als Festessen gut genug – Brot und Fett.

Als dann die harten Zeiten kamen, was unausweichlich geschah, bekamen die Kinder endlich die Genüsse zu kosten, die man ihnen das ganze Jahr über vorenthalten hatte: Brot und Fett.

Würden Sie das nicht auch ein Meisterstück an Planung nennen? Es war der perfekte Einsatz der Mittel, verbunden mit einem kreativen Management der Erwartungen. Hätte ich heute meine Großmutter bei mir, würde ich ihr eines meiner Unternehmen anvertrauen.

Überdenken Sie Ihre Sorgen

Die meisten Sorgen sind ein Produkt unseres Unterbewußtseins. Sie sind in der Hauptsache irrational, das heißt unbegründet, denn es ist nicht sehr wahrscheinlich, daß das, weshalb Sie sich sorgen, eintreten wird. Aber Sie machen sich Sorgen.

Hier nun eine gute Nachricht. Sie kennen bereits Möglichkeiten, Ihr Unterbewußtsein so arbeiten zu lassen, wie Sie es wünschen. Um solche Sorgen also zu überwinden oder auszuschalten, brauchen Sie nur eines der vier bereits erarbeiteten Hilfsmittel für das Unterbewußtsein herzunehmen: Visualisierung, damit Sie sich ohne Sorgen sehen; Bestätigung, um sich zweifelsfrei klarzulegen, daß Sie keinen Grund zur Sorge haben; Selbsthypnose, um sich davon zu überzeugen, daß Sie ohne Sorgen sind; und Übernahme, damit Sie den Tag meistern und davon ausgehen, ohne Sorgen zu sein (was auch zutreffen wird, wenn Sie eine sorgenfreie Rolle übernehmen).

Befassen Sie sich mit der Gegenwart

Da sich alle Sorgen und Beklemmungen auf die Zukunft richten, liegt ihnen etwas zugrunde, das gar nicht existiert. Hinzu kommt, daß das meiste, was diese Sorgen verursacht, vermutlich nie eintreffen wird. Wenn man es aus diesem Blickwinkel betrachtet, haben Menschen, die ständig beunruhigt sind, in der Regel gar nicht soviel Grund, sich Sorgen zu machen, oder?

Aber bei den meisten Menschen, die sich ständig sorgen, geschieht dies eher zwanghaft als aus eigener Entscheidung. Wie kann man diesen Menschen den Zwang nehmen und ihnen eine eigene Entscheidung ermöglichen?

Ganz einfach: Wenden Sie die Methode der hundertprozentigen Leistung an. Das ist die sicherste Art, in der Gegenwart zu leben und die damit zusammenhängenden Vorteile, die uns Ruhe und Zufriedenheit bescheren, wahrzunehmen.

Hier finden Sie weitere Tips zur Ruhe:

Die hundertprozentige
Leistung .... Seite 195
Die Freude an der
Wiederholung .... Seite 197
Die vier Werkzeuge des
Unterbewußtseins .... Seite 142

Sorgen eliminieren

- Planen Sie auf lange Sicht, aber planen Sie auch Ihre kurzfristigen Aufgaben. Die Kenntnis dessen, was zu erwarten ist (Sie wissen es, weil Sie es ja geplant haben), hilft, Sorgen abzumildern.
- Fixieren Sie Ihren Plan schriftlich.
- Genießen Sie einige Minuten der Entspannung mit der Ruheatmung.
- Wenn Sie entspannt sind, benutzen Sie eines der vier Hilfsmittel des Unterbewußtseins, um Ihre Sorgen noch einmal zu überdenken, so daß sie nicht mehr so bedrohlich wirken.
- Konzentrieren Sie Ihre ganze Kraft auf die Gegenwart, indem Sie die Technik der hundertprozentigen Leistung einsetzen.

Die Sorgen-Pause

Ein Juwel des Zeitmanagements. Einigen Zeit-Experten ist die Sorgen-Pause zwar ein Dorn im Auge, weil sie glauben, sie leiste dem Hinauszögern Vorschub. Aber im Gegensatz zu dem Rat, den diese Experten Ihnen geben (und der in der Regel auf Vernunftgründen basiert und an den Kapazitäten der linken Gehirnhälfte orientiert ist), bezieht diese Lösung Ihr Unterbewußtsein mit ein.

Einer der Kernpunkte in der Überzeugung extrem leistungsorientierter Menschen, von Workaholics und Zeitmanagementexperten ist der Rat, nichts Schwieriges oder Unangenehmes auf die lange Bank zu schieben. In der Regel stimme ich dem zu. Aber Sorgen und Beklemmungen sind eine Kategorie für sich. Ich werde Ihnen zeigen, daß es sehr wohl Sinn macht, Sorgen und Beklemmungen nach Möglichkeit hinauszuschieben, vielleicht sogar bis in alle Ewigkeit.

Wie aber können Sie Empfindungen und Gefühle aufschieben, die ein Produkt Ihres Unterbewußtseins sind und oft genug jeder Grundlage entbehren?

Verwenden Sie dazu eine Technik des Hinausschiebens, die ich Sorgen-Pause nenne.

Damit sie Wirkung zeigt, bedarf es einer kleinen Formalisierung oder zumindest eines gewissen Gewohnheitsfaktors. Sie müssen dafür jeden Tag zur gleichen Zeit eine gewisse Zeitspanne reservieren. Das können zehn Minuten sein oder eine Stunde, aber es muß jeden Tag die gleiche Zeitspanne sein. Während dieser Zeit dürfen Sie sich so verbittert und negativ fühlen, wie Sie möchten, denn am Ende dieser Zeitspanne werden Sie für den jeweiligen Tag mit Ihren Sorgen endgültig fertig sein.

Zumindest bis zum nächsten Tag zur gleichen Zeit.

Alles, was Ihnen während Ihres Arbeitstages unterkommt, das Ihnen Sorgen bereitet, schieben Sie auf bis zur nächsten Sorgen-Pause. Notieren Sie sich Ihre Sorgen. Halten Sie detailliert fest, was erforderlich ist, um eine Entscheidung zu treffen (sollte eine solche erforderlich sein), und dann tun Sie Ihr Bestes, um alles zu vergessen, bis die entsprechende Zeit kommt.

Zur festgesetzten Zeit lassen Sie sich gehen und machen sich richtig gründlich Sorgen. Auch wenn es, rein technisch betrachtet, eine Art des Hinausschiebens ist, werden sich in neun von zehn Fällen Ihre Sorgen bereits in Luft aufgelöst haben, wenn die Zeit für Ihre Sorgen-Pause anbricht.

Außerdem besticht an dieser Technik die Tatsache, daß Sie selbst eigentlich nur die Initialentscheidung treffen müssen. Danach leistet Ihr Unterbewußtsein die ganze Arbeit.

Die Sorgen-Pause

- Legen Sie eine bestimmte Zeit und einen bestimmten Ort fest, um »Sorgensitzungen« abzuhalten. Jeden Tag zur selben Zeit am selben Ort.
- Wenn während des Tages Sorgen, Frustrationen, Verunsicherungen oder Beklemmungen auftreten, schieben Sie sie bis zur festgelegten Zeit hinaus. Schreiben Sie alle Einzelheiten genau auf, die erforderlich sind, um eine Entscheidung zu treffen (falls eine solche nötig ist), dann vergessen Sie alles bis zum festgesetzten Zeitpunkt.
- Während Ihrer Sorgen-Pause sollen Sie Ihre ganze Aufmerksamkeit den Sorgen widmen – aber nur während der festgelegten Zeitspanne.
- Suchen Sie am Ende dieser Zeitspanne einen anderen Ort auf, und unterbinden Sie jeden weiteren Gedanken an Ihre Probleme.
- Vertrauen Sie darauf, daß Ihr Unterbewußtsein die erforderlichen Lösungen parat hat.

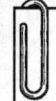

Ein Stelldichein mit der Ruhe

Das ist eine Möglichkeit, auf schlaue Art mit seinen Sorgen umzugehen. Es ist keine Methode, die Sie unbedingt anwenden sollten, um bedeutende berufliche Probleme zu lösen. Statt

dessen können Sie so mit irrationalen kleinen Sorgen fertig-
werden, die tagsüber oder in den ruhigen Nachtstunden auftauchen.

Die Methode wirkt auf drei Ebenen: Sie appelliert an das
Unterbewußtsein, stellt Unerfreuliches zurück und ist eine
effiziente Art, mit kleineren Problemen umzugehen (denn oft
lösen sich die in nichts auf, bevor Sie die Methode anwenden).

Sie brauchen sich keine großen Umstände zu machen. Ver-
einbaren Sie lediglich ein Stelldichein mit sich selbst, um später
Ihre Sorgen auszusortieren.

Wenn Sorgen auftauchen, sollten Sie ihnen keine besondere
Aufmerksamkeit zollen: Schreiben Sie sie einfach auf, und machen Sie sich klar, daß Sie zu einer bestimmten Zeit in der
Zukunft, sagen wir am Mittag des folgenden Tages, darauf eingehen werden. Tauchen die Sorgen in der Nacht auf, schreiben
Sie sie in ein Notizbuch, das Sie neben dem Bett liegen haben,
natürlich mit dem gleichen Plan im Kopf.

Wir gehen von der Vorstellung aus, daß dieses Stelldichein mit
sich selbst zu einem Ritual wird.

Wenn Sie das zustande bringen, dann verschieben Sie nicht
nur Ihre Sorgen auf eine Zeit, die Sie selbst bestimmen, statt sich
die ganze Zeit damit herumzuplagen, sondern Sie sind auch
schon ein gutes Stück weiter auf dem Weg, eine Lösung dafür zu
finden. Ist eine Lösung tatsächlich erforderlich, wird Ihr Unterbewußtsein alle Arbeit *vor* der festgesetzten Zeit erledigt haben.
Und während Ihr Unterbewußtsein nach einer Lösung sucht,
können Sie Ihrem ganz normalen Leben nachgehen.

Hier finden Sie weitere Tips zur Ruhe:

Die vier Werkzeuge des
Unterbewußtseins .... Seite 142
Der Ruhe-Raum .... Seite 348

Die Plus-Minus-Methode

Sie werden schon bemerkt haben, daß viele Techniken in diesem Buch die Aufforderung »Schreiben Sie es auf« enthalten. Sie werden das in vielen Selbsthilfeprogrammen finden.

Die große Wirkung, die diese Praxis zeigt, liegt darin begründet, daß Sie zwei Sinne (visuelle Wahrnehmung und Berührung) einsetzen, um eine Information zu speichern. Auch die Tatsache, daß Sie mit eigenen Worten formulieren, zwingt Sie, allen Teilen der Information volle Aufmerksamkeit zu widmen. So prägt sich die Information Ihrem Bewußtsein stärker ein. (Auch kommt es zu einem nicht zu unterschätzenden Nebeneffekt: Sie sehen sich ständig mit der Entscheidung konfrontiert, die Sie getroffen haben.)

Das Aufschreiben hat aber noch einen Grund. Wenn Sie in Gedanken ein Problem wälzen, kommen alle möglichen Arten unvorhersehbarer Einflüsse zum Tragen. Das kann dazu führen, daß das Problem viel größer oder wesentlich weniger lösbar erscheint, als es in Wirklichkeit ist.

Wenn Sie ein Problem aufschreiben, sind Sie gezwungen, sich sorgfältiger damit auseinanderzusetzen. Dadurch wird es in der Mehrzahl der Fälle weniger bedrohlich, als Sie zunächst dachten.

Die Plus-Minus-Methode dient dazu, Sorgen zu zerstreuen. Sie basiert auf der Einsicht, daß die meisten Sorgen ihren Ursprung in einer Erwartungshaltung haben – der Erwartung, daß etwas geschehen wird –, nicht in der Tatsache, daß wirklich etwas geschieht. Zweck dieser Methode ist es, die Wahrscheinlichkeit auszuloten, mit der Ihre Sorgen jemals Berechtigung erfahren werden.

Hier das Funktionsprinzip: Sagen wir, Ihre Sorge besteht darin, Ihren Arbeitsplatz zu verlieren und dann nicht mehr die Tilgungszahlungen Ihrer erst kürzlich aufgenommenen Hypothek leisten zu können. Nehmen Sie sich ein Blatt Papier, und schreiben Sie diese Sorge ganz unten darauf.

Ganz oben auf der Seite notieren Sie, was Sie als Ergebnis aus der Problemlösung erwarten. Stellen Sie sicher, daß sie in positiven Worten formuliert und (entsprechend Ihrer Situation) realistisch ist. Unterstreichen Sie den Satz: »Ich habe einen sicheren und erfüllenden Job, der es mir ermöglicht, die Tilgung meiner Hypothek dauerhaft zu leisten.«

Auf der nächsten Seite schreiben Sie ganz oben das gleiche Resultat auf, aber nicht das Problem.

Als nächstes teilen Sie die Seite durch einen senkrechten Mittelstrich in zwei Spalten. Über die linke Spalte schreiben sie »–« und über die rechte »+«.

Jetzt listen Sie in der linken Spalte alle Gründe auf, die Sie daran hindern könnten, das angestrebte Ergebnis zu erreichen. In der rechten Spalte notieren Sie alle bestehenden Chancen und Möglichkeiten (oder die besonderen Qualitäten oder Mittel, über die Sie verfügen), durch die es

Ihnen möglich ist, das über der Liste aufgeschriebene Resultat zu erreichen.

Ehe Sie sich's versehen, werden Sie feststellen, daß das am Ende der vorhergehenden Seite notierte Problem schon wesentlich weniger bedeutend, vielleicht sogar ganz banal geworden ist.

Machen Sie einen Versuch. Sie werden überrascht sein, wie wirkungsvoll die Methode funktioniert.

Hier finden Sie weitere Tips zur Ruhe:

Die hundertprozentige Leistung ... Seite 195

Die Plus-Minus-Methode

1. Nehmen Sie ein Notizbuch zur Hand. Ganz unten auf der Seite schreiben Sie Ihr Problem, Ihre Sorge auf.
2. Ganz oben notieren Sie das Ergebnis, das Sie sich aus der Lösung des Problems erwarten. Stellen Sie sicher, daß es positiv formuliert ist. Unterstreichen Sie die Formulierung.
3. Auf der nächsten Seite schreiben Sie Ihr Ergebnis ganz oben auf. Teilen Sie die Seite dann durch einen senkrechten Strich in zwei Spalten.
4. In der linken Spalte listen Sie die Gründe auf, die Sie daran hindern könnten, das angestrebte Ergebnis zu erreichen.
5. In der rechten Spalte listen Sie die Chancen und Möglichkeiten auf (oder die Mittel, über die Sie verfügen), die Ihnen helfen können, das Ergebnis zu erreichen.
6. Dann wenden Sie die hundertprozentige Leistung an und machen sich daran, das angestrebte Ergebnis zu erreichen.

Machen Sie sich nur Gedanken über wichtige Dinge

Ich kannte einen Mann, dessen Philosophie aus zwei klaren Prinzipien bestand, mit denen er sich die Ruhe erhielt und seinem Leben eine Perspektive verlieh:

1. Laß dir von Kleinigkeiten nicht den Schlaf rauben.
2. Behandle alles, als wäre es eine Kleinigkeit.

Eine solche Philosophie kann für jeden von uns Wirkung zeigen. Sie funktioniert, weil sie sich auf eine ganze Reihe von »Wahrheiten« bezieht, die im Netz unserer Überzeugungen bereits fest etabliert sind.

GROSSE Sorgen verursachen GROSSE Qualen, das sagt einem allein der gesunde Menschenverstand, nicht wahr? Daran werden wir nie etwas ändern. Eine andere, ähnliche Weisheit lautet: Kleine Sorgen sind schlicht und einfach Lappalien, die den Raum, den wir ihnen in unseren Gedanken einräumen, in Wahrheit nicht verdienen. Jeder einigermaßen sensible Mensch wird auch dieses Argument akzeptieren.

Wahrscheinlich noch nicht im Netz unserer Überzeugungen verankert ist die Auffassung, daß GROSSE Sorgen als kleine Sorgen neu definiert werden können. Sie müssen zugeben, daß Sie dann auch in der Lage sind, sich viel leichter von ihnen zu befreien.

So können Sie das schaffen:

Ziehen Sie sich an einen ruhigen Ort zurück, und machen Sie sich ein Bild von sich selbst in der Zukunft. Malen Sie sich aus, wie es sein wird, wenn Sie fünfundsechzig Jahre alt sind (oder auch älter, wenn Sie wollen). Malen Sie sich aus, wie Sie aussehen, welche Einstellungen Sie haben und was Sie tun werden.

Wenn Sie schließlich den Eindruck haben, wirklich alles aus der Perspektive des Fünfundsechzigjährigen zu sehen, dann schauen Sie auf Ihre heutigen Sorgen zurück. Wahrscheinlich werden diese dabei sehr schnell an Bedeutung verlieren.

Hier finden Sie weitere Tips zur Ruhe:

Die vier Werkzeuge des
Unterbewußtseins .... Seite 142
Die hundertprozentige
Leistung .... Seite 195

Nutzen Sie die Fähigkeiten Ihrer Nase

Wir kommen nun endlich zu einer sehr angenehmen Art, mit Beklemmungen umzugehen, insbesondere mit unspezifischen, die in der Regel jeglicher Grundlage entbehren, Ihnen aber das Gefühl vermitteln, irgend etwas sei nicht in Ordnung.

Diese Methode der Angstbekämpfung stützt sich auf ätherische Öle.

Aromatherapie gilt nicht länger als eine Errungenschaft der Neuzeit. Es handelt sich vielmehr um eine alte Form der chinesischen Naturheilkunde, die deshalb mehr und mehr als Wissenschaft Anerkennung findet. Aromakunde – die Wissenschaft von den Duftstoffen – beschäftigt sich mit der Erforschung von Wirkungen, die Düfte auf Gemütsverfassung und Verhalten ausüben. Menschen aller Klassen und Schichten schätzen heute die wohltuende Wirkung der Aromatherapie, insbesondere wenn es darum geht, Streß zu mindern und Entspannung zu fördern.

Wir wissen, daß verschiedene Gerüche ganz bestimmte physiologische Effekte bewirken, vor allem im Bereich der Entspannung. Untersuchungen haben gezeigt, daß der Duft verschiedener Öle im Gehirn die Produktion von Serotonin anregt. (Serotonin ist ein neurochemischer Stoff, der Ihnen hilft, sich wohl zu fühlen. Er ist deshalb Hauptbestandteil von Medikamenten, die zur Behandlung von Depressionen eingesetzt werden.) Wir wissen auch, daß Öle, die aus Zitrone und Pfefferminze gewonnen werden, eine stimulierende Wirkung auf das Nervensystem haben und kurzfristig die Produktivität am Arbeitsplatz steigern können. Einer Mischung aus zwei anderen Ölen, aus Rosmarin und Zitrone, sagt man nach, daß sie die Konzentrationsfähigkeit verbessert.

Florale Duftstoffe, wie der Duft von Rosen, Lavendel, Orangenblüten und Kamille, haben eine beruhigende Wirkung. Öle wie Patschuli helfen, Beklemmungen zu eliminieren, und wirken aufhellend auf das Gemüt. Sandelholz und Muskatnuß können Sie wirksam bei der Abwehr der krankmachenden Auswirkungen von Streß unterstützen.

Im folgenden finden Sie eine Liste der Öle, die Aromatherapeuten bei der Behandlung von Beklemmungen einsetzen. Sie werden feststellen, daß einige zusätzliche Eigenschaften in dem Sinne haben, daß sie gleichzeitig belebende (stimulierende) Wirkung entfalten und zur Entspannung beitragen. Diese Öle sind unter der Bezeichnung *Adoptogene* bekannt und haben eine »ausgleichende« Wirkung auf den Körper. Andere, wie zum Beispiel Patschuli, ändern ihre Wirkung – von anregend bis beruhigend – je nach Dosierung.

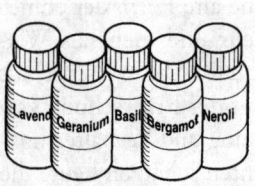

Lavendel, Geranie, Basilikum, Bergamotte, Neroli

(Manche Experten behaupten, daß schwangere Frauen auf die Verwendung von Basilikum, Wacholder, Majoran, Melisse und Scharlei verzichten sollen.)

Sie müssen kein Aromatherapeut sein, um ätherische Duftöle zu verwenden. Experimentieren Sie mit Mischungen. Versuchen Sie es zum Einstieg mit Bergamotte, Geranie, Lavendel, Neroli und Basilikum. Gegen chronische Angstzustände probieren Sie einmal eine Mischung aus Lavendel, Zedernholz und Zitronengras. Für sehr intensive, aber nur kurz andauernde Beklemmungen bietet sich eine Mischung aus Lavendel, Sandelholz und Geranie an. Aus den aufgezählten Ölen sollten Sie nach Ihrem Geschmack wählen – je nachdem, was Sie als wohlriechend empfinden. Ihre Nase wird Sie zu den Düften führen, die Ihnen die größte Wohltat verschaffen. Drei Öle sind eine ideale Zahl für eine Duftmischung.

Eigenschaften beruhigender Öle					
ÖLE	BERUHIGENDE ÖLE	ÖLE GEGEN ANGST	ANREGENDE ÖLE	STIMMUNGS-AUFHELLENDE ÖLE	KONZENTRATIONSFÖRDERNDE ÖLE
Basilikum	✓	✓	✓		✓
Bergamotte	✓	✓	✓		
Geranie	✓	✓	✓		
Jasmin	✓	✓			
Kamille	✓	✓			
Lavendel	✓	✓	✓		
Majoran	✓	✓			
Neroli	✓	✓		✓	
Orange			✓	✓	
Patschuli	✓	✓	✓ (in kleinen Dosen)		
Pinie					✓
Rose		✓			
Rosmarin					✓
Salbei		✓			
Sandelholz	✓	✓			
Scharlei	✓	✓		✓	✓
Thymian		✓			
Wacholder	✓	✓	✓		✓
Ylang Ylang	✓	✓	✓		
Zedernholz	✓				
Zitrone					✓
Zypresse	✓	✓			

Verwenden Sie anschließend die reinen Öle, wie es Ihnen am angenehmsten erscheint.

Lassen Sie einige Tropfen Öl in einer Duftlampe verdampfen und ihr Aroma entfalten. Steht die Duftlampe in der Nähe Ihres Arbeitsplatzes, werden nicht nur Sie die Wirkung zu schätzen lernen, sondern auch Ihre ganze Umgebung.

Sie können aber auch einige Tropfen auf ein Taschentuch träufeln, das Sie dann bei sich tragen. Eine weitere Möglichkeit: Mischen Sie abends, nach Feierabend, Ihrem Badewasser zehn Tropfen bei, oder fügen Sie einem milden Massageöl (wie zum Beispiel Mandel- oder Jojobaöl) einige Tropfen hinzu.

Noch einmal zu meiner Großmutter

Lavendel ist wahrscheinlich das am meisten verwendete und angenehmste Duftöl. Es hilft nicht nur zu entspannen, sondern lindert auch Beschwerden und quälende Schmerzen, wie zum Beispiel Migräne.

Meine Großmutter wußte intuitiv um seine beruhigende Wirkung. Wohin sie auch ging, immer trug sie ein Taschentuch bei sich, das mit Lavendelwasser parfümiert war. Sie hatte damit einen luxuriösen, edlen Duft bei sich, der nicht viel kostete und den sie sich jederzeit in der Apotheke besorgen konnte.

Sie können es ebenso machen. Parfümieren Sie ein Taschentuch mit einigen Tropfen Lavendelöl, und halten Sie es stets griffbereit, so daß Sie in Streßsituation daran schnuppern können.

Hier finden Sie weitere Tips zur Ruhe:

So riecht Ruhe .... Seite 341
Der Ruhe-Raum .... Seite 348
So klingt Ruhe .... Seite 339

Möglichkeiten der Wandlung zum B-Typus

Es mag politisch nicht korrekt sein, psychologische Typisierungen zu verwenden, aber wir lassen uns das Vergnügen nicht entgehen, die Typen A und B ein wenig mehr zu stereotypisieren.

In der Regel sind Menschen, die aufgrund ihrer persönlichen Eigenschaften (ernst, um Pünktlichkeit bemüht, übertrieben pflichtbewußt und genau) den Typus A, den motorisch Unruhigen, den Getriebenen verkörpern, eher für selbstverursachte Streßprobleme empfänglich als ihre Gegenstücke vom Typus B, die Gelassenen, die entspannt, weniger pflichtversessen und stärker extrovertiert sind. Rein vom Gesichtspunkt des persönlichen Wohlbefindens ausgehend, macht es durchaus Sinn für Sie, wenn Sie der Welt gegenüber etwas gelassener sein möchten.

Wie steht es aber um Ihre Effizienz bei der Arbeit? Untersuchungen haben gezeigt, daß gelassene Menschen, auch wenn ihnen einiges von der Tatkraft und dem Ehrgeiz ihrer Gegenstücke abgeht, oftmals die besseren Führungskräfte, Manager oder Kommunikationspartner sind und auch effizienter arbeiten. Wenn Sie also alles etwas gelassener angehen, kann das nur von Vorteil für Sie und Ihre Arbeit sein.

Hier einige Möglichkeiten, wie Sie Ihr Unterbewußtsein überlisten können, damit es glaubt, daß Sie eher eine gelassene Persönlichkeit (also ein B-Typus) sind – zumindest für einige Zeit.

Werden Sie ein B-Typ

Es gibt keine einfachere Technik als diese. Nehmen Sie sich die Tabellen auf Seite 37 f. vor, und studieren Sie die typischen Eigenschaften einer gelassenen Persönlichkeit.

Dann greifen Sie auf die Grundschablone der Übernahme zurück und malen vor Ihrem geistigen Auge ein Bild von sich selbst als gelassene Persönlichkeit.

Hat sich dieses Bild in Ihren Gedanken festgesetzt, brauchen Sie nur noch davon auszugehen, daß Sie einen solchen Persönlichkeitstyp verkörpern und daß diejenigen, mit denen Sie in Kontakt kommen, Sie als eine solche Persönlichkeit erkennen.

Hier finden Sie weitere Tips zur Ruhe:
Ruheatmung .... Seite 129
Grundschablone der Visualisierung .. Seite 146
Grundschablone der Übernahme ... Seite 159
Vorgetäuschte Unaufmerksamkeit .. Seite 162

Gönnen Sie sich etwas Gelassenheit

Es ist eine große Belastung, wenn man den getriebenen Typus verkörpert. Sie sind der, der die Arbeit ernst nehmen, der großen Ehrgeiz entwickeln muß, der jeden Abend Überstunden macht, Arbeit mit nach Hause nimmt und sich die halbe Nacht damit herumplagt. Sie sind der, der alle Verantwortung übernimmt – jedenfalls empfinden Sie es so.

Gelassene Menschen dagegen nehmen es wirklich leicht. Sie haben der Arbeit gegenüber eine ungezwungenere, ja, man könnte sagen, eine ausgeglichenere Einstellung. Sie genießen ihre Abende und Wochenenden und erwecken den Eindruck, sich nie Gedanken über ihre Arbeit zu machen und keinerlei Druck ausgesetzt zu sein. Dennoch erledigen sie ihre Arbeit anscheinend immer.

Das ist irgendwie ungerecht.

Aus diesem Grund habe ich die nachfolgende einfache Technik für Sie entwickelt. So daß Sie gelegentlich – nur gelegentlich – ebenfalls in den Genuß der Annehmlichkeiten kommen, derer sich Ihre gelassenen Gegenstücke erfreuen.

Sie kann jeden Tag nur einmal ausgeführt werden und darf höchstens eine Stunde in Anspruch nehmen. Während dieser Stunde geben Sie sich selbst die Genehmigung, all die entspannenden Annehmlichkeiten zu genießen, die aus der Tatsache resultieren, daß man eine gelassene Persönlichkeit ist.

Um einen Einstieg zu finden, stellen Sie sich vor, wie es ist, gelassen zu sein – wie es aussieht, wie es sich anhört, wie man handelt und wie man fühlt. Stellen Sie es sich mit Hilfe der imaginären Kinoleinwand vor.

Irgendwo in diesem Bild zeigt sich eine charakteristische Äußerlichkeit, die Sie übernehmen und später dann intuitiv nutzen können. Vielleicht ist es eine gelockerte Krawatte oder ein Paar Freizeitschuhe; vielleicht ist es die Art, wie Sie stehen oder sich bewegen, oder aber auch nur das Fehlen einer Armbanduhr. Zu jeder Zeit.

Gönnen Sie sich etwas Gelassenheit

- Studieren Sie die Unterschiede zwischen dem Verhalten eines getriebenen und eines gelassenen Menschen.
- Reservieren Sie sich an jedem Arbeitstag eine Stunde Zeit für sich selbst, und ahmen Sie die Verhaltensweisen einer gelassenen Person nach. Kennzeichnen Sie diese Zeitspanne in Ihrem Terminkalender.
- Suchen Sie sich mindestens eine charakteristische Äußerlichkeit einer gelassenen Persönlichkeit aus (zum Beispiel: ruhige, langsame Bewegungen, trägt keine Armbanduhr, interessiert sich für Dinge außerhalb der Arbeit, macht zu einer vernünftigen Zeit Feierabend, hetzt nicht von einem Termin zum anderen).
- Übernehmen Sie nun diese charakteristische Äußerlichkeit für eine Stunde (in der Sie sich etwas Gelassenheit gönnen). Halten Sie fest, wie die Zeitvorgaben nicht mehr so bedrohlich erscheinen. Wie sie anscheinend jede Menge Zeit haben, um Ihre Arbeit zu erledigen. Wie Sie eine Aufgabe erledigen und dabei *Freude empfinden*. Wie Sie sich entspannt fühlen.
- Machen Sie nach Ablauf dieser Stunde einige Minuten Pause, und überdenken Sie noch einmal, welche angenehmen Gefühle es ausgelöst hat, ein gelassener Mensch zu sein.
- Nehmen Sie sich jeden Tag mindestens eine Stunde Zeit für Ihre Gelassenheit. Nach einiger Zeit werden Sie nur noch diese charakteristische Äußerlichkeit übernehmen müssen (indem Sie zum Beispiel Ihre Armbanduhr ablegen), damit Ihr Unterbewußtsein wieder jene positiven Eigenschaften des gelassenen Menschen in Ihnen wachruft und Ihnen hilft, sich ruhig und entspannt zu fühlen.

Nutzen Sie nun unter Anwendung der folgenden Technik diese Äußerlichkeit, um damit das Gefühl der Entspannung und des Zeit-Habens auszulösen, das gelassene Menschen genießen.

Hier finden Sie weitere Tips zur Ruhe:

Die Wahl des Wortes .... Seite 252
Wie empfindsam sind Sie? .... Seite 26

Haben Sie Spaß an der Arbeit

Der klassische Typus der getriebenen Persönlichkeit ist ziemlich ernst. (Das wird verständlich, wenn Sie an die Verantwortung denken, die solche Menschen glauben, allein tragen zu müssen.) Personen, die in diese Kategorie fallen, nehmen ihre Arbeit und ihre Ambitionen ernst und zerbrechen sich über jede Kleinigkeit den Kopf.

Andererseits sind Menschen, deren Persönlichkeit zum Typus gelassene Persönlichkeit tendiert, ganz locker, denn sie sehen solche Kleinigkeiten sehr entspannt. Manche haben sogar ihre Freude daran. Sie können strikt trennen zwischen Arbeitstag und Pflichten auf der einen Seite und Freizeit und Vergnügen auf der anderen.

Für ihre nervösen und angespannten Gegenstücke kann es sich als sehr beruhigend erweisen, einige der charakteristischen Züge eines gelassenen Menschen zu übernehmen. Der folgende Rat bezieht sich darauf, Spaß und Freude zu haben. Wie Sie wissen, ist es unheimlich schwer, sich gestreßt zu fühlen, wenn man an etwas Spaß empfindet. Stellen Sie sich einmal vor, um wieviel angenehmer und vergnüglicher das Leben wäre, wenn Sie Freude an dem hätten, was den größten Teil Ihrer Zeit in Anspruch nimmt, nämlich an Ihrer Arbeit. Bedenken Sie, wie ruhig Sie dann wären.

Die Arbeit als Spiel

Hier kommt es darauf an, daß Sie, während Sie arbeiten, ein Spiel mit sich selbst spielen. Das Spiel besteht darin, in allem, was an Ihrem Arbeitsplatz vor sich geht und was Sie tun, die lustige, unterhaltsame oder sogar lächerliche Seite zu sehen.

Wenn der aufgeblasene Personalchef das nächste Mal sein Gewicht durch die Gegend wuchtet, dann lächeln Sie, denn Sie stellen sich vor, daß er wie ein Pavian mit Imponiergehabe aussieht. Wenn Sie das nächste Mal für eine Besorgung ins Schreibwarengeschäft geschickt werden, dann lächeln Sie, denn Sie können einen anderen Weg gehen und so tun, als wären Sie auf einem Abenteuertrip. Wenn Sie das nächste Mal eine unangenehme oder unsinnige Aufgabe zu erledigen haben, dann lächeln Sie, denn es bietet sich Ihnen die günstige Gelegenheit, die Arbeit in einen Mini-Wettkampf oder ein Spiel zu verkehren. Und wenn das nächste Mal ein arroganter Kunde damit droht, bei einem anderen Unternehmen Kunde zu werden ...

Druckkontrolle

Betrachten Sie einmal die energiestrotzenden Arbeitstiere unter Ihren Kollegen. Sie sind wahrscheinlich in hohem Maße aus sich selbst heraus motiviert, ehrgeizig und haben immer die Zeit im Blick. Dabei finden sie aber keine Zeit für irgendwelche Aktivitäten, die in ihren Augen »Lappalien« sind, zum Beispiel Spiel oder Entspannung.

In neun von zehn Fällen verkörpern diese Menschen den Persönlichkeitstypus, den wir als getrieben bezeichnen.

Wenn Sie selbst in diese Kategorie einzuordnen sind, können Sie den ganzen Streß, der aus diesem Übermaß an Ehrgeiz entspringt, überwinden, indem Sie Entspannungstechniken praktizieren, die zu einem gelasseneren Verhalten beitragen. Wir haben schon einige dieser Techniken im vorhergehenden Kapitel behandelt.

Der Ehrgeiz, Ruhe zu finden

Ehrgeiz kann ein guter Diener sein, ist aber ein tyrannischer Herr. Der vielfältige Druck, der aus unkontrolliertem Ehrgeiz entspringt, ist vergleichbar mit dem, den man sich schafft, wenn man verbissen auf eine Deadline fixiert ist. Sie geben sich selbst überzogene Referenzpunkte und zu enge Zeitrahmen vor, dann setzen Sie sich unter Druck, bis Sie entweder Ihre eigenen Vorgaben erfüllt haben oder aber völlig frustriert aufgeben.

Im einen wie im anderen Fall sind Sie am Ende meilenweit von dem entfernt, was man Ruhe nennt.

Ehrgeiz ist nicht a priori ein Streßfaktor. Viele Menschen erfahren durch ihn eine Bereicherung und Anregung, gewinnen Kraft daraus, weil sie den Eindruck haben, daß er ihrer Arbeit eine Richtung und einen Zweck verleiht. Wenn Ihr Ehrgeiz aber mit unklaren Zielen gekoppelt ist, wird das zu einer gefährlichen Kombination. Sie stehen unter der ungebremsten Wirkung einer treibenden Kraft, mit allem Druck, den sie hervorruft, empfinden jedoch nichts von der Befriedigung, die aus dem Erreichen eines Zieles erwächst. Daher liegt es auf der Hand, daß die einzige Möglichkeit, durch Ehrgeiz zu Ruhe und Zufriedenheit zu finden, darin besteht, ganz klar definierte Ziele und Absichten zu haben.

Hier finden Sie weitere Tips zur Ruhe:	
Liste der Lebensprioritäten	Seite 115
Der kreative Langzeitplan	Seite 207
Der Drei-Stufen-Plan	Seite 213
Üben Sie nur dort Einfluß aus, wo Sie es können	Seite 199

Die Wahl des Wortes

Die Wörter und Formulierungen, die Sie im Geiste benutzen, wenn Sie etwas überdenken, werden als innerer Dialog bezeichnet. Manche Menschen machen mehr Gebrauch davon, andere weniger, aber wir alle führen diesen inneren Dialog.

Einige gehen dabei sogar noch weiter. Mehrmals am Tag sagen sie zu sich selbst Dinge, die über einen Dialog weit hinausgehen. Eine innere Stimme flüstert Ihnen zu, daß Sie unbedingt den Brief beantworten müssen, den Sie einige Tage zuvor erhalten haben, daß Sie das Rauchen aufgeben oder beginnen sollten, Sport zu treiben. Ein anderes Mal flüstert sie Ihnen zu, daß Sie einen Anlageberater aufsuchen und sich über die Verwendung Ihrer Ersparnisse beraten lassen sollten oder daß Sie wegen Ihrer Sehprobleme (Computerbildschirme sind eine Pest, nicht wahr?) eigentlich zu einem Augenarzt gehen müßten. Bisweilen werden Sie auch hören, daß Sie vernehmlich Sätze wie »Ich muß diese Akte endlich fertigbringen« vor sich hinmurmeln.

Bei getriebenen Menschen ist dies am häufigsten der Fall. Sie gönnen sich selbst keine Minute Ruhe. Ihr innerer Dialog ist gespickt mit Ausdrücken, die ein Muß oder ein Soll beinhalten. Wenn Sie solche Menschen reden hören, dann klingt sogar ihr *äußerer* Dialog so. »Ich muß dieses Dokument noch vor neun Uhr fertigstellen.« »Ich muß noch zur Bank, bevor ich Mittagspause mache.« »Ich sollte mit meinem Chef über eine Gehaltserhöhung reden.« »Ich muß lernen, mit der neuen Sprechstundenhilfe auszukommen.«

Beachten Sie die Instruktionen, die Befehle, die Sie sich selbst geben. Sie sind als druckerzeugende Sätze oder Instruktionen bekannt. Es sind ständige, bohrende kleine Ermahnungen, die Sie daran erinnern, daß Sie nicht alles tun, was getan werden sollte, und daß Sie noch mehr und immer mehr tun *müssen* und tun *sollten.* Allein die Formulierungen des inneren Dialogs erzeugen Druck und produzieren dadurch Streß. Außerdem erweitern sie nicht nur Ihr Tagespensum ins Unendliche, sie vermitteln Ihnen auch ständig das Gefühl, es gäbe immer noch mehr, das getan werden muß. Nie geben sie Ihnen Zeit, zu überlegen und Zufriedenheit zu empfinden über Erledigtes, bereits Geleistetes, denn stets bleibt noch etwas übrig, das unbedingt getan werden muß.

Ich weiß, es klingt nicht besonders freundlich, aber getriebene Menschen blühen durch solche druckerzeugenden Sätze förmlich auf. Sie sind wie Öl auf das Feuer ihrer Ruhelosigkeit, die Entschuldigung für ihre Anspannung und Ängste.

Allein dadurch, daß Sie in diesem inneren (und auch äußeren) Dialog einige Worte anders wählen, können Sie den damit zusammenhängenden Druck um ein Vielfaches mildern.

Nachdem Sie das geschafft haben, können Sie Wörter einsetzen, die Sie darin unterstützen, sich so zu fühlen, wie Sie es gerne möchten. Verwenden Sie irgendwelche Wortfolgen, die sich darauf beziehen, daß Sie die Entscheidung treffen, glücklich und ruhig zu sein, und schon bald werden Sie sich tatsächlich so fühlen.

Der erste Schritt dahin ist jedoch die Substitution, das Ersetzen von Wörtern und Ausdrücken. Ersetzen Sie jedesmal, wenn es Sie drängt, »ich muß« zu sagen, diesen Ausdruck durch »ich will«, und sehr rasch werden Sie feststellen, wie sich Ihre Einstellung verändert. Sagen Sie zu sich selbst: »Ich *will* diese Schreibarbeit bis neun Uhr zu Ende bringen«, »Ich *will* diese Aufsätze korrigieren, bevor ich in die Mittagspause gehe«, »Ich *will* dem neuen Direktor der Säuglingsstation mehr Toleranz entgegenbringen« – und Sie werden fast unmittelbar danach die Veränderung empfinden.

Wenn Sie schließlich der Meinung sind, Nutzen daraus gezogen zu haben, daß Sie das »muß« gänzlich aus Ihrem Wortschatz verbannt haben, dann können Sie sich auch für weniger strikte Ersatzwörter entscheiden. Sie können zum Beispiel »muß« durch »kann« ersetzen, so daß Sie zu sich sagen: »Ich *kann* diese Schreibarbeit bis neun Uhr fertigbringen (wenn ich will)«, »Ich *kann* die Post erledigen, bevor ich in die Mittagspause gehe (wenn ich will)«, »Ich *kann* gegenüber der neuen Sprechstundenhilfe toleranter sein«.

Wie Sie sich auch entscheiden, die neue Frei-

Hier finden Sie weitere Tips zur Ruhe:

Grundschablone der
Bestätigung .... Seite 149
Werden Sie ein B-Typ .... Seite 247

heit, die Ihnen diese Sätze des inneren Dialogs vermitteln, wird Ihnen helfen, Ihrer Arbeit und Ihren Pflichten entspannter und mit angenehmeren Gefühlen gegenüberzustehen.

Die Wahl des Wortes

- Hören Sie auf die Sprache, die Sie in Ihrem äußeren und inneren Dialog verwenden.
- Ersetzen Sie Formulierungen wie »ich muß«, die Druck erzeugen, durch gemäßigtere Ausdrücke wie »ich will«.
- Wenn Sie noch weniger unter Druck stehen möchten, ersetzen Sie »ich muß« durch »ich kann« oder »ich möchte«.
- Benutzen Sie die so entschärfte Sprache nicht nur für Ihren inneren Dialog, sondern auch für Ihre normale Unterhaltung.

Setzen Sie eigene Bezugspunkte fest

Eine der weniger attraktiven Errungenschaften, deren strahlender Stern in den neunziger Jahren am Wirtschaftshimmel aufging, ist das »Benchmarking«, das etwa »Bezugspunkte setzen« heißt. Es beginnt damit, daß ein Leistungs- und Produktivitätsmaßstab festgelegt wird – oftmals in glühender Begeisterung als »bestes Verfahren der Welt« bezeichnet –, an dem dann Ihre Leistung und Produktivität gemessen werden.

Es ist nicht verwunderlich, daß sich nur sehr wenige Arbeitsprozesse mit dem »besten Verfahren der Welt« messen können. Und die, die diese Vorgaben erreichen, sind einem enormen Druck ausgesetzt. Denn ab dem Moment, in dem Sie einen solchen Bezugspunkt erreichen und damit Weltbester werden, sind Sie und Ihre Leistung der Bezugspunkt für alle anderen. So kommt es zu einem endlosen Konkurrenzkampf.

Jeder, der in diesen Bewertungsprozeß hineingezogen wird, ist auch dessen Opfer. Entweder erreicht er die gesetzten Maßstäbe, oder er gilt als Versager. Da bleibt kein Raum, um sich Ruhe und ein vernünftiges Selbstwertgefühl zu erhalten.

Deshalb empfehle ich Ihnen: Ignorieren Sie diesen Unsinn mit den Bezugspunkten zu den »besten Verfahren der Welt«. (Einen Insider-Tip möchte ich Ihnen noch geben: Vieles davon ist auf anspruchsvoll getrimmter Unfug.) Anschließend bestimmen Sie Ihren eigenen Leistungsstandard. Legen Sie Ihre eigenen Bezugspunkte fest, die Sie erreichen oder übertreffen wollen, und gehen Sie Ihrer eigenen Geschwindigkeit entsprechend vor.

Dies soll keine bequeme Ausrede dafür sein, weniger zu arbeiten. Als zweiten Teil meiner Empfehlung lege ich Ihnen nämlich die Methode der hundertprozentigen Leistung ans Herz, so daß Sie bei Ihrer Arbeit ganz und gar in dem Prozeß des Erreichens oder Übertreffens der von Ihnen selbst festgelegten Bezugspunkte aufgehen.

Dieses völlige Involviert-Sein bedeutet, daß Sie große Leistungen erbringen und dabei doch Ruhe finden können.

Hier finden Sie weitere Tips zur Ruhe:
Die hundertprozentige
Leistung .... Seite 195
Liste der Lebensprioritäten .... Seite 115
Sagen Sie nein .... Seite 176

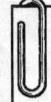

Führen Sie Selbstgespräche

Wenn Sie den Eindruck haben, Sklave Ihrer Pflichten zu sein, oder wenn Sie den Zwang verspüren, immer noch bessere Leistungen erbringen zu müssen, kann es für Sie von Nutzen sein, von Zeit zu Zeit ein wenig mit sich selbst zu plaudern.

Benutzen Sie dabei positive, entspannende Bestätigungen.

Wie Sie wissen, sind Bestätigungen eine Folge von Wörtern, die mit Hilfe der Wiederholung stufenweise Ihr Unterbewußtsein beeinflussen und dadurch wie von selbst in Erfüllung gehen. Die Formulierungen oder Gefühle, die Sie auswählen, bestimmen die Ergebnisse, die Sie erzielen. Wählen Sie positive,

Gelassenheit ausdrückende Wörter, dann werden Sie schließlich selbst positiv eingestellt und gelassen sein.

Das klingt sehr simpel, ist aber ein sehr wirkungsvolles Hilfsmittel für eine Veränderung. Außerdem ist es so leicht nachzuvollziehen, daß Sie sicher keine Entschuldigung finden werden, um den Versuch nicht zu wagen.

Ruheatmung	Seite 129
Grundschablone der Bestätigung	Seite 149
Der Ruhe-Raum	Seite 348
Die Freude an der Wiederholung	Seite 197

Freibrief für Erfolgsverweigerung

Wenn Sie mir versprechen, meinen Unternehmerkollegen nicht zu verraten, daß ich es war, der dies geschrieben hat, verrate ich Ihnen ein Arbeitsgeheimnis, das helfen kann, sich einen gesunden Menschenverstand zu bewahren.

Seit Ihrem ersten Schultag ist Ihnen wahrscheinlich eingebleut worden, wie wichtig es ist, in allem, was Sie tun, Erfolg zu haben. Daraus entsteht viel Druck. Es ist nicht übertrieben zu behaupten, daß viele, wenn nicht sogar die meisten Menschen ihren persönlichen Wert an dem Erfolg messen, den sie im Beruf erzielen oder nicht erzielen. Wer sich nicht als erfolgreich im Beruf bezeichnen kann, dessen Selbstwertgefühl leidet. Das wiederum führt dazu, daß sich solche Menschen enttäuscht und gestreßt fühlen.

Das muß nicht sein.

Es besteht überhaupt keine Verpflichtung für Sie, erfolgreich zu sein. Es ist sogar sehr gut möglich, daß Sie ein weitaus entspannterer Mensch wären, wenn Sie diese landläufige Auffassung von Erfolg von sich wiesen. Ebenso müssen Sie natürlich dagegen ankämpfen, sich als Versager zu fühlen – diese Einstellung kann ebenso demoralisierend sein und Streß verursachen.

Wie können Sie sich also dem Zwang entziehen, im Arbeitsleben erfolgreich zu sein, ohne sich dabei wie ein Versager zu fühlen?

Es hängt einzig und allein davon ab, wie Sie Erfolg definieren. Wahrscheinlich hat Ihre Auffassung von Erfolg viel damit zu tun, was andere Leute unter erfolgreich sein verstehen – das heißt, es liegen die üblichen Maßstäbe der Leistungsmessung zugrunde. Ebenso ist es sehr wahrscheinlich, daß Sie sich noch nicht viele Gedanken darüber gemacht haben, was erfolgreich sein für Sie bedeutet.

Aber wenn Sie jetzt für einige Minuten die Liste der Lebensprioritäten zu Rate ziehen, können Sie exakt herausfinden, was Erfolg für Sie in allen Bereichen Ihres Lebens bedeutet. Es ist durchaus möglich, daß Erfolg für Sie gar nichts mit Ihrem Job zu tun hat. Erfolg könnte sich darauf beziehen, was Sie als Elternteil leisten, als Partner oder als Staatsbürger. Er könnte sich auf Ihre autodidaktischen Ambitionen beziehen oder auf Ihre Bemühungen, sich selbst irische Volkstänze beizubringen. Diese Entscheidung können nur Sie treffen.

Sobald Sie sich einmal entschieden haben, wie und woran Sie Ihren Erfolg messen wollen, geben Sie sich die Erlaubnis, alles, was die Auffassung anderer Menschen von Erfolg widerspiegelt, von sich zu weisen. Wenden Sie dann die Technik der hundertprozentigen Leistung auf alles an, was Sie tun wollen.

Dann finden Sie Ruhe.

Hier finden Sie weitere Tips zur Ruhe:

Liste der Lebensprioritäten .... Seite 115
Der kreative Langzeitplan ...... Seite 207
Doppelte Verantwortung ...... Seite 202
Sagen Sie nein .... Seite 176
Die hundertprozentige Leistung Seite 195

Nehmen Sie sich Zeit zum Ruhigsein

Schauen Sie sich einmal an Ihrem Arbeitsplatz um. Einige Ihrer Kollegen werden ständig in Eile sein; sie stürzen von einer Besprechung zur anderen, rauschen im letzten Augenblick herein, verschwinden in der letzten Sekunde, jagen ständig hinter irgendwelchen Vorgaben her.

So wie diese Leute ständig in Eile sind, weisen sie auch rein körperlich die charakteristischen Merkmale eines »eiligen« Menschen auf. Sie sprechen schnell, atmen hastig, gestikulieren wild in hastigen, fahrigen Bewegungen. Sie sind nervös und unruhig, spielen mit den Fingern, treten von einem Fuß auf den anderen, tasten ihre Taschen nach Zigaretten oder Kaugummis ab.

Dies sind Charakteristika für einen Menschen, der unter Anspannung steht.

Die charakteristischen Merkmale eines entspannten Menschen dagegen zeigen in die entgegengesetzte Richtung. Solche Menschen sprechen langsam, atmen ganz ruhig und gestikulieren mit ausladenden, lässigen Bewegungen. Sie schlendern herum, schauen aus dem Fenster und wirken immer so, als hätten Sie alle Zeit der Welt. (Und doch arbeiten sie wahrscheinlich ebensoviel wie ihre Kollegen von der Gegenseite.)

Es folgen eine ganze Reihe von Möglichkeiten, wie Sie sich dem Idealbild eines entspannten Menschen nähern können.

Nichtstun

Haben Sie den Ausdruck »Leerlauf« schon einmal gehört? Er wird meistens in Verbindung mit Autos verwendet, wenn der Motor läuft, aber kein Gang eingelegt ist. Der Motor arbeitet mit der niedrigsten Drehzahl und läuft in diesem Zustand am ruhigsten und energiesparendsten.

Dieses Bild kann auch auf den Menschen übertragen werden.

Untersuchungen über Arbeitsgewohnheiten haben ergeben, daß auch der Mensch nur eine bestimmte Zeitspanne arbeiten kann, ohne eine Pause einzulegen, bevor seine Leistungsfähigkeit abnimmt. Man spricht hierbei von einem Aktivitäts- und Ruhezyklus. Im Durchschnitt umfaßt dieser Zyklus beim Menschen neunzig bis 120 Minuten Aktivität, worauf zwanzig Minuten Ruhepause folgen. Dieser Zyklus ist zwar in seinen Werten von Mensch zu Mensch unterschiedlich und kann zusätzlich variieren, um kurzfristigen Anforderungen gerecht zu werden, aber es ist ein Zyklus, den zu respektieren man nicht umhin kommt. (Wer ihn konstant ignoriert, hat gravierende Auswirkungen auf Gesundheit und Leistungsfähigkeit zu befürchten.)

Diese zwanzigminütige »Ruhepause« kann Ihr Leerlauf, Ihre Zeit des Nichtstuns sein.

Das Ziel einer solchen Phase ist nicht, zur Kaffeemaschine oder zur Keksdose zu hetzen, sondern sich damit zu beschäftigen, Ruhe und Entspannung zu finden. Machen Sie sich dazu frei von allem, was in den vergangenen neunzig bis 120 Minuten Anspannung erzeugt hat, und nehmen Sie die äußerlichen, allgemein sichtbaren charakteristischen Merkmale eines entspannten Menschen an. Das ist alles. Nur die äußerlichen Charakteristika. Übernehmen Sie das geringere Tempo, die Atemfrequenz, die langsamen Bewegungen, die entspannte Sprechweise.

Nichtstun

- Gönnen Sie sich nach einer Arbeitszeit von neunzig bis 120 Minuten eine Ruhepause.
- Bemühen Sie sich ganz bewußt, Ihre physischen Aktivitäten herunterzuschalten, zu verlangsamen. Sprechen Sie langsamer, sogar langsamer, als Sie es für natürlich halten. Wenn Sie Ihre Hände und Füße bewegen, dann zwingen Sie sich dazu, dies langsamer und zweckbewußter zu tun. Führen Sie jede Bewegung ganz bewußt aus – langsam und zweckgebunden. Sogar noch langsamer, als es Ihnen natürlich erscheint.
- Dann verlangsamen Sie *alles*.
- Gehen Sie langsamer.
- Denken Sie langsamer.
- Sprechen Sie langsamer.
- Wenn Sie das zwanzig Minuten lang getan haben, sind Sie bereit, den Rest Ihres Arbeitstages in Angriff zu nehmen.

Diese zwanzig Minuten des physiologischen Herunterschaltens werden Ihnen helfen, während des restlichen Arbeitstages ruhig und entspannt zu bleiben.

Hier finden Sie weitere Tips zur Ruhe:

Werden Sie ein B-Typ .... Seite 247
Gönnen Sie sich etwas
Gelassenheit .... Seite 246
So klingt Ruhe .... Seite 339

Suchen Sie sich ein bißchen Streß

Es ist ein weitverbreiteter Irrtum, daß jeder Streß schlecht für Sie sei. Mancher Streß wirkt sich ausgesprochen positiv aus. Dieser positive Streß – der Fachbegriff dafür heißt *Eustreß* – besteht aus den intensiven Empfindungen, die Erfreuliches im Leben begleiten: die Fahrt in einer Berg- und Talbahn, das erste Rendezvous, eine Beförderung, der Sieg, den ein Team in einem Wettkampf erringt.

Solcher Streß löst nicht nur Wohlgefühl bei Ihnen aus, er ist eine echte Bereicherung Ihres Lebens und unterstützt die anschließende Entspannung.

Wenn Sie in einem Job arbeiten, der sehr viel Energie erfordert und viel Anspannung und Druck mit sich bringt, oder wenn Sie von Natur aus so veranlagt sind, daß Sie zur Anspannung neigen und zu sehr auf Ihre Arbeit fixiert sind, dann kann es von Nutzen für Sie sein, sich, über die Woche verteilt, selbst immer wieder eine Dosis positiven Stresses zukommen zu lassen.

Der sicherlich erfreulichste positive Streß tritt bei einem unverhofften Glücksfall ein. Aber auch hier gibt es Elemente, die Sie aus eigenem Antrieb auf den Plan rufen können. Nehmen Sie die folgende Tabelle als Anregung, und setzen Sie alles daran, Ihr normales Leben mit einigen dieser Elemente zu bereichern.

Positiver Streß	Negativer Streß
Sie sind befördert worden.	Man droht Ihnen mit Versetzung auf einen schlechteren Posten.
Sie sind im Beruf ein großes Stück vorangekommen.	Sie müssen im Beruf einen erheblichen Fehlschlag hinnehmen.
Sie treffen zufällig Ihre große Liebe.	Sie haben eine Auseinandersetzung mit Ihrem Kollegen.
Ihr Fußballverein punktet.	Ihr Scheck platzt.
Sie machen mit Ihrem Achtjährigen ein Wettrennen durch den Park.	Ihr Achtjähriger hat Schwierigkeiten in der Schule.
Sie fahren auf einem »Heißen Ofen«.	Sie bekommen einen Strafzettel wegen Falschparkens.
Ihr Lieblingssänger kommt auf die Bühne.	Sie machen sich ohne konkreten Anlaß Sorgen.

Fünf Minuten, um die Stadt zu verlassen

Was, wenn Sie die Ratschläge in diesem Buch (bis hierher) alle befolgt haben, wenn Sie sich mit allem, was Ihnen zur Verfügung steht, in Ihre Arbeit gestürzt haben, wenn Sie sich selbst überzeugen konnten, daß Sie bis zu einem gewissen Grad Einfluß auf das haben, was Sie tun – und sich aber immer noch wie das Kaninchen in der Falle fühlen?

Es ist nur vernünftig, wenn man sich darauf einstellt, daß das immer wieder einmal eintreten kann. Alles in allem kann niemand tagaus, tagein, Woche für Woche, ständig Höchstleistungen erbringen. Auch der gelassenste Mensch fühlt sich bisweilen unter Druck.

Dann ist es an der Zeit, eine Pause einzulegen.

Sie wissen, daß es wie ein Schalter in einem Stromkreis wirken kann, einen kleinen Urlaub einzulegen, wenn Sie es am nötigsten haben. Über das Wochenende wegfahren, einen Ausflug in die Berge unternehmen, einen Tag am Strand verbringen oder einen Spaziergang durch den Park zu machen – es gibt Zeiten, in denen eine solche Unterbrechung immens wichtig und von unschätzbarem Wert ist.

Sie können es sich aber nicht leisten, gerade jetzt Urlaub zu machen? Es ist Freitag, und Sie haben noch nichts geplant?

Das macht nichts. Sie wissen doch, was man *empfindet, fühlt*, wenn man unterwegs ist. Schließen Sie die Augen, dann sind Sie vielleicht in der Lage, sich in Erinnerung zu rufen, wie es beim letzten Mal ausgesehen hat. Vielleicht können Sie sich sogar ins Gedächtnis rufen, wie es geklungen hat.

Wenn Sie sich ein biß-chen bemühen, können Sie sich alles, was Sie empfunden, gesehen und gehört haben, in Erinnerung ru-

Hier finden Sie weitere Tips zur Ruhe:
Ruheatmung .... Seite 129
Die Plus-Minus-Methode ...... Seite 239

Fünf Minuten, um die Stadt zu verlassen

1. Genießen Sie einige Minuten der Entspannung mit der Ruheatmung.
2. Wenn Sie entspannt sind, schließen Sie die Augen und stellen sich vor, daß Sie vor einer großen Kinoleinwand sitzen.
3. Malen Sie sich vor Ihrem geistigen Auge die entspannteste Umgebung aus, die Sie sich vorstellen können. Vielleicht eine Gegend, die Sie früher einmal besucht haben. Entfliehen Sie der Realität, und erforschen Sie diese Gegend bis ins kleinste Detail.
4. Stellen Sie sich jetzt vor, wie Sie selbst in dieses Bild hineinsteigen. Sehen Sie sich auf der Leinwand, wie Sie sich an dem Augenblick erfreuen, wie Sie die Ruhe genießen.
5. Halten Sie fest, was Sie sehen können. Hören Sie alle Geräusche. Fühlen Sie den leichten Wind, die Umgebung, die Temperatur.
6. Wenn sich dieses Bild ganz fest in Ihre Gedanken eingeprägt hat, machen Sie einen Schnappschuß von sich (oder lassen Sie alles im Rahmen erstarren) – komplett mit allen Bildern, Geräuschen und Empfindungen.
7. Entspannen Sie sich, und lassen Sie die positiven Empfindungen ihren Weg durch Ihr Bewußtsein nehmen.

fen. Das kann Ihnen helfen, wann und wie Sie es benötigen, und dabei kostet es Sie nur fünf Minuten, diese Eindrücke wieder zum Leben zu erwecken. Wann immer Sie das Bedürfnis danach haben!

Finden Sie den Park

Wenn Ihnen jemand erzählte, daß dreißig Minuten, die man damit zubringt, durch das Laub in einem Park oder einem Garten zu spazieren, all den Streß und die Anspannung, die Ihnen den Arbeitstag vergällen, in nichts auflösen, würden Sie wahrscheinlich mit den Schultern zucken und sagen, das hätten Sie schon gewußt.

Jedermann weiß das. Aber wie viele Menschen handeln danach?

Sie haben eine Entschuldigung, ganz klar. In der Nähe Ihrer Arbeitsstelle gibt es keine entsprechende Umgebung. Sind Sie da ganz sicher? Ist es Ihnen nicht auch verhaßt, wenn ein Besucher die Stadt besichtigt und Ihnen nach ein paar Tagen von all den wunderbaren Orten vorschwärmt, die es in Ihrem Stadtviertel gibt, von denen Sie aber noch nie Notiz genommen haben? Kommen Sie nicht ins Staunen, wenn Sie sich, nur zwei Häuserblocks von Ihrer Arbeitsstelle entfernt, mit einem Freund verabreden und plötzlich eine ganze Reihe neuer Geschäfte und Restaurants entdecken?

Das ist eine der Schattenseiten, die ein Leben als hart arbeitender Mensch mit sich bringt. Wir werden so sehr von unserem eigenen, isolierten Leben in Anspruch genommen, daß wir dazu neigen, das Schöne und Angenehme zu übersehen, das sich direkt vor unserer Nase darbietet.

Die Technik »Suchen Sie den Park« beinhaltet auch eine kleine Suche. Sie sollen einen kleinen Park oder etwas Ähnliches in der Nähe Ihrer Arbeitsstelle finden. Es ist wirklich erstaunlich, wie oft solch ein Ort in dem Umkreis liegt, den man bei einem kurzen Spaziergang durchmißt – ja, sogar mitten in der Stadt.

Anschließend erfolgt die Aufforderung an Sie: Gehen Sie dorthin, und machen Sie einen Spaziergang. Kein sportlicher Dauerlauf, kein Suchen nach einer Erleuchtung, nur ein Spaziergang. Nehmen Sie mit allen Sinnen die Atmosphäre in sich auf, lassen Sie die Anspannungen von sich abfallen, und lernen Sie, einfach wieder Mensch zu sein.

Ein Spaziergang in einer sauerstoffreichen Umgebung, die gleichzeitig eine Wohltat für das Auge ist – in einem Park zum Beispiel –, hat eine sofort einsetzende und meßbare Wirkung auf die Intensität Ihres Stresses. Wenn Sie jeden Tag einen solchen Spaziergang unternehmen, werden Sie bald ein viel ruhigerer Mensch sein.

Entfliehen Sie dem täglichen Einerlei

Streßprobleme tendieren in aller Regel dazu, zur Gewohnheit zu werden.

Sie können diese Gewohnheit überwinden, indem Sie ganz zweckgerichtet aus Ihrer täglichen Routine ausbrechen und etwas Neues anfangen, mehrmals am Tag. Das kann so einfach sein: Machen Sie einen flotten Spaziergang um den Block, statt eine Tasse Kaffee zu trinken. Es kann eine fünfminütige Meditation im Zug oder im Bad sein. Sie können aber auch fünf Minuten lang entspannender Musik aus dem Walkman lauschen.

Egal, was Sie sich aussuchen, es sollte auf jeden Fall eine ungewohnte Tätigkeit sein, ein Durchbrechen Ihrer Routine.

Wenn Sie es richtig anstellen, kann eine derartige Unterbrechung sehr wohltuend und eine große Hilfe sein in Ihrem Bestreben, Ruhe zu finden.

Hier finden Sie weitere Tips zur Ruhe:

So klingt Ruhe	Seite 339
Ärger bewältigen	Seite 276
Der Ruhe-Raum	Seite 348

Sicherheit ist eine Geisteshaltung

Die Arbeitswelt wird immer komplexer und weniger vorhersehbar. Der Wert Ihres Wissen und Ihrer Erfahrung schwindet
im Laufe der Zeit eher, als daß er steigt (sofern Sie sich nicht
ständig um Weiterbildung bemühen). So ist es durchaus verständlich, daß Unsicherheit auf dem Vormarsch ist.

Man fühlt sich nur schwer ruhig und entspannt, wenn man
unsicher ist.

Auch dieses Buch kann nur wenig dazu beitragen, Ihren Job
sicherer zu machen. Der schnellebige Charakter der heutigen
Welt bringt es mit sich, daß niemand mehr die absolute Sicherheit eines dauerhaften Arbeitsplatz hat.

Aber im emotionalen Bereich können Sie sicher sein. Hier ist
Sicherheit nichts anderes als eine Geisteshaltung.

Gehen Sie davon aus, daß Sie sicher sind

Sie verfügen über einen eigenen, auf Ihre Bedürfnisse zugeschnittenen Sicherheitsverstärker, wenn Sie die Grundschablone
der Übernahme von Seite 159 anwenden. Formulieren Sie einen
kleinen, immer gleichlautenden Text, der Ihnen hilft, sich völlig
ruhig und mit sich selbst im reinen zu fühlen.

Dabei müssen Sie nur folgendes tun: Stellen Sie sich vor, wie
Sie sich gerne fühlen möchten, und übernehmen Sie diese Empfindungen. (Ein solches Vortäuschen ist sehr wirkungsvoll, denn
es schmeichelt dem Unterbewußtsein und verleitet es dadurch,
so zu reagieren, wie Sie es möchten.) Es spielt keine Rolle, wie
Sie sich in Wirklichkeit fühlen. Übernehmen Sie einfach die Vorstellung, daß Sie sich absolut ruhig und sicher fühlen. Gehen Sie
davon aus, daß Sie absolutes Vertrauen in Ihre Leistungsfähigkeit haben und den Anforderungen Ihrer Stellung gewachsen
sind. Gehen Sie weiter davon aus, daß Sie die gegenwärtige Situation absolut im Griff haben und ebenso jede ähnliche Lage.

Übernehmen Sie die Vorstellung, daß Ihnen dieses Gefühl von Ruhe und Sicherheit vollkommen vertraut ist. Seien Sie nicht zu bescheiden in Ihren Vorgaben.

Gehen Sie schließlich davon aus, daß andere Sie so sehen, wie Sie sich vorstellen, daß Sie sind. Im Nu werden Sie sich sicher fühlen.

Hier finden Sie weitere Tips zur Ruhe:
Grundschablone der Übernahme   Seite 159
Werden Sie ein B-Typ .... Seite 247
Gönnen Sie sich etwas
Gelassenheit .... Seite 248

Sagen Sie sich, daß Sie sicher sind

Erinnern Sie sich noch, wie in dem Film *Der König und ich* Deborah Kerr die Kinder eindringlich auffordert: »Pfeift eine lustige Melodie, wenn ihr euch fürchtet«? Das war ein sehr wirkungsvoller Appell an das Unterbewußtsein, der ihnen half, Furcht und Unsicherheit zu überwinden.

Positive Bestätigungen funktionieren nach demselben Prinzip. Durch ständige Wiederholung einer ganz bestimmten Abfolge von Wörtern beeinflussen Sie Ihr Unterbewußtsein schrittweise dahingehend, die Anweisungen aus den Formulierungen zu übernehmen. Noch einmal betone ich: Wenn Sie positive, Gelassenheit assoziierende Wörter verwenden, werden Sie am Ende eine positive, gelassene Haltung erreichen.

Hier einige Wendungen, die Sie unterstützend einsetzen können, um sich sicherer zu fühlen. Ich bin fest davon überzeugt, daß Sie auch noch andere finden.

- *Ich habe absolutes Vertrauen in meine Fertigkeiten und Fähigkeiten.*
- *Ich weiß, daß ich alles schaffen kann, was ich mir in den Kopf setze.*
- *Dieses Vertrauen strahlt von mir auf meine ganze Umgebung aus.*

Oder:

- *Ich entspanne mich mehr und mehr und erreiche einen Zustand großer Ruhe und inneren Friedens.*
- *Ich fühle mich zufrieden, sicher und eins mit der Welt.*
- *Ich strahle diesen inneren Frieden und diese Ruhe auf alle aus, mit denen ich in Kontakt komme.*

Ziehen Sie dann die Grundschablone der Bestätigung heran, um diese Wendungen zur Wirkung zu bringen.

Hier finden Sie weitere Tips zur Ruhe:

Grundschablone der
Bestätigung .... Seite 149
Ein positives Wort .... Seite 223

Tagtraum

Unser ganzes Leben lang hat man uns erzählt, daß Tagträume – das mit offenen Augen in den Tag Hineinträumen – Zeitverschwendung seien, bei der wir unserer Trägheit die Zügel schießen ließen und uns verwöhnten. Wenn man den Lehrern und Erziehern glauben darf, sind Tagträume ebensowenig wünschenswert wie Schwindelei und Faulheit.

Doch wer solches behauptet, ist im Unrecht. Richtig eingesetzt sind Tagträume eine positive, bereichernde Übung, die am Arbeitsplatz aktiv gefördert werden sollte. Jeder Mensch sollte sich von Zeit zu Zeit Tagträumen hingeben.

Im Arbeitszyklus jedes Menschen, der eine bestimmte Leistung erbringt, ist eine festgesetzte Zeitspanne zum Ausruhen und zur Erholung vorgesehen. Idealerweise umfassen diese

Ruhepausen eine Spanne von zwanzig Minuten. Verstärkend wirkt, wenn während dieser Zeit zusätzlich eine Verschiebung der Gehirntätigkeit dahingehend erfolgt, daß die Aktivität der linken Gehirnhälfte (analytisch-logisches Denken, Sprache) durch eine Aktivität der rechten (Kreativität, Intuition, Emotionen) abgelöst wird.

Was aber ist eine der am leichtesten abrufbaren Aktivitäten der rechten Gehirnhälfte? Sie haben es erraten: Tagträume.

Machen Sie nach einer Arbeitszeit von neunzig bis 120 Minuten eine Pause von zwanzig Minuten, in der Sie Ihren Tagträumen nachhängen. Dann sind Sie auf dem besten Wege, eine ruhige und leistungsfähige Arbeitskraft zu werden.

Noch besser ist es, wenn Sie Ihre Tagträume bis zu einem gewissen Grad vorausplanen und lenken. Denn dann können Sie sie dazu benutzen, das zu erreichen, was Sie sich wünschen, zum Beispiel ein Gefühl der Sicherheit bei allem, was Sie tun.

Sind Ihre Tagträume von Ruhe und Sicherheit geprägt, wird ein Gefühl von Ruhe und Sicherheit auf Sie übergehen. Und das beste: Sie wissen bereits, wie das mit den Tagträumen geht.

Schaffen Sie Reserven

Eine meiner Angestellten sagte einmal zu mir: »Sie können leicht ruhig sein, Ihnen gehört das Unternehmen. Sie können ohne mich auskommen, aber ich nicht ohne Sie.«

Viele Unternehmenseigner bestreiten diese Tatsache zwar, aber man kann den Standpunkt meiner Angestellten gut verstehen. Da sie auf ihren Job angewiesen war, mangelte es ihr an Entscheidungsfreiheit. Und wenn jemand in seinen Wahlmöglichkeiten und in seiner Entscheidungsfreiheit eingeschränkt ist, fühlt er sich unter Druck.

Sie könnten Ihre eigenen Wahlmöglichkeiten kreieren.

Einen der großen Tricks bei der Schaffung solcher Wahlmöglichkeiten lehrte mich mein früherer Geschäftspartner bei der

Gründung unseres ersten Unternehmens. Zugegeben, diese geniale Strategie zur Vermeidung von Streß ist nicht für jedermann anwendbar. Aber für die, die sich ihrer bedienen können, ist sie sehr wirkungsvoll.

Er nannte es: Schaffe dir Reserven.

Wir knauserten und sparten in den ersten Monaten, wo es ging, und schufen uns so eine kleine Reserve, mit der wir nur einen einzigen Zweck verfolgten: Wir wollten uns damit die Freiheit erhalten, entscheiden zu können, für wen wir arbeiten und was wir tun. Mit dieser eisernen Reserve im Hintergrund glaubten wir, immer freie Hand bei unseren Wahlmöglichkeiten zu haben.

Wenn Sie sich eine solche Reserve anlegen, können Sie sicherstellen, daß Sie sich nie an Ihren Job gekettet fühlen und immer die Freiheit bewahren, den Arbeitgeber zu wechseln, wenn die Situation es erfordert. Mit anderen Worten: Sie selbst sind es, der die Entscheidungen trifft. Die Höhe der Reserve richtet sich nach der Übergangszeit, die Sie zwischen zwei Jobs überbrücken müssen, und nach dem, was Sie als Rücklage abzweigen können. Sie werden Ihre Planung danach abstimmen, ob es sich um eine vierwöchige oder sechsmonatige Überbrückungszeit handelt, für die Sie Sicherheit benötigen.

Dann haben *Sie* die Wahl, *Sie* treffen die Entscheidung.

WENN SOZIALE FAKTOREN DIE URSACHE SIND

Schwierigkeiten in den Beziehungen zu anderen Menschen an Ihrer Arbeitsstätte – zu Kollegen, Aufsichtspersonal, Führungsriege oder Vertretern anderer Abteilungen –

> Zwischenmenschliche Beziehungen mit gleichgestellten Kollegen, Vorgesetzten und Untergebenen zu gestalten, ist wesentlicher Bestandteil Ihres Arbeitsalltags.

können den Arbeitsalltag sehr erschweren und Streß erzeugen.

Selbst wenn Sie ein ausgekochter Diplomat sind, ist es nicht leicht, mit einer autoritären Aufsichtsperson, einem verschlossenen Chef, einem Arbeitgeber ohne Kooperationsbereitschaft oder einem gehässigen Kollegen auszukommen. Noch schwieriger ist es, ein solches Verhältnis auf Ihre Art zu gestalten.

Aber auch hier gibt es Möglichkeiten für Sie, einen vernünftigen Umgang mit anderen Menschen in die Wege zu leiten. Die meisten dieser Möglichkeiten erfordern ein gewisses Maß an Selbstbewußtsein.

Selbstbewußtsein

Früher glaubte man, daß die Menschen in drei klar unterschiedene Kategorien von Persönlichkeitstypen aufzuteilen seien: »selbstbewußt«, »aggressiv« und »unterwürfig«. (Der letzte Typus wird allgemein als »passiv« bezeichnet, was ich aber für eine unzureichende Beschreibung halte.) Wenn wir auch zugeben müssen, daß dies, auf Individuen bezogen, nur stereotype Beschreibungen sind, verweisen sie doch auf eindeutige Verhaltensmuster. Aber diese Verallgemeinerungen müssen auf Sie nicht zutreffen. Mit einer nahezu unbegrenzten Zahl von Methoden, die zur Entwicklung eines gesunden Selbstbewußtseins beitragen, können Sie sich darauf trainieren, Tendenzen zu aggressivem oder unterwürfigem Verhalten zu überwinden. Trainieren Sie sich eine selbstbewußte Haltung an.

Was ist eine selbstbewußte Haltung, und welche Wirkungen kann sie entfalten?

Im Gegensatz zur landläufigen Meinung hat Selbstbewußtsein wenig zu tun mit einer lauten Stimme, einer energischen oder dominierenden Persönlichkeit oder mit Unverblümtheit. Theoretisch ist Selbstbewußtsein nichts anderes als die Entschlossenheit, bestimmte Ziele, die Sie für wichtig erachten, erreichen zu wollen und zu dieser Entscheidung zu stehen. In der Praxis hat Selbstbewußtsein mehr mit Kommunikation zu tun. Bringen Sie Ihre spezifischen Wünsche, Bedürfnisse oder Empfindungen klar und ohne Umschweife zum Ausdruck.

Aus der Tabelle auf Seite 35 ersehen Sie, daß die Verhaltensweise eines selbstbewußten Menschen deutlich ruhiger wirkt als die aggressiver oder unterwürfiger Menschen. Durch Studien wird dies immer wieder bestätigt.

Wie eine Ironie des Schicksals erschien es mir festzustellen, daß Menschen, die am meisten darunter leiden, sich am Arbeitsplatz nicht selbstbewußt behaupten zu können, keineswegs unterwürfige Typen sind (die sich in aller Regel ihrer unterwürfigen Neigungen schmerzlich bewußt sind). Statt dessen glauben oft die »aggressiven« Typen, daß sie Selbstbewußtsein verkörpern, wenn sie nur aggressiv sind. Sie leben in der Annahme, selbstbewußt zu sein, erreichen und leisten aber nichts von dem, was ein selbstbewußter Mensch erreicht und leistet. Das empfinden sie als besonders frustrierend.

Gleich nach dieser Gruppe kommen die Menschen, die den Typus »getriebene Persönlichkeit« (Typus A) verkörpern. Auch sie haben vielfach kein ausgeprägtes Selbstbewußtsein. Wenn ihnen dies klargemacht wird, eignen sie sich mit wahrer Leidenschaft die charakteristischen Merkmale eines selbstbewußten Menschen an. Sie sind dann maßlos frustriert, wenn sie nicht sofort ihre eigenen Vorstellungen durchsetzen können. Eine selbstbewußte Haltung ist keine Garantie dafür, daß man seine eigenen Vorstellungen realisieren kann. (Noch einmal möchte ich betonen, daß diese Persönlichkeitstypisierungen für uns nur ein Hilfsmittel sind, um die Neigung zu dem einen oder anderen Verhaltensmuster besser zu verstehen. Sie dienen nicht dazu, einzelne Personen zu stereotypisieren, denn niemand entspricht exakt und in allen Punkten einer solchen Typisierung.)

Wenn Sie nicht von Haus aus eine selbstbewußte Haltung mitbringen, kann es für Sie sehr nützlich sein zu lernen, wie Sie es zu mehr Selbstbewußtsein am Arbeitsplatz bringen. Außerdem wird Ihnen ein solches Wissen zu mehr Ruhe verhelfen.

Ich habe deshalb eine ganze Reihe von Seiten dem Zweck gewidmet, Ihr Selbstbewußtsein aufzubauen. Natürlich werden Sie dadurch nicht sofort von einer grauen Maus zu einem brüllenden Löwen. Aber die Ratschläge werden Sie in Fällen unterstützen, in denen Sie mit Ihrer Meinung und Ihrem Willen in Konflikt geraten. Sie werden Ihnen außerdem helfen, das zu erreichen, was Sie für wichtig halten.

Auch wenn Sie vielleicht nicht immer Ihre Vorstellungen durchsetzen, nicht immer die richtigen Worte wählen oder mit Ihrem Standpunkt nicht immer auf Zustimmung stoßen, werden Sie doch herausfinden, was es bedeutet, wenn man Ihnen Gehör schenkt und andere Notiz von Ihnen nehmen. Sie werden erkennen, daß dies ein weiterer Schritt zu mehr Ruhe ist.

Umgang mit schwierigen Menschen

Der Versuch, Berufskollegen zu beeinflussen, ist reine Zeitverschwendung. Um ganz ehrlich zu sein, allein der Versuch ist bereits anmaßend.

Zwischenmenschliche Beziehungen zu gestalten, ist dagegen wesentlicher Bestandteil Ihres Arbeitsalltags. Ob es sich dabei um Ihr Verhältnis zu gleichgestellten Kollegen, zu Vorgesetzten oder Untergebenen handelt – die Punkte, die Sie beachten müssen, sind mehr oder weniger dieselben.

Hier ist ein warnender Hinweis angebracht: Auch wenn Sie alle Anweisungen buchstabengetreu befolgen, kann ich Ihnen nicht garantieren, daß Sie mehr Einfluß auf andere ausüben werden als vor der Lektüre dieses Buches. Ich kann Ihnen aber versichern, daß Ihnen diese Ratschläge dabei helfen, zwischenmenschliche Beziehungen an Ihrem Arbeitsplatz leichter zu ertragen.

Die Vorgehensweise beim Umgang mit schwierigen Menschen ist relativ geradlinig. Bevor Sie aber einen Versuch wagen, sollten Sie diese drei Punkte beachten:

1. Treffen Sie eine genaue Entscheidung, was Sie von Ihrer Arbeit erwarten.
2. Machen Sie einen Plan, wie Sie dies erreichen wollen.
3. Legen Sie Ihre ganze Kraft in Ihre Bemühungen.

Zunächst müssen Sie sich darüber klargeworden sein, warum Sie arbeiten und was Sie sich von Ihrem Job erhoffen. Je nach der Entscheidung, die Sie treffen, werden einige der schwierigen Menschen, mit denen Sie es zu tun haben, nicht mehr von Bedeutung sein.

Als nächstes nehmen Sie den kreativen Langzeitplan zur Hand und erstellen einen Plan, um die Ziele zu erreichen, für die Sie sich entschieden haben. Dabei werden die schwierigen Personen, die Ihren Zielen hinderlich sind, mit in Rechnung gezogen.

Zu guter Letzt widmen Sie sich mit ganzem Elan Ihrer Aufgabe.

Wenn Sie nach diesen Punkten vorgehen, werden Sie plötzlich feststellen, daß die Beziehungen zu Ihren Kollegen unter einem neuen, weniger persönlichen Aspekt stehen. Haben Sie sich zum Beispiel dafür entschieden zu arbeiten, um Beziehungen zu anderen Menschen auf- und auszubauen, werden Sie einen faulen Kollegen mit anderen Augen sehen, als gipfelte für Sie der Zweck Ihrer Arbeit darin, ein Vermögen anzuhäufen. Haben Sie dagegen beschlossen, das Ziel Ihrer Arbeit sei es, in die Führungsspitze des Unternehmens aufzusteigen, so werden Sie einen unfähigen Chef in einem anderen Licht betrachten, als wenn der Zweck Ihrer Arbeit darin liegt, ein zuverlässiger Arbeitnehmer zu sein.

Sie werden schnell feststellen, daß die schwierigen Menschen, mit denen Sie im Arbeitsleben zu tun haben, in eine von drei Kategorien einzuordnen sind:

1. Menschen, die Sie in Ihren Vorhaben unterstützen,
2. Menschen, die Ihnen im Wege stehen,
3. Menschen, die weder auf die eine noch auf die andere Weise von Bedeutung sind.

Die Beziehungen zu denen, die Sie unterstützen, sollten Sie pflegen. Menschen, die Ihnen im Wege stehen, sollten Sie umgehen. Und Kollegen, die nicht von Bedeutung sind – sind wirklich nicht von Bedeutung.

Umgang mit schwierigen Menschen

- Nehmen Sie die Auflistung Ihrer Lebensprioritäten zur Hand, und entscheiden Sie, was Sie von Ihrer Arbeit erwarten.
- Nehmen Sie den kreativen Langzeitplan zur Hand, und erstellen Sie einen Plan, um dieses Ziel zu erreichen. Der Plan wird die schwierigen Menschen einbeziehen, die Ihnen bei Ihrem Vorhaben eventuell im Wege stehen.
- Schreiben Sie Ihren Plan nieder.
- Gehen Sie völlig in dem auf, was Sie tun.
- Teilen Sie die schwierigen Menschen in Gruppen ein: die, die Sie in Ihrem Plan unterstützen (die Beziehungen zu ihnen sollten Sie pflegen), die, die Ihnen immer im Wege stehen (Sie sollten sie umgehen), und die, die nicht von Bedeutung sind.
- Entspannen Sie sich, und freuen Sie sich an den Beziehungen zu den weniger schwierigen Zeitgenossen unter Ihren Arbeitskollegen.

Ärger bewältigen

Eine allgemein verbreitete Reaktion auf streßbeladene Situationen ist Ärger. Insbesondere, wenn zusätzlich Frustration mit im Spiel ist.

Kleine Kinder und Tiere werden auf sehr einfache, aber wirkungsvolle Weise mit ihrem Ärger fertig: Sie brüllen aus vollem Halse oder starten einen körperlichen Angriff auf die Quelle ihrer Frustration. Erwachsene neigen dagegen zu einer verbalen Reaktion – dabei kann das, was man in der Hitze des Gefechts sagt, oft zu noch komplexerem Streß führen als in der ursprünglichen Situation.

Wie ist also am ratsamsten mit Ärger umzugehen?

Sie können es vermutlich nicht immer vermeiden, Ärger zu empfinden. Aber Sie können den Schaden eindämmen, der Ihnen daraus erwächst. Um dieses Ziel zu erreichen, gibt es nur eines: Verlassen Sie das Büro, und gehen Sie im Freien. Gehen Sie in flottem Tempo, wenigstens fünfzehn Minuten. Beobachten Sie während Ihres Marsches jedes Detail in Ihrer Umgebung oder auf der Straße.

Während der ersten zehn Minuten werden Ihnen all die scharfen, schlagfertigen Erwiderungen und Vorwürfe durch den Kopf gehen, die Sie dem anderen ins Gesicht hätten schleudern sollen. Die nächsten fünf Minuten dienen dazu, daß Sie vermeiden, bei Ihrer Rückkehr zusätzlichen Streß zu schaffen. Denn sehr wahrscheinlich ist bei Ihnen der erste Zorn verraucht, und Sie haben in den letzten fünf Minuten Ihre Ausdrucksweise gemäßigt. Wenn Sie dann wieder zurückkommen, werden Sie nichts sagen, was Sie später bereuen könnten – zumindest nicht, ohne es vorher abgewogen zu haben.

Wie Sie bekommen, was Sie wollen

In unserer Zeit ist einer der in der Wirtschaft gängigsten und am häufigsten gebrauchten Ausdrücke das Wort »Konkurrenz«. Konkurrenz zwischen Märkten, Arbeitsuchenden, Gesellschaften, Abteilungen und Einzelpersonen. Und da unsere Welt immer mehr vom Konkurrenzkampf lebt, beziehungsweise durch ihn geprägt ist, stehen wir zunehmend unter dem Druck, am Arbeitsplatz eine selbstbewußte Haltung mit all ihren Vorteilen an den Tag zu legen.

Was aber hat das mit einem Buch zu tun, das sich mit der Ruhe beschäftigt?

Zunächst einmal: Das Verhalten selbstbewußter Menschen ist entspannter und gelassener als das Verhalten aggressiver oder unterwürfiger Menschen. Noch wichtiger ist, daß dieses Selbstbewußtsein hilft, einen der vorherr-

Hier finden Sie weitere Tips zur Ruhe:

Liste der Lebensprioritäten .... Seite 115
Der kreative Langzeitplan ...... Seite 207
Der Drei-Stufen-Plan .... Seite 213
Wie Sie bekommen, was Sie
wollen .... Seite 277
Die hundertprozentige
Leistung .... Seite 195

schenden Streßfaktoren am Arbeitsplatz auszuschalten – das Gefühl, keinen Einfluß auf das zu haben, was man tut. Deshalb lege ich so großen Wert darauf.

 ## Wie Sie bekommen, was Sie wollen

Ein selbstbewußtes Auftreten ist noch keine Garantie dafür, daß Sie bekommen, was Sie wollen. Wäre es so, dann wäre das Leben überschaubar. Was Ihnen die selbstbewußte Haltung aber auf alle Fälle garantiert, ist, daß andere dann wissen, was Sie wollen. Das ist bereits ein sehr guter Ausgangspunkt.

Sie müssen wissen, was Sie wollen

Die meisten Menschen versäumen es, den ersten Schritt zu tun. Der aber ist unabdingbar, wenn Sie das erreichen wollen, was Sie von Ihnem Leben erwarten. Das heißt, Sie müssen herausfinden, *was* Sie eigentlich wollen. Soviel Energie, Emotion und Kreativität werden bei der Verfolgung vager, nicht existenter Ideale und Vorstellungen vergeudet. »Ich will reich sein« ist eine solche vage Vorstellung. Dagegen ist »Wenn ich dreißig bin, möchte ich ein Vermögen von 1.000.000 Dollar an Aktiva haben« eine ganz gezielte Vorstellung.

Mit den in früheren Kapiteln dieses Buches vorgestellten Methoden und Möglichkeiten der Planung können Sie sich darüber klar werden, was Sie von Ihrer Arbeit erwarten und in welcher Weise Sie diese Erwartungen verwirklichen möchten.

Halten Sie diesen Aktionsplan schriftlich fest.

Haben Sie das getan, dann sind Sie Ihren Arbeitskollegen schon einen Schritt voraus. Wenn es also darum geht, das, was man erreichen will, selbstbewußt zu vertreten, ist exaktes Wissen um das eigene Ziel ein guter Ausgangspunkt.

Sie müssen wissen, welche Forderungen realistisch sind

Es ist nicht leicht, eine Forderung vorzubringen, wenn man keine Ahnung hat, ob diese Forderung akzeptabel ist oder nicht. Genausowenig gibt es für Sie eine Möglichkeit, sich für Ihre Rechte einzusetzen, wenn Sie nicht wissen, welche Rechte Sie haben.

Die Rechte, die sich aus einer selbstbewußten Haltung ergeben, beziehen sich immer auf eine Person und deren Verhältnis zu einer anderen oder auf eine Anfrage und die darauf erfolgende Antwort. Sie treten immer paarweise auf. Ich möchte hier einige dieser Rechte in der Reihenfolge ihrer Bedeutung aufzählen:

1. Das Recht zu fordern, was Sie anstreben.
2. Das Recht abzulehnen, was man von Ihnen fordert.
3. Das Recht, feste Vorstellungen zu haben.
4. Das Recht, die Meinung zu ändern.
5. Das Recht, Meinung, Ansichten und Gefühle zum Ausdruck zu bringen.
6. Das Recht, alles in Frage zu stellen, womit man nicht einverstanden ist.
7. Das Recht, eine zwischenmenschliche Beziehung aufzubauen und zu pflegen.
8. Das Recht auf eine Privatsphäre.
9. Das Recht, Erfolg zu haben.
10. Das Recht zu versagen.

Zu einer selbstbewußten Haltung gehört auch, sich darüber im klaren zu sein, daß jedes dieser Rechte (zusammen mit den übrigen, grundlegenden Menschenrechten) von Ihnen ausgeschöpft werden kann und darf – und dies natürlich auch anderen zuzugestehen. Informieren Sie sich über Ihre Rechte, und nehmen Sie sie wahr. Ermutigen Sie auch andere, ihre Rechte wahrzunehmen. Machen Sie sich stark für diese Rechte, wann immer Sie den Eindruck haben, daß sie bedroht sind.

Hier finden Sie weitere Tips zur Ruhe:

Sagen Sie nein .... Seite 176
Der nette Weg zum Nein ...... Seite 178
Üben Sie nur dort Einfluß aus,
wo Sie es können .... Seite 199

Artikulieren Sie Ihre Gedanken

Das grundlegendste Ihrer Rechte am Arbeitsplatz ist das auf eine eigene Meinung. Jeder Manager, der etwas anderes behauptet, ist in der heutigen Arbeitswelt fehl am Platze. Ebenso jeder, der sich beleidigt fühlt, weil ein anderer seine Meinung geäußert oder etwas eingefordert hat, das ihm wichtig erschien.

Sich zu behaupten bedeutet jedoch mehr, als nur für die eigenen Rechte einzutreten. Auch das Aushandeln konstruktiver Veränderungen, eine konstruktive Ausdrucksweise und die Initiative für positive Beziehungen gehören dazu.

Die grundlegende Fertigkeit eines Menschen, der sich selbstbewußt zu behaupten weiß, ist die Fähigkeit, die eigenen Wünsche, die eigene Meinung in positiver, verständlicher Form vorzubringen.

Um hierbei erfolgreich zu sein, beachten Sie die folgenden drei Punkte:

1. Sie müssen wissen, was Sie erreichen wollen.
2. Äußern Sie sich in positiver Weise.
3. Sie müssen wissen, wie weit Sie gehen dürfen.

Sie müssen wissen, was Sie erreichen wollen

Damit haben wir uns schon in früheren Kapiteln beschäftigt. Wenden Sie die verschiedenen Möglichkeiten und Methoden der Planung an, um genau festzulegen, was Sie von Ihrer Arbeit erwarten.

Halten Sie schriftlich fest, was Sie erreichen wollen.

Äußern Sie sich in positiver Weise

Vor einigen Jahren setzte ein bekannter Computerkonzern bei der Beschreibung seiner Marketingstrategien auf negative Kommunikation, indem er das Akronym FUD – für englisch *fear, uncertainty, doubt*, also Furcht, Unsicherheit, Zweifel – einsetzte. Ziel dieser Strategie war es, bei den Kunden eine unterschwellige Angst zu erzeugen, durch die Entscheidung für eine andere Marke Kalamitäten irgendwelcher Art auszulösen. Dadurch wollte man die Käufer beim Erwerb eines Computers davon abhalten, ihren Bedarf bei der Konkurrenz zu decken. Nach einigen Jahren rückläufigen Umsatzes mußte das Unternehmen eingestehen, daß sich negative Kommunikation auf Dauer nicht auszahlt.

Erkundigen Sie sich bei einem Werbefachmann, mit welcher Kommunikationstechnik – einer positiven oder einer negativen – Sie Ihr Ziel schneller erreichen. Er wird Ihnen die positive empfehlen. (Positive Kommunikation ist für den Texter nicht immer besonders lustig oder abwechslungsreich, aber sie wirkt schneller und ist leichter verständlich.) Auch jeder andere Experte, der etwas vom Verkauf versteht, wird Ihnen dasselbe sagen. In den Bereichen, in denen eine besonders gründliche und eindringliche Überzeugungsarbeit erforderlich ist – Visualisierung, Bestätigung, Hypnose und Psychotherapie –, ist eine positive Ausdrucksweise unschlagbar. Viele Leute vom Fach sind der festen Überzeugung, daß sie die einzige Möglichkeit ist, einen hohen Grad an Überzeugungskraft zu erreichen.

Eine positive Ausdrucksweise wirkt in der gleichen Weise wie eine selbstbewußte Haltung. Die einfache, positive und konstruktive Feststellung übermittelt Ihre Aussagen wesentlich schneller als jede negativ formulierte Äußerung. Was noch wesentlich bedeutungsvoller ist: Sie hat darüber hinaus eine viel positivere Wirkung.

Versuchen Sie deshalb nicht, das, was Sie sagen wollen, in

schwammigen Formulierungen oder nur andeutungsweise an den Mann/die Frau zu bringen – sei es um eigene Animositäten oder die des Gesprächspartners zu umgehen –, sondern entscheiden Sie sich für die direkte, positive Formulierung Ihrer Mitteilung oder Anfrage. Damit haben Sie in jedem Fall mehr Erfolg.

Hier einige Beispiele, wie das funktioniert.

Wenn Sie mit negativer oder aggressiver Haltung Ihr Anliegen vortragen, erfolgt die Antwort in der Regel schnell und abschlägig. Wie Sie aus den Abbildungen auf der nächsten Seite ersehen, ist im obersten Sprechblasendialog die ganze Angelegenheit nach der Antwort abgeschlossen. Sie müßten also mit Ihrem Anliegen noch einmal vollkommen neu beginnen oder beweisen, daß Sie nicht melodramatisch sind – was allein schon melodramatisch wirken kann.

Wenn Sie Ihr Anliegen, wie im mittleren Dialog dargestellt, sehr indirekt und unpräzise formulieren, kann die Antwort ebenso unpräzise und unentschieden ausfallen.

Fassen Sie daher Ihr Anliegen und Ihre Stellungnahme in einfache, positive Worte, und fordern Sie damit eine klare Antwort, ähnlich wie im untersten Dialog dargestellt. Dann befinden Sie sich bereits mitten in der Verhandlung.

Eine positive, konstruktive und direkte Ausdrucksweise, die Ihren Standpunkt deutlich und klar erkennen läßt, kann nicht ignoriert werden.

Sie müssen wissen, wie weit Sie gehen dürfen

Ich kann nicht sagen, ob dies eine Spielregel selbstbewußten Verhaltens ist oder eine einfache Überlebensstrategie in einer von Konkurrenzkampf geprägten Welt. Aber Sie müssen in jedem Fall wissen, wieweit Sie gehen dürfen.

Die wirkungsvollste Waffe, die Polizei und Untersuchungsrichtern auf der ganzen Welt zur Verfügung steht, ist weniger ihr juristisches Wissen oder ihre überdurchschnittliche Begabung

Die Wirkung einer positiven Ausdrucksweise

für die Durchführung von Verhören – es ist der Mund des jeweils Befragten. Die meisten Menschen wissen nämlich nicht, wieweit sie gehen dürfen, wenn sie einen anderen überzeugen oder überreden wollen.

Anwälte behaupten, es gebe bei einem Verhör nur vier Antworten, die zu verwenden ratsam ist: »Ja«, »Nein«, »Das weiß ich nicht«, »Das kann ich nicht beantworten«. Jede andere Antwort bringe nur Unannehmlichkeiten oder verlängere das Verhör. (Wohlgemerkt, das ist die Ansicht von Anwälten, nicht meine.)

Der Unterschied zwischen einer Verkaufskanone und einer Niete liegt selten darin, wie gut oder schlecht sie überreden können. Jede einigermaßen redegewandte Person kann Sie *beinahe* zum Kauf einer Sache überreden. Um einen Verkauf tatsächlich unter Dach und Fach zu bringen, benötigt man mehr. Schweigen gehört dazu – und vielleicht eine kleine Beeinflussung. Der größte Fehler, den schlechte Verkäufer machen, ist, daß sie nicht wissen, wann sie aufhören müssen. Wenn das Angebot einmal steht und auch angekommen ist, ist es höchste Zeit, den Mund zu halten. Alles, was Sie dann noch vorbringen, ist dem Verkauf eher hinderlich.

Der gleiche Grundsatz kommt zum Tragen, wenn Sie Ihr Selbstbewußtsein in die Waagschale werfen. Sie müssen wissen, was Sie erreichen wollen. Sagen Sie, was Sie zu sagen haben – positiv und direkt formuliert. Dann aber sollten Sie Ihre Zunge im Zaum halten.

Ich werde Ihnen ein Beispiel geben.

Jemand im Büro sagt Ihnen ins Gesicht, Sie hätten Übergewicht und seien zu dick. Sie möchten ihm nun mitteilen, wie taktlos und verletzend diese Bemerkung war. (Wir gehen hier natürlich davon aus, daß Sie sich einer positiven Ausdrucksweise ohne Umschweife bedienen.)

Antwort A: »Ich finde das sehr verletzend.«
Antwort B: »Ich finde das sehr verletzend. Wenn Sie Überge-

wicht hätten und jemand platzte damit heraus, wie würden Sie sich dann fühlen?«

Antwort C: »Ich finde das sehr verletzend. Als ich dreizehn war, kamen meine Eltern bei einem Autounfall ums Leben. Ich mußte von da an allein für meine drei jüngeren Brüder sorgen. Da hatte ich natürlich keine Zeit, mich besonders um meine Ernährung zu kümmern ...«

Merken Sie es? Bei Antwort A muß die Vorstellungskraft des anderen ins Spiel kommen – mit der Frage, wie sehr Sie wirklich verletzt sind, ob diese Äußerung wirklich so unmöglich war, ob daraus Schwierigkeiten entstehen können und so weiter. Jedes Ihrer Worte ist ein Volltreffer.

Bei Antwort B, mit der Sie zwar die gleiche Aussage tätigen, diese aber mit einem Vorwurf kombinieren, macht sich Ihr Gegenüber bereit, den Vorwurf abzuwehren. Ihre erste Aussage ist damit praktisch schon in Vergessenheit geraten.

In Antwort C ist die andere Person so wenig von der Wortfülle Ihrer Antwort beeindruckt, daß sie vielleicht schon darüber nachdenkt, wie sie Sie noch schlimmer treffen kann, wenn Sie ausgeredet haben.

Für eine selbstbewußte Haltung müssen Sie zunächst einmal wissen, was Sie erreichen wollen. Dann tragen Sie Ihr Anliegen ohne Umschweife in positiver Ausdrucksweise vor.

Hier finden Sie weitere Tips zur Ruhe:

Der kreative Langzeitplan ...... Seite 207
Ein positives Wort .... Seite 223
Sagen Sie nein .... Seite 176

Ein Dreißig-Sekunden-Kurs in Marketing

Sie werden sich vielleicht fragen, warum jemand einen Marketing-Kurs, auch wenn es nur ein Dreißig-Sekunden-Kurs ist, in ein Buch aufnimmt, das sich in erster Linie mit dem Thema Ruhe bewahren bei der Arbeit beschäftigt.

Dafür gibt es einen ganz einfachen Grund: Marketing, Verkauf und Erreichen, was man sich von der Arbeit erwartet, haben drei wichtige Grundprinzipien gemeinsam.

Das sind:

1. Orientieren Sie Ihre Aktivitäten an den Bedürfnissen Ihres »Käufers«.
2. Formulieren Sie Ihre Vorschläge positiv.
3. Legen Sie es darauf an, eine Antwort zu bekommen.

Diese Prinzipien können Ihnen helfen zu erreichen, was Sie sich zum Ziel gesetzt haben – auch reich und erfolgreich zu werden (falls das Ihr Wunsch sein sollte).

Im Augenblick beschäftigen wir uns nur mit den großen, übergreifenden Grundprinzipien, nicht mit detaillierten Unterpunkten wie Preispolitik, Produktion, Auslagengestaltung (im Hinblick auf die Konkurrenz) und so weiter. Jeder dieser Bereiche unterliegt nämlich eigenen Gesetzen.

Orientieren Sie Ihre Aktivitäten an den Bedürfnissen Ihres »Käufers«

(Ich verwende das Wort »Käufer« hier in einem allgemeinen Sinn. Es könnte Ihr Klient, Ihr Kunde, Ihr Chef sein – einfach jede Person, die Sie dazu bringen wollen, Ihr Argument oder Ihren Standpunkt, Ihre Ware, also das, was Sie »verkaufen« wollen, zu »kaufen«.)

Sie verwenden Marketing-Strategien, wenn Sie jemanden dazu bringen wollen, Ihr Argument oder Ihr Angebot anzunehmen, zu akzeptieren.

Um dabei Erfolg zu haben, müssen Sie bei Ihrer Planung von der Sichtweise der fraglichen Person ausgehen. Wann immer Sie jemanden dazu bringen wollen, Ihr Ersuchen, Ihre Beschwerde oder Ihren Standpunkt zu akzeptieren, dürfen Sie Ihre Argumentationsweise nicht nach Ihrer eigenen Sichtweise strukturieren. Nahezu jeder Mensch ist versucht, das zu tun. Statt dessen müssen Sie Ihre Argumentation nach der Sichtweise des anderen strukturieren. Ausschlaggebend ist die Berücksichtigung der Frage: »Welche Bedeutung hat das für mein Gegenüber?«

Nehmen wir zum Beispiel an, Sie wollen in eine andere Abteilung versetzt werden.

Sie könnten diesen Wunsch ohne Umschweife aussprechen und Ihre Argumente einzig und allein durch die Formulierung Ihrer eigenen Bedürfnisse verbalisieren: »Ich würde gern im Verkauf arbeiten.«

Solche Bitten kurzerhand abzuschmettern, fällt ganz leicht. Viel schwerer dagegen ist es, eine Bitte abzuweisen, deren Formulierung sich an den Bedürfnissen des anderen orientiert: »Ich würde Ihnen gerne beweisen, daß ich eine deutliche Verbesserung der Gesamtbilanz im Verkauf erreichen kann.«

Welcher Bitte wird man eher stattgeben? Der zweiten natürlich.

Je klarer und verlockender Sie dem anderen präsentieren, was er bei Ihrem gemeinsamen Geschäft an Nutzen zu erwarten hat, desto näher sind Sie der Erfüllung der eigenen Wünsche.

Formulieren Sie Ihre Vorschläge positiv

Darauf habe ich im *Buch der Ruhe* oft verwiesen. Positive Suggestionen und positive Ausdrucksweise sind praktisch ständig von fundamentaler Bedeutung, wenn Sie ein Verhalten beeinflussen wollen – wie etwa im Marketing.

Sie werden im Bereich Werbung und Marketing viele Leute finden, die dieses Argument kritisieren. Sie tun dies aber aus Unwissenheit. Erfolge im Bereich Marketing können Sie nicht auf negativer Motivation aufbauen. Das ist völlig gegen die Natur des Menschen.

»Verwenden Sie unseren Sonnenschutz, oder Sie werden Hautkrebs bekommen!« – ein solcher Slogan wird wenig Wirkung zeigen bei dem Personenkreis, den Sie zum Kauf Ihres Produkts überreden wollen. »Vermeiden Sie Hautkrebs, indem Sie unseren Sonnenschutz verwenden« ist da schon wesentlich wirkungsvoller. Abgesehen von der Politik sind mir nur wenige Erfolge im Verkaufsbereich bekannt, die auf negativ formulierten Vorschlägen basieren. (Auch wenn manchmal eine umgekehrte Psychologie oder das »Heruntermachen« der Konkurrenz durchaus von Erfolg gekrönt sein kann, die Intention dieser Taktik ist doch positiv.) Bisweilen wird ein Marktleiter eine negative Behauptung verwenden, um die Bemühungen eines Konkurrenten zunichte zu machen. So wie das oft in der Politik der Fall ist. Einige Versicherungsgesellschaften hatten ebenfalls versucht, diese Taktik einzusetzen – und Schiffbruch damit erlitten. Aus diesem Grunde konzentrieren sich heute alle erfolgreichen Versicherungsgesellschaften auf das Herausstellen eines positiven Nutzen, wie Beruhigung und Sicherheit.

Sie wollen Erfolg haben? Dann stellen Sie sicher, daß Sie ein positives Angebot unterbreiten, und achten Sie darauf, daß Sie Ihr Angebot in positiven Ausdrücken präsentieren.

So bekommen Sie eine positive Antwort

Marketing ist wie jede andere Form der Kommunikation ein Dialog. Ohne Antwort seitens des Adressaten kommt dieser Prozeß nicht zustande.

An Ihnen liegt es, dieses Echo einzufordern. Es genügt in keinem Fall, sich auf die Sensibilität oder die Auffassungsgabe des Gegenübers zu verlassen. Sie müssen die Antwort, die Sie hören möchten, sozusagen klar und deutlich vorformulieren – und dann warten, bis sie gegeben wird. »Kann ich also davon ausgehen, daß ich die Stelle bekomme?«

Hier finden Sie weitere Tips zur Ruhe:
Wie Sie bekommen, was Sie wollen .... Seite 277
Ein positives Wort .... Seite 223

Dreißig-Sekunden-Kurs in Marketing

1. Planen Sie Ihre Aktionen und strukturieren Sie Ihre Argumente mehr im Hinblick auf die Bedürfnisse und Wünsche Ihres »Käufers« als im Hinblick auf Ihre eigenen.
2. Formulieren Sie Ihre Vorschläge positiv. (Präsentieren Sie sie in positiver Ausdrucksweise.)
3. Konzipieren Sie Ihre Handlungsweise und Argumente so, daß als Erwiderung darauf eine positive Antwort zu erwarten ist. Geben Sie dann praktisch eine Vorformulierung der Antwort, die Sie hören wollen.

Wenden Sie diese drei Prinzipien bei allen Verhandlungen in Ihrem Arbeitsumfeld an, und Sie haben viel bessere Chancen, das zu erreichen, was Sie sich von Ihrer Arbeit erwarten.

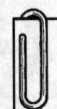

Die Kunst des Verhandelns

Es liegt in der Natur eines selbstbewußten Verhaltens, immer nach positiven, konstruktiven Ergebnissen zu streben. Dies bezieht auch die Gegenpartei mit ein. Leider könnte es nun sein, daß diese Partei Ihre Vorstellungen oder Ihre positive Einstellung nicht teilt. Oder daß sie gar kein Interesse an den von Ihnen angestrebten Ergebnissen hat. Aus diesem Grunde ist die Fähigkeit des geschickten Verhandelns ein unabdingbares Element selbstbewußten Auftretens.

Nun schauen Sie nur, was ich getan habe: Aufgrund meiner Ausführungen läuten jetzt bei Ihnen sämtliche Glocken Alarm. Sie wissen: Es gibt Leute, die *versuchen* zu verhandeln, und es gibt Leute, die sind brillante Verhandlungsgenies. Es gibt sogar ganze Firmen, die sich auf Verhandlungen spezialisiert haben und entsprechende Fachleute beschäftigen. Welche Chance haben Sie nun gegen solche Spezialisten?

Natürlich keine.

Aber Sie brauchen sie auch nicht. Wenn Ihr Job nämlich eine besondere Befähigung und Verantwortung im Bereich Verhandlungen erforderlich macht, dann kann man wohl davon ausgehen, daß Sie sich darauf ein bißchen besser vorbereitet haben als nur durch die Lektüre eines Buches über den Themenbereich Ruhe bewahren bei der Arbeit.

Was dieses Buch betrifft, umfaßt der Begriff »Verhandlung« eine Kombination aus verschiedenen Möglichkeiten, die Ihnen offenstehen, um Konflikte zu lösen, und die Ihnen Wege weisen, das zu erreichen, was Sie wollen. Solche Möglichkeiten umfassen unter anderem Überzeugungsarbeit (Verkauf), das Lösen von Problemen (»wie können wir gemeinsam dazu beitragen, diesen Punkt zu einer glücklichen Lösung zu führen?«), Zwang (keine gute Idee) und Anweisungen (abhängig von Ihrer Stellung). Verhandlung ist in diesem Sinne nicht so sehr in Richtung auf einen Geschäftsabschluß orientiert. Sie zielt darauf ab, Ihnen zu zeigen, wie Sie in Ihrer Arbeitswelt Ihren Weg finden können. Und zwar ohne sich durch die Beziehungen der Mitarbeiter untereinander, durch Fragen der Anstellung, durch Neuregelung von Aufgaben und Vorgaben oder durch die mannigfaltigen Kleinigkeiten, die sich Ihnen in den Weg stellen können, aus der Bahn werfen zu lassen.

Die folgenden fünf Punkte haben eine Schlüsselfunktion in den persönlichen, beziehungsorientierten Verhandlungen, mit denen Sie in den meisten Bereichen der Arbeitswelt konfrontiert werden.

Diese Punkte sind:

1. Legen Sie das von Ihnen angestrebte Ergebnis fest.
2. Seien Sie positiv eingestellt.
3. Geben Sie Ihrem Gegenüber zu verstehen, daß Sie bereit sind, zuzuhören.
4. Seien Sie darauf vorbereitet, einen Anreiz anzubieten.
5. Seien Sie hartnäckig.

Legen Sie das von Ihnen angestrebte Ergebnis fest

Ja, hier geht es wieder einmal um das, womit sich dieses Buch bisher schon mehrfach beschäftigt hat. Nutzen Sie die verschiedenen Methoden der Planung, um das Ergebnis, das Sie sich von Ihrer Arbeit und von jeder Verhandlung erwarten, genau festzulegen.

Wenn Sie ein einfaches, klar formuliertes Ziel vor Augen haben, ist das vorteilhaft für Sie, und Sie haben von Anfang an einen Vorsprung vor den anderen. Mit einer genauen Vorstellung dessen, was Sie erreichen wollen, beginnen Sie die Verhandlung dann mit einem Vorschlag, der darauf abzielt, daß Sie dieses angestrebte Ergebnis erreichen.

Seien Sie positiv eingestellt

Eine einfache, positive und konstruktive Ausdrucksweise ist die wirkungsvollste Waffe, die Sie bei Ihren Verhandlungen einsetzen können. Sie vermittelt schneller als jeder negativ geprägte Gesprächseinstieg Ihren Standpunkt und führt auch zu positiveren Ergebnissen.

Lassen Sie Sorgfalt walten bei der Auswahl Ihrer Formulierungen – und widerstehen Sie allen Versuchungen, Ihre Klugheit zu unterstreichen. Machen Sie keine Witze auf Kosten des anderen, und stellen Sie den anderen nicht bloß, um sich selbst in ein besseres Licht zu rücken.

Geben Sie Ihrem Gegenüber zu verstehen, daß Sie bereit sind, zuzuhören

Menschen, die von Berufs wegen Verhandlungen führen müssen, werden Ihnen sagen, daß ihre Fähigkeit, zuzuhören, einer ihrer wirkungsvollsten Trümpfe ist.

Sie wissen, was Sie erreichen wollen, und sind ganz auf das Erreichen dieses Ergebnisses konzentriert. Vielleicht glauben Sie jetzt, daß es vor allem darauf ankommt, sich nicht durch die Meinung oder die Kommentare anderer von seinen Zielen ablenken zu lassen. Das trifft aber nicht zu. Wenn Sie die Äußerungen Ihres Chefs ignorieren, werden Sie auf die Schnelle gar nichts erreichen. Wenn Sie die Äußerungen eines Kollegen ignorieren, opfern Sie damit Ihre Fähigkeit, zu geben und zu nehmen.

Abgesehen von den taktischen Vorteilen, dient das Zuhören auch noch einem anderen Zweck: Es enthüllt Ihnen die Einstellung Ihres Gegenübers. Vor allem dann, wenn Sie solche Fragen stellen, die nicht einfach mit »ja« oder »nein« zu beantworten sind.

Dies sind vor allem Fragen, die mit »wie«, »wann«, »wo« »warum« und »wer« eingeleitet werden. Beispiele: »Wie sind Sie zu diesem Schluß gekommen?« »Warum glauben Sie, daß jemand anderes genauso geeignet ist für diesen Posten wie ich?«

Fragen zu stellen ist auch insofern hilfreich, als es die Argumente der Gegenpartei abschwächt. Wenn die Gegenseite nämlich merkt, daß jeder Punkt, den sie vorbringt, registriert und anerkannt wird, besteht für sie kein Anreiz, noch mehr Gewicht auf die Behandlung dieses Punktes zu legen.

Man kann sogar noch weitergehen: Wenn Sie zuhören und auf die Empfindungen des anderen eingehen, dann – und nur dann – sind Sie in der Lage, Hindernissen zu begegnen, noch bevor sie sich Ihnen in den Weg stellen.

Sie erkennen zum Beispiel aus jemandes Stimme oder Haltung, daß er beschäftigt ist und deshalb keine Lust hat, Ihren Darstellungen zuzuhören. Dann können Sie das zu erwartende »Ich bin jetzt zu beschäftigt« schon im voraus durch Ihren Gesprächseinstieg entkräften: »Ich möchte mich bedanken, daß Sie sich die Zeit für dieses Gespräch nehmen. Ich weiß ja, wie beschäftigt Sie derzeit sind.«

Wenn Sie in Ihren Verhandlungen am Arbeitsplatz am Drücker bleiben wollen, dann hören Sie zu. Und hören Sie so zu, daß Ihr Gegenüber auch erkennen kann, daß Sie zuhören!

Seien Sie darauf vorbereitet, einen Anreiz anzubieten

Eine Verhandlung ist der Vorgang, bei dem Sie von jemandem, der eigentlich etwas von Ihnen will, das bekommen, was Sie wollen. Ihr Vorschlag wird deshalb eine Bedingung und ein Angebot umfassen.

Ihr Angebot wird wahrscheinlich einer der beiden folgenden Kategorien zuzuordnen sein: ein Nutzen für die Gegenpartei oder ein Kompromiß.

Ein Nutzen für die andere Partei

Sie kennen den Ausspruch »Eine Hand wäscht die andere«. Alle wirklich erfolgreich abgeschlossenen Verhandlungen enthalten dieses Element. Da gibt es keine Ausnahmen. Damit eine Verhandlung von Erfolg gekrönt ist, müssen *beide* Parteien das Gefühl haben, einen Vorteil errungen zu haben und einen gewissen Erfolg verbuchen zu können.

Ihre Aufgabe ist es deshalb, den Vorteil, den die andere Partei für sich verbuchen kann, wenn Sie Ihr angestrebtes Resultat erreicht haben, in einem besonders vorteilhaften Licht zu präsentieren.

Die Technik einer solchen Darstellung beruht auf dem Prinzip »Wenn ... dann«. »Wenn Sie ... dann kann ich ...« Ein Beispiel: »Wenn Sie sich dafür einsetzen, daß ich den neuen Computer bekomme, dann kann ich Ihre Aufträge noch schneller, besser und effektiver erledigen.«

Machen Sie Ihre Hausaufgaben. Überlegen Sie sich, wie Sie die Vorteile für die andere Partei besser herausstellen können. Ihre Verhandlungen werden dann wesentlich effektiver für Sie verlaufen.

Kompromiß

Der zweite Anreiz, den jeder, der eine Verhandlung führen möchte, im Kopf haben muß, ist ein – möglichst schon vorher geplanter – Kompromiß. Worauf sind Sie bereit zu verzichten, um Ihr angestrebtes Ziel zu erreichen?

Menschen, die Verhandlungen mit Erfolg führen, haben immer schon *vor* Beginn der eigentlichen Verhandlung ausgearbeitet, worauf zu verzichten sie bereit sind.

Seien Sie hartnäckig

Hartnäckigkeit ist eine Art Überlebensstrategie bei Verhandlungen. Sie erzielt die größte Wirkung, wenn Sie sich schon im Vorfeld die Zeit genommen und sich genau überlegt haben, was Sie mit Ihrer Arbeit erreichen wollen – und dann erst ausarbeiten, was Sie sich von der Verhandlung erwarten.

Bevor Sie in die Verhandlung einsteigen, sollten Sie schriftlich festhalten, was Sie mit ihr erreichen wollen. Seien Sie dabei so ehrlich, wie es nur geht. Denn je ehrlicher Sie in diesem Punkt sind, desto leichter wird es Ihnen fallen, immer wieder auf Ihren Standpunkt zu verweisen. Dabei ist es dann ganz gleichgültig, welche Argumente vorgebracht, welche Ausflüchte versucht werden oder wie brillant und ausgekocht Ihr Verhandlungsgegner seine Sache vertritt.

Wenn Ihr Ziel in einem einfachen Satz zusammengefaßt werden kann, wird es die Gegenpartei schwer haben, Sie mit Witz oder Redekünsten auszumanövrieren. Sie brauchen nämlich nur immer wieder auf diesen einen einfachen Satz zurückzukommen. Sie können damit wieder und wieder artikulieren, was Sie wollen, und das so lange, bis Sie Ihr Ziel erreicht haben. (Dies ist nicht Verhandlungsführung im strikten Sinne. Aber in den meisten Situationen, die sich am Arbeitsplatz ergeben, kann es eine sehr wirkungsvolle Taktik sein.)

Die Gelegenheiten, bei denen eine solche Wiederholung den meisten Nutzen bringt, sind:

1. Wenn die Diskussion in irrelevante (oder unbekannte) Bereiche abschweift.

2. Wenn Sie es mit einem Gegner zu tun haben, der die Verhandlung sehr geschickt zu seinen Gunsten führt oder versucht, Sie zu manipulieren.
3. Wenn Sie mit einem Verrückten verhandeln müssen.
4. Wenn Ihnen das Vertrauen in Ihr eigenes Verhandlungsgeschick fehlt.
5. Wenn jemand versucht, Ihnen Ihre Rechte abzusprechen.

Wiederholung ist ein ziemlich plumpes Hilfsmittel. Sie führt nie zu einer eleganten Konversation. Aber in schwierigen Fällen kann sie sehr von Nutzen sein. Allerdings nur, wenn Sie sich die Zeit genommen und genau festgestellt haben, was Sie sich von der Verhandlung erwarten – und zwar *vor* der Verhandlung.

Geschlechtsspezifische Verallgemeinerungen

Die Angelegenheit ist wichtig genug, um hier noch einen zusätzlichen Punkt in Betracht zu ziehen, nämlich die Unterschiede, die sich in den Vorgehensweisen von Männern beziehungsweise Frauen feststellen lassen. Da es sich hierbei um Verallgemeinerungen handelt, zahlt es sich aus, sie zu beachten, sollten Sie in Ihrem Falle zutreffen.

Im Gespräch neigen Männer dazu, Behauptungen aufzustellen und zu widersprechen. Sie unterbrechen den anderen, lenken vom Thema ab, zweifeln alles an und versuchen, alles zu widerlegen, was man auch vorbringt.

Frauen dagegen tendieren eher dazu, in einem Gespräch eine einvernehmliche Lösung oder einen Konsens zu erreichen. Sie tauschen Informationen aus (im Gegensatz zum Geben von Informationen), was bedeutet, daß sie eher befähigt sind, zuzuhören.

Wenn sich eine Verhandlung so abspielt, wie eben dargestellt, kann es ein deutlicher Nachteil sein, wenn man ein guter Zuhörer ist. Wenn Sie zuhören wollen, dann hören Sie in erster Linie auf sich selbst, wie Sie den einen, einfachen Satz wiederholen und wieder und wieder auf ihn zurückkommen, bis Sie erreicht haben, was Sie wollten.

(Dies ist zwar extrem vereinfacht, das ist mir klar; aber wenn Sie sich dieser grundlegenden Unterschiede bewußt sind, kann das für Sie von Nutzen sein. Vor allem dann, wenn das Umfeld an Ihrem Arbeitsplatz geschlechtsspezifisch geprägt ist.)

Hier finden Sie weitere Tips zur Ruhe:
Der kreative Langzeitplan ...... Seite 207
Ein positives Wort .... Seite 223
Sagen Sie nein .... Seite 176

Die Kunst des Verhandelns

- Legen Sie das von Ihnen angestrebte Ziel fest. Verwenden Sie zum Durcharbeiten Ihrer Strategien die Methoden und Techniken des Planens. Halten Sie Ihr Ziel in einem einfachen Satz fest.
- Verwenden Sie immer eine positive, konstruktive Ausdrucksweise.
- Geben Sie der anderen Partei zu verstehen, daß Sie zuhören, und versuchen Sie auch, Verständnis für den Standpunkt Ihres Gegenübers zu haben.
- Bieten Sie einen Anreiz: Welchen Nutzen hat die Gegenpartei, wenn Sie Ihr Ziel erreichen? Welchen Kompromiß sind Sie bereit anzubieten, um die Verhandlung zu einem erfolgreichen Ausgang zu führen? (Arbeiten Sie diese Punkte bereits vor Beginn der Verhandlung aus.)
- Seien Sie hartnäckig. Kommen Sie immer wieder auf den einen einfachen Satz zurück, der das von Ihnen angestrebte Ziel umreißt. Widerstehen Sie allen Bemühungen, vom Thema abzuschweifen.

Ruhige Selbstverteidigung

Das letzte und vielleicht wichtigste Element, das zu einem selbstbewußten Auftreten gehört, ist das Wissen darum, wie man sich für seine Rechte stark macht.

Der Ausdruck »sich stark machen für« ist ein bißchen kämpferisch angehaucht, muß aber nicht gezwungenermaßen aggressiv verstanden werden. Man kann ihn auch als pure Selbstverteidigung gegen einen Angreifer erklären.

Ruhige Selbstverteidigung ist dahingehend konzipiert, daß Sie Ihnen Schutz bietet gegen andere Leute und Sie dabei immer ruhig Blut bewahren. Sie wirkt nach dem gleichen Schema wie Jiu-Jitsu: Sie benutzen die Aggression oder den Schwung Ihres Gegners dazu, Ihre eigenen Vorstellungen durchzusetzen.

In der Praxis ist die ruhige Selbstverteidigung am Arbeitsplatz im allgemeinen dann am meisten vonnöten,

1. wenn Sie Ihre Rechte verteidigen müssen,
2. wenn Sie sich mit Kritik auseinandersetzen müssen.

Verteidigen Sie Ihre Rechte

Auf Seite 279 habe ich eine Liste Ihrer Grundrechte am Arbeitsplatz zusammengestellt. Natürlich gibt es deren noch mehr. Sie variieren auch von Arbeitsplatz zu Arbeitsplatz, von Beruf zu Beruf.

Wenn Ihre Rechte bedroht sind, haben Sie zwei Möglichkeiten: Sie können nichts tun und kochen dabei innerlich vor Wut. Oder Sie bestehen darauf, daß Ihre Rechte respektiert werden. Wenn Sie sich aber die Ruhe bewahren wollen, ist es das beste, Sie entscheiden sich für die letztere Möglichkeit und gehen die Sache an, bevor Sie Ihnen noch mehr Streß beschert.

Der Schlüssel für ein solches Vorgehen liegt in den folgenden Punkten:

1. Sie müssen Ihre Rechte kennen.
2. Sie müssen wissen, was Sie erreichen wollen.
3. Artikulieren Sie Ihre Empfindungen angesichts dieser Bedrohung.
4. Vermeiden Sie Kritik an der anderen Partei.
5. Halten Sie Ihre Zunge im Zaum.

Mit den Punkten 1 und 2 sind Sie ja schon vertraut.

Was Sie zunächst einmal in Worte fassen und artikulieren sollten, ist das, was Sie durch diese Bedrohung Ihrer Rechte *empfinden*. Zwar haben Sie es hier mit Fakten zu tun, aber es ist viel entwaffnender, wenn Sie diese Fakten in Ausdrücke Ihres Empfindens kleiden. Dadurch erfolgt die Kommunikation auf einer menschlichen Ebene und kann nicht in eine abstrakte Diskussion über das Richtig oder Falsch bestimmter Verhaltensweisen ausarten.

Erklären Sie, was Sie in dieser Lage *empfinden*. Vermeiden Sie es, die Gegenpartei mit einer Gardinenpredigt, mit Vorwürfen oder Kritik zu attackieren. Sobald Sie Ihren Standpunkt und Ihr angestrebtes Ziel klargelegt haben, halten Sie Ihre Zunge im Zaum und sparen sich weitere Reden.

Es spielt keine Rolle, wieviel Eindruck gemacht zu haben Sie glauben. Sie müssen der Gegenseite Zeit lassen, Ihre Beschwerde zu registrieren.

Umgang mit Kritik

Ihr Arbeitsleben wird wesentlich entspannter und harmonischer verlaufen, wenn Sie einen vernünftigen Weg finden, mit Kritik umzugehen.

Wenn Kritik in negativer, statt in konstruktiver Weise vorgebracht wird, empfinden wir sie als Angriff auf uns persönlich. Wenn sie dagegen in positiver, konstruktiver Weise geäußert wird, können wir uns leichter damit auseinandersetzen. Vorausgesetzt, Sie haben Ihr Ego unter Kontrolle und leiden nicht unter zu vielen aggressiven Neigungen, könnten Sie sogar in der Lage sein, konstruktive Kritik als eine Möglichkeit des Lernens und der Leistungssteigerung aufzufassen.

Der Umgang mit negativer Kritik macht mehr Mühe. Wir können anderer Leute Gewohnheiten, Kritik zu äußern, kaum ändern. Deshalb müssen wir uns Verteidigungsstrategien zulegen, die speziell auf unseren Umgang mit Kritik am Arbeitsplatz zugeschnitten sind. Ich habe diese zu drei Grundtechniken zusammengefaßt:

1. der Gegenstoß
2. die Finte
3. die Parade

Der Gegenstoß

Der Gegenstoß ist eindeutig die aggressivste dieser Techniken zur »Verteidigung«. Er greift die andere Partei nicht an, er kritisiert auch nicht ihr Verhalten oder macht ihr wegen dieses Verhaltens Vorwürfe. Er stellt lediglich die negative Kritik der anderen Partei – oder in noch subtilerer Weise deren *Recht* auf Kritik – in Frage.

Ich muß betonen, daß das Ziel darin liegt, die Kritik in Frage zu stellen – nicht, eine Verteidigung anzubieten. Sie wollen der anderen Partei zu verstehen geben, daß Sie deren Taktik durchschaut haben und daß diese Taktik nicht angebracht und deshalb zu unterlassen ist. Wenn Sie sich verteidigen, würde das nur die Bemühungen Ihres Kritikers rechtfertigen.

Zunächst einmal muß negative Kritik als solche identifiziert werden. Auch wenn Sie sie intuitiv erkennen, werden Sie feststellen, daß in den meisten Fällen negative Kritik versteckt wird hinter:

- Verallgemeinerung
- Belehrung
- Vergleich
- Umkehrung
- Herablassung

Im folgenden finden Sie einige Möglichkeiten, mit negativer Kritik umzugehen. Es gibt noch unzählige weitere Erwiderungen und Verdrehungen, die Sie verwenden können. Nutzen Sie Ihre Kreativität, und entdecken Sie noch mehr.

Methode	Kritik	Erwiderung
Verallgemeinerung	»Immer machen Sie ...« »Das ist typisch für ...«	*Verlangen Sie konkrete* *Beispiele.* »Wann genau habe ich ...« »Woher genau haben Sie dieses Wissen?«
Belehrung	»Sie sollten ...« »Warum können Sie nicht ...«	*Betonen Sie Ihre Rechte* *als Individuum.* »Ich kann. Ich muß aber nicht.« Wenn Sie mit jemandem wie Ihrem Chef sprechen: »Was sollte ich tun, um ...«
Vergleich	»Wenn ich Sie wäre ...« »Andere Leute sind allem Anschein nach fähig ...«	*Betonen Sie Ihre Einzig-* *artigkeit.* »Es ist wichtig, ein Individuum zu sein.«
Umkehrung	»Sind Sie dazu fähig ...« »Sie halten wohl nichts von ...«	*Erkennen Sie die Herab-* *setzung.* »Ich kenne meine Fähig- keiten sehr gut ... »Ich lege immer großen Wert auf Qualität/Intelli- genz/was auch immer.«
Herablassung	»Ein anderer in Ihrer Stellung würde ...«	*Bringen Sie die Gegen-* *partei dazu, ihre* *Überlegenheit zu beweisen.* »Was ist an meiner Stellung, das ...?«

Wenn Sie negative Kritik als solche erkennen und geistes-
gegenwärtig genug sind, ihr sofort Paroli zu bieten, dann tun
Sie das. Aber setzen Sie sich nicht selbst unter Druck. Sie
können darauf antworten, wie es Ihnen paßt – Sie haben die
Wahl.

Um Ihres eigenen Friedens willen aber würde ich Ihnen raten:
Antworten Sie, oder vergessen Sie das Ganze – es ist nichts gewonnen, wenn Sie sich ewig den Kopf darüber zerbrechen.

Die Finte

Dies ist eine Technik, die den anderen entwaffnet. Besonders bei Chefs oder Vorgesetzten kann sie angewendet werden, da sie sie sofort in die Pflicht nimmt und eine Rechtfertigung der Kritik verlangt. Trotzdem ist Vorsicht geboten: Diese Technik bricht ein Gespräch nicht ab. Sie ermuntert eher zu weiterer Diskussion. Seien Sie also darauf vorbereitet, was noch auf Sie zukommen könnte.

Anders als bei der vorigen Technik, dem Gegenstoß, ist diese Technik darauf angelegt, zu einem positiven, konstruktiven Ergebnis zu kommen – vielleicht in dem Sinne, daß Sie Ihre Arbeitsweise oder Ihr Verhalten ändern müssen –, nicht aber darauf, das Verhalten Ihres Kritikers in Frage zu stellen.

Kritik	Erwiderung
»Ihre Auffassung von Teamwork läßt zu wünschen übrig.«	»Was sollte ich tun, um diesen Mißstand zu beheben?«
»Das ist nicht der geeignete Job für Sie, denn Büroarbeit ist nicht Ihre starke Seite.«	»Inwiefern ist Büroarbeit nicht meine starke Seite?«

Die Parade

Vielfach werden Sie feststellen, daß die an Ihnen geübte Kritik zumindest ein Körnchen Wahrheit enthält. Bei der Parade greifen Sie dieses Körnchen Wahrheit (oder einen Aspekt davon) auf und formulieren die Aussage neu, so daß sie *Ihnen* mehr der Wahrheit entsprechend oder akzeptabler erscheint.

Mit anderen Worten: Sie akzeptieren die Kritik zumindest in Teilen inhaltlich, aber Sie verändern den Rahmen nach Ihren Vorstellungen.

Kritik	Erwiderung
»Ihre Arbeit ist eine Schande. Ihre Figuren sind schlampig gezeichnet. Sie scheinen sich nicht im geringsten darum zu kümmern, was Sie tun.«	»Sie haben ja recht, gestern waren sie schlampig gezeichnet. Aber finden Sie nicht, daß sie heute schon besser sind?«
»Ich kann Ihren Umgang mit der Zeit nicht billigen. Sie kommen immer zu spät zu den Besprechungen, und nie hinterlassen Sie, wo Sie zu finden sind.«	»Ich bin zu einigen Besprechungen zu spät gekommen. Das tut mir leid, deshalb will ich mir auch eine Uhr kaufen.«

Das Geheimnis der ruhigen Selbstverteidigung liegt nicht in dem Versuch, die Gewohnheiten anderer zu verändern, sondern das Negative, das sie verbreiten, mit einem Achselzucken abzuschütteln. Sie müssen nur eine entsprechende Erwiderung geben und dann das Ganze so schnell wie möglich aus Ihren Gedanken verbannen.

Sobald Sie es einmal abgeschüttelt haben, können Sie wieder ruhig sein.

Umgang mit Belästigung

Das vorausgehende Kapitel ist ideal für Sie, um sich Ihren Weg durch die alltäglichen Widrigkeiten am Arbeitsplatz zu bahnen. Manchmal aber können ernstere Konflikte auftreten, und zwar in den Bereichen Belästigung und Diskriminierung.

Belästigung ist im Prinzip jedes Verhalten, das darauf abzielt, Sie zu verletzen, einzuschüchtern oder zu erniedrigen. Diskriminierung ist jede unfaire Abgrenzung vor dem Hintergrund von Rasse, Geschlecht, Alter, Behinderung, Glauben, Familienstand oder Vorurteilen irgendwelcher Art. Beide, Belästigung wie Diskriminierung, können extrem starken Streß auslösen.

Manchmal haben sie ihre Ursache darin, daß eine Person oder eine Gruppe in unangebrachter Weise Macht oder Gewalt auf andere ausübt. In anderen Fällen sind weder Macht noch Gewalt im Spiel. Die Art und Weise, wie sich Belästigung manifestiert, ist sehr unterschiedlich. Das kann von rücksichtslosen Scherzen über verletzende Bemerkungen bis zu Unterdrückung und körperlichem Mißbrauch gehen. *In jedem Falle sind diese Vergehen ein Mißbrauch Ihrer Rechte und sollten am Arbeitsplatz nicht geduldet werden.*

In vielen Ländern sind Übergriffe dieser Art gesetzwidrig, und die Täter können strafrechtlich verfolgt werden. In extremen Fällen kann der Rechtsweg für Sie der einzige Ausweg sein. Im allgemeinen basieren solche Übergriffe aber auf Ignoranz, Gefühllosigkeit oder Grobheit und können deshalb auf (für Sie) weniger stressige Weise aus der Welt geschafft werden.

Was sollten Sie also unternehmen, wenn Sie am Arbeitsplatz belästigt werden?

Zunächst sollten Sie wissen, daß es Ihr gutes Recht ist, zu verlangen, daß dieses Verhalten unterbunden wird. Das steht außer Frage. Die nächsten Schritte variieren. Sie orientieren sich am Selbstvertrauen des Opfers, an der Macht des Übeltäters und am Grad der Belästigung.

1. Fordern Sie den anderen auf, die Belästigungen zu unterlassen

Wenn Sie genügend Selbstvertrauen und ein selbstbewußtes Auftreten haben, sollten Sie als allererste Maßnahme den anderen nachdrücklich auffordern, die Belästigungen zu unterlassen. Bevor Sie diese Aufforderung aussprechen, sollten Sie klar und deutlich feststellen: »Ich empfinde [Ihr Verhalten] als verletzende Belästigung.« So kann es keinerlei Unklarheiten darüber geben, worum es sich handelt. Dann sprechen Sie die Aufforderung aus, diese Angriffe einzustellen.

Oft wird der Übeltäter überrascht sein, wenn er das zu hören bekommt. Wenn die Belästigungen nicht vorsätzlich erfolgt sind, ist dies für ihn eine günstige Gelegenheit, sein Verhalten zu korrigieren.

2. Tragen Sie Ihre Beschwerde an höherer Stelle vor

Wenn der andere trotz allem sein Verhalten nicht ändert, oder wenn Ihre Stellung oder Ihr Selbstvertrauen es Ihnen nicht erlauben, ihn in seine Grenzen zu weisen, können Sie als nächsten Schritt Ihre Beschwerde bei der Ihnen zugeordneten Aufsichtsstelle vorbringen. In vielen Ländern ist der, der diesen Posten bekleidet, verpflichtet, zu Ihren Gunsten einzuschreiten.

Wenn diesen Posten zufällig der innehat, der Sie belästigt, oder bekleidet dieser Kollege eine höhere Position als der Aufsichtführende, sollten Sie in Erwägung ziehen, Ihre Beschwerde bei einer der folgenden Stellen vorzubringen:

- beim Vorgesetzten des Ihnen zugeordneten Aufsichtführenden
- beim Personalchef
- beim Manager des Unternehmens
- beim Leiter der Verwaltung
- bei einem der leitenden Direktoren (die vielen gesetzlichen Verpflichtungen unterstehen)
- bei einem Gewerkschaftsvertreter
- bei einem maßgeblichen Vertreter der für Sie zuständigen nationalen Vereinigungen gegen Diskriminierung

In der heutigen Zeit wird wohl jeder, der einen derartigen Posten bekleidet, Ihre Beschwerde ernst nehmen und entsprechend handeln.

Umgang mit Vorgesetzten

Ich will Sie hier mit einigen Hilfestellungen, die die Kommunikation betreffen, vertraut machen. Diese Tips habe ich selbst von einigen der weltweit erfolgreichsten Unternehmensfachleuten übernommen, die, jeder auf seinem Gebiet, samt und sonders ausgesprochen erfolgreich waren. Die angesprochenen Techniken funktionieren aber ebenso

> Lesen Sie dieses Kapitel sorgfältig durch. Es könnte vielleicht das Kapitel sein, das Ihnen Ihr mentales Gleichgewicht erhält und dazu führt, daß Sie Ihr Glück machen und den Job Ihres Chefs erobern.

gut bei jedem Normalbürger, der sie am Arbeitsplatz anwendet, um sich Gehör zu verschaffen, sei er nun ein Bote oder ein leitender Angestellter.

Diese Verfahrensweisen zielen weniger darauf ab, Ihnen Ruhe zu vermitteln. Sie verhelfen Ihnen vielmehr dazu, das zu erreichen, was Sie sich von Ihrer Arbeit erwarten. Und damit verringern sie letztendlich die Häufigkeit der Situationen, die für Sie Streß bedeuten.

Diese Strategien konzentrieren sich im wesentlichen auf eine der bedeutendsten Quellen für Streß. Nämlich auf Ihren Chef.

Aufsichtskräfte, Abteilungsleiter und Chefs, die jegliche Kommunikation ablehnen und dazu ein autoritäres Verhalten an den Tag legen, sind zu einem nicht unerheblichen Teil dafür verantwortlich, daß am Arbeitsplatz Streß herrscht. Insbesondere wenn es um den Grad der Einflußnahme geht, die ihre Untergebenen auf ihre Arbeit zu haben oder nicht zu haben glauben.

Eine Möglichkeit, dies zu überwinden, ist dadurch gegeben, daß Sie Ihre eigenen Ideen und Vorschläge entwickeln, wie Gewinne, Produktivität, Effizienz gesteigert oder Ihre eigene Rolle aufgewertet werden können. Wenn dann aber Ihre Vorschläge oder Gesuche ignoriert werden, wird das Ihre Frustration und Ihr Gefühl der Ohnmacht noch verstärken.

Wie ist dem zu entkommen? Wie können Sie auf Ihre Vorgesetzten Einfluß ausüben?

Die Antwort darauf lautet kurz und bündig: gar nicht. Zumindest nicht mit einem gewissen Maß an Erfolg und Konsequenz. Das einzige, worauf Sie wirklich Einfluß ausüben können, sind Sie selbst. Wenn Sie aber die Möglichkeit haben, auf die *Beziehung* zu den Menschen, für die Sie arbeiten, Einfluß zu nehmen, dann können Sie ruhig sein.

Die Kunst, Gehör zu finden

Mit ein wenig Vorbereitung erreichen Sie bei den Personen, für die Sie arbeiten, Verständnis für Ihre Bedürfnisse. Ja, vielleicht bringen Sie sie sogar soweit, daß sie Ihren Wünschen stattgeben.

Das hängt ganz davon ab, wie Sie Ihr Anliegen und Ihre Argumente vortragen.

Mit einigen einfachen Tricks können Sie sicherstellen, daß jeder Ihnen Aufmerksamkeit zollt, wenn Sie Ihr Anliegen vorbringen. Ein wenig Vorausplanung, und Sie legen den Grundstein dafür, daß es im bestmöglichen Licht dargestellt wird.

Auch wenn es sich nur um einen ganz kleinen Wunsch oder Vorschlag handelt, möchten Sie doch, daß er Gehör findet, daß man ihn versteht und, im Idealfall, danach handelt. Wenn Sie nicht ein ausgesprochenes Naturtalent auf diesem Gebiet sind, bedarf es dafür einiger Vorbereitung.

Das folgende Patentrezept eignet sich für die Darstellung einer größeren Angelegenheit genauso wie für die Bitte um Gehaltserhöhung. Üben Sie den Umgang damit – *auch bei kleinen Anlässen* –, und Sie werden erstaunt sein, in welchem Maße Sie in Ihrem Arbeitsumfeld die Aufmerksamkeit der anderen nach Ihren Vorstellungen lenken können.

Hier nun die sechs wichtigsten Regeln:

1. wissen
2. planen
3. proben
4. übernehmen
5. anfragen
6. Zunge im Zaum halten

Sie müssen wissen, was Sie wollen

Ich habe bereits mehrere Male darauf hingewiesen: Den ersten Schritt zum Erfolg tun Sie, indem Sie sich darüber klarwerden, was Sie erreichen wollen.

Halten Sie dieses Ziel schriftlich fest. Das ist Ihr Ausgangspunkt.

Planen Sie Ihre Effektivität

Sie können Tage und Wochen oder auch noch mehr Zeit damit zubringen, über irgendeinen Punkt nachzudenken und ihn auszuarbeiten. Ihr einziger Erfolg liegt dann vielleicht darin, daß Ihr Anliegen in wenigen Sekunden als irrelevant beiseite geschoben oder abgelehnt wird – nur weil Sie es nicht mit der nötigen Prägnanz und Überzeugungskraft vorgetragen haben.

Jede Anfrage und jeder Vorschlag, die/den Sie vorbringen und die/der für Sie von gewisser Wichtigkeit ist, sollten Sie deshalb behandeln wie ein Großprojekt, das sich aus sich selbst rechtfertigt.

Im Arbeitsleben machen Sie so ziemlich den größtmöglichen Fehler, wenn Sie glauben, daß die anderen an Ihren Ideen und Bestrebungen ebenso interessiert sind wie Sie selbst. Sogar bei den Ihnen am nächsten stehenden Kollegen ist dies selten der Fall.

Der zweitgrößte Fehler ist zu glauben, daß diese Ideen und Bestrebungen gelesen werden, nachdem Sie sie schriftlich festhalten und vorgelegt haben. Denken Sie immer daran: Wir leben in einer Zeit der »Informationsflut«. Am Arbeitsplatz liest niemand etwas, was er nicht unbedingt lesen muß.

Gleichgültig, was Sie auch unternehmen in bezug auf eine Kommunikation mit Ihren Vorgesetzten, der erste Schritt für Sie heißt auf alle Fälle: Aufmerksamkeit erregen, beachtet werden. (Beachtung finden bedeutet, einen Fuß in der Tür zu haben.)

Um Aufmerksamkeit zu erregen und Beachtung zu finden, bedürfen Sie einer Strategie.

Präsentieren Sie ein schlagkräftiges Argument

Formulieren Sie mit Hilfe der Planungstechniken, die wir bereits behandelt haben, wie Sie Ihre Ideen und Vorschläge *präsentieren* wollen. Vielleicht könnten Sie auch in der Bücherei einen Ratgeber zum Themenbereich Präsentation von Argumenten und Vorstellungen bekommen. Das wäre wohl einen Versuch wert. Und bitte denken Sie daran, hier geht es nicht um das Sammeln und Ordnen Ihrer Ideen und Gedanken – dafür müssen Sie andere Techniken anwenden. Es geht einzig und allein darum, wie Sie Ihre fertig ausgearbeiteten Vorschläge am vorteilhaftesten präsentieren.
Wenn Sie keine Zeit erübrigen können, um der Bücherei einen Besuch abzustatten, haben Sie hier zumindest das Grundschema, mit dem Sie Ihrer Präsentation zum Erfolg verhelfen können. Sie können damit aber auch für sich selbst in jeder beliebigen Situation Gehör finden:

1. Erklären Sie Ihrem »Publikum« bereits zu Beginn, was Sie mit Ihrer Präsentation erreichen wollen.
2. Präsentieren Sie alle Argumente mit einer Einleitung, einem Hauptteil und einem Schluß.
3. Wenn es sich eher um eine offizielle Präsentation handelt, verwenden Sie, soweit möglich, visuelle Hilfsmittel. Wenn Sie auf Tabellen oder Diagramme zurückgreifen, achten Sie darauf, daß die Kopfzeilen nicht mehr als sechs bis zehn Wörter umfassen (*niemals* von oben bis unten vollgetippte Seiten per Overhead-Projektor oder Computer-Bildschirm präsentieren).

4. Geben Sie eine Zusammenfassung.
5. Fordern Sie eine Antwort irgendeiner Form.

Proben

Jetzt sind Sie soweit: Sie wissen, warum Sie dieses Unternehmen durchziehen und was Sie sagen werden. Sie sind sich darüber im klaren, welche visuellen Hilfsmittel Sie (falls möglich) einbeziehen und welche Zusammenfassung Sie bieten wollen. Was aber das wichtigste ist: Es besteht für Sie keinerlei Zweifel bezüglich der Antwort, die Sie einfordern wollen.

Auch wenn Sie in Vorträgen dieser Art schon reichlich Erfahrung haben, der nächste Punkt ist lebenswichtig. Sie proben Punkt für Punkt alles, was Sie zu tun und zu sagen beabsichtigen: jedes Wort, jede Frage, jede Aufforderung und, bei eher offiziellen Präsentationen, jedes visuelle Hilfsmittel. Bringen Sie alles ins Spiel, was Ihnen an Selbstbewußtsein und den damit zusammenhängenden Fertigkeiten zur Verfügung steht.

Dies ist nicht einfach praktisches Üben um des praktischen Übens willen. Hier geht es um die Überzeugungskraft. Wenn es nämlich etwas gibt, das noch wichtiger ist als das, was Sie präsentieren, dann ist dies das Wie der Präsentation. Wenn Sie nämlich wissen, worüber Sie sprechen, und die Präsentation entsprechend überzeugend ist, dann geht alles andere wie von selbst.

Übernehmen

Sie wissen, was Sie sagen werden. Sie wissen, wie Sie es sagen werden, und Sie haben alles ausreichend geübt. Nun bleibt Ihnen noch eines zu tun: Nehmen Sie die Charakterzüge eines leistungsorientierten Arbeitnehmers an, der über ein gewisses Ansehen verfügt und voll und ganz von Ihren Vorschlägen überzeugt ist.

Verwenden Sie die Grundschablone der Übernahme, um dies zu erreichen. Und denken Sie vor allem an deren letzten Punkt:

Gehen Sie davon aus, daß die anderen Sie so sehen, wie Sie sich vorstellen, daß Sie sind (dies ist mehr zu Ihrem Nutzen als zum Nutzen der anderen). Jetzt sind Sie bereit und in der Lage, die betreffende Autoritätsperson zu überzeugen oder zu beeinflussen.

Anfragen

Die meisten, die etwas vortragen oder präsentieren müssen, kommen bei all den Schwierigkeiten, die wir deutlich gemacht haben, gut über die Runden, geraten aber im letzten Moment noch ins Schleudern. Dies passiert in erster Linie, weil sie der festen Meinung waren, ihre Argumente oder ihr Vorschlag seien so verlockend, daß ihnen niemand widerstehen könnte. Und was noch ausschlaggebender ist: Sie haben es versäumt, demjenigen, dem sie ihre Vorschläge unterbreitet haben und dessen Zustimmung sie erreichen wollten, die Antwort, die sie von ihm erwarten, in den Mund zu legen.

Auch wenn sie diese Ratschläge gelesen haben, kann ich mir gut vorstellen, daß immer noch die Mehrzahl der Referenten an diesem Punkt scheitert: Sie versäumen es, die Antwort einzufordern, die sie erwarten.

Sie *müssen* irgendeine Art der Antwort einfordern.

Ich wiederhole es noch einmal mit allem Nachdruck: SIE MÜSSEN IRGENDEINE ART DER ANTWORT EINFORDERN. Derjenige, an dessen Adresse Ihr Vortrag gerichtet ist, darf nicht den geringsten Zweifel darüber haben, was Sie von ihm wollen. Die von Ihnen Angesprochenen müssen eine klare, eindeutige Vorstellung von der Antwort haben, die Sie von ihnen im Anschluß an Ihren Vortrag erwarten.

Halten Sie Ihre Zunge im Zaum

Dies ist der Teil meines Ratschlags, den meiner Erfahrung nach die meisten Leute, die Ihr Anliegen eigentlich gut vorgetragen haben, dann doch übersehen. Verkaufskanonen greifen instinktiv darauf zurück. Mir ist dieser Trick das erste Mal in den siebziger Jahren aufgefallen, als ich mit hochrangigen japanischen Geschäftsleuten (immer waren es übrigens Männer) zu verhandeln hatte. Ob dieses Verhalten als Verhandlungstaktik gedacht war oder sich einfach aus den Umständen ergeben hat, das kann ich nicht beurteilen. Aber eines kann ich mit Bestimmtheit sagen: Diese Taktik hat Wirkung gezeigt. Sie hat zu Gunsten dieser Unterhändler gewirkt, und das wird auch bei Ihnen geschehen.

So paradox es klingen mag, wir sprechen vom Schweigen.

Sobald Sie die Antwort, die Sie erwarten, eingefordert haben, sollten Sie sich hinsetzen, sich in Schweigen hüllen und sich zu keinem weiteren Vortrag mehr hinreißen lassen. Gleichgültig, wie groß die Versuchung auch sein mag, einen Punkt noch näher zu erläutern, einen möglicherweise ungünstigen Eindruck zu korrigieren oder sich bei Ihrem Chef einzuschmeicheln: Halten Sie Ihre Zunge im Zaum, und sagen Sie nichts mehr.

Auch wenn sich die Pause über einige Minuten hinziehen sollte (für manche Verhandlungspartner ist das sozusagen ein Markenzeichen). Bleiben Sie standhaft, und sagen Sie nichts mehr. Denn die Beweislast liegt jetzt bei dem, der als nächster das Wort ergreift.

Sie mögen vielleicht der Ansicht sein, daß Personen in gehobener, einflußreicher Position über diese Art der Manipulation erhaben sind. Sie sind es nicht. Auch sie sind nur Menschen. Wenn jemand ihnen einen Vorschlag unterbreitet, der eine Antwort erfordert, dann fühlen sie sich verpflichtet, eine Antwort zu geben. (Das bedeutet nicht, daß sie dieses Gefühl der Verpflichtung nicht überwinden könnten. Aber es besteht trotzdem.) Und selbst wenn Sie von ihnen nicht die Antwort erhalten, die Sie sich vorgestellt haben, dann hat ihr Unbehagen immerhin noch den Effekt, daß Ihre Anfrage Beachtung findet.

Hier finden Sie weitere Tips zur Ruhe:

Der kreative Langzeitplan .... Seite 207
Grundschablone der Übernahme Seite 159
Wie Sie bekommen, was Sie
wollen .... Seite 277

Die Kunst, Gehör zu finden

- Sie müssen wissen, was Sie mit Ihrer Arbeit erreichen wollen. Halten Sie dies schriftlich fest.
- Behandeln Sie Ihren Vortrag wie ein großes Projekt, und planen Sie ihn bis ins Detail. Machen Sie sich über Vortragstechniken kundig, und wählen Sie davon diejenigen, die es Ihnen ermöglichen, Ihr Anliegen kurz und prägnant zu unterbreiten.
- Üben Sie jeden einzelnen Punkt Ihres Vortrages ein – so lange, bis Sie Ihre volle Überzeugungskraft zur Geltung bringen können.
- Nehmen Sie die Charakterzüge eines selbstsicheren Arbeitnehmers an, der über ein gewisses Ansehen verfügt und voll und ganz von Ihren Vorschlägen überzeugt ist.
- Stellen Sie sicher, daß der »Adressat« Ihres Vortrags weiß, welche Antwort Sie von Ihm erwarten. Fordern Sie diese Antwort ein.
- Halten Sie Ihre Zunge im Zaum, und schweigen Sie. Stellen Sie sicher, daß Ihr Gegenüber zuerst das Wort ergreift.

Den Windschatten ausnützen

Bis jetzt hat alles, worüber ich geschrieben habe, ein gewisses Maß an Energie Ihrerseits erfordert. In diesem Kapitel legen wir eine kleine Pause ein und machen uns das Leben leichter. Wir genießen passiv die Ruhe, wenn Sie so wollen.

Wenn Sie schon öfter Auto- oder Radrennen verfolgt haben, wird Ihnen der Ausdruck »im Windschatten fahren« sicher untergekommen sein. Damit bezeichnet man die Technik, sich mit dem eigenen Wagen oder Rad im Windschatten (oder im Sog) des vorausfahrenden Fahrzeugs zu halten, so daß dieses die ganze Energie aufbringen muß und Sie selbst in dem ihm folgenden Luftsog sozusagen mitgezogen werden.

Dieses im Windschatten fahren ist auch im Bereich Ruhe möglich.

Gestalten Sie Ruhe

Es gibt in der Psychologie eine seit Jahrzehnten genutzte Technik, die man »Gestalten« nennt. Im allgemeinen wird sie angewendet, um ein Verhalten zu verändern oder neue Fähigkeiten zu lehren. Sie wird aber auch zur Behandlung von Angstzuständen und Phobien verwendet.

In den letzten Jahren hat dieses Gestalten in der Psychologie des Sports und an verschiedenen Schulen für Psychotherapie an Popularität gewonnen. Bisweilen wird es auch in Verbindung mit Hypnose angewendet, um die Wirkung zu verstärken.

Das Gestalten geht so direkt auf das Ziel los, wie der Name es erwarten läßt. Sie suchen sich eine bestimmte Rolle als Vorbild aus. Dann versuchen Sie, nachzuvollziehen und nachzuahmen, wie diese zum Vorbild genommene Rolle sich unter den verschiedensten Umständen gestaltet. Angenommen, Sie wollen Ihren Abschlag beim Golf verbessern. Sie könnten einen erfolgreichen Golfer nachahmen und »gestalten«, den Sie auf einer Videoaufzeichnung gesehen haben. Analog funktioniert es, wenn Sie ein nervöser, unsicherer Büroangestellter sind. Dann könnten Sie einen ruhigen, selbstbewußten und redegewandten Angestellten »gestaltend« nachahmen. (Das berühmte »Method Acting«, das in den sechziger Jahren seinen Höhepunkt hatte, war eine Form dieses Gestaltens.)

Um dabei erfolgreich zu sein, müssen Sie mehr tun, als nur die Schlagtechnik des Golfprofis nachzuahmen oder das Vokabular des Büroangestellten zu übernehmen. Sie müssen *jeden einzelnen Aspekt* der betreffenden Person kopieren.

Sie müssen beachten, wie diese Person atmet. Sie müssen dem Sprechtempo Aufmerksamkeit schenken. Auch die Art, wie sie die Hände ineinander verschränkt und wie sie die Beine übereinanderschlägt, müssen Sie notieren. Des weiteren die Art, wie sie sich bewegt. Und Sie müssen sich vor allem auf die scheinbar unbedeutenden Details konzentrieren – nicht ausschließlich auf die Schlagtechnik oder das Vokabular. Wenn es dann soweit ist, daß Sie beim Golf zu Ihrem Schlag ausholen, setzt Ihr Unterbewußtsein all diese kleinen Teile wie ein Puzzle zusammen, so daß Sie die Bewegung genauso ausführen, wie Ihr Vorbild es getan hätte! Ihr Unterbewußtsein erbringt die ganze Leistung, nicht Ihr Bewußtsein.

Hier finden Sie weitere Tips zur Ruhe:

Ruheatmung .... Seite 129
Grundschablone der
Visualisierung .... Seite 146
Grundschablone der Übernahme Seite 159
Werden Sie ein B-Typ .... Seite 247
Gehen Sie davon aus, daß Sie
sicher sind .... Seite 266
Vorgetäuschte Unaufmerk-
samkeit .... Seite 162

Gestalten Sie Ruhe

1. Suchen Sie sich ein Rollenvorbild, das der Inbegriff der Ruhe ist.
2. Registrieren Sie jedes Detail dieser Person.
3. Ziehen Sie sich an einen ruhigen Ort zurück, und genießen Sie fünf Minuten lang die Ruheatmung.
4. Wenn Sie entspannt sind, schließen Sie die Augen und stellen sich Ihr Rollenvorbild auf einer großen Kinoleinwand vor.
5. Achten Sie darauf, wie es atmet. Beachten Sie den Sprechrhythmus, die Art, wie es die Hände ineinander verschränkt, die Art, wie es geht und sich bewegt.
6. Wenn Sie vor Ihrem geistigen Auge ein ganz klares Bild davon haben, wie dieses Rollenvorbild ausschaut und wie es sich verhält, dann versetzen Sie sich selbst an dessen Stelle, mit exakt denselben Bewegungen, demselben Gehabe, demselben Verhalten. (Ihr Unterbewußtsein wird die Details ergänzen.)
7. Wenn Sie jetzt wieder zu Ihrer normalen Geschäftstätigkeit zurückkehren, dann gehen Sie davon aus, daß Sie genau der Person entsprechen, die Sie sich vorgestellt haben. Bewegen Sie sich wie diese ruhige Person, sprechen Sie wie diese ruhige Person, handeln Sie wie diese ruhige Person.
8. Gehen Sie dann davon aus, daß die anderen Sie genauso sehen, wie Sie sich in Ihrer Imagination fühlen.

Wenn Sie ein Rollenvorbild finden können, das Modellcharakter für den Bereich Ruhe hat, dann ist dies der schnellste und müheloseste Weg, zur Ruhe zu finden. Ihr Rollenvorbild lernt ein ganzes Leben lang, wie man zu innerer und äußerer Ruhe findet. Sie dagegen nutzen mit nur einigen Minuten Konzentration alle Vorteile dieses Wissens.

Schließen Sie einen Pakt mit der Ruhe

Eigentlich müßte ich mich für das folgende entschuldigen. Der Ratschlag, den ich Ihnen hier erteilen will, ist nicht besonders von Nächstenliebe geprägt und nicht einmal fair zu nennen. Aber es ist eine einfache Möglichkeit, zur Ruhe zu finden und auch ruhig zu bleiben.

Alles was sie dabei zu tun haben, ist, sich unter ruhige Menschen zu mischen. Ruhe ist genauso ansteckend wie Anspannung. Verkehren Sie mit ruhigen Leuten, und Sie werden bald selbst ruhig sein. Verkehren Sie mit Menschen, die den Persönlichkeitstypus des Gelassenen verkörpern, und Sie werden die Züge eines gelassenen Menschen annehmen. Umgekehrt kann ich Ihnen nur raten: Halten Sie sich von Leuten fern, die stark unter Streß stehen. Und wenn Sie dazu neigen, den Persönlichkeitstypus des Getriebenen zu verkörpern, dann gehen Sie Menschen dieses Typs soweit wie nur möglich aus dem Weg.

Sind Sie erst einmal ruhig und entspannt, dann können Sie diese Ruhe unter Ihren mehr unter Anspannung leidenden Kollegen verbreiten.

Hier finden Sie weitere Tips zur Ruhe:

Wie empfindsam sind Sie? .... Seite 26
Werden Sie ein B-Typ .... Seite 247
Gönnen Sie sich etwas
Gelassenheit .... Seite 248
Haben Sie Spaß an der Arbeit .. Seite 250

Unter dem Einfluß der Ruhe

Hier möchte ich nun eine Methode des im Windschatten-Fahrens vorstellen, bei der andere *Ihren* Windschatten ausnutzen, sich dabei in Ihre Empfindung von Ruhe sozusagen einklinken und diese dann für sich übernehmen.

Was will ich damit sagen? Sie lesen hier ein Buch darüber, wie man am Arbeitsplatz zur Ruhe kommen kann, und ich empfehle anderen, Ihrem Beispiel der Ruhe zu folgen. Was ist mit dem Mann los? werden Sie sich fragen.

Dies ist eine nette, kleine Technik, die dort funktioniert, wo das Arbeitsklima von Kooperation geprägt ist, zum Beispiel bei Besprechungen oder in Arbeitsgruppen. Sie bewirkt einen doppelten Effekt: Zum einen hilft Sie Ihnen, Ruhe zu finden, zum anderen unterstützt sie Ihre Kollegen, darin Ihrem Beispiel zu folgen.

Haben Sie schon einmal beobachtet, wie leicht es einem ängstlichen, getriebenen oder ärgerlichen Menschen gelingt, dieses Mißbehagen auf die ganze Gruppe zu übertragen? Eine nervöse Person reicht aus, um einen ganzen Raum in eine angespannte Stimmung zu versetzen. Ein ärgerlicher Mensch kann ein ganzes Zimmer voller Menschen mit seiner üblen Laune anstecken.

Doch auch andersherum ist es möglich: Eine ruhige Person kann Ruhe ausstrahlen, genauso wie eine unter Anspannung stehende Person Anspannung verbreiten kann. So wie Sie ein aufgeregtes oder ängstliches Kind beruhigen können, indem Sie ganz ruhig mit ihm reden, können Sie auch einen angespannten oder ärgerlichen Erwachsenen beruhigen, indem Sie ganz entspannt atmen, langsam sprechen und überhaupt wie die Ruhe selbst wirken. Es braucht nur eine Person, die die charakteristischen Merkmale eines vollkommen ausgeglichenen und entspannten Menschen zur Schau trägt (verwenden Sie die Grundschablone der Ruhe-Übernahme, um dies zu erreichen). Im Handumdrehen eifert der ganze Raum diesem Beispiel nach.

Das funktioniert sogar noch besser und schneller, wenn Sie

die Charakteristika der Ruhe leicht übertreiben. Verlangsamen Sie Ihre Sprechweise noch etwas mehr, als Ihnen charakteristisch für einen ruhigen Menschen erscheint. Verlangsamen Sie analog auch Ihren Atemrhythmus und Ihre Bewegungen. Nur Ihnen wird diese Übertreibung auffallen. Sie werden überrascht sein, wie schnell diese ruhige Gangart auf die anderen übergreift.

(Wenn sich eine ruhige und eine ausgesprochen angespannte Person im selben Raum befinden, sind die Ergebnisse weniger deutlich vorhersehbar. Es könnte sein, daß die unter Anspannung stehende Person mehr Gewicht hat und damit auch einen stärkeren Einfluß ausübt. Wenn Sie es aber darauf anlegen, können zumindest Sie ruhig bleiben, während alle anderen im Zimmer dem schlechten Einfluß unterliegen.)

Postskriptum zur Ruhe

Oftmals wurde mir, wenn ich vor einer Gruppe von Geschäftsleuten über diese Technik referiert habe, ein merkwürdiger, völlig gegensätzlicher Standpunkt entgegengehalten: »Wir wollen keinen Raum, in dem Ruhe herrscht. Wir wollen aktive Mitarbeiter. Solche, die aus allen Rohren feuern, die vor Tatendrang schier aus dem Häuschen sind und so richtig loslegen wollen.« Können Sie sich vorstellen, daß jemand allen Ernstes eine derartige Meinung vertritt?

Ich kann Ihnen aber eines versichern: In jedem einzelnen Fall, bei dem mein Referat einen solchen Kommentar hervorgerufen hat, stammte diese Äußerung aus dem Munde einer unter Anspannung stehenden Person. Jedesmal wurde diese Meinung von jemandem vertreten, der selbst nichts als Anspannung verbreitete.

Es bedarf keines Adrenalinstoßes, um Inspiration zu erfahren. Alles was Sie brauchen, ist Motivation. Und die aus Ruhe geborene Motivation ist mindestens ebenso effektiv wie die, die aus Druck entstanden ist.

Hier finden Sie weitere Tips zur Ruhe:

Werden Sie ein B-Typ .... Seite 247
So klingt Ruhe .... Seite 339

Jetzt können Sie ruhig werden...

WENN VERÄNDERUNG DIE URSACHE IST

In der heutigen Zeit können Sie sich im Berufsleben nur noch bezüglich einer Tatsache hundertprozentig sicher sein, nämlich daß sich etwas verändern wird. Veränderung *wird* es geben, auch wenn Sie nicht wissen, in welcher Hinsicht sie sich manifestieren wird. Wenn

> Ein allgemeiner Aufschrei der Entrüstung begleitete die Einführung des ersten elektrischen Kühlschranks (manche behaupteten sogar, er wäre die Ursache für Krebs oder Unfruchtbarkeit). Ein ähnliches Rumoren ging durch die Reihen der Menschheit, als das Fernsehen, der Mikrowellenherd, der Farbmonitor und das digitale Telefon eingeführt wurden. Es ist immer das gleiche: Das Unbekannte erzeugt Furcht.

sie dann eintritt, wird sie alles, was bei Ihnen zur Routine geworden ist, durcheinanderbringen. Und Sie haben keinerlei Möglichkeit, dem vorzubeugen.

In dieser Gleichung liegt der unbekannte Faktor nicht in der Frage, ob Sie Einfluß nehmen können auf die Veränderung. Ausschlaggebend ist vielmehr, wie Sie auf die Veränderung reagieren.

Die normale Reaktion auf eine Veränderung des Status quo ist ein Gefühl der Unsicherheit und der Anspannung. Auch dann, wenn die Aufrechterhaltung des Status quo gleichbedeutend damit wäre, etwas Unangenehmes beizubehalten. Die Aussicht auf einen Verlust irgendeiner Art macht die meisten Menschen blind für die Möglichkeit eines daraus sich ergebenden Gewinns. Das ist nichts Neues: Veränderungen haben seit eh und je Angst erzeugt. Viele haben am Vorabend der industriellen Revolution den Zusammenbruch der Gesellschaft, wie sie sie kannten, vorausgesagt. Ähnliche Ängste wurden laut, als die erste Lokomotive auf die Schienen kam. Das nächste Mal machte sich dieses Phänomen bemerkbar, als die allgemeine Elektrifizierung alles veränderte. Und später dann noch einmal, als der billige Treibstoff und das Automobil das Transportwesen revolutionierten. Ganz entgegen der Erwartungen von Millionen von Menschen, ist die Zivilisation nicht zum Stillstand gekommen oder gar vor die Hunde gegangen, als die Frauen das Wahlrecht für sich durchsetzten. Rückblickend kann man sagen, daß jede dieser Veränderungen Fortschritt und Verbesserung für unsere Welt gebracht hat. Und wohl jeder wird zugeben müssen, daß diese Veränderungen unser Leben zum Besseren gewandelt haben.

Wir genießen heute eine bessere medizinische Versorgung denn je. Flugzeuge sind sicherer als Pferd und Wagen in früheren Zeiten. In den Slums der Gegenwart hat man die Krankheiten besser unter Kontrolle als in den vornehmen Vierteln von gestern. Für wenig Geld kann man zu Freunden und geliebten Menschen Kontakt aufnehmen ... Die Vorzüge sind zahllos. Sogar die Veränderungen im Bereich unseres Berufslebens – daß man dem Wettbewerb eine neue, größere Bedeutung beimißt und ohne Informationstechnologie gar nicht mehr auskommen kann – bringen viele Vorzüge mit sich.

Dazu kommt, daß unser Lebensstandard schneller steigt und daß unsere Unternehmen offener, verantwortungsbewußter und arbeitnehmerfreundlicher sind als jemals zuvor in der Geschichte. Umweltschutz hat einen höheren Stellenwert als je zuvor. Unsere Lebenserwartung hat sich innerhalb weniger hundert Jahre nahezu verdoppelt. In den wenigsten Ländern werden despotische Herrscher an der Macht geduldet. Rassismus ist verpönt, die Sklaverei abgeschafft. Wer uns politisch vertritt, das entscheiden wir per Wahl. Und die Frauen haben die gleichen Rechte wie die Männer ... Also ehrlich, da gibt es eine ganze Menge, was man zu Gunsten der Veränderung anführen kann.

Und genauso offensichtlich haben die Veränderungen uns am

Arbeitsplatz Vorteile beschert. Klimaanlage statt extremer Temperaturen. Teppichböden statt schmieriger Holz- oder Steinböden. Preßlufthämmer statt Spitzhacke und Pickel. Gabelstapler statt Bandscheibenvorfall. Schnelles Arbeiten mit Spracherkennungs-Computern statt ständigem Neutippen nach jeder Änderung. Kommunikation und Informationsaustausch innerhalb von Augenblicken statt ständig nachhinkendem Wissensstand. Und nicht zuletzt geben Gesetze und Vorschriften ausreichend Regulationsmöglichkeiten an die Hand, die sicherstellen, daß Sie nie mehr ungerechtfertigt physische, emotionale oder moralische Erschwernisse hinnehmen müssen.

Warum sind wir dann aber der Veränderung gegenüber so negativ eingestellt? Zunächst einmal: Wir standen zu lange und zu sehr unter dem Einfluß militanter Fortschrittsgegner, die jede Veränderung als hassenswert dargestellt haben. Sie haben die Vergangenheit in den höchsten Tönen gepriesen. All das Übel, das Veränderung angeblich mit sich bringt, konnten sie gar nicht genug anprangern. Und das ging schon so seit der Zeit, als man die Kinderarbeit in den Kohlenminen verboten hat. Außerdem sind diese Leute in der Hauptsache Vertreter negativer Kräfte. Ob sie nun Journalisten sind, Politiker, Wilde oder Geistliche, ihnen fehlt es an Kreativität. Sie tragen deshalb kaum zum Nutzen für die Gesellschaft bei. Sie verdienen es, daß man sie mit Mißachtung straft.

Nehmen Sie den Veränderungen gegenüber einen positiven Standpunkt ein, und die Vorteile werden sofort für Sie wirksam werden. Sie müssen erkennen, daß es Wachstum ohne Veränderung nicht geben kann. Akzeptieren Sie Veränderung im Hinblick auf das Gute, das sie bewirken kann. Streben Sie danach, Veränderungen für Ihren eigenen, persönlichen Vorteil zu nutzen, für die Verbesserung Ihres Lebens, Ihrer Arbeit und Ihres Wohlbefindens. Bemühen Sie sich um Veränderung zum Besseren.

Dann können Sie Veränderungen mit Ruhe entgegensehen.

Die Liste der Veränderungen

Sehr gerne würde ich Ihnen erzählen, daß auf der Welt alles wunderbar ist. Das hätte aber nicht viel zu bedeuten, wenn Sie es nicht glauben. Alles in allem kann man eines festhalten: Wenn Sie nicht das Gefühl haben, daß alles so rosig ist, wie man es Ihnen darstellt, dann ist es auch, jedenfalls soweit es Sie betrifft, nicht rosig.

Aus diesem Grunde ist die folgende Übung für all jene von grundlegender Bedeutung, die ihre Vorbehalte gegen die sich auf der Welt vollziehenden Veränderungen nicht recht überwinden können.

Zweck dieser Übung ist es schlicht und einfach festzustellen, ob die Veränderung an sich ein Vorteil für Ihr Leben ist oder nicht. Wenn Sie das einmal auf die eine oder andere Weise herausgefunden haben, dann können Sie darangehen, Ihre Vorbehalte auszumerzen. Denn dann wissen Sie, ob handfeste Gründe dafür existieren oder nicht.

Um diese Übung durchzuführen, brauchen Sie nur einen Stift und ein Blatt Papier.

Teilen Sie das Blatt durch einen senkrechten Strich in zwei Hälften, und schreiben Sie über die linke Spalte ein »+« und über die rechte ein »–«.

In der Spalte unter dem »+« listen Sie alle Vorteile auf, die Sie im Laufe Ihres Lebens aufgrund von Veränderungen erfahren haben. (Wenn Ihnen nichts einfällt, nehmen Sie die Auflistung zu Beginn dieses Kapitels zu Hilfe.)

Dann schreiben Sie in der Spalte unter dem »–« alle Nachteile auf, die Ihnen Veränderungen im gleichen Zeitraum eingebracht haben. Wenn Sie dem allgemeinen Durchschnitt entsprechen, werden Sie, wie die Mehrzahl der Menschen, auf beiden Seiten etwa die gleiche Anzahl von Punkten notiert haben.

Das war aber nur der erste Schritt.

Streichen Sie nun auf Ihrem Blatt in der Spalte »–« alle Veränderungen, die das Ergebnis einer normalen menschlichen Entwicklung sind. Streichen Sie, was in Beziehung zu der Tatsache steht, daß Ihre Tochter mit achtzehn Jahren das Elternhaus verlassen hat. Streichen Sie, was sich aus Eheproblemen ergeben hat, die das Resultat einer Zeitspanne von zehn Jahren *ohne* Veränderung sind. Streichen Sie alles, was sich auf Ihre Einkommensveränderung durch Steuererhöhung oder Erhöhung der Lebenshaltungskosten bezieht (genaugenommen sind sie um keinen Cent gestiegen). Streichen Sie, was im Zusammenhang mit der Zunahme Ihres Leibesumfangs steht. Streichen Sie alles, was seine Ursache in Ihrem zunehmenden Alter hat. Streichen Sie alles, was in Beziehung zu ganz allgemeinen Klagen steht (zum Beispiel der Verlust familiärer Werte), die es schon immer gegeben hat, die Ihnen aber erst seit dem Auftreten der Massenmedien als vorherrschend bewußt wurden.

Und nun raten Sie einmal, was Ihnen auf Ihrem Blatt noch bleibt, wenn Sie ehrlich zu sich selbst waren? Überwiegend Eintragungen unter »+« und nur ganz wenige unter »–«. (Sollte sich allerdings ein Ungleichgewicht nach der anderen Seite manifestieren, kann ich Ihnen nur raten, die anderen Techniken dieses Buches durcharbeiten. Dann werden Sie die Begründung dafür finden.)

Ich kann Ihnen keine Garantie dafür geben, daß diese Einsicht Ihnen sofort das Gefühl der Ruhe verschafft. Zumindest kann es aber einige der auf Veränderungen gründenden Ängste gegenstandslos machen.

> **Hier finden Sie weitere Tips zur Ruhe:**
> Die Plus-Minus-Methode ...... Seite 239
> Verwöhnen Sie sich selbst .... Seite 376

Man ist nie zu alt, um zur Ruhe zu kommen

Sie werden vielleicht denken, jemand in meinem Alter kann leicht seitenweise über die Vorteile von Veränderungen schreiben. Wie aber steht es mit denen, die den fünfundfünfzigsten Geburtstag schon hinter sich haben? Oft sind gerade sie am Arbeitsplatz den meisten Angriffen ausgesetzt. Wie überstehen sie all diese Umwälzungen?

Viele Menschen sind der Überzeugung, daß einer der größten Nachteile des Älterwerdens heutzutage die Unsicherheit ist, die dem Arbeitnehmer in der Zeit zwischen Mitte Fünfzig und dem Rentenalter so ganz allmählich ins Gebein kriecht.

»Ich bin schon zu alt, um noch etwas Neues zu lernen.« »Ich habe Jahre gebraucht, um mir mein heutiges Wissen, mein Können und meine Erfahrung zu erarbeiten. Für mich ist es zu spät, noch einmal von vorne anzufangen und neue Fertigkeiten zu erwerben.« »Wenn mit meinem Job etwas schiefgeht, dann bin ich der Gelackmeierte. Ich stehe dann auf der Straße, denn wer stellt schon einen Mitfünfziger ein?« »Die wollen doch nur junge, unerfahrene Leute. Sie sind billiger und leichter einzuarbeiten.«

Sie haben alle diese Kommentare sicher schon gehört, vielleicht den einen oder anderen sogar selbst schon zum besten gegeben. Was nun aber die Unsicherheiten betrifft, muß man sagen, daß die Angst davor in diesem Alter keineswegs begründeter ist als bei einem siebzehnjährigen Berufsanfänger. Vielleicht sogar eher weniger begründet.

In unserer Zeit der ständig steigenden Lebenserwartung wird die alte Auffassung »arbeite bis Mitte Fünfzig und gehe dann in Rente« schnell zum Anachronismus. Und das in einem Maße, daß sich viele heutzutage auf den dritten Frühling im Arbeitsleben berufen. Man denke nur an die neuen Karrieren, die neuen Herausforderungen und Gelegenheiten, die *nach* dem fünfundfünfzigsten Geburtstag gestartet und wahrgenommen werden und jene Phase des Berufslebens einleiten, die am meisten Erfüllung bringt.

Ich kenne viele solche Leute. Ein guter Freund begann mit sechsundfünfzig Jahren, Bücher zu schreiben. Heute ist er einer der Autoren, die weltweit die meisten Bücher verkaufen. Ein anderer Freund von mir ist siebenundfünfzig und macht eine ähnliche Karriere. In meinem Bekanntenkreis ist eine Frau, die eine einflußreiche Führungsposition aufgegeben hat, um Naturheilkunde zu studieren. Heute hat sie einen ihr treu ergebenen Patientenstamm und genießt als Heilpraktikerin einen hervorragenden Ruf. Ich kenne auch viele, die im Alter noch einmal ein Universitätsstudium in Angriff genommen haben. Ich könnte Ihnen die Geschichte eines faszinierend aktiven Fünfundsiebzigjährigen erzählen, der für die Arbeit im Büro »zu alt« war. Heute hat er volle Auftragsbücher, denn viele Unternehmen bestellen seine drei Tonnen schweren Marmorskulpturen. Vor nicht allzu langer Zeit habe ich zwei potentielle Rentenanwärter

Anfang Sechzig eingestellt. Sie sollten bei der Ausbildung unseres Nachwuchses mitwirken. Die beiden sind seither die produktivsten Mitglieder unseres Teams geworden.

Alter ist kein Hinderungsgrund, neue Herausforderungen anzunehmen und Erfolge zu erzielen.

Gehören Sie auch zu der genannten Altersgruppe, und fühlen Sie sich durch die eben beschriebenen Umstände unter Druck gesetzt? Dann kann ich Ihnen nur einen Rat geben: Lassen Sie sich ermutigen und zu mehr Tatendrang anstacheln durch die zahlreichen neuen Chancen, die Ihnen die zweite Lebenshälfte zu bieten hat. Vergessen Sie, was Sie über Arbeitslosenstatistiken gehört haben. Eine gesteigerte Lebenserwartung, ein steigendes Durchschnittsalter in der Bevölkerung und dazu ein unstillbares Verlangen nach noch mehr Freizeit und noch besserer Unterhaltung sorgen dafür, daß Chancen und günstige Gelegenheiten sich weiterhin vermehrt anbieten werden. Sie müssen diesem Angebot gegenüber nur aufgeschlossen sein.

Im Hinblick auf Ihre persönliche Entwicklung und die Erfüllung, die Sie in ihrem Beruf finden können, haben diese Chancen eine große Bedeutung.

Vielleicht ist gerade jetzt die Zeit gekommen, Ihre Ambitionen neu zu aktivieren und Pläne zu schmieden für eine strahlende, neue Karriere in Ihrem nächsten Lebensabschnitt ...

Hier finden Sie weitere Tips zur Ruhe:

Liste der Lebensprioritäten .... Seite 115
Der kreative Langzeitplan ...... Seite 207
Die hundertprozentige
Leistung .... Seite 195
Freibrief für Erfolgsver-
weigerung .... Seite 257

Eine Veränderung zum Besseren

Bisher haben wir uns in diesem Kapitel auf Probleme konzentriert, die aus zuviel Veränderung entstehen oder von denen man befürchtet, daß sie entstehen könnten. Jetzt möchte ich Ihre

Aufmerksamkeit auf ein bedeutend größeres Problem lenken: das Problem von zu *wenig* Veränderung.

Sie kennen sicher die Geschichte von dem Tiger, der in seinem winzigen Käfig hin- und herlief, vor und zurück. Tagaus, tagein. Jahr für Jahr. Schließlich hatte eine mitleidige Seele Erbarmen mit ihm und veranlaßte seinen Umzug in ein größeres, artgerechteres Terrain mit Gras, Bäumen, Wasser und Freiraum für Bewegung. Doch hatte das Tier hier seine liebe Not: Es konnte mit der neuen, größeren und natürlicheren Welt um sich herum nichts anfangen. Der Tiger lief weiterhin hin und her, vor und zurück. Ohne dabei die Ausmaße seines früheren Käfigs zu überschreiten.

Menschen am Arbeitsplatz benehmen sich ganz analog. Sie verstricken sich in Gewohnheiten, sind gefangen in einer immer enger werdenden Spirale von Erfahrung und Erwartung. Dieses Leben ist ebenso stupide und unproduktiv wie extrem reich an Streß.

Eine Veränderung zum Besseren will Sie dazu ermutigen, Ihre Perspektive zu erweitern, und zwar in einer geradezu enttäuschend einfachen Art und Weise. Das einzige, was Sie tun müssen, ist, nach Möglichkeiten zu suchen, wie Sie Ihre alltäglichen Pflichten und Arbeitsfunktionen auf eine neue Weise erledigen können. Indem Sie diese Unterschiede herauszufinden versuchen, brechen Sie aus dem streßgeladenen Teufelskreis der Gewohnheiten aus. Sie werden überrascht sein, wie effektiv diese harmlosen kleinen Tricks bei der Reduzierung von Spannungen sein können. Hier einige Beispiele.

1. Wenn Sie das nächste Mal einen harten Arbeitstag zu bestehen haben, dann gehen Sie doch nicht wieder an die Imbißbude an der Straßenecke. Kaufen Sie ein paar Häuser weiter Ihre Brotzeit in einem anderen Geschäft. Beobachten Sie die Leute und die Orte, an denen Sie auf dem Weg dorthin vorbeikommen. Registrieren Sie, wie ganz anders das Leben sein kann, kaum daß Sie Ihr übliches Terrain verlassen haben.

2. Gehen Sie am Ende eines anstrengenden Arbeitstages nicht wieder denselben langweiligen Weg nach Hause wie jeden Tag. Suchen Sie sich eine neue Route. Machen Sie sich nichts daraus, wenn sie etwas länger ist. Richten Sie Ihre Aufmerksamkeit auf die Straßen, durch die Sie kommen. Auf die völlig anderen, Ihnen unbekannten Bauwerke. Beobachten Sie, was auf der Straße vor sich geht.

3. Wenn Sie normalerweise mit dem Wagen zur Arbeit fahren, sollten Sie einmal den Bus nehmen. Wenn Sie dagegen normalerweise mit dem Bus fahren, dann gehen Sie doch einmal zu Fuß (sofern dies von der Entfernung her vertretbar ist). Betrachten Sie, während Sie so dahingehen, die Fassaden der Häuser und den Ausdruck im Gesicht der anderen Fußgänger. Registrieren Sie alles, was Sie unter normalen Umständen nie zu Gesicht bekämen, dem Sie keine Beachtung schenken könnten.

4. Wenn Sie korrekt und ordnungsliebend sind, dann beginnen Sie eine Stunde früher zu arbeiten, um ein neues Ordnungssystem für die Akten aufzubauen.

5. Wenn Sie eher dazu neigen, unordentlich zu sein, beginnen Sie zwei Stunden früher zu arbeiten und bauen Sie irgendein Ordnungssystem für Akten auf.

6. Wenn Sie gewöhnlich um 10 Uhr vormittags eine Pause einlegen und eine Tasse Kaffee trinken und einige Kekse essen, dann ändern Sie diese Gewohnheit. Schwenken Sie um auf Pfefferminztee und Obst (das bringt Ihnen doppelten Nutzen). Genießen Sie jeden Bissen.

Das wichtigste dabei ist, daß Sie Ihren alltäglichen Trott zweckgebunden unterbrechen und dann alle Details in sich aufnehmen, die sich aus dieser Veränderung ergeben. So wirken Sie den Einflüssen des Stresses entgegen – indem Sie die Perspektive Ihres Lebens erweitern, indem Sie sich die Zeit nehmen, das größere Bild wahrzunehmen und zu erfahren. Durch die Erweiterung Ihrer Erfahrungen wiederum erweitern Sie gleichzeitig auch Ihre Welt. Und durch diese Erweiterung Ihrer Welt scheinen die alltäglichen Sorgen und Probleme an Bedeutung zu verlieren und büßen damit auch viel von ihrer Bedrohlichkeit ein.

Ideal wäre es, wenn Sie das mehrmals täglich durchexerzieren könnten. Aber auch wenn es jeden Tag nur die halbe Stunde auf dem Weg von der Arbeit nach Hause ist, stellt das eine billige und einfache Art dar, der Tretmühle des Alltags und dem damit verbundenen Streß zu entkommen.

Hier finden Sie weitere Tips zur Ruhe:

Entfliehen Sie dem täglichen Einerlei .... Seite 265

Suchen Sie sich ein bißchen Streß .... Seite 261

Jetzt können Sie ruhig werden …

WENN PHYSISCHES DIE URSACHE IST

Sie haben es ja gelesen: Die am weitesten verbreitete Ursache für Streß ist überwiegend das, was in Ihrem Kopf vor sich geht. Nicht so sehr das, was mit Ihrem Körper geschieht. Aus diesem Grunde waren so viele Techniken, die wir bisher behandelt haben, darauf angelegt, Einstellung, Emotionen und Unterbewußtsein zu beeinflussen.

> Einige der angenehmsten Möglichkeiten, Ruhe und Entspannung zu finden, sind physischer Natur, und physisch orientierte Lösungswege sind in der Regel die Antwort auf physische Probleme.

Aber einige der angenehmsten Möglichkeiten, Ruhe und Entspannung zu finden, sind physischer Natur. Außerdem kommt noch dazu, daß physisch orientierte Lösungswege in der Regel die Antwort auf physische Probleme sind.

Welches sind nun aber diese physischen Probleme?

Noch vor hundert Jahren hätten wohl rein körperliche Faktoren auf der Liste Ihrer arbeitsplatzspezifischen Belastungen gestanden: Lärm, gefährliche Arbeitsbedingungen, unbequemer Arbeitsplatz, schlechte Lichtverhältnisse und unzureichende Lüftung. Diese physischen Faktoren wurden noch verstärkt durch umgebungsbedingte Faktoren wie Hitze, Kälte und Dampf.

Heute sind wir am Arbeitsplatz durch strikte Verordnungen verwöhnt. Wir arbeiten in Büros, die mit Teppichboden ausgelegt und klimatisiert sind. Deshalb können sich die meisten von uns Arbeitsbedingungen wie die oben geschilderten kaum noch vorstellen und halten sie für überholt und nicht mehr verbreitet. Doch auch unser Arbeitsplatz kann extrem stressig sein.

Die heute auftretenden Ursachen für physischen Streß am Arbeitsplatz könnten vergleichsweise als harmlos erscheinen, trotzdem aber schädigend wirken. Wer an einem modernen Fließband arbeitet, in der Notaufnahme eines Krankenhauses tätig ist oder in einer Gießerei sein Brot verdient, leidet wohl genauso wie die Arbeiter im achtzehnten Jahrhundert unter physischem Streß. Wer heute den ganzen Tag vor seinem Computerbildschirm sitzt, klagt vielleicht über ähnliche Beschwerden wie die Menschen, die über dem Hauptbuch unserer Vorfahren schwitzten. Und wer heute hinter einer Ladentheke steht, leidet wahrscheinlich unter den gleichen unangenehmen Begleiterscheinungen, unter denen Verkaufspersonal schon immer gelitten hat.

Der Vorteil, den Sie heute haben, ist die Tatsache, daß Sie in einem Buch wie *Das Buch der Ruhe* Lösungsvorschläge zur Beseitigung Ihrer Probleme finden.

Beruhigen Sie den ganzen Komplex

Ohne Zweifel haben Sie schon einmal gehört, daß jemand gesagt hat, »dieses Gebäude macht mich ganz krank«. Bei einer solchen Stellungnahme wird dem Gebäude die Schuld daran zugeschoben, daß sich die Leute, die in ihm arbeiten, nicht wohl fühlen. Ob das Gebäude nun an der Krankheit des einzelnen schuld ist oder nicht, das sei dahingestellt. Realität ist jedenfalls, daß die darin arbeitenden Leute Unbehagen empfinden.

Über dieses Phänomen sind schon eine ganze Reihe von Untersuchungen angestellt worden, von denen einige es wirklich wert sind, daß man über sie berichtet. In den meisten Fällen konnte man dem Gebäude die Schuld am Unwohlsein der darin arbeitenden Menschen nicht zuschieben. In einigen Fällen stellten sich wirklich chemische Gifte oder Pilzgifte als Ursache der Beschwerden heraus. In anderen Fällen wiederum war die Klimaanlage – insbesondere ältere Systeme – die Ursache. In solchen Fällen konnte leicht (wenn auch unter erheblichen Kosten) Abhilfe geschaffen werden.

Als mögliche Ursache wurde auch das niederfrequente Betriebsgeräusch einiger Klimaanlagen in Betracht gezogen. Im Geräusch-Labor des Calm Centre (cclab@netspace.net.au) haben wir experimentell nachgewiesen, daß niedrige Frequenzen bestimmte Denkmuster auslösen und dadurch bestimmte Verhaltensmuster bewirken können. Durch den Einsatz bestimmter musikalischer Tonfrequenzen können wir den Zuhörer erregen. Wir können ihn aber auch gegen alle Empfindungen abstumpfen oder ihn in Lethargie versinken lassen. Ja, wir können sogar an Trance erinnernde Zustände beim Zuhörer erzeugen. Die meisten dieser Experimente bewegen sich im Bereich von fünf bis zwölf Hz, was genau dem Frequenzbereich mancher Klimaanlagen entspricht. Wenn eine Klimaanlage also mit dem entsprechenden niederfrequenten Betriebsgeräusch läuft, kann dies in der Tat solche Zustände (Erregung, Schläfrigkeit, Lethargie, Trance) bei den Beschäftigten hervorrufen.

Aber der am häufigsten angeführte Grund für das Unwohlsein war die Beleuchtung der Räume durch Leuchtstoffröhren. Sie werden das wahrscheinlich gar nicht wahrnehmen, aber Leuchtstoffröhren verbreiten ihr helles Licht nicht in kontinuierlichen Strahlen, sondern durch ständiges Flackern oder Blitzen, das mit einer unheimlich hohen Geschwindigkeit abläuft. In Ländern, in denen das allgemeine Stromnetz mit einer Frequenz von fünfzig Hz betrieben wird (Europa, Australien, Teile von Japan), erfolgt dieses Flackern mit 100 Blitzen in der Sekunde. In Ländern, in denen das allgemeine Stromnetz mit einer Frequenz von sechzig Hz betrieben (USA und Teile von Japan) sind es 120 Blitze pro Sekunde. Bei 100 Lichtblitzen pro Sekunde werden die visuellen Fähigkeiten mancher Menschen und möglicherweise sogar ihr Gleichgewichtssinn in Mitleidenschaft gezogen. Es gibt also mehr Gründe als nur die Ästhetik, um im Büro Leuchtstoffröhren als Beleuchtungskörper abscheulich zu finden.

Tod den Leuchtstoffröhren

Gleichgültig, ob Sie nun davon überzeugt sind, in einem krankmachenden Gebäude zu arbeiten, oder ob Sie glauben, die Bausubstanz habe keinen Einfluß auf Ihr Wohlbefinden: In jedem Fall können Sie Ihre Gesundheit verbessern und den Grad Ihrer Anspannung mindern, indem Sie eine kleine Veränderung an den Leuchtstoffröhren in Ihrem Arbeitsraum vornehmen.

Schalten Sie sie aus!

Wenn Sie nicht die Möglichkeit haben, sie auszuschalten, dann lassen Sie von jemandem den kleinen Starter an dem einen Ende der Fassung entfernen. (Aus Sicherheitsgründen sollte dies ein Fachmann machen – auch wenn es ein wirklich simpler Eingriff ist.) Wenn dieser Starter entfernt ist, kann die Röhre nicht mehr leuchten. Besorgen Sie sich statt dessen eine ganz normale Tischlampe mit herkömmlicher Glühbirne.

Nach meiner Erfahrung wird das Wartungspersonal diesen Starter dreimal ersetzen, bevor es begreift, daß Sie ihn entfernen ließen. Dann werden die betreffenden Leute wahrscheinlich den bequemeren Weg gehen und Sie in – sozusagen leuchtstoffröhrenfreiem – Frieden lassen.

Setzen Sie die Leuchtstoffröhren schachmatt, und Sie werden sich ruhiger fühlen, weil Sie so und nicht anders gehandelt haben.

Die Ionen der Ruhe

Kurz vor und unmittelbar nach einem Gewitter ist die Luft mit wunderbaren kleinen Partikeln geladen, die man negative Ionen nennt. An heißen, windigen Tagen, wenn der Luftstrom weite

Strecken über trockenem Boden zurücklegt, ist die Luft ange-
reichert mit positiven Ionen – was manche Experten dafür verantwortlich machen, daß an solchen Tagen Gewaltbereitschaft
und Aggressivität deutlich ansteigen.

Negative Ionen machen die Luft frisch, unterstützen Ihre Atmung und vermitteln Ihnen gleichzeitig das Gefühl, ruhig zu
sein und doch voll Energie. Sie haben aus zwei Gründen eine
besänftigende und beruhigende Wirkung. Zum einen üben sie
direkten Einfluß auf die Stimmungslage aus, denn sie regen die
Produktion von *Serotonin* an. Serotonin ist das neurochemische
Element, das entspannt, Depressionen abschwächt und zu tie-
fem Schlaf verhilft. Zum anderen reinigen sie die Luft, da sich
die in der Luft schwebenden Staubteilchen elektrisch aufladen
und dann zu Boden fallen. (Aus diesem Grunde werden auch in
kommerziell genutzten Aufnahmestudios und Computer-Ar-
beitsräumen Ionisierapparate installiert, um die empfindlichen
Geräte vor Staub zu schützen.)

Ein einfacher, billiger Negativ-Ionen-Generator oder Ioni-
sierapparat wirkt Wunder im Kampf gegen das Übermaß *positiver* Ionen, die von Ihrem Computerbildschirm, von Leuchtstoffröhren und anderen elektronischen Geräten der Büroaus-
stattung erzeugt werden.

Ruhe im Gebäude

- Entfernen Sie den kleinen, zylindrischen Starter aus den Leuchtstoffröhren Ihrer Raumbeleuchtung. Jetzt sitzen Sie im Dunkeln.
- Installieren Sie eine (oder mehrere) normale Tischlampen mit herkömmlichen Glühbirnen, um Ihren Arbeitsplatz ausreichend zu be-
  leuchten.
- Genießen Sie es jetzt, ruhiger und gesünder zu sein, als Sie es an-
  sonsten gewesen wären.
- Ziehen Sie die Installation eines Ionisierapparates oder Negativ-Ionen-
  Generators in Betracht.

Stecken Sie einfach einen solchen Apparat an, und bald schon werden Sie den Eindruck haben, leichter atmen zu können. Die Luft wird sauberer wirken, sich fast kühl »anfühlen«. Sie werden diese Bedingungen als erfrischend, stimmungserhellend, ja, sogar bis zu einem gewissen Grad als aufputschend empfinden.

Schalten Sie einen solchen Apparat ein, und Sie werden mir jeden Tag aufs neue für diese Anregung dankbar sein.

Stellen Sie den Lärm ab

Stille ist einer der besten Wege, die zur Ruhe führen. Wenn Sie schon einmal in einer absolut stillen Umgebung gewesen sind (unter Wasser, in der Wüste, in einem »stummen« Raum), werden Sie es zu schätzen wissen, wie förderlich Stille ist. Allerdings erst, nachdem das Unbehagen, das sich einstellt, wenn man diese absolute Stille zum ersten Mal erlebt, überwunden ist.

Sobald Sie es einmal zu schätzen wissen, daß Stille nicht so sehr das Fehlen von Geräuschen, sondern vielmehr die Gegenwart von friedvoller Ruhe ist, werden Sie sehr bald in diesem wundersamen Zustand aufblühen. Dies ist auch der Grund, warum so viele Techniken, die in diesem Buch vorgestellt werden, eine weitaus größere Wirkung haben, wenn Sie bei der Anwendung von Ruhe und Stille umgeben sind. Wenn Sie Ruhe und Frieden finden, wenn Sie sich entspannen wollen, dann gehen Sie auf die Suche nach der Stille. Nehmen Sie sie in sich auf. Versenken Sie sich ganz in sie. Halten Sie sie fest, solange Sie können.

Wie aber können Sie am Arbeitsplatz, wo geschäftige Betriebsamkeit herrscht, Ruhe finden?

Erstaunlicherweise ist das nicht allzu schwierig. In der lautesten Umgebung können Sie Stille finden, indem Sie die Ihnen schon geläufige Ruheatmung anwenden und sich ganz auf das Geräusch Ihrer Atemzüge konzentrieren. Selbst im größten Tumult eines Büros, sogar wenn eine Rockband mit Heavy Metal

Ihr Trommelfell zum Vibrieren bringt, können Sie das Geräusch Ihrer eigenen Atemzüge hören – *wenn Sie sich darauf konzentrieren.*

Wenn Sie das einige Male geübt haben, werden Sie, sobald Sie dieses Geräusch hören, auf dem besten Wege sein, Ruhe zu finden.

Hier finden Sie weitere Tips zur Ruhe:

Ruheatmung .... Seite 129
Der Ruhe-Raum .... Seite 348
So klingt Ruhe .... Seite 339

Schaffen Sie sich Ihren Freiraum

Sperren Sie eine Gruppe Ratten auf zu engem Raum ein. Sie werden sehen, daß diese Tiere nach und nach »wahnsinnig« werden und beginnen, sich gegenseitig umzubringen. Alle Tiere und auch die Menschen brauchen einen gewissen Freiraum um sich herum, in dem sie sich entfalten und in Ruhe aufhalten können. Je kleiner dieser Freiraum ist, desto mehr Streß kommt auf.

Seit den achtziger Jahren geht bei der Gestaltung von Büros der Trend dahin, dem einzelnen Angestellten immer weniger Raum zur Verfügung zu stellen. Daher ist seit den letzten zehn Jahren etwa auch festzustellen, daß immer mehr Leute auf immer kleiner werdendem Raum arbeiten. Da die Mieten für Büros und andere Arbeitsräume immer höher und durch die Fortschritte in der Technologie die Maschinen und Werkzeuge immer kleiner werden, wird dieser Trend sich auch weiterhin fortsetzen.

Raum ist eine Vorstufe zur Ruhe. Daher ist es auch viel leichter, zur Ruhe zu kommen, wenn man um sich herum freien Raum hat. In der Mitte eines Zimmers statt in einer Ecke. Möglichst entfernt von einer Menschenmenge, statt mitten drin. In einem freien Park, statt in einem überfüllten Lift.

Was also können Sie tun, um sich diesen freien Raum zu verschaffen, wo doch der Ihnen zugestandene Raum immer mehr schrumpft und die Kollegen Ihnen Tag für Tag näher rücken?

Es gibt viele konkrete Möglichkeiten, hier Abhilfe zu schaffen. Je kompakter nämlich Ihre Werkzeuge, Ihre Hilfsmittel und Arbeitsutensilien sind, desto mehr werden Sie das Gefühl freien Raumes um sich herum genießen können. Raumschaffend wirkt es sich aus, wenn Sie einen PC mit kleinem Mini-Tower aufstellen, und wenn Sie als Sitzgelegenheit einen Schreibtischstuhl statt eines ausladenden Chefsessels wählen. Netzwerke nehmen weniger Raum ein als Einzel-Terminals, eine elektronische Datenbank weniger als ein Aktenschrank. Wandregale sind wesentlich sparsamer im Platzverbrauch als Ablagetische.

Was in Ihrem Arbeitsbereich aber wirklich Raum schaffen kann, hat mit diesen rein physischen Dingen gar nichts zu tun, sondern einzig mit dem, was sich in Ihren Gedanken abspielt. Je mehr Sie sich auf das konzentrieren, was Sie gerade tun, desto weniger wird Ihnen alles das bewußt, was aus dem Umfeld, in dem Sie arbeiten, störend auf Sie einwirken kann. (Stellen Sie sich nur einmal vor, wie begeistert Ihr Chef wäre, wenn er das lesen könnte.)

Um sich wirklich auf die anliegende Aufgabe und Arbeit zu konzentrieren, und zwar mit einer Intensität, die Sie früher vielleicht noch nie erreicht haben, müssen sie zwei Punkte beachten.

Da ist zunächst einmal die Ruheatmung. Indem Sie diese Technik anwenden, suchen Sie die Stille in Ihnen selbst. Konzentrieren Sie sich auf Ihre Atemzüge, auf Ihr Ein- und Ausatmen: Druck und Störungen, die, vom Rest der Welt ausgehend, auf Sie eindringen, verlieren zunehmend an Wirkung. Wenn Sie diese Übung einige Minuten lang praktiziert haben, werden Sie sich in Ihrer eigenen Welt wiederfinden: ruhig, entspannt und bereit, Ihre ganze Konzentration auf Ihre Arbeit zu richten.

Der nächste Schritt ist Ihnen auch schon bestens bekannt. Es ist die Technik der hundertprozentigen Leistung, die Sie auf jede Arbeit anwenden sollen. Auch dies ist wieder eine Sache der

Konzentration. Sie verwenden Ihre ganze Konzentration und Leistungsfähigkeit auf nur eine Sache (nicht auf mehrere gleichzeitig!). Sie gehen ganz in der ausgeübten Tätigkeit auf. Sie genießen jede Sekunde dabei und nehmen in jedem Augenblick jedes Detail in sich auf. Dies hat den Effekt, daß die aktuelle, anliegende Aufgabe zu Ihrer ureigensten Welt wird – was ausgesprochen beruhigend und entspannend wirkt und zudem eine äußerst effektive Art zu arbeiten darstellt. Darüber hinaus verlieren dadurch all die anderen Dinge und Einflüsse in Ihrer Umgebung an Bedeutung.

Wenn Sie sich auf diese beiden Techniken konzentrieren, können Sie so ungestört wie im stillen Kämmerlein arbeiten und haben dabei noch das Gefühl, aller Raum der Welt stünde Ihnen zur Verfügung.

Hier finden Sie weitere Tips zur Ruhe:

Ruheatmung .... Seite 129
Die hundertprozentige
Leistung .... Seite 195
So klingt Ruhe .... Seite 339

Schaffen Sie sich Ihren Freiraum

- Genießen Sie fünf Minuten Entspannung mit der Ruheatmung. Lauschen Sie dem Geräusch Ihrer Atemzüge beim Ein- und Ausatmen. Lassen Sie dieses Geräusch in Ihr Bewußtsein dringen, bis Sie sich ruhig und hochkonzentriert fühlen. Nach einigen Minuten werden Sie sich in Ihrer eigenen entspannten Welt wiederfinden.
- Wenn Sie entspannt sind, wenden Sie die Technik der hundertprozentigen Leistung auf Ihre Arbeit an. Widmen Sie sich immer nur einer Aufgabe, nie mehreren gleichzeitig. Erledigen Sie Ihre Arbeit so gründlich, gewissenhaft und geschickt, wie Sie nur können.
- Versuchen Sie, alle stimulierenden Einflüsse von außen, wie Radio oder Unterhaltungen, auszuschalten.
- Fahren Sie so fort, bis Sie voll und ganz in Ihrer Tätigkeit aufgehen, bis die Aufgabe sich »von selbst« erledigt, und Sie werden sich ruhig, entspannt und zufrieden fühlen.

Den Arbeitsplatz streßfrei gestalten

In manchen Arbeitsumfeldern scheint Anspannung ein ständiger Gast zu sein. Da könnte man Notaufnahmestationen in Krankenhäusern nennen, Redaktionsbüros von Tageszeitungen, Klassenräume an Schulen für Problemkinder, überfüllte Führungsetagen – die Liste ließe sich beliebig fortsetzen.

Die Techniken, die anzuwenden sind, um Ruhe zu finden, sollten für den einen wie den anderen Arbeitsplatz dieselben sein. Trotzdem wirkt sich die Umgebung des Arbeitsplatzes erschwerend auf ihre Anwendung aus.

Wenn die Kollegen einverstanden sind, können einige einfache, streßabbauende Techniken eine tiefgreifende Wirkung an Ihrem Arbeitsplatz ausüben. Sie sind nicht dafür konzipiert, zu betäuben oder zu beschwichtigen, sondern sie sollen einfach die Nerven etwas entlasten und so das Arbeitsklima und die Arbeitsbedingungen für alle Betroffenen verbessern.

So klingt Ruhe

Sie wissen aus eigener Erfahrung, daß Musik eine starke Wirkung auf die Emotionen ausüben kann. Arbeitsplätze, die sich an Modetrends orientieren, und wo den ganzen Tag lang Rockmusik gespielt wird, wie zum Beispiel in Friseursalons oder Bekleidungshäusern, sind darauf angelegt, ständig ein gewisses Maß an Trendbegeisterung und Erregung hervorzurufen. Oft liegt darin aber für die Angestellten eine bedeutende Quelle streßbedingter Probleme. (Manche Fachleute sind der Meinung, daß passives Musikhören genauso schädlich ist wie passives Rauchen.)

Musik kann aber sowohl beruhigende wie auch stimulierende Wirkung haben. Mit Gefühl und Verstand eingesetzt, kann sie auf einen ganzen Betrieb beruhigend wirken. Wenn ich diese Empfehlung gebe, bekomme ich als Antwort oft ein abfälliges

Gebrummel über »Fahrstuhlmusik« zu hören und über die schleichende Störwirkung, die sie haben kann. Die Art von Musik allerdings, von der ich rede, hat mit dieser Fahrstuhlmusik so viel gemein, wie die Musik der Smashing Pumpkins mit den Kompositionen von Schostakowitsch gemein hat.

Therapeuten haben seit langem erkannt, daß Musik eine Vielzahl physiologischer Veränderungen beim Zuhörer bewirken kann, nicht nur in den offensichtlichen Bereichen, wie zum Beispiel Herzschlag und Atemrhythmus. Auch der galvanische Hautwiderstand, der Blutdruck, der Hormonspiegel, das Immunsystem und die Gehirntätigkeit werden beeinflußt. Sogar bestimmte Lernschwächen können damit behoben werden. Die Tatsache, daß bestimmte Frequenzen oder Zyklen den Zuhörer in einen Zustand der Entspannung (Alpha-Rhythmen) oder Trance (Delta) versetzen kann, ist inzwischen allgemein bekannt. Aber diese betreffenden Frequenzen oder Zyklen können nicht so leicht produziert werden. Sie haben auch keinen vom Gehör wahrnehmbaren Ton und sind weit entfernt von dem, was wir unter Musik verstehen.

Theoretisch könnten Sie diese Töne über eine Lautsprecheranlage in Ihrem Büro abspielen und alle Leute in Schlaf versetzen. Oder sie aufwecken. Aber Sie würden den Leuten wahrscheinlich keine Freude machen. Das erfordert nämlich ein Talent auf musikalischem Gebiet, das den meisten Forschern fehlt. (Am Calm Centre haben wir dieses Manko überwunden, indem wir talentierte »Ruhe«-Komponisten, wie Riley Lee, den Großmeister des *shakuhachi*, in einem Team mit Technikexperten zusammenarbeiten lassen. Das Ergebnis dieser Teamarbeit ist eine hervorragende Musik, die dem Zuhörer einmal Ruhe vermittelt, ihn ein anderes Mal zu Aktivität anstachelt: in der Arbeitswelt eine absolute Notwendigkeit. Wenn Sie neugierig auf diese Musik sind, können Sie über unsere Internetseite unter der Adresse http://www.calmcentre.com, einige Kostproben hören.)

Das soll aber nicht bedeuten, daß andere Arten der Musik nicht ebenso erfolgreich eingesetzt werden könnten. Beispielsweise ein Nocturne von Debussy oder Chopin. Oder Stücke zeitgenössischer Musik, solange sie nicht mit Text unterlegt sind. Aber welches Stück Sie auch auswählen, es muß seine beruhigende Wirkung bei niedrigster Lautstärke entfalten. Das Ganze funktioniert nur dann ohne Störung, wenn der Zuhörer die Musik gerade noch wahrnehmen kann.

Hier finden Sie weitere Tips zur Ruhe:

Hören Sie auf http://www.calmcentre.com

Schließen Sie einen Pakt
mit der Ruhe .... Seite 316
Gestalten Sie Ruhe .... Seite 315

So riecht Ruhe

Eine der sinnlichsten Möglichkeiten, am Arbeitsplatz Ruhe zu verbreiten, liegt in der Verwendung von Duftölen. Da ein gewisses Gespür erforderlich ist, um zu erkennen, wie die verschiedenen Düfte unter den jeweils gegebenen Umständen und Bedingungen wirken – ich beispielsweise habe den Eindruck, daß einige Öle bei feuchter Witterung etwas schwer wirken –, können Sie die Auswahl Ihrer Duft- beziehungsweise Ölmischungen nach der Tabelle auf Seite 245 treffen.

Bei Duftmischungen sollten nie mehr als drei Öle verwendet werden. Treffen Sie Ihre Auswahl im Hinblick auf die Wirkungen, die Sie damit erzielen möchten, und auch danach, wie Ihnen die Düfte gefallen.

Hier eine Zusammenstellung der eher ungewöhnlichen Charakteristika der Öle, die Sie vielleicht in Betracht ziehen möchten:

- Orange und Scharlei – ihnen sagt man nach, daß sie einen positiven Einfluß auf die Kommunikation haben.
- Basilikum und Zitrone stehen in dem Ruf, die klare Denkfähigkeit bei der Entscheidungsfindung zu verbessern.
- Ylang Ylang soll Ärger vertreiben.

- Pinie verspricht das, was Sie von ihr erwarten: Dieser Duft wirkt erfrischend in einer stickigen Umgebung und beflügelt die Inspiration.
- Bergamotte ist der beruhigende und zugleich anregende Duft, den Sie aus Earl-Grey-Tee und Eau de Cologne kennen.

Es liegt an Ihnen, die richtig ausgewogenen Kombinationen zusammenzustellen, die Ruhe vermitteln und gleichzeitig die Stimmung heben. Sie können sich dabei getrost auf Ihre Instinkte verlassen, denn Sie haben es hier mit dem subtilen System Ihrer Emotionen zu tun.

Der wohl einfachste Weg, diese Duftöle zur Anwendung zu bringen, ist die Verwendung einer Duftlampe aus Keramik. Fül-

len Sie die flache Verdampferschale mit warmem Wasser, und geben Sie einige Tropfen Öl hinein (je höher die Qualität des Öls ist, desto weniger Tropfen brauchen Sie). Stellen Sie eine kleine Kerze in den Brennraum unter der Schale, und zünden Sie sie an. Dann entspannen Sie sich und genießen das olfaktorische Erlebnis.

Auf diese Weise verdampfendes Öl hat eine beruhigende Wirkung auf Sie und alle Menschen um Sie herum.

Hier finden Sie weitere Tips zur Ruhe:

Nutzen Sie die Fähigkeiten
Ihrer Nase .... Seite 243
Der Ruhe-Raum .... Seite 348
Streß auf sinnliche Weise
abbauen .... Seite 361

Ein Schlückchen Ruhe

Lassen Sie mich ein absurdes Bild entwerfen.

Stellen Sie sich einen Arbeitsplatz vor: alle Leute total gestreßt, die Deadlines rücken immer näher, Spannungen bauen sich auf, die gereizte Stimmung entlädt sich verschiedentlich in Wutausbrüchen. Aber täglich, zu einer festgesetzten Zeit, müssen Sie durch eine ganz spezifische Handlungsweise diese Spannungen abbauen und den Kollegen um Sie herum helfen, ihre Mißstimmung zu überwinden. Die einzigen Hilfsmittel, die man Ihnen zu diesem Zweck an die Hand gibt, sind:

- feinausgemahlenes Mehl (schwächt die Energie)
- Zuckerraffinade (hebt kurzfristig die Stimmung, dämpft sie dann aber wieder)
- gesättigte tierische Fette (drücken auf die Stimmung und sind ungesund)
- künstliche Konservierungsstoffe (haben alle möglichen negativen Auswirkungen)
- koffeinhaltige Getränke (verstärken die Anspannung, rufen das Gefühl von Unruhe hervor)
- vielleicht noch ein Schuß Nikotin (aufputschend, beruhigend, macht süchtig) als krönenden Abschluß

Nie im Leben würden Sie solch einen aberwitzigen Zutaten-Cocktail verwenden, nicht wahr? Genau das aber geschieht an jedem Arbeitstag mehrmals – während der Kaffeepause.

Hier nun einige Alternativen, die zu mehr Ruhe verhelfen können. Wenn Sie diese Liste herumliegen lassen, werden die Vorschläge bald das übliche Einerlei von Kaffee und Keksen ersetzt haben. (Da diese Alternativen nicht süchtig machen, liegt es ganz in Ihrem Bemühen, sie zu einer ständigen Gewohnheit werden zu lassen.)

Ganz abgesehen von der Tatsache, daß diese Produkte ein

harmloser Ersatz für gefährlichere Stoffe sind, haben die meisten davon eine beruhigende oder anderweitig wohltätige Wirkung.

Spannung erzeugendes Produkt	Beruhigendes Alternativprodukt
Kaffee	Kräutertee Surrogatkaffee koffeinfreier Tee grüner Tee (ungesüßt) koffeinfreier Kaffee
Tee	Pfefferminztee oder irgendein anderer Kräutertee Kamillentee Hagebuttentee alle Sorten der neuen Früchtetees heißes Zitronenwasser frisches Wasser
Kekse	frisches Obst Vollkornbrot Gemüserohkost
handelsübliche Snacks	frisches Obst Trockenobst Nüsse (in Maßen)
Cola	kaltes Leitungswasser Mineralwasser reine Fruchtsäfte Fruchtnektare
Tabak	Sauerstoff

Wenn irgend möglich, sollten Sie die sogenannten schnellen Muntermacher vermeiden: Kaffee, leichte, alkoholhaltige Drinks, zu süße und zu fette Snacks. Diese Produkte heben zwar im Moment Ihre Stimmung, aber schon nach kurzer Zeit fühlen Sie sich dann angespannt und müde.

Wenn Sie unbedingt und auf die Schnelle etwas Ruhe brauchen, dann meiden Sie die üblichen Stimulantien wie die Pest. Trinken Sie an Stelle einer Tasse Kaffee einen Kräutertee oder ein Glas Wasser. Statt sich der nächstbesten Gruppe oder Diskussionsrunde anzuschließen, sollten Sie lieber einige Minuten ins Freie gehen, um sich zu regenerieren.

Ein Wort zum Tee

Wir neigen dazu, Tee und Kaffee in einen Topf zu werfen und als ungesund zu betrachten. Normaler Tee hat aber durchaus einige positive Auswirkungen auf unsere Gesundheit. Er enthält zwar nicht unbeträchtliche Mengen Koffein, das nicht zum Bereich Nutzen gezählt werden kann. Andererseits aber hat Tee Eigenschaften, denen man nachsagt, daß sie vorbeugend wirken gegen schwerere Krankheiten wie Krebs oder Herzbeschwerden. Deshalb kann es durchaus angebracht sein, Kaffee durch Tee zu ersetzen (in Maßen, natürlich).

Zusätzlich zum normalen Tee gibt es noch eine ganze Reihe von Kräutertees. Oft höre ich die Bemerkung »Pfui Teufel, dieses Kräutergebräu bringe ich nicht hinunter«. Sie können aber sicher sein, diese Einstellung stammt noch aus der Zeit, da es nichts anderes gab als Kamille und Pfefferminze. Heute vergrößert sich Ihre Wahlmöglichkeit von Tag zu Tag. (Ich habe heute morgen einen Ananas-Kokosnuß-Tee getrunken.)

Und ein Wort zum Wasser

Die Menge Wasser, die Sie trinken, spielt eine bedeutende Rolle bezüglich der Art und Weise, wie Sie auf Streß reagieren. Wenn Sie zu wenig trinken, werden Sie sich träge und müde fühlen und wesentlich empfindlicher auf Anspannung reagieren.

Wenn sie ausreichend Wasser trinken, wird Ihnen das helfen, Ruhe zu bewahren. Es wirkt außerdem vorbeugend gegen Bluthochdruck, leichtere Herzbeschwerden, Schlaganfall, gegen Probleme mit der Atmung, Verstopfung, Kopfweh und Karies. Ja, sogar dem Alterungsprozeß an sich soll es entgegenwirken.

Wieviel Wasser sollten Sie nun trinken, damit Sie sich gesund und ruhig fühlen? Wenigstens acht Gläser jeden Tag. Als Minimum.

- Trinken Sie jeden Tag mindestens acht Gläser Wasser.
- Trinken Sie morgens, beim Aufstehen, zwei Gläser Wasser und eines vor jeder Mahlzeit.
- Trinken Sie jedes Mal Wasser (im Verhältnis zwei zu eins), wenn Sie Alkohol oder Kaffee trinken.
- Stellen Sie sich eine Kanne oder eine Flasche Wasser griffbereit auf den Schreibtisch.
- Trinken Sie das Wasser aus einem edlen Weinglas, dann schmeckt es gleich ganz anders.
- Trinken Sie bevorzugt einfaches, kühles Wasser an Stelle von kohlensäurehaltigen Getränken.
- Trinken Sie bevorzugt heißes Wasser an Stelle von Tee oder Kaffee.

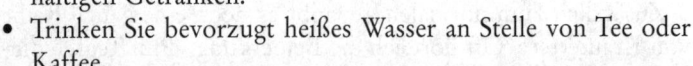

Machen Sie es sich zur Gewohnheit, Wasser zu trinken. Dadurch verbessern Sie Ihre Gesundheit und erhöhen Ihre Fähigkeit, Ruhe zu bewahren.

Assoziationen der Ruhe

Eine der eigenartigen, langfristigen Auswirkungen von Streß ist die Tatsache, daß Sie ihn mit ganz bestimmten Orten oder Verhaltensmustern assoziieren.

Um nur ein Beispiel zu nennen: Ich fühle immer ein nervöses Kribbeln in mir, wenn ich die Praxis meines Zahnarztes betrete, obwohl sie sehr ansprechend eingerichtet, ein Aquarium mit vielen tropischen Fischen vorhanden und ausgesprochen beruhigende Musik zu hören ist (hören Sie sich einmal im Internet unter www.calmcentre.com *Deep Calm* an). Erinnern Sie sich noch an Ihre Schulzeit? Jedes Mal, wenn Sie das Büro des Direktors betreten haben, ist Ihnen ganz mulmig gewesen. Gleichgültig, ob er anwesend war oder nicht, ob Sie etwas ausgefres sen hatten oder nicht. Genauso assoziieren Sie bestimmte Gefühle mit bestimmten Orten oder Verhaltensweisen, die mit Ihrer Arbeit in Zusammenhang stehen. Es mag zwar sein, daß Ihnen dies gar nicht bewußt ist, aber es geschieht an jedem Tag Ihres Arbeitslebens. Sie polen sich unbewußt selbst darauf, streßgeprägtes Verhalten mit bestimmten Orten oder Ereignissen zu assoziieren. Im Endeffekt wird dann eine streßgeprägte Reaktion ausgelöst, wann immer Sie mit diesem Ort oder Ereignis konfrontiert werden.

Ich möchte Ihnen noch ein Beispiel geben. Die Besitzerin eines auf die Pleite zutreibenden Unternehmens erlebt ihre schlimmsten Augenblicke jedesmal dann, wenn sie eine ganz bestimmte Datei an ihrem Computer aufruft und feststellen muß, daß der Einkommensrückgang sie langsam, aber sicher in den Bankrott treibt. Jedes Mal, wenn sie den Computer einschaltet und die entsprechende Datei aufruft, sieht sie, daß sich ihre Lage weiter verschlechtert hat. Innerhalb kurzer Zeit wird diese Unternehmerin dann beginnen, das Aufrufen eine Datei mit der Verzweiflung zu assoziieren, die sie angesichts der drohenden Pleite empfindet. Über kurz oder lang wird sie *jedesmal*, wenn sie am Computer eine Datei aufruft – ob es sich nun um das Erstellen einer Einkommensbilanz handelt oder einfach um die Planung der Urlaubsliste für die Belegschaft –, diese Verzweiflung empfinden.

Dieses dem Unterbewußtsein entspringende Phänomen ist in Fachkreisen als programmierte konditionierte Reaktion (PCR) bekannt. Im genannten Fall steht diese PCR in Verbindung mit einer negativen Assoziation. Sie kann aber ebenso durch eine positive Assoziation ausgelöst werden. Wenn Sie, nur um ein Beispiel zu nennen, Ihr berauschendstes sexuelles Erlebnis auf der Rückbank eines Volkswagens erlebt haben, dann beobachten Sie sich doch einmal, wenn eine attraktive Person Sie zu einer Fahrt in einem Volkswagen einlädt! Das ist eine *positive* PCR.

Sie können sich Ihre eigenen, *positiven* Assoziationen oder auch PCRs schaffen, die sich positiv auf Ihre geistige Gesundheit auswirken und Ihnen helfen werden, Ruhe zu bewahren.

Der Ruhe-Raum

Mit ein bißchen gutem Willen und ohne die geringste Investition an barer Münze können Sie sich, unter Verwendung einer PCR, Ihren eigenen Raum der Ruhe schaffen. Dieser Ruhe-Raum wird dann ein spezielles Refugium, angefüllt mit positiven Assoziationen, wo Sie jederzeit Ruhe finden und sich wohl fühlen, indem Sie sich einfach dorthin begeben. Wenn Sie zum Beispiel am häufigsten an Ihrem Schreibtisch im Büro Streß bei der Arbeit empfinden, könnten Sie sich dafür entscheiden, eine Alternative dazu – einen Ruhe-Raum – in einer ungenutzten Ecke Ihres Büros einzurichten. Oder in der Cafeteria oder in dem Raum, in dem die Fotokopierer stehen, oder im Freien, am Brunnen (sofern Ihrem Arbeitgeber das nicht gegen den Strich geht).

Welchen Ort Sie sich aussuchen, ist letztendlich von untergeordneter Bedeutung. Ihr Ziel besteht darin, diesen Ort mit entspannten, positiven Gedankenassoziationen zu erfüllen, so daß Sie sich immer, wenn Sie ihn aufsuchen, ruhig, entspannt und voll Energie fühlen.

Es kann einige Wochen in Anspruch nehmen, diesen Raum in ein Refugium der Ruhe zu verwandeln, aber verglichen mit Ihrer Lebensarbeitszeit ist dies wohl die kürzere Zeitspanne. In den ersten Tagen sollten Sie diesen Ort immer dann kurz aufsuchen, wenn Sie sich aus irgendeinem Grunde ausgesprochen ruhig oder glücklich fühlen. Suchen Sie ihn auf, setzen Sie sich hin, und genießen Sie die positiven Gefühle so lange wie möglich. Wenn Sie sich das nächste Mal wieder besonders ruhig oder glücklich fühlen, gehen Sie wieder dorthin. Tun Sie das immer und immer wieder. Tun Sie es mindestens zehnmal, nach Möglichkeit auch öfter.

Innerhalb kurzer Zeit werden Sie eine positive PCR in bezug zu diesem Ort entwickelt haben. Ihr Unterbewußtsein wird diesen Ort als ein Refugium registrieren, in dem Sie sich immer ruhig und glücklich fühlen. So wird er Ihr Ruhe-Raum.

Immer, wenn Sie sich angespannt oder unter Druck fühlen, brauchen Sie nur diesen Ruhe-Raum aufzusuchen. Sobald Sie sich hinsetzen, fühlen Sie sich ruhig und glücklich – zumindest ruhiger und glücklicher, als Sie waren, bevor Sie den Ruhe-Raum betreten haben.

Das Beste aber kommt noch. Je öfter sie diesen Ort aufsuchen, um die Empfindung von Ruhe und Glück hervorzurufen, desto mehr stellen Sie sich auf diese Empfindung ein, und desto wirkungsvoller wird die Assoziation. Wenn Sie diese Übung regelmäßig durchführen, wird die Effektivität von Tag zu Tag zunehmen.

Hier finden Sie weitere Tips zur Ruhe:

So klingt Ruhe .... Seite 339
Die Ionen der Ruhe .... Seite 333

Der Ruhe-Raum

- Suchen Sie sich einen ganz speziellen Ort aus, der Ihr Hafen für Ruhe und Glücksgefühle werden soll.
- Suchen Sie diesen Ort jedes Mal, wenn Sie sich ganz besonders ruhig oder glücklich fühlen, auf. Genießen Sie die genannten Empfindungen, solange Sie dort verweilen.
- Wiederholen Sie das mindestens zehnmal.
- Wenn Sie überzeugt sind, in Verbindung mit diesem Ort ruhige, positive Assoziationen aufgebaut zu haben, kann er Ihr Ruhe-Raum werden.
- Sooft Sie sich angespannt oder unter Druck fühlen, suchen Sie ihn auf – und das Gefühl von Ruhe und Glück wird sich wieder einstellen.
- Praktizieren Sie die Ruheatmung, sooft Sie diesen Ort aufsuchen.

Ertragen Sie es mit einem Lächeln

Man kann es jedem Menschen durch einen Blick in sein Gesicht ansehen, ob er unter Druck steht: Die Zähne sind fest zusammengebissen. Die Stirn ist gerunzelt, die Kiefermuskulatur angespannt, die Lippen sind aufeinandergepreßt. Anspannung konzentriert sich im allgemeinen im Bereich rund um Gesicht und Nacken.

Sie können mit einer wirkungsvollen gymnastischen Übung erreichen, daß diese Anspannung sich löst und Sie sich wieder entspannen – ganz nach Lust und Laune.

Diese Übung ist so einfach und so wenig ortsgebunden, daß Sie sie zu jeder Tages- und Nachtzeit durchführen können, gleichgültig, wie sehr Sie unter Druck stehen. Gleichgültig auch, mit welchen Deadlines Sie es zu tun haben.

Es ist Ihr vertrautes, gutes altes Lächeln mit Lachfalten um die Augen und weiß blitzenden Zähnen.

Rein vom physischen Standpunkt aus und in bezug auf die Muskelarbeit gesehen, ist ein Lächeln das genaue Gegenteil eines angespannten Gesichts. Die eigentliche Wirkung liegt aber im psychologischen Bereich. Ein Lächeln ist eine PCR. Ein unbewußter Auslöser bewirkt eine plötzliche, neurologische Stimulation des Zentrums für angenehme Empfindungen in Ihrem Gehirn. Im gleichen Augenblick vermittelt er Ihnen das Gefühl von Glück und Wohlbefinden. Wahrscheinlich ist dies sogar die erste, zumindest aber eine der ersten PCRs, die Sie in Ihrem Leben gelernt haben. Seit Ihrer Kindheit haben Sie sie bereits praktiziert, und seit dieser Zeit zeigt sie für Sie Wirkung.

Wenn Sie sogar in Lachen ausbrechen, vervielfachen sich die Vorteile, die damit verbunden sind. Lachen hilft zum Beispiel, Ihren Blutdruck zu stabilisieren, und unterstützt Ihren Kreislauf.

Um Ihrer Gesundheit willen, zur Hebung Ihrer Stimmung und als Mittel gegen Anspannung sollten Sie unbedingt darauf achten, während Ihrer Arbeit etwas zu finden, worüber Sie lächeln können.

Im Grunde genommen entsteht dieses Lächeln aus gänzlich egoistischen Gründen – es hat ja einzig und allein den Zweck, Ihr eigenes Wohlbefinden zu steigern. Und doch werden Ihre Kollegen Sie für besonders freundlich und nett halten, wenn Sie in deren Gegenwart Ihr Lächeln zeigen.

Um dieses Lächeln auf Ihr Gesicht zu zaubern, brauchen Sie nur ein Minimum an Übung. Sie spannen einfach die Backenmuskulatur an (A), ziehen die Mundwinkel in die Höhe (B) - schon haben Sie Ihr Lächeln (C).

Das ist doch prima.

Gehen Sie noch weiter, und brechen Sie in Lachen aus. Die angenehme Wirkung, die sich daraus ergibt, wird noch um ein Vielfaches höher sein.

Halten Sie deshalb an Ihrem Arbeitsplatz immer Augen und Ohren offen, damit Ihnen keine Gelegenheit für ein herzliches Lachen entgeht. Sollten sich keine derartigen Gelegenheiten ergeben, dann schaffen Sie selbst Situationen, in denen gelacht werden kann und darf. Dadurch werden nicht nur Sie profitieren, auch Ihren Kollegen kommt dies zugute.

Hier finden Sie weitere Tips zur Ruhe:

Ruhe im Gesicht .... Seite 359
Streß auf sinnliche Weise
abbauen .... Seite 361
Ertragen Sie es mit einem
Lächeln .... Seite 350
Haben Sie Spaß .... Seite 381

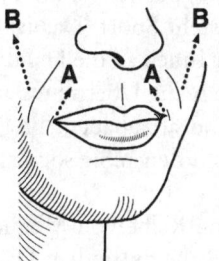

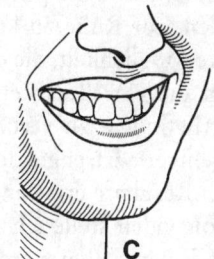

In einem ruhigen Körper steckt ein ruhiger Geist

Nachdem wir schon mehrfach festgestellt haben, daß Streß meistens ein Produkt dessen ist, was sich in Ihrem Kopf abspielt, ist es jetzt an der Zeit, daß wir uns einmal mit Ihrem Körper beschäftigen. Darauf habe ich mich schon gefreut.

Bisher hatten wir unser Hauptaugenmerk auf die Psychologie des Individuums gerichtet, auf das Unterbewußtsein und die Emotionen. Wenn wir unser Blickfeld nun erweitern und die gesamte Physiologie in unsere Betrachtungen einbeziehen, involvieren wir nicht nur die Leser unter Ihnen, die eher körperbewußt sind, sondern wir gewinnen auch eine zusätzliche, dynamische Dimension in unserem Bestreben, zur Ruhe zu kommen.

An erster Stelle der physischen Möglichkeiten, die Ihnen helfen sollen, zur Ruhe zu kommen, steht Sport. Das ist die effizienteste Möglichkeit, die die Natur Ihnen an die Hand gegeben hat, um die »Streßmarker«, die sich im Überschuß in Ihrem Körper befinden, zu verbrennen und abzubauen. Es gibt aber auch weniger anstrengende Wege, mit denen Sie so ziemlich die gleichen Resultate erzielen können.

Im folgenden stelle ich Ihnen eine Reihe von Möglichkeiten vor, die Ihnen helfen werden, zur Ruhe zu finden. Dabei können Sie eine von zwei Wahlmöglichkeiten wahrnehmen. Entweder Sie gehen direkt gegen die Auswirkungen von negativem Streß vor, oder Sie kehren die physischen Vorgänge um, die zu Streß führen.

Gute Unterhaltung.

Aufrecht zur Ruhe finden

Wenn Sie die im folgenden vorgestellte Technik genauso ausüben, wie ich sie beschreibe, dann ist es nur noch eine Sache von Minuten, bis Sie sich ruhig und in gehobener Stimmung fühlen.

Eine Person, die unter Streß steht, hat ein ganz spezifisches Aussehen: hängende Schultern, gesenktes Kinn, krummer Rücken, verschränkte Arme, ineinander verkrampfte Finger, zusammengezogene Augenbrauen – die Muskeln sind angespannt, verkrampft. Das Aussehen einer ruhigen Person entspricht dem genauen Gegenteil dieser Beschreibung.

Auch Sie können ruhig werden, oder es zumindest soweit bringen, daß Sie sich entspannter fühlen. Kehren Sie einfach die charakteristischen Merkmale der Anspannung in ihr Gegenteil um: Ziehen Sie die Schultern zurück. Heben Sie das Kinn. Strecken Sie den Rücken durch. Lösen Sie Ihre verschränkten Arme und die ineinander verkrampften Finger.

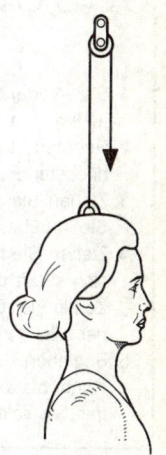

Das ist die Grundvoraussetzung für den Einstieg in die Technik »Aufrecht zur Ruhe«.

Sie können die folgenden Übungen im Sitzen wie im Stehen ausführen. Wenn Sie sich leichter tun, stellen Sie sich für den ersten Versuch an eine Wand und pressen den Rücken fest dagegen. Es kommt in erster Linie darauf an, daß Sie möglichst aufrecht sitzen oder stehen.

Wenn Sie sich dann allmählich entspannen, nehmen Sie einen Silberdraht und befestigen ihn an einem Haken auf Ihrer Schädeldecke. (Sie haben schon recht: Der Haken existiert nur in Ihrer Vorstellung, genau wie der Silberdraht.) Dann nehmen Sie den Silberdraht und ziehen ihn nach oben zu einer silbernen Rolle, die direkt über Ihnen an der Zimmerdecke befestigt ist.

Über diese Rolle führen Sie den Draht. Und dann ziehen Sie daran, mit Gefühl ... immer ein bißchen weiter ... bis Sie merken, wie sich Ihr Körper strafft und sich die Verformungen in Ihren Wirbeln und Muskeln glätten.

Ziehen Sie, bis Sie den Eindruck haben, daß Ihr ganzer Körper sich zu heben beginnt. Bis Sie das Gefühl haben, daß Sie sich etwa einen Zentimeter vom Boden oder vom Stuhl gehoben haben.

Ihr ganzer Körper wird nun so aufrecht und gestreckt sein, wie Sie es nur fertigbringen. Er wird sich auch leichter anfühlen, als er nach Ihrer Erinnerung jemals war. Beginnen Sie nun mit der Ruheatmung.

Hier finden Sie weitere Tips zur Ruhe:

Ruheatmung .... Seite 129
So klingt Ruhe .... Seite 339
Grundschablone der
Visualisierung .... Seite 146

Aufrecht zur Ruhe finden

1. Sitzen oder stehen Sie ganz aufrecht. Pressen Sie Ihren Rücken eventuell gegen eine Wand. Strecken Sie Ihren Körper, so weit es geht.
2. Nehmen Sie einen imaginären Silberdraht, und befestigen Sie ihn am höchsten Punkt Ihres Kopfes.
3. Ziehen Sie den Silberdraht bis hinauf zur Zimmerdecke, und führen Sie ihn über eine imaginäre silberne Rolle.
4. Ziehen Sie mit Gefühl an dem Draht, bis Sie merken, daß Ihr Körper sich strafft und Sie den Eindruck gewinnen, daß Sie sich etwa einen Zentimeter über den Boden erhoben haben. Spüren Sie, wie Ihr Körper sich entlang der ganzen Wirbelsäule streckt und dehnt.
5. Beginnen Sie mit der Ruheatmung. Genießen Sie dieses Gefühl der Ruhe, bis die ganze Anspannung aus Ihrem Körper verschwunden ist und Sie vollkommen entspannt sind.

Ruhig und schweißgebadet

Sport, der mit gesundem Ehrgeiz betrieben wird, ist nachgewiesenermaßen eines der bewährten Mittel gegen Streß, die das Leben für uns bereithält. Wenn Sie regelmäßig joggen oder Aerobic betreiben, werden Sie das aus Erfahrung wissen. Die gleiche Erfahrung werden Sie auch gemacht haben, wenn Sie sich regelmäßig durch flottes Gehen, durch Radfahren oder Schwimmen fit halten.

Sport als körperliche Ertüchtigung stimuliert die Teile Ihres Nervensystems, die die Ausschüttung der »Streßhormone« beeinflussen. Er beruhigt deshalb nicht nur Ihre Nerven, sondern steigert langfristig gesehen auch Ihre Fähigkeit, mit Streß und streßbetonten Situationen fertigzuwerden.

Wenn bei Ihnen aus medizinischer Sicht keine ernsthafte Kontraindikation vorliegt (konsultieren Sie Ihren Arzt, wenn Sie sich nicht ganz sicher sind), wäre es, um ruhig zu werden, ideal, sich drei- bis fünfmal pro Woche sportlich zu betätigen. Sie sollten sich dabei jedesmal fünfundzwanzig bis dreißig Minuten lang so richtig fordern. Und zwar bis zu siebzig Prozent Ihrer maximalen Herzleistung (vergleichen Sie dazu untenstehende Tabelle).

SO BERECHENEN SIE IHRE MAXIMALE HERZLEISTUNG

Nehmen wir einmal an, Sie sind 40 Jahre alt.

	220
Ziehen Sie nun Ihr Alter von 220 ab.	− 40
Maximale Herzleistung =	180 Schläge/Minute
Herzleistung während des Sports soll 70 % der maximalen Herzleistung betragen =	126 Schläge/Minute

(Um Ihren Puls oder die Anzahl Ihrer Herzschläge feststellen zu können, legen Sie Ihre Fingerspitzen auf Ihre Pulsadern am Handgelenk, und zählen Sie die Anzahl der Schläge innerhalb 60 Sekunden.)

Die einfachste und wahrscheinlich entspannendste Sportart, die ich mir vorstellen kann, ist Walking, ein sportliches, flottes Gehen. Betreiben Sie dieses Walking drei- bis fünfmal pro Woche, jeweils dreißig bis vierzig Minuten lang. Marschieren Sie alleine oder in Gesellschaft mit Gleichgesinnten, in einer Umgebung, die Ihnen zusagt. Nutzen Sie diese Zeit des Gehens dazu, um Ihren Tag zu planen.

Betreiben Sie Ihren Sport regelmäßig, und Sie werden sich wie ein ganz anderer Mensch fühlen. Sie werden ruhiger werden und den Tag über weniger unter Streß leiden.

Eines müssen Sie aber unbedingt beachten: Wenn Sie sich zu sehr in Ihre Leistung hineinsteigern oder mit zuviel Ehrgeiz an die Sache herangehen, dann kann auch Sport Streß werden. Wenn Sport für Sie beruhigend sein soll, dann treiben Sie Ihren Sport mit Augenmaß und so, daß Sie Spaß daran haben.

Hier finden Sie weitere Tips zur Ruhe:

So klingt Ruhe .... Seite 339

Finden Sie den Park .... Seite 264

Ruhig und schweißgebadet

Nehmen Sie diese Aufstellung als Entscheidungshilfe bei der Auswahl Ihres Sportprogramms. Suchen Sie sich aus den verschiedenen Sportarten eine heraus, die Sie drei- bis fünfmal in der Woche betreiben. Wechseln Sie die Sportart von Zeit zu Zeit.

- Flottes, sportliches Gehen: dreißig bis fünfundvierzig Minuten.
- Joggen: fünfundzwanzig Minuten.
- Schwimmen: fünfundvierzig Minuten.
- Radfahren (in vernünftigem Tempo): fünfundvierzig Minuten.
- Aerobic: fünfundzwanzig Minuten.
- Tanzen: dreißig bis fünfundvierzig Minuten.

Versuchen Sie, jeweils siebzig Prozent der maximalen Herzleistung zu halten.

Über entspannte Kiefer zur Ruhe

Streß konzentriert seine sichtbaren Auswirkungen rund um Kopf und Gesicht. Von dieser Anspannung sind vielfach in erster Linie die Muskeln im Bereich der Kiefer betroffen. Sie beißen die Zähne zusammen, und die Kiefermuskeln werden ganz starr. (Beobachten Sie einmal, wie diese Muskelpartien in Bewegung sind, wenn jemand versucht, seinen Ärger zu »verbeißen«.)

Wenn Ihre Zähne zusammengebissen und Ihre Kiefermuskeln verkrampft sind, dann beginnt diese Spannung auch auf andere Teile Ihres Körpers überzugreifen. Das führt dann zu einem Gefühl der Steifheit und Verspannung im Rücken und in den Schultern, zu Spannungskopfschmerzen, Kreuzschmerzen und zu einem allgemeinen Gefühl der Anspannung. Nach meinen Informationen machen manche Chiropraktiker eine verkrampfte Kieferpartie für chronische Rückenbeschwerden verantwortlich.

Bis heute war die Behandlung dieser primären Ursache für diverse Beschwerden (wenn sie überhaupt als solche erkannt wurde) ziemlich eklektisch, um es einmal vorsichtig auszudrücken. Ein Zahnarzt konnte durch prothetische Hilfsmittel Linderung schaffen. Er paßte dem Patienten eine Beißschiene an, die das übermäßige Zusammenbeißen und auch das Zähneknirschen unterbinden sollte.

Hier stelle ich Ihnen einige einfachere und billigere Behandlungsmöglichkeiten vor.

Zungendruck

Zuerst möchte ich Ihnen eine einfache, aber sehr effektive Methode vorstellen, die Muskeln Ihres Unterkiefers zu entspannen (genauer gesagt, die Muskelstränge, die vom Schläfenknochen zum Unterkiefer hin verlaufen. Vergleichen Sie dazu Punkt B in der Abbildung auf der nächsten Seite).

Bei dieser Methode drücken Sie einfach die Zunge gegen den

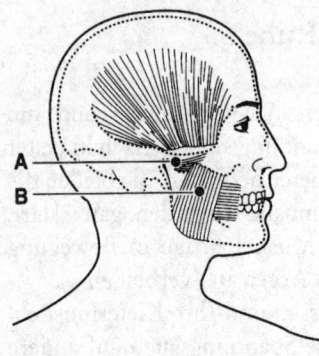

Gaumen, ganz leicht, direkt hinter den Schneidezähnen. Es ist nur eine ganz leichte Berührung nötig. Sie werden das als so angenehm empfinden, daß Sie diesen leichten Druck auch über ausgedehntere Zeitspannen hinweg aufrechterhalten können.

Das ist schon alles, was Sie tun müssen.

Solange Sie diesen leichten Druck mit Ihrer Zunge ausüben, werden Ihre Kiefermuskeln entspannt sein, und das strahlt dann auch auf die Muskelpartien rund um die Schläfen aus.

Die Zwei-Finger-Methode

Eine weitere Methode, die Anspannung im Bereich Ihrer Kiefer zu lockern, basiert auf der Verwendung von zwei Fingern.

Im Bereich der Kiefermuskeln zwischen Wange und Ohrläppchen (vergleichen Sie Punkt A in der vorhergehenden Abbildung) spüren Sie eine Vertiefung, die, wenn Sie unter Anspannung stehen, nur ganz schwach ausgeprägt ist. Drücken Sie mit den Spitzen Ihrer Zeigefinger an diesen Punkten genau nach innen, bis Sie einen leichten Schmerz fühlen. Üben Sie Druck auf diese Stelle

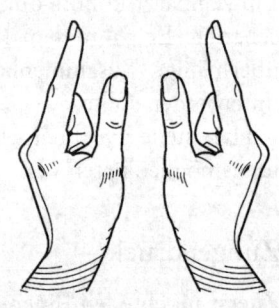

aus, wenn Sie ausatmen. Lösen Sie den Druck, wenn Sie einatmen.

Wiederholen Sie das einige Male, bis sich Ihre Kiefermuskeln entspannen.

Ruhe im Gesicht

Wenn sie bis über beide Ohren in der Arbeit steckt hat es immer wieder den Anschein, als ob sich die Verspannung überwiegend auf Schultern, Kopf und Gesicht konzentrieren würde.

Um diese Verspannung im Bereich der Schultern zu lockern, gibt es im allgemeinen nur zwei Möglichkeiten: Massage (durch eine andere Person) oder Schulterübungen (vergleichen Sie Seite 366 f.)

Die Verspannungen rund um Ihr Gesicht können Sie lockern, indem Sie eine Reihe von Akkupressurpunkten im Bereich des Gesichts aktivieren. Dazu haben Sie zwei Möglichkeiten: Sie können den entsprechenden Punkt einfach drücken (ausatmen – drücken; einatmen – Druck lösen). Sie können den Punkt aber auch mit den Fingerspitzen kreisförmig massieren. Wenn Sie sich für die letztere Möglichkeit entscheiden, dann achten Sie darauf, daß die kreisförmige Bewegung nach außen gerichtet ist. Entscheiden Sie sich nach eigenem Gutdünken für das eine oder das andere.

Die Akkupressurpunkte rund um Augen, Nase, Wangen und Schläfen sind die wichtigsten Punkte dieser Art, wenn es sich um Entspannung handelt. Außerdem sind sie leicht zu finden. Wenn ihre genaue Lokalisierung anfangs auch ziemlich schwierig erscheint, können Sie sie dennoch ohne größere Schwierigkeiten finden, wenn Sie sich nur von Ihrer Intuition leiten lassen.

(Wenn Sie einen Punkt nicht finden, machen Sie einfach mit dem nächsten weiter – hier geht es darum zu entspannen, nicht darum, eine Prüfung in Anatomie abzulegen.)

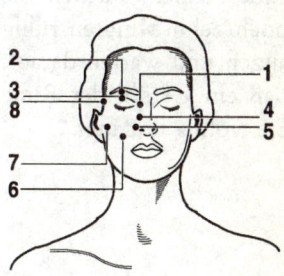

Rund um die Augenhöhle befinden sich drei Punkte. Der erste (1) liegt dort, wo der Augenbrauenbogen auf die Nasenwurzel trifft. Drücken Sie leicht gegen den Augenbrauenbogen, und Sie werden es spüren. Der zweite Punkt (2) ist in der kleinen »Delle« unterhalb des Augenbrauenbogens. Sie können ihn mit dem Daumen ertasten. Der dritte Punkt (3) liegt direkt hinter dem zweiten, weiter in der Augenhöhle. (Seien Sie behutsam, wenn Sie diese beiden letztgenannten Punkte suchen und Druck auf sie ausüben.)

Als nächstes wenden wir uns zwei Punkten zu, die sich auf Ihrem Nasenflügel befinden. Der erste (4) liegt genau unterhalb der Stelle, an der die Augenhöhle auf das Nasenbein trifft. Der zweite (5) ist in der kleinen Vertiefung zwischen Nasenloch und Wangenknochen.

Der nächste Punkt (6) befindet sich in der Höhlung unterhalb der Vorderseite Ihrer Wange, genau über den Zähnen. Wenn Sie Ihren Mund weit öffnen, können Sie einen weiteren Punkt (7) am äußeren Rand Ihres Kiefermuskels fühlen. Dies ist ein sehr sensibler Punkt, Sie werden ihn kaum verfehlen.

Der letzte Punkt (8) schließlich hat enormen Einfluß darauf, wie Sie sich fühlen – Sie berühren ihn instinktiv, wenn Sie sich unter Druck fühlen. Er liegt an Ihren Schläfen. Allgemein geht man davon aus, daß eine Massage dieses Punktes Depressionen ebenso lindert wie das Gefühl, unter Druck zu stehen.

Denken Sie daran, hier geht es in erster Linie um Entspannung und Beruhigung. Nehmen Sie sich also Zeit, und genießen Sie diese Akkupressur.

Wenn Sie die Übung beendet haben, bleiben Sie noch zehn Minuten ruhig sitzen und warten darauf, daß ein Gefühl der Ruhe Sie wohlig umfängt.

Hier finden Sie weitere Tips zur Ruhe:

Entspannung der Schultern ... Seite 366
Aufrecht zur Ruhe finden ...... Seite 353
Ertragen Sie es mit einem
Lächeln .... Seite 350

Streß auf sinnliche Weise abbauen

Es gibt einige recht angenehme Übungen, die wahre Wunder wirken, wenn es darum geht, Verspannungen zu beseitigen. Diese Übungen sprechen zudem die Sinne an – und das weit mehr, als es hier den Anschein haben mag.

Einige dieser Übungen werden Ihnen aus dem Schönheitssalon bekannt sein. Obwohl die Therapeuten dieser Institute unterschiedliche Massagetechniken haben, werden Sie feststellen, daß die meisten sich auf die Bereiche beziehen, die ich beschreibe.

Führen Sie diese Übungen aus, um den Augenblick voll auszukosten. Lassen Sie sich durch sie in die wunderbar entspannte Stimmung während einer Gesichtsmassage zurückversetzen. (Sollten Sie ein Mann sein und noch nie eine Gesichtsmassage am eigenen Leib erlebt haben, werfen Sie alle Vorurteile von wegen »Weichei« oder so über Bord, und entdecken Sie, welche Wirkung in punkto Entspannung ein Schönheitssalon Ihnen bieten kann. Vielleicht befindet sich ja einer in Ihrer unmittelbaren Nachbarschaft.)

Die im folgenden beschriebenen Übungen sind so angelegt, daß sie entspannend wirken und die Sinne ansprechen. Seien Sie nicht zu sehr auf die haargenaue Befolgung der »Massageanleitungen« bedacht, die ich gegeben habe: Massieren Sie so, wie Sie es als angenehm empfinden.

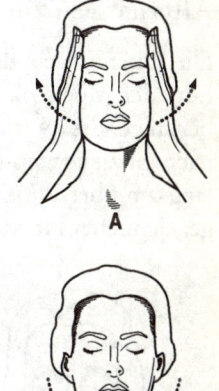

Nehmen Sie sich zunächst einmal einige Minuten Zeit für die Ruheatmung.

Während dieser Zeit legen Sie die Handflächen so über die Augen, daß die Nase zwischen Ihren Händen frei bleibt. Pressen Sie Ihre Hände für etwa zwanzig

Sekunden kräftig an, und lassen Sie sie dann langsam über Ihr Gesicht zu den Ohren gleiten. Dabei sollten Sie einen ganz leichten Zug auf Ihre Gesichtsmuskeln ausüben.

Sobald Ihre Hände an den Seiten Ihres Kopfes angelangt sind, lassen Sie sie langsam nach oben gleiten, so wie es in Abbildung A gezeigt ist, in einer Art Gesichtslifting. Wenn Sie alle Bewegungen ganz langsam ausführen, werden Sie fühlen, daß Ihre Gesichtsmuskeln jetzt entspannt sind.

Gleiten Sie dann mit Ihren Fingerspitzen an Ihren Wangen entlang nach unten – dabei sollten Sie kaum Druck ausüben –, bis unters Kinn, wo Ihre Fingerspitzen allmählich den Kontakt mit der Haut verlieren, wie in Abbildung B gezeigt.

Ihre Haut wird jetzt ganz leicht kribbeln. Wiederholen Sie diese Massage, so lange es Ihnen angenehm ist. Vernachlässigen Sie während dieser Zeit nicht die Ruheatmung. Setzen Sie sich dann ganz ruhig hin, und schwelgen Sie in dem Gefühl der Ruhe, das Sie umgibt.

Alternativen zur Anregung der Sinne

Die unten abgebildeten Zeichnungen sind eine Zusammenstellung der Möglichkeiten von Gesichtsmassagen, denen man die beruhigendste Wirkung zuschreibt. Wenn Sie diese Anleitungen nachvollziehen wollen, brauchen Sie nur mit Ihren Fingern ganz langsam über Ihr Gesicht gleiten. Dabei legen Sie an jedem eingezeichneten Punkt eine kleine Pause ein. Zugleich üben Sie auf

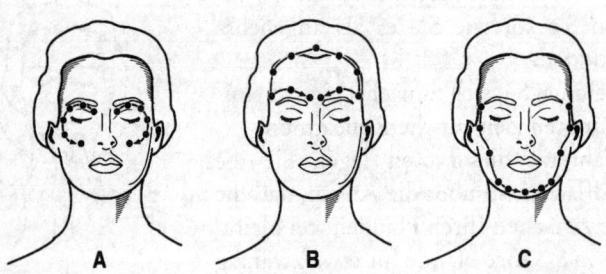

diese Punkte einen kräftigen, aber immer noch angenehmen Akkupressur-Druck aus. Es ist nicht von grundlegender Wichtigkeit, daß Sie hundertprozentig die richtige Streichrichtung und die richtigen Akkupressurpunkte verfolgen. Lassen Sie sich von dem leiten, was Sie als richtig und angenehm empfinden.

Die erste Massageanleitung (Abbildung A) ist darauf angelegt, die Anspannung im Bereich der Augenbrauen und der Augen zu lösen. Dabei werden zahlreiche Akkupressurpunkte berührt, die wir oben besprochen haben. Beginnen Sie dort, wo Ihr Augenbrauenbogen auf die Nasenwurzel trifft. Streichen Sie dann unterhalb der Augenbrauen zu den Schläfen hin, um anschließend über den äußersten Rand des Kiefermuskels zu der Vertiefung zwischen Nasenloch und Wangenknochen zu kommen. Beschreiben Sie diesen Bogen nur mit den Fingerspitzen. Unterbrechen Sie die Bewegung an jedem Punkt, und üben Sie dort einen leichten Druck aus.

Die zweite Anleitung (Abbildung B) soll Spannungen im Bereich der Stirn beheben. Beginnen Sie an der höchsten Stelle Ihrer Stirn, und folgen Sie einer gedachten Linie zu den Schläfen. Über den Augenbrauen streichen Sie an der Stirn entlang bis hin zur Nasenwurzel, wo Sie zwischen Augenbrauen und Nasenwurzel wieder zu den uns inzwischen bekannten Akkupressurpunkten kommen.

Mit der dritten Anleitung (Abbildung C) können Sie gegen Spannungen im Bereich von Gesicht und Kiefer vorgehen. Sie folgen diesmal mit den Fingerspitzen einer natürlich fließenden Linie vom Akkupressurpunkt an den Schläfen zum höchsten Punkt Ihrer Wangen. Dann führen Sie die Linie weiter zur Vertiefung hinter dem Backenknochen, zum Muskel im Kieferwinkel und weiter bis zum Kinnwinkel und zur Kinnspitze.

Diese Massagen sollen für Sie angenehm sein. Führen Sie sie so zärtlich und sinnlich aus, wie Sie nur können. Die Ergebnisse werden Sie für Ihre Bemühungen reichlich entschädigen.

Der krönende Abschluß für die Sinne

Der Abschluß – Sie können daraus, wenn es Ihnen lieber ist, ruhig einen Auftakt machen – all dieser Techniken zur Gesichtsmassage ist Ihnen sicher schon bekannt. Wahrscheinlich haben Sie aber noch nie daran gedacht, ihn während der Arbeitszeit anzuwenden.

Ich denke an eine heiße Gesichtskompresse.

Nehmen Sie einfach ein kleines Gästehandtuch, tauchen Sie es in heißes Wasser, wringen Sie es aus, und legen es sich aufs Gesicht.

Dann lehnen Sie sich mit geschlossenen Augen im Stuhl zurück. Praktizieren sie die Ruheatmung und spüren Sie, wie die Spannung aus Ihrem Körper weicht.

Hier finden Sie weitere Tips zur Ruhe:

Ruhe beginnt in den Füßen .... Seite 370
So klingt Ruhe .... Seite 339
Nutzen Sie die Fähigkeiten
Ihrer Nase .... Seite 243

Berufsbedingte Verspannungen

Die meisten Branchen oder Berufe haben ganz spezifische Arten von Streß und Anspannungen. Krankenschwestern und medizinisches Personal müssen außergewöhnliche Belastungen aushalten. Lehrer leiden unter vorhersehbaren und nicht vorhersehbaren Belastungen. Schichtarbeiter müssen physiologisch wie gesellschaftlich große Zugeständnisse machen. Auch Taxifahrer haben ihren ganz spezifischen Streß. Polizisten haben die Gefahr als ständigen Begleiter. Schauspieler wissen nie, von wem sie die nächste Rolle angeboten bekommen. Sozialarbeiter identifizieren sich mit den Problemen der von ihnen betreuten Personen. Arbeitnehmer, die in Unternehmen oder Industriezweigen beschäftigt sind, mit denen es bergab geht, erleben selbst einen langsamen Abstieg.

Nun gibt es aber zwei Arten von berufsbedingtem Streß, die ich bisher ausgesondert habe. Beide sind rein körperlicher Natur, und wahrscheinlich haben Sie noch gar nicht daran gedacht, wie beeinträchtigend sie auf den Menschen wirken können.

Die erste Art betrifft vor allem die Arbeit an der Tastatur eines Datenerfassungsgerätes und am Computer, ein Arbeitsgebiet also, das heute schon zu den am meisten verbreiteten gehört und sich weiter ausdehnen wird. Die physischen Verspannungen, die eine solche Arbeit mit sich bringt, gleichen denen, unter denen Angestellte mit anderen Büro- und Schreibtischjobs zu leiden haben. In der überwiegenden Zahl der Fälle tendiert der physische Streß, dem diese Leute ausgesetzt sind, dazu, seine Auswirkungen im Bereich von Schultern und Nacken zu konzentrieren, bevor er dann nach unten in den unteren Rücken und die Beine wandert.

Die zweite Art von Streß, die wir extra behandeln wollen, tritt in Branchen auf, in denen die Arbeitskräfte lange Zeit stehen müssen. Dazu gehören Berufe des Gastgewerbes, im Gesundheitswesen, im Einzelhandel, im Bereich Sicherheit und Verteidigung. Der physische Streß, dem diese Gruppe von Arbeitnehmern ausgesetzt ist, konzentriert sich vorzugsweise auf die Füße und Beine, bevor er nach oben in den Rücken und in die Schultern wandert.

Nachdem es also Arbeitsbedingungen gibt, bei denen die Anspannung von oben nach unten wandert und andere, bei denen sie von unten nach oben wandern, sollten wir uns mit dem gesamten Körper beschäftigen – zumindest vom Standpunkt der Muskulatur aus gesehen. (Es gibt auch noch andere, weitverbreitete Bereiche von physischem Streß am Arbeitsplatz – wie Schichtarbeit, Beschwerden durch ständige, einseitige Belastung, Industrielärm, Staub und andere Beeinträchtigungen der Luft –, die spezifische Aufmerksamkeit erfordern. Das würde allerdings den Rahmen dieses Buches übersteigen.)

Ruhig und entspannt an der Tastatur arbeiten

Viele Menschen üben ihren Beruf an und mit einem Computer aus. Und leiden als Konsequenz davon unter einer ganzen Reihe von streßbedingten Beschwerden.

Die augenfälligste Verspannung, die auf eine solche Tätigkeit zurückzuführen ist, ist die Versteifung und Verhärtung der Muskelpartie rund um den Nacken und die Schultern. Danach folgt die Anspannung für die Augen. Das Ende vom Lied ist ein allgemeines Gefühl der Verspannung und Anspannung, das sich nach einer längeren Arbeitszeit an der Tastatur bemerkbar macht.

Was die Bereiche extrem niederfrequente Strahlung oder Beschwerden durch ständige einseitige Belastung angeht, will ich mich hier gar nicht weiter äußern. Nur abschließend zwei Bemerkungen: Alle elektrischen Geräte, vom Toaster bis zum Computerbildschirm, geben bis zu einem gewissen Grad Strahlung ab. Man ist deshalb wahrscheinlich gut beraten, wenn man sich nicht für längere Zeit in nächster Nähe solcher Geräte aufhält. Außerdem ist es angebracht, einmal daran zu denken, daß jede körperliche Aktivität, vom Golfspielen bis zum Maschinenschreiben, eine physische Belastung darstellt. Insbesondere dann, wenn man nicht auf die korrekte Haltung oder Technik achtet (zusätzlich zu den entsprechenden Ruhepausen).

Diejenigen, die vor einem Bildschirm sitzen, werden wohl am schlimmsten betroffen sein. Aber viele der nachfolgend beschriebenen Übungen eignen sich auch sehr gut für zahlreiche andere Tätigkeitsbereiche im Büro.

Entspannung der Schultern

Wenn Sie ausdauernd am Computer arbeiten, wird Ihr häufigstes Problem darin liegen, daß Sie unter Verspannungen in den Schultern, im Rücken und im Nacken leiden. Diese führen dann allmählich dazu, daß Sie sich unter Streß fühlen. Da die Muskeln im Rücken außergewöhnlich kräftig sind, werden Sie nicht immer durch Schmerzen oder Spannungsgefühle vor einseitiger Belastung gewarnt, wie dies bei anderen Muskeln der Fall ist. Statt dessen ziehen sich diese Muskelpartien mehr und mehr zusammen und verhärten zunehmend. Dies wiederum reizt andere Muskeln, wie die im Nacken oder im unteren Rücken, zur Anspannung.

Die einfachste Möglichkeit, dem zu entgehen, ist, die Arbeit durch eine kurze Pause zu unterbrechen und sich durch zwei gymnastische Übungen zu erholen – und das alle dreißig Minuten. Dadurch sollen die Muskeln in Ihrem Rücken und in Ihren Schultern gelockert werden, noch bevor die Verspannung auf andere Teile Ihres Körpers übergreifen kann.

Sie können diese Übungen im Stehen ausführen (was ratsam wäre) oder auch im Sitzen. Wirklich wichtig aber ist, daß Sie diese Übungen regelmäßig ausführen. Alle dreißig Minuten.

Halten Sie den Rücken ganz gerade und beschreiben Sie mit den Schultern Kreise nach hinten (Abbildung A). Wiederholen Sie diese Kreisbewegung zehnmal.

Dann beschreiben Sie mit den Schultern Kreise in der entgegengesetzten Richtung, also nach vorne (Abbildung B). Machen Sie auch hier zehn Wiederholungen.

Wiederholen Sie diese Übung, bis Sie fühlen, daß Ihre Schultern ganz entspannt sind.

Ziehen Sie als nächstes Ihre Schultern in die Höhe (Abbildung C) bis Sie wieder eine Anspannung in ihnen fühlen. Dann lassen Sie sie ganz locker fallen.

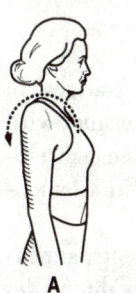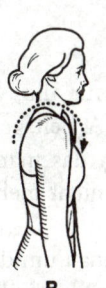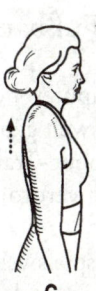

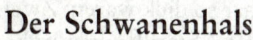

A   B   C

Der Schwanenhals

Was die Ausführung der nächsten Übung betrifft, ist es wahrscheinlich am besten, wenn niemand Sie dabei beobachtet. Es könnte nämlich sein, daß Sie in Ihren Bewegungen ein wenig an einen Schwan erinnern.

Diese Übung nennt sich entsprechend Schwanenhals.

Ziel ist es, die Verspannungen in Ihrem Nacken zu lösen. Wie die Entspannungsübung für die Schultern, so sollte auch diese Übung alle dreißig Minuten ausgeführt werden, wenn Sie am Computer arbeiten.

Halten Sie den Rücken ganz gerade und ziehen Sie Ihr Kinn, so weit es geht, zur Brust. Verharren Sie etwa zehn Sekunden in dieser Position. Recken Sie dann das Kinn vor, so weit Sie nur können. Halten Sie auch diese Position wieder etwa zehn Sekunden.

 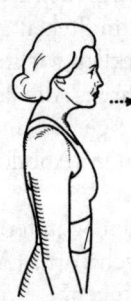

Wiederholen Sie diese Übung einige Male, bis Sie sich im Nacken entspannt fühlen.

Das Telefonbuch als Fußbank

Da Tastaturen und Computer heute für die Werktätigen in allen Bereichen der Berufswelt gängige Arbeitsgeräte sind, wird das grundlegende Ergonomie-Training, das man den Schreibkräften früher gewöhnlich verordnete, nicht mehr für so wichtig gehalten.

Schreibkräfte haben beispielsweise genau um die entspannende Wirkung gewußt, die sich ergab, wenn ihre Füße während des Schreibens etwas erhöht standen. Sie haben auch gewußt, daß einzig aus diesem Grunde die Telefonbücher so dick waren: Zwei Bände aufeinandergelegt ergeben eine ideale Abstellfläche für die Füße, wenn Sie an der Tastatur und am Bildschirm arbeiten.

Nutzen Sie Ihre Telefonbücher also! Und Sie werden feststellen, daß sie eine entspannende Komponente in Ihre Arbeit einbringen.

Lassen Sie den Blick in die Ferne schweifen

Computerbildschirme sind verführerische Wesen. Ständig zwinkern sie Ihnen zu, beschwören Sie, keinen Blick von ihnen zu wenden und immer länger und noch länger ihren Geheimnissen nachzuforschen. Deshalb ermüden Ihre Augen bereits, wenn Sie kurze Zeit am Bildschirm gearbeitet haben.

Um dies zu umgehen, haben Sie die Möglichkeit, alle zehn Minuten eine einfache Übung zur Augengymnastik zu machen: Blinzeln Sie einige Male hintereinander. Dann lassen Sie Ihren Blick in die Ferne schweifen und über den Horizont gleiten. Mehr brauchen Sie nicht zu unternehmen: einige Male blinzeln, dann den Blick ins Weite schweifen lassen. Wenn Ihnen an Ihrem Arbeitsplatz der Luxus eines weiten Ausblicks nicht zugänglich ist, dann lassen Sie den Blick statt dessen ins Leere gehen.

Eine der großen Freuden im Leben ist die Tatsache, daß so einfache, grundlegende Dinge sofortige, positive Resultate nach sich ziehen können.

Hier finden Sie weitere Tips zur Ruhe:

Aufrecht zur Ruhe finden ...... Seite 353
So klingt Ruhe .... Seite 339
Beruhigen Sie den ganzen
Komplex .... Seite 331

Sichern Sie Ihre Arbeit

Ein wenig Disziplin und einige routinemäßige Handgriffe, mit zwei Fingern auszuführen, können Sie vor Kopfschmerzen und Herzbeschwerden bewahren. Sie sind damit in der Lage, sich den am meisten verbreiteten und schlimmsten Streß vom Hals zu halten, dem man bei der Arbeit am Computer überhaupt ausgesetzt sein kann: dem Verlust ungesicherter Dokumente.

Das ganze Geheimnis liegt darin, daß Sie das, was Sie am Computer erarbeiten, häufiger abspeichern, als Ihnen im Grunde nötig erscheint. Alle paar Minuten sollten Sie abspeichern.

Und in regelmäßigen Abständen sollten Sie Backup-Dateien Ihrer wichtigsten Dokumente erstellen – häufiger, als Sie es eigentlich für nötig erachten.

Früher oder später wird Ihnen dieses bißchen Disziplin und Routine eine Menge Kopfschmerzen und sonstige Beschwerden ersparen.

Ruhe beginnt in den Füßen

Wenn Sie eine Beschäftigung haben, bei der Sie lange stehen müssen, werden Sie bald merken, welche physischen Anspannungen das zur Folge hat. Und Sie werden auch merken, daß, treten diese physischen Anspannungen erst einmal auf, emotionale Spannungen nicht lange auf sich warten lassen.

Die Verspannungen zeigen zuerst in Füßen und Beinen Wirkung. Dann wandern sie allmählich weiter nach oben in den Körper, machen sich im unteren Rücken bemerkbar. Schmerzen im Nacken und in den Schultern sind das letzte Glied der Kette.

Ein erster Schritt zur Vermeidung solcher Verspannungen ist leicht getan. Machen Sie sich einmal Gedanken darüber, was Sie an den Füßen tragen und wie das, worauf Ihre Füße stehen, beschaffen ist. In punkto Fußbekleidung kann ich Ihnen nichts weiter sagen, was Ihnen nicht der gesunde Menschenverstand schon eingegeben haben sollte – »praktisch« geht immer vor »modisch«. Was den Boden unter Ihren Füßen anbelangt, so sollten Sie Teppich, Gummi oder federnde Holzdielen als Belag über dem Stein- oder Betonboden wählen. Diese Entscheidung wird sich bezahlt machen.

Ein zweiter Schritt, Füßen und Beinen Entspannung zu bieten, sind einige Handgriffe aus der Reflexzonen-Massage, die Sie leicht selbst ausführen können. Die Lehre von den Reflexzonen geht davon aus, daß die Füße eine verkleinerte Abbildung, eine Art Landkarte des gesamten Körpers und aller Organe darstel-

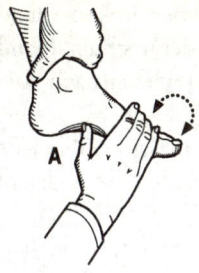

len. Die Therapeuten behaupten nun, daß Druck, auf ganz spezifische Bereiche dieser »Fuß-Landkarte« ausgeübt, Probleme in anderen Teilen des Körpers beheben kann.

Ob Sie von den heilenden Eigenschaften der Reflexzonen-Massage überzeugt sind oder nicht, ist hier eigentlich unwichtig. Eines können Sie jedenfalls als sicher annehmen: *Eine* grundlegende Wirkung dieser Massagetechnik ist garantiert – sie löst auf jeden Fall die Verspannungen und Verkrampfungen in den Füßen.

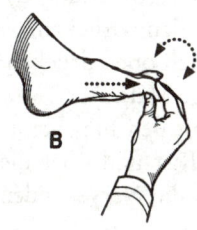

Da unsere Füße die meiste Zeit durch Schuhe geschützt werden, sind sie besonders empfänglich für eine so subtile Behandlung. Eine einfache Massage der Füße stimuliert mehr als siebentausend Nervenenden, die Sie anders normalerweise nie erreichen würden. Dies hat nicht nur eine ausgesprochen entspannende Wirkung, sondern übt auch einen positiven Einfluß auf den Kreislauf aus.

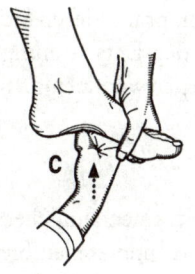

Sie können eine ganz einfache Reflexzonen-Massage anwenden, um die Verspannungen in Ihren Füßen zu lösen. Doch nicht nur in Ihren Füßen, sondern auch in Ihren Beinen und im ganzen Körper, denn viele Punkte der Fußsohle stehen in engem Bezug zu anderen Körperbereichen.

Beginnen Sie gleich heute in der Mittagszeit mit dieser Therapie. Suchen Sie sich einen ruhigen Platz, wo Sie nicht gestört werden, ziehen Sie Ihre Schuhe aus, und entspannen Sie sich kurz, vielleicht eine Minute lang.

Umfassen Sie Ihren linken Knöchel mit der linken Hand (siehe Abbildung A). Biegen Sie dann mit der rechten Hand Ihren Fuß einige Male sachte nach hinten und wieder nach vorne, um die Gelenke zu entspannen.

Nehmen Sie sich dann ein wenig Zeit und massieren Sie jede einzelne Zehe. Dehnen Sie jede Zehe und bewegen Sie sie leicht hin und her und im Kreis (Abbildung B).

Nehmen Sie jetzt Ihren Fuß mit der linken Hand, so wie aus der Abbildung ersichtlich. Drücken Sie dann mit der rechten Faust von der Fußsohle aus fest gegen den Rist (Abbildung C). Drücken Sie mit der rechten Faust nach oben, dann drücken Sie den Fuß mit der linken Hand zusammen. Nach oben drücken, zusammendrücken. Wiederholen Sie das einige Male.

Zum Abschluß streichen Sie ganz leicht mit den Fingerspitzen vom Knöchel zu den Zehen, über den Rist und über die Fußsohle – so leicht Sie es nur können –, um die Nervenenden in Ihrem Fuß zu sensibilisieren.

Wiederholen Sie das ganze Programm mit dem anderen Fuß.

Bleiben Sie noch einige Minuten ruhig sitzen, praktizieren Sie die Ruheatmung, und lassen Sie das Gefühl der Entspannung über Ihre Füße nach oben in den übrigen Körper wandern.

Entspannung auf dem Ball

Es gibt noch eine andere, einfachere Möglichkeit, einen ähnlichen Effekt zu erreichen. Ziehen Sie Ihre Schuhe aus, und stellen Sie sich auf einen Tennisball. Rollen Sie Ihn vorwärts und rückwärts, und stimulieren Sie so die zahlreichen Druckpunkte auf Ihrer Fußsohle. Mehr brauchen Sie nicht zu tun: Stellen Sie sich mit Ihrem Gewicht auf den Ball, und rollen Sie ihn von den Zehen zur Ferse. Dann verfahren Sie mit dem anderen Fuß ebenso.

Hier finden Sie weitere Tips zur Ruhe:

Aufrecht zur Ruhe finden ...... Seite 353

So klingt Ruhe .... Seite 339

Streß auf sinnliche Weise
abbauen .... Seite 361

Legen Sie die Beine hoch

Diese einfache Übung sollten Sie jeden Tag mindestens einmal durchführen. Sie hilft Ihnen, die Spannungen, die sich in Ihren Beinen und Füßen, aber auch in Ihren Rücken- und Nacken-muskeln, aufgebaut haben, zu lösen.

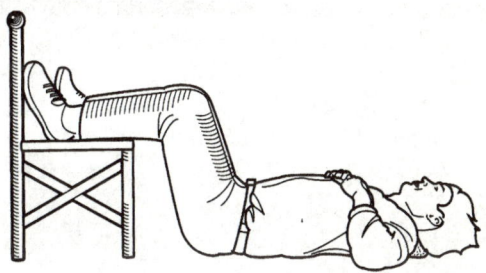

Sie brauchen sich nur auf den Boden zu legen und die Füße (mit angewinkelten Knien) auf einen Stuhl zu betten. Das ist alles. Diese Stellung bietet Ihnen nicht nur an sich schon eine entspannende Pause. Sie lindert auch die Beschwerden in den Beinen und im unteren Rückenbereich.

Während Sie die Füße so hochlegen, können Sie auch Ver-spannungen im Rücken und im Nacken lindern. Rollen Sie ein Handtuch zusammen, und legen Sie es

1. direkt unterhalb des Kopfes unter den Nacken oder
2. der Länge nach unter den oberen Teil Ihrer Wirbelsäule, so daß die Schulterblätter jeweils rechts und links neben der Rolle zu liegen kommen.

Behalten Sie diese Ruhelage für zehn bis zwanzig Minuten bei, und praktizieren Sie dabei die Ruheatmung.

Es kann sein, daß Sie den Druck, den das Handtuch auf die

Muskeln ausübt, als etwas unangenehm empfinden – vor allem, wenn Sie wirklich verspannt sind. Sollten Sie aber merken, daß Ihnen schwindlig oder gar übel wird, dann brechen Sie die Übung ab.

Hier finden Sie weitere Tips zur Ruhe:

Ruheatmung .... Seite 129

So klingt Ruhe .... Seite 339

Zeit für sich selbst .... Seite 188

Nichtstun .... Seite 259

Jetzt können sie ruhig werden ...

WENN IHRE LEBENS-
GEWOHNHEITEN
DIE URSACHE SIND

Diese letzte Ursache für Streß am Arbeitsplatz hat eigentlich keinen direkten Bezug zu Ihrer Arbeit: Ihr Lebensstil und Ihre Lebens-

> Ruhe und Entspannung zu finden, ist eine der wenigen Disziplinen im Leben, die desto bessere Ergebnisse zeitigen, je lockerer Sie damit umgehen.

gewohnheiten. Nun mag ja der eine oder andere das Argument anführen, daß alles, was sich außerhalb der Arbeitswelt abspielt, keinerlei Einfluß darauf haben sollte, wie Sie sich bei der Arbeit fühlen oder welche Leistung Sie während der Arbeitszeit erbringen. Doch natürlich hat Ihr Lebensstil einen direkten Bezug nicht nur dazu, wie Sie sich fühlen, sondern auch dazu, wie Sie in der Arbeit Ihren Mann stehen. Daher kommt es auch, daß viele Menschen persönliche Gründe als Hauptursache für Streß am Arbeitsplatz angeben.

Das ist verständlich. Wenn Ihr Privatleben von Streß geprägt ist, so ist es nur wahrscheinlich, daß Sie Streß und Anspannung sozusagen mit in die Arbeit bringen.

Solche Gewohnheiten zu ändern ist nicht das Ziel, das dieses Buch verfolgt. Ebensowenig unternimmt es den Versuch, Sie selbst in irgendeiner Weise umzukrempeln. Unser Ziel ist, die Auswirkungen, die diese Gewohnheiten mit sich bringen, zu bewältigen und zu überwinden. Dazu müssen Sie sich aber zuerst einmal zu diesen Gewohnheiten und ihrer Existenz bekennen.

Erst dann können Sie daran gehen, eine Möglichkeit der Kompensation zu suchen.

Nachfolgend möchte ich Ihnen einige Anregungen geben, wie Sie, wohlgemerkt, auf angenehme Weise, Ihren Lebensstil verbessern können – ohne schmerzhafte Abstriche und ohne große Opfer. Dabei kann ich dieses Thema natürlich nicht tiefschürfend behandeln. Aber ich bin sicher, wenn Sie diese Vorschläge gelesen haben, werden Ihnen noch jede Menge andere einfallen.

Viel Spaß dabei.

Verwöhnen Sie sich selbst

Hier nun zunächst eine Anregung, die Sie nicht sehr oft in Büchern über Streßmanagement finden werden. Sie betrifft nicht die grundlegende Veränderung Ihres Lebensstils. Sie hat auch nichts damit zu tun, wie Sie gesund werden können. Ihr Ziel ist nicht einmal die Überwindung von Streß.

Es geht schlicht und einfach darum, Spaß zu haben.

Ich bin nämlich der festen Überzeugung, Streß sollte nicht so ernst genommen werden, wie die »Streß-Industrie« es uns gerne einreden möchte. Es geht nicht darum, ob Streß heute mehr und mehr Leute ins Abseits drängt. Auch ist es nicht von Bedeutung, ob Streß heute einen vordringlicheren Stellenwert hat als noch vor hundert Jahren. Wichtig ist einzig und allein, daß wir Streß nicht zu ernst nehmen.

Je mehr Streß in den Schlagzeilen erscheint, je mehr darüber gesprochen wird, desto mehr wird das Problem aufgebauscht. Das verursacht wiederum Streß. Aus diesem Grunde müssen Sie, wenn Sie wirklich zur Ruhe kommen wollen, die Fähigkeit entwickeln, alles etwas leichter zu nehmen.

Es ist gar nicht so einfach, Streß zu empfinden, wenn man mit Freude bei der Sache ist!

Ruhe und Entspannung zu finden, ist eine der wenigen Disziplinen im Leben, die desto bessere Ergebnisse zeitigen, je lockerer Sie damit umgehen. Warum ist das so? Je mehr Freude und Spaß Sie haben, desto besser fühlen Sie sich. Je mehr Serotonin (die neurochemische Substanz, die Depressionen beseitigt) Ihr Gehirn ausschüttet, desto ausgeprägter ist Ihre Fähigkeit, Freude am Leben zu finden und Entspannung zu genießen. Wenn Sie etwas mit Freude und Spaß betreiben, dann aktivieren Sie diesen wirkungsvollen Zyklus, der zur Ruhe führt. Daraus ergibt sich zwangsläufig, daß diejenigen Entspannungstechniken für Sie die besten und wirkungsvollsten sind, die zu praktizieren Ihnen den meisten Spaß macht.

Deshalb empfehle ich auch so gerne Behandlungsmethoden wie Massagen. Oberflächlich betrachtet mag das ausgesprochen hedonistisch wirken. Ist es vielleicht auch. Seien wir doch realistisch: Für die Hälfte des Geldes, das ein Abend in einer Diskothek verschlingt, bekommen Sie nicht nur eine Stunde angenehmster Entspannung geboten. Sie nehmen daraus sogar noch so viel Wohlbefinden mit nach Hause, daß es Ihnen hilft, die Woche gut zu überstehen, da Sie sich ruhig und entspannt fühlen, statt angespannt und verkatert.

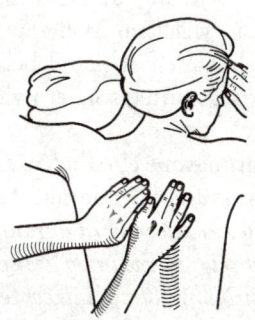

Massage wirkt sich eindeutig positiv auf die Gesundheit aus. Durch sie wird der Blutstrom in ganz bestimmte Teile des Körpers geleitet, das Herz stimuliert, mehr Sauerstoff in die Muskeln transportiert. Sie trägt darüber hinaus dazu bei, Gifte aus dem Körper auszuscheiden. Aber vor allem die Auswirkungen, die Massage auf Ihre geistige und seelische Gesundheit haben kann, sind es, die den Einsatz lohnen. Nach einer Massage können Sie einen ganz besonderen Zustand genießen. Sie fühlen sich einerseits vollkommen entspannt, haben aber gleichzeitig den Eindruck, vor Energie nur so zu strotzen: Ihre Haut kribbelt, Ihre Muskeln sind ganz locker, und seelisch fühlen Sie sich völlig ausgeglichen.

Versuchen Sie, Massagen in Ihren geregelten Lebensablauf einzubauen, denn der Nutzen, den sie Ihnen bringen, ist kumulativ. Wenn Sie es sich leisten können, sollten Sie sich jede Woche die Wohltat einer Massage gönnen.

Geben Sie Ihren Neigungen nach

Sie wissen wahrscheinlich, daß das, was Sie an Nahrungsmitteln zu sich nehmen, nicht nur Auswirkungen auf Ihren Körper hat, sondern auch auf Ihre Emotionen und Ihren mentalen Status.

Manche Nahrungsmittel sind seit langem schon als »beruhigende Nahrungsmittel« bekannt, denn sie haben eine dämpfende Wirkung darauf, in welchem Maße Sie Streß und Angst empfinden. In der Regel handelt es sich dabei aber weniger um einzelne, isolierte Nahrungsmittel, sondern vielmehr um Kombinationen.

In den meisten Nahrungsmitteln finden sich zwei Grundtypen von Nährstoffen: säurebildende und basenbildende. *Bei einer idealen Ernährung zur Ruhe wird darauf geachtet, daß ein Verhältnis von etwa achtzig zu zwanzig zwischen basenbildenden und säurebildenden Nährstoffen aufrechterhalten wird.* Basische Nahrungsmittel (achtzig Prozent) sind zum Beispiel Obst, Gemüse, Vollkornmehl und andere Getreideprodukte aus dem vollen Korn. Säurebildende Nahrungsmittel (zwanzig Prozent) sind dagegen Fleisch, Zucker, Kaffee, aufbereitete Nahrungsmittel, weißes Mehl und Konservierungsstoffe.

Verbreitet, aber völlig falsch, ist die Auffassung, daß gesunde

Lebensmittel langweilig und fade seien, Lebensmittel ohne eigentlichen Nährwert dagegen super. Oder um es anders auszudrücken: Aufdringliche Geschmacksvarianten werden für besser erachtet als die feinen Nuancen. Geschmackssensationen sind eher erwünscht als wirkliche Qualität. Das ist aber genau die Geschmackspolitik, die mit Fertiggerichten verfolgt wird. Die Gerichte werden im Labor entwickelt, im Supermarkt zum Kauf angeboten und vom Fernsehen hochgelobt. Die Industrie will Sie glauben machen, daß der Konsum solcher Nahrungsmittel ein Zeichen von Luxus und Lebensqualität im Sinne des sich selbst Verwöhnens ist. In Wirklichkeit werden dem Konsumenten aber kaum mehr als phantasielose, vorportionierte Snacks geboten.

Auf der anderen Seite hat das wirkliche Sich-Selbst-Verwöhnen aber nicht nur etwas Sinnliches, sondern es beschert Ihnen auch ganzheitliches Wohlbefinden. Den meisten Menschen bietet eine dampfende Portion Spaghetti marinara genausoviel Genuß und Geschmackserlebnis wie eine Entenbrust – mit der Ausnahme, daß Sie sich nach der Pasta-Mahlzeit wohler fühlen. Eine große Schüssel mit Salaten der Saison ist mindestens so interessant wie eine Portion Pommes frites, und ein Mangopüree mindestens so verführerisch wie ein Sorbet, das man als Fertigprodukt kauft. Und Sie werden sich – ich muß es noch einmal erwähnen – nach dem Genuß dieser Speisen wohler fühlen.

Verwöhnen Sie sich selbst mit den Nahrungsmitteln, die Ihnen helfen, Ruhe zu bewahren (beachten Sie dabei das Verhältnis achtzig zu zwanzig von basen- und säurebildenden Nahrungsmitteln), und Ihr guter Geschmack wird sich wieder und wieder bezahlt machen.

Trainieren Sie sich fit

Körperliche Fitneß bringt Sie Ihrem Ziel, Ruhe zu finden, ein gutes Stück näher.

Die Speisen und Nahrungsmittel, die Ihnen am meisten dienlich sind, können ein Genuß und eine Freude für den Gaumen sein. Ebenso verhält es sich auch mit den körperlichen Übungen, die Sie regelmäßig betreiben, um sich fit zu halten. Der Wahlspruch »Tut es nicht weh, dann nützt es nichts« ist blanker Unsinn. Warum sollte sportliche Betätigung nicht Freude machen und angenehm sein?

Tun Sie genau das, was Sie als gut empfinden. Suchen Sie sich Übungen aus, die Ihnen Freude machen, und betreiben Sie sie regelmäßig. Wenn Sie nichts finden, was Ihnen zusagt, dann machen Sie doch Walking. Das Schöne an diesem flotten, sportlichen Gehen ist die Tatsache, daß Sie dabei nebenbei noch andere Dinge tun können, die Ihnen Freude bereiten. Sie können Ihre Umgebung beobachten. Sie können aber auch Golf spielen oder einfach Ihre Gedanken nach Lust und Laune schweifen lassen. Sie können jemandem einen Besuch abstatten, sich mit jemandem unterhalten oder einem anderen zuhören. Sie können Pläne schmieden. Kurz und gut: Sie können tausenderlei Dinge tun – während Sie Ihrer sportlichen Betätigung nachgehen.

Es gibt keinen besseren Start in einen ruhigen Tag, als einen vierzigminütigen, flotten Spaziergang bei Sonnenaufgang. Marschieren Sie los, mit hocherhobenem Kopf. Und denken Sie immer an die Technik der Ruheatmung.

Steigen Sie in die Badewanne

Sie werden damit Ihrer Arbeit nicht entrinnen, aber es gibt einen wunderbaren Ort, den Sie aufsuchen können, um allen Spannungen und dem Streß des Alltags zu entfliehen.

Die meisten von Ihnen werden diesen Ort in den eigenen vier Wänden finden. Und Sie können sich jederzeit – völlig ungestört – dorthin begeben. Am frühen Morgen oder spät in der Nacht, zu jeder beliebigen Tages- und Nachtzeit, wann immer es Ihnen gefällt.

Die Rede ist von Ihrer Badewanne.

Lassen Sie warmes Wasser in die Wanne laufen. Schütten Sie Badesalz oder einige Tropen eines beruhigenden Duftöls hinein. Schalten Sie das Licht aus, vielleicht zünden Sie eine Kerze an.

Dann steigen Sie in die Wanne und lassen Ihre Spannungen von sich abperlen, während Sie mit Genuß die Ruheatmung praktizieren.

Hier finden Sie weitere Tips zur Ruhe:

Streß auf sinnliche Weise
abbauen .... Seite 361
Ruheatmung .... Seite 129
So riecht Ruhe .... Seite 341
So klingt Ruhe .... Seite 339

Haben Sie Spaß

Zu guter Letzt noch ein ganz wichtiger Tip: Nehmen Sie den Kampf gegen den Streß nicht zu ernst. Lassen Sie keine Gelegenheit zu einem herzlichen Lachen ungenutzt vorübergehen. Kosten Sie die ganze Pracht und Fülle des Lebens aus.

Und wenn alles danebengeht, dann denken Sie an den Rat des unsterblichen Guru Adrian: »Spaß haben ist schon der halbe Spaß.«

Lösungen, die Ihnen auf lange Sicht Ruhe ermöglichen

Ruhe
bewahren

Machen Sie Ernst

Das letzte Kapitel dieses Buches ist den Möglichkeiten gewidmet, die sich bieten, um sich auf lange Sicht Ruhe zu bewahren. Die hier vorgestellten Empfehlungen sollen Ihnen helfen, die Mehrzahl der problematischen Auswirkungen zu neutralisieren, die unser Lebensstil und unsere Gewohnheiten so mit sich bringen und die deshalb durch neue Praktiken und Gewohnheiten ersetzt werden sollen.

Erinnern Sie sich noch, was ich oben über den Mann geschrieben habe, der zwei Grundprinzipien hatte, um seinem Leben auf Dauer Ruhe und Perspektive zu geben? Sein erstes Prinzip war: »Laß dir von Kleinigkeiten nicht den Schlaf rauben.« Das zweite Prinzip macht sein einzigartiges Genie erst so richtig deutlich: »Behandle alles, als wäre es eine Kleinigkeit.«

Auf alle auftretenden Situation so zu reagieren, als ob es kleine Fische wären, ist eine Fähigkeit, die nur wenige Menschen besitzen. Aber es ist eine Fähigkeit, die Sie sich ohne große Umstände aneignen können. Das soll aber nicht heißen, daß Sie dadurch abstumpfen, kalt und gefühllos werden gegenüber den Nöten und Sorgen anderer. Auch soll es Ihre Anstrengungen und Bemühungen, die Sie in Ihre Arbeit und Ihre Pflichten investieren, nicht mindern. Desgleichen soll die Bedeutung, die Sie Ihrem Job, Ihrem Arbeitgeber, Ihren Kunden, Ihren Angestellten oder Ihrem Bankmanager zumessen, nicht angetastet werden. Es handelt sich einfach um eine Möglichkeit, sich ein Gefühl für Ruhe und einen Blick für das Wesentliche zu bewahren. Dabei ist ganz gleichgültig, wie sich die Welt Ihnen gegenüber auch aufführen mag.

Um das zu erreichen, müssen Sie aber schon etwas Zeit und Mühe investieren. Und wenn das Ganze wirklich Effektivität zeigen soll, dann ist wahrscheinlich auch eine nicht unbedeutende Korrektur Ihres Lebensstils und Ihrer Einstellungen erforderlich.

Die sechs Wege zu dauerhafter Ruhe

Um ein wirklich ruhiger Mensch zu werden, um wirklich inneren Frieden und Zufriedenheit zu finden, müssen Sie Ihre Aufmerksamkeit auf eine Reihe verschiedener Aspekte des Lebens richten. Ich nenne das »Die sechs Wege zu dauerhafter Ruhe«. Das sind im einzelnen: Engagement, Meditation, Ernährung, Sport, Selbstlosigkeit und Einstellung.

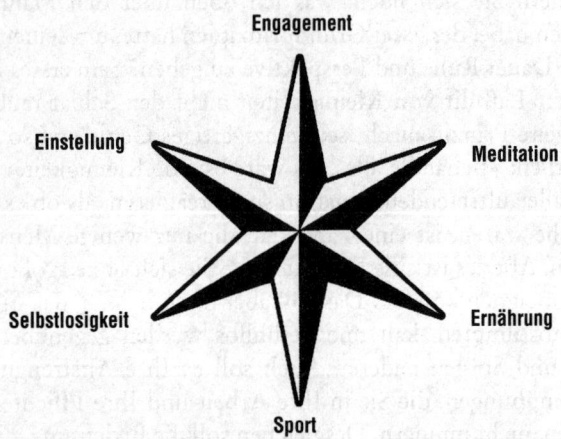

1. Engagement

Es ist nicht überraschend, daß die wichtigste Überlegung dem Engagement gilt, wenn Sie dauerhaft Ruhe finden wollen. Wenn Sie sich wirklich bemühen, Lösungswege für ein ruhiges Leben zu finden, sind Sie schon halbwegs am Ziel.

Angenommen, Sie haben dieses Engagement, dann brauchen Sie sich nur *auf drei beliebige Bereiche der verbliebenen fünf zu konzentrieren.* Ideal wäre es natürlich, wenn Sie sich auf alle konzentrieren würden.

Befolgen Sie diese Lösungsvorschläge, und Sie werden Ruhe und Zufriedenheit finden. Darüber hinaus wird es Ihnen möglich sein, alles zu bewältigen, was Ihnen Job oder Arbeitsplatz nur bescheren können. Integrieren Sie diese Lösungsvorschläge in Ihren Alltag, in Ihren alltäglichen »Trott«, und Ihr Leben wird eine Bereicherung erfahren, wie Sie es sich nie hätten träumen lassen.

2. Meditation

Millionen von Menschen sind der festen Überzeugung, daß Meditation die Grundvoraussetzung schlechthin ist, um ein glückliches, ausgewogenes und gesundes Leben zu führen.

Wenn Sie mein Buch *Zur Ruhe kommen* gelesen haben, dann werden Sie aus Erfahrung wissen, welch wirkungsvolles Hilfsmittel Meditation sein kann. Sie kann Ihr Leben und Ihre Einstellungen völlig verändern. Machen Sie regelmäßigen Gebrauch von diesem Hilfsmittel, und Sie können davon ausgehen, daß

- Ihre Anspannung, Ihre Angst und Ihre Müdigkeit gelindert werden.
- Sie besser mit den Problemen des Alltags fertig werden.
- Sie im emotionalen Bereich an Stärke gewinnen.
- Ihre Konzentrationsfähigkeit verbessert wird.
- Sie selbstbewußter werden.
- Sie toleranter werden.
- Ihnen das Leben mehr Freuden bieten wird.

Die Meditationstechnik, auf die ich mich hier beziehe, wird am Ende dieses Buches (Seite 390) eingehender behandelt.

Sie basiert auf einfachen Grundeinsichten und Techniken, die in weiten Teilen der Welt als Allgemeingut eingestuft werden. Wenn Sie sich hingebungsvoll und aufrichtig damit beschäftigen, werden Sie feststellen, welche lebensverändernden Kräfte Meditation freisetzen kann.

3. Ernährung

Das, was Sie an Nahrung zu sich nehmen, übt auf Ihren Körper ebenso Einfluß aus wie auf Ihren Geist. Manche Nahrungsmittel können geradezu als »beruhigende Lebensmittel« bezeichnet werden, denn sie üben einen beruhigenden Einfluß darauf aus, was Sie empfinden, insbesondere auf lange Sicht gesehen.

Welche Lebensmittel das genau sind, ist gar nicht so entscheidend. Viel wichtiger sind die Prinzipien, die ihrem Gebrauch zugrundeliegen. Nichtsdestotrotz hier ein kleiner Leitfaden:

Bevorzugt konsumieren	Zurückhaltend konsumieren
Gemüse, Obst, komplexe Kohlehydrate und Vollkornprodukte	Basenbildende Nahrungsmittel wie Kaffee, Fleisch, Zucker, weißes Mehl, Nüsse und Konservierungsstoffe
Wasser (mindestens acht Gläser pro Tag)	Kaffee, Tee, Cola
Vitamin A, C, E und B	Aufbereitete Nahrungsmittel
Frisches Obst oder frisch gepreßten Fruchtsaft zum Frühstück	Fette
Pflanzliches Eiweiß	Tierisches Eiweiß

4. Sport

Regelmäßige sportliche Betätigung vermindert die schädlichen Auswirkungen, die Streß auf den Körper hat. Die Betätigung hilft Ihnen, mit allem besser fertigzuwerden. Wenn Sie regelmäßig einer sportlichen Betätigung nachgehen, werden Sie sich ruhiger und zufriedener fühlen.

5. Selbstlosigkeit

Wenn Sie sich Ihre Ruhe und das Gefühl der Erfüllung auf lange Zeit erhalten wollen, sollten Sie nach Gelegenheiten suchen, anderen, die vom Glück weniger begünstigt sind als Sie, zu helfen. Wenn Sie darin aufgehen, anderen Menschen zur Seite zu stehen, überwinden Sie den auf das Ego konzentrierten Charakter Ihres Stresses und Ihrer Ängste.

Machen Sie es sich zur Gewohnheit, anderen zu helfen.

Damit ist nicht gemeint, daß Sie sich für leistungsschwache Kollegen aufarbeiten oder mehr Verantwortung übernehmen sollen, als es Ihrer Stellung entspricht. Sie sollen einfach denen helfen, deren Nöte – emotionaler wie physischer Art – größer sind als Ihre.

Den Nutzen, der dabei für Sie selbst herausspringt, haben Sie vielleicht schon früher kennengelernt: die gehobene Stimmung und das Gefühl der Erfüllung, Folge einer großzügigen Hilfeleistung anderen gegenüber. Wenn Sie diese Hilfeleistungen regelmäßig praktizieren, wird Ihnen Ihre Handlungsweise ein Gefühl von innerem Frieden und Befriedigung verschaffen.

6. Einstellung

Wenn Sie den Zustand wirklicher Ruhe aufrechterhalten können, dann wird es Ihnen auch leichtfallen, eine positive, glückliche Einstellung dem Leben gegenüber zu bewahren. Die Umkehrung trifft aber ebenso zu: Wenn Sie eine positive, glückliche Einstellung dem Leben gegenüber aufrechterhalten, wird es Ihnen leichtfallen, Ruhe zu bewahren.

Viele sagen, daß eine positive Einstellung und ein gesunder Optimismus ihr einziger Lohn sind. Ich vertrete eher den Standpunkt, daß es sich hierbei um das Sprungbrett zu all den wunderbaren Dingen des Lebens handelt, die Sie für sich und für andere erreichen wollen, das Gefühl eines inneren Friedens und der Zufriedenheit mit inbegriffen. Positive Einstellung und Optimismus sind auch der Ausgangspunkt für eine bessere Gesundheit, effektivere Beziehungen zu anderen Menschen und zu einer deutlich verbesserten Kommunikation.

Wählen Sie vier der sechs Möglichkeiten aus

Wollen Sie inneren Frieden und Zufriedenheit auf lange Sicht genießen, brauchen Sie nur Ihre Aufmerksamkeit auf das Engagement und auf weitere (beliebige) drei der verbleibenden sechs Wege zu dauerhafter Ruhe richten, als da wären: Meditation, Ernährung, Sport, Selbstlosigkeit und Einstellung.

Wenn Sie Ihre Aufmerksamkeit auf alle sechs richten, wird sich das für Sie noch wesentlich öfter bezahlt machen.

Ruhetechnik

Eine der wirkungsvollsten Fertigkeiten, die Sie in Ihrem Leben erlernen können, ist die Fähigkeit zu meditieren. Unglücklicherweise schreckt schon die bloße Erwähnung des Begriffs Meditation viele Leute ab. Dies ist nur zu verständlich, wenn man einmal in Betracht zieht, wie abstrus die Lehrmethoden dazu in vielen Bereichen sind.

> Eine kostenlose, dreißigminütige Massage, jeden Morgen, bevor Sie zur Arbeit gehen … (Das sollte Ihnen in den Sinn kommen, wenn Sie das Wort »Meditation« hören oder lesen.)

Versuchen wir einmal, es für Sie einfacher zu machen.

Vor einigen Jahren habe ich ein Buch mit dem Titel *Zur Ruhe kommen* geschrieben. Man sagte mir, es sei – oder war – weltweit eines der meistgelesenen Bücher dieses Typs. Ein Teil des Buches befaßte sich mit einer einfachen Technik, die dazu verhelfen sollte, in einer rastlosen Welt zu innerem Frieden und zu Harmonie zu finden.

Der Meditationsstil, den ich »Ruhetechnik« nenne, ist eine einfache Übung, die jedermann beherrschen und anwenden kann. Es ist keinerlei geistiger Hintergrund im Sinne von Glaube oder Verständnis dafür erforderlich. Es besteht auch keinerlei Zusammenhang zu einer speziellen Philosophie oder Lebensführung. Wie der Originaltitel des Buches sagt, ist es eine »Meditation ohne Magie und mystischen Hintergrund«.

Meditation ist der Vorgang des Zur-Ruhe-Kommens des Geistes – das Ausschalten der bewußten Gedankenwelt, das Schwelgen im einfachen Sein. Ist der Geist erst einmal zur Ruhe gekommen, stellen sich die anderen Vorzüge ganz natürlich und wie selbstverständlich ein. Sie existieren nur im Augenblick. Keine Gedanken lenken Sie ab, kein Grübeln über Vergangenes, keine Sorgen über die Zukunft. Ihr Geist und Ihre Emotionen sind ganz losgelöst, alles ist wunderbar, friedlich und mühelos. Aber ganz im Gegensatz zum Schlaf ist Ihr Geist auch hellwach und aktiv.

Die physiologischen Auswirkungen

Regelmäßig praktiziert, hat die Ruhetechnik eine ganze Reihe von physiologischen Auswirkungen.

Solange Sie im Zustand meditativer Versenkung sind, verändert sich das übliche Bild Ihrer Gehirnströme drastisch.

Beta-Ströme werden mit Aufmerksamkeit und Konzentration in Verbindung gebracht, Alpha-Ströme mit Entspannung und Visualisierung, Theta-Ströme mit Erinnerungsvermögen und Intuition, Delta-Ströme mit Schlaf und Gesundung. Während der Meditation nehmen die Alpha-, Theta- und Delta-Ströme deutlich zu – und diese Kombination gibt es nur in diesem Zustand!

Die Ruhetechnik hat auch einen direkten Einfluß auf Ihren Stoffwechsel. Ihr Sauerstoffverbrauch sinkt sogar weiter ab als im tiefsten Schlaf. Die Zahl der Herzschläge und der Blutdruck sinken in ähnlich dramatischer Weise. Ihre Blutlaktatwerte (die bei Streß in die Höhe schnellen) sinken auf die Hälfte ab, und zwar viermal schneller als im Zustand tiefster Entspannung.

Dieser einzigartige physiologische Zustand ist das haargenaue Gegenteil dessen, was Sie in von Streß oder Angst geprägten Situationen erleben.

Aus diesem Grunde vermittelt die Meditation ein so tief empfundenes Gefühl von Frieden, Harmonie und Wohlbefinden.

So wird es gemacht

Auch wenn so manche Organisation sich darauf spezialisiert hat, Meditation zu lehren, auch wenn ich selbst Bücher darüber geschrieben und in zahllosen Seminaren darüber referiert habe, muß man doch sagen, daß Meditation etwas bestechend Einfaches ist.

Es ist nur erforderlich, daß Sie Ihren Geist zur Ruhe kommen lassen.

Das schaffen Sie, indem Sie sich auf eine Sache konzentrieren – und alles andere beiseite lassen. Einige Meditationstechniken beinhalten, daß Sie sich auf einen Gegenstand konzentrieren oder auf eine komplexe Serie von Bewegungen (wie im Tai Chi). Andere wiederum erfordern von Ihnen die Konzentration auf ein Bild. Bei anderen ist es ein Ton, ein bestimmtes Geräusch. Das Erreichen des Trancezustands kann erleichtert werden durch meditative Musik (vergleichen Sie dazu das Kapitel über beruhigende Musik auf Seite 339) oder auch durch einen Ton, ein Geräusch Ihrer Wahl. Im allgemeinen ist dies vielleicht der Klang der eigenen Stimme, ein einzelnes Wort – irgendein Wort –, das Sie immer und immer wieder vor sich hin sagen. In der Fachsprache klassischer Meditation wird das als »Mantra« bezeichnet. Viele Meditationsschulen werden Ihnen sagen, daß dies ein geheiligtes Wort sei. Wenn Sie dieses Wort ununterbrochen wiederholen – sprachlich artikuliert oder auch nur gedacht –, und das zwanzig bis dreißig Minuten lang, dann meditieren Sie.

Mehr brauchen Sie nicht zu tun. Ein Wort (im Geiste) wiederholt, und das über einen Zeitraum von zwanzig bis dreißig

Ruhetechnik

1. Sorgen Sie für gedämpftes Licht, bequeme Kleidung und angenehme Raumtemperatur. Praktizieren Sie zu Beginn etwa eine Minute lang die Ruheatmung. Schließen Sie die Augen, und lauschen Sie dem Geräusch Ihres Atems.
2. Sagen Sie sich ganz ruhig ein Wort (zum Beispiel »Ruhe«) vor. Hören Sie sich selbst zu, wie Sie dieses Wort aussprechen. Wiederholen Sie dieses Wort ein ums andere Mal; wählen Sie dabei einen Rhythmus, der Ihnen angenehm ist.
3. Hören Sie nun, wie Sie selbst dieses Wort sagen, ohne dabei eine stimmliche Äußerung zu produzieren. Hören Sie, wie das Wort im Kopf, direkt hinter den Augen, entsteht und aus dem Inneren Ihres Kopfes kommt.
4. Lauschen Sie diesem Wort weiter, wenigstens zwanzig Minuten lang. Wenn Sie merken, daß Ihre Aufmerksamkeit abschweift, führen Sie sie sacht wieder zu diesem Wort zurück. Setzen Sie sich nicht selbst unter Druck. Machen Sie sich keine Gedanken, wenn Sie nicht perfekt sind, das spielt keine Rolle.
5. Nach etwa zwanzig Minuten führen Sie Ihre Aufmerksamkeit wieder in die Gegenwart zurück. Bleiben Sie noch einige Minuten sitzen, bis Sie etwas wacher, wieder mehr gegenwärtig sind.

Minuten. Wenn Ihre Aufmerksamkeit nachläßt – was wohl der Fall sein wird –, dann lenken Sie sie einfach wieder auf das wiederholte Wort oder Geräusch.

So kurz und knapp ich es auch beschrieben habe, die Ruhetechnik wird funktionieren. Vorausgesetzt, Sie halten sich immer die folgenden vier Punkte vor Augen:

1. Das Ganze soll wirklich so schlicht und einfach sein, wie es sich hier darstellt.
2. Die Erfahrung an sich soll nichts Besonderes sein.
3. Weder Ihre Konzentrationsfähigkeit noch Ihre Willenskraft sollen geprüft werden.
4. Die Ruhetechnik ist als angenehme Rast gedacht.

Wenn Sie sich gern tiefgreifender mit dieser Materie beschäftigen möchten, kann ich Ihnen die Lektüre meines Buches *Zur Ruhe kommen* empfehlen. Wenn Sie dagegen an einer eher visuellen Interpretation interessiert sind, dann seien Sie so frei, und klicken Sie unsere Meditationsseite (http://www.calm-centre.com) im Internet an.

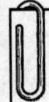

Ein Ruheprogramm für Personen mit Führungsaufgaben

- Gehen Sie in sportlich flottem Tempo spazieren, oder treiben Sie einen anderen Ausgleichssport, und zwar drei- bis fünfmal die Woche.
- Nehmen Sie sich jede Woche einmal Zeit für eine ausgedehnte Planungssitzung.
- Haben Sie keine Skrupel, Aufgaben zu delegieren.
- Überdenken Sie Ihre Planung während des Gehens.
- Gönnen Sie sich jede Woche eine Massage.
- Helfen Sie einmal in der Woche anderen Menschen.
- Unterhalten Sie sich einmal in der Woche mit »ganz normalen Leuten«.
- Gönnen Sie sich an fünf Tagen in der Woche dreißig Minuten Zeit für sich selbst.
- Zeit für sich selbst: Seite 188
- Der kreative Langzeitplan: Seite 207
- Werden Sie ein B-Typ: Seite 247
- Nichtstun: Seite 259
- Umgang mit Informationen: Seite 183
- Ruhig und schweißgebadet: Seite 355
- Verwöhnen Sie sich selbst: Seite 376
- Suchen Sie sich ein bißchen Streß: Seite 261

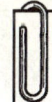

Ein Ruheprogramm für Manager

- Gehen Sie in sportlich flottem Tempo spazieren, oder treiben Sie einen anderen Ausgleichssport, und zwar drei- bis fünfmal die Woche.
- Nehmen Sie sich jede Woche einmal Zeit für eine ausgedehnte Planungssitzung.
- Delegieren Sie Aufgaben.
- Gönnen Sie sich jeden Monat eine Massage.
- Helfen Sie einmal in der Woche anderen Menschen.
- Gönnen Sie sich an fünf Tagen in der Woche dreißig Minuten Zeit für sich selbst.
- Zeit für sich selbst: Seite 188
- Der kreative Langzeitplan: Seite 207
- Werden Sie ein B-Typ: Seite 247
- Nichtstun: Seite 259
- Erkennen Sie Ihre Grenzen: Seite 180
- Sagen Sie nein: Seite 176
- Den Arbeitstag begrenzen: Seite 191
- Umgang mit schwierigen Menschen: Seite 275
- Die Ruhe-Agenda: Seite 218

Ein Ruheprogramm für unternehmungslustige Leute

- Gehen Sie in sportlich flottem Tempo spazieren, oder treiben Sie einen anderen Ausgleichssport, und zwar drei- bis fünfmal die Woche.
- Nehmen Sie sich jede Woche einmal Zeit für eine langfristige Planungssitzung.
- Überdenken Sie Ihre Planung während des Gehens.
- Gönnen Sie sich jeden Monat eine Massage.
- Helfen Sie einmal in der Woche anderen Menschen.

- Gönnen Sie sich an fünf Tagen in der Woche dreißig Minuten Zeit für sich selbst.
- Zeit für sich selbst: Seite 188
- Erkennen Sie Ihre Grenzen: Seite 180
- Die Kunst des Verhandelns: Seite 290
- Artikulieren Sie Ihre Gedanken: Seite 280
- Wie Sie bekommen, was Sie wollen: Seite 277
- Sagen Sie nein: Seite 176
- Der nette Weg zum Nein: Seite 178
- Ruhezeiten festlegen: Seite 169
- Den Arbeitstag begrenzen: Seite 191

Ein Ruheprogramm für untergeordnete Arbeitnehmer

- Gehen Sie in sportlich flottem Tempo spazieren, oder treiben Sie einen anderen Ausgleichssport, und zwar drei- bis fünfmal die Woche.
- Nehmen Sie sich jede Woche einmal Zeit für eine langfristige Planungssitzung.
- Überdenken Sie Ihre Planung während des Gehens.
- Helfen Sie einmal am Tag anderen Menschen.
- Artikulieren Sie Ihre Gedanken: Seite 280
- Wie Sie bekommen, was Sie wollen: Seite 277
- Ruhezeiten festlegen: Seite 169
- Sagen Sie nein: Seite 176
- Der nette Weg zum Nein: Seite 178
- Die hundertprozentige Leistung: Seite 195
- Liste der Lebensprioritäten: Seite 115
- Gehen Sie davon aus, daß Sie sicher sind: Seite 266
- Ein Dreißig-Sekunden-Kurs in Marketing: Seite 386

HILFE!

Ruhe in einer Krise

Obwohl wir, Sie und ich, jeden Tag mit ernsten streßbedingten Problemen kon-
frontiert werden, können
diese Situationen in der Regel nicht mit einer wirkli-

> Es gibt einfache Tricks, deren Anwendung
> Sie dazu befähigen, in einer Krise Ruhe
> zu bewahren, die Krise zu überwinden und
> danach Ihr Leben in normalen Bahnen
> weiterzuführen

chen Krise verglichen werden: Kummer, ernsthafte Erkrankung,
physisches oder emotionales Trauma, Entlassung, Verhaftung.

Falls Ihnen etwas Derartiges widerfährt, könnte es sein, daß
Sie nicht die nötige Disziplin oder Geistesgegenwart haben, sich
an die Ratschläge und Techniken in diesem Buch zu erinnern.

In den meisten Fällen wird das im folgenden vorgestellte
Rezept wenig dazu beitragen, den Schmerz zu dämpfen, den
Kummer zu lindern oder ganz allgemein die Situation zu berei-
nigen. Trotzdem kann es Ihnen helfen, die Schwierigkeiten zu
durchleben und dann den nächsten Schritt zu tun: den Aufbau
eines Lebens nach der Krise.

Die Vorschläge, die Ihnen in diesem Kapitel nahegebracht
werden, sind einfach, vielleicht sogar vorhersehbar. Aber sie
bringen Sie mit Fingerspitzengefühl und wirkungsvoll durch die
Krisensituation zu einem Neuanfang.

Bei wem finden Sie Hilfe?

Hilfe zu suchen ist kein Zeichen von Schwäche. Suchen Sie Hilfe bei einem Freund, bei einem Geistlichen oder bei einer der zahlreichen Beratungsstellen, die Sie im Telefonbuch finden können (viele beraten sogar kostenlos). Einen solchen Kontakt herzustellen, kann eine signifikante Hilfe darstellen, manchmal sogar lebensrettend sein. Dabei ist es selten von entscheidender Bedeutung, ob bei einem solchen Gespräch ein praktikabler Ratschlag herausspringt oder nicht. Der eigentliche Nutzen liegt darin, daß Sie Ihre Erfahrung einem anderen Menschen erzählen und sie mit ihm teilen. Und daß Sie daraus die Ermutigung gewinnen, weiterzumachen.

Wenn Sie absolut nicht wissen, an wen Sie sich wenden könnten, dann suchen Sie doch im Telefonbuch unter der Rubrik »Beratungsstellen«. In der Regel finden Sie hier im jeweiligen regionalen Telefonbuch oder in den Gelben Seiten entsprechende Adressen.

BEWAHREN SIE RUHE

Das Calm Centre

Das Calm Centre ist als »Reservoir von Ruhe-Gedanken« bezeichnet worden – eine lockere Arbeitsgemeinschaft aus Psychologen, Therapeuten der Naturheilkunde, Schriftstellern, Künstlern, Filmemachern und Komponisten. Der Autor, Paul Wilson, hat es 1995 gegründet.

Zwei Passionen vor allem sind es, die die Mitarbeiter des Calm Centre verbinden: Da ist einmal die Suche nach neuen Möglichkeiten, einem Individuum Ruhe zu verschaffen. Und dann der Wunsch, über sämtliche Presse- und Funkmedien Ruhe auszustrahlen und zu verbreiten.

Die Philosophie, die das Calm Centre verfolgt, ist ganz einfach. Das Calm Centre will:

1. beruhigen,
2. das Hauptaugenmerk auf Lösungen gerichtet wissen,
3. so aufbauend wie nur möglich wirken,
4. kreativ lohnend sein.

Da einige Mitarbeiter des Calm Centre von den Vereinigten Staaten und von Europa aus an der gemeinsamen Arbeit mitwirken, andere wiederum in abgelegenen und ziemlich exotischen Gegenden im Inneren Australiens leben und von dort aus am gemeinsamen Werk mitwirken, ist das Hauptquartier des Calm Centre im von Computern und Medien geprägten Herzen des Industriegebiets von Nord-Sydney stationiert.

Nehmen Sie im Internet unter http://www.calmcentre.com Kontakt mit uns auf, und teilen Sie uns Ihre Erfahrung bezüglich der Ruhe mit.

ÜBER DEN AUTOR

Paul Wilson arbeitet in verschiedenen Aufgabenbereichen, die mit einem hohen Maß an Streß verbunden sind: Er ist Leiter einer Werbeagentur in Sydney, Unternehmensberater für einige größere Unternehmen sowie Vater eines Teenagers und zweier kleiner Kinder; darüber hinaus ist er als Direktor einer Klinik und Stiftung für medizinische Forschung tätig.

Um auf all diesen Feldern erfolgreich sein zu können, hat Wilson die Geheimnisse der Ruhe entdeckt und für sich nutzbar gemacht. Sein erstes Buch, *Zur Ruhe kommen*, ist als eines der einflußreichsten Bücher auf diesem Gebiet weithin anerkannt. Sein zweites Werk, *Wege zur Ruhe*, wurde in zwölf Sprachen übersetzt, und sein drittes, *Das kleine Buch der Ruhe*, stand über sechs Monate lang an der Spitze der Bestsellerlisten.

Im Jahre 1995 gründete Paul das Calm Centre. Das ist ein Sachverständigenstab rund um das Thema »Ruhe«, der sich aus Psychologen, Therapeuten der Naturheilkunde, Künstlern, Komponisten und Musikern zusammensetzt und dessen vordringlichste Aufgabe es ist, möglichst kreative Wege für die Verbreitung von Ruhe zu finden.

Durch seine seriöse Art, sich mit dem Themenbereich Ruhe am Arbeitsplatz auseinanderzusetzen, ist Paul Wilson zu einem begehrten Vortragsredner in Wirtschaft, Medizin und in vielen Selbsthilfe-Gruppen geworden.